東大の古典
27カ年［第10版］

柳田　縁 編著

教学社

はじめに

東京大学合格を目指して受験勉強に励まれている皆様、その指導者の皆様、その他、何らかの経緯で本書を手に取ってくださった皆様、知的な言葉の世界へようこそ。

本書は、東京大学の入学試験で出題された二十七カ年分の古文・漢文の問題をそのまま掲載のうえ、編著者による解答例・通釈・解説を加えたものです。受験参考書としての性格を第一義とするものではありますが、編著者からの御挨拶に代えまして、一文を記させていただきます。

掲載の文章や問題にじっくり取り組まれる方も、東京大学の入試問題ってどんなものかという興味で御覧になっている方も、とりあえずパラパラとページをめくってみて、どのような印象をもたれたでしょうか。その感想が編著者当方といくらかなりとも共有できればうれしいのですが、

言葉に真摯に向き合うための素材として、

古典文学の教養のためのアンソロジーとして、

これほど質の高いものはありません。編著者当方は、日本語文法を専攻しましたうえで、現在は大学受験予備校講師、いわゆる受験屋で、現行の大学入学試験に基づいての受験指導講義に加え、教材や模擬試験の執筆等を生業としております。その中でのふとした御縁で本書執筆の機会をいただいたわけですが、本書初版から数えますと四十年分以上にわたっての東京大学入学試験問題の文章を読み、設けられた問いの意図を考え、その要求に対する答案や解説を作成するという作業は、仕事の一環とはいえ、さまざまな発見や感動があり、非常に楽しく、勉強になるものでした。毎年の入学試験問題作成にあたり、一定して良質の文章を選定されている東京大学当局に感謝と敬意を表したいと思います。

大学の入学試験のための勉強の過程やその成果は、人生を次へ進めるための一つの段階であり、手段となるものです。東京大学の古典の問題は、望んで努力したうえで一定の基準を満たした者を選考するにあたり、しごくまっとうで公平なものだと

当方は考えます。ぜひ、ここで出会った先人の言葉に真摯にぶつかり、その意味を考え、その理解を自分の言葉で表現する模索や訓練を実践してください。そのうえで、自分が選んだ道を進んで社会人となり、誠意ある自分の言葉を発信していってください。本書を通じて出会った皆様と、的確な言葉の遣い手を目指す同志となれることを信じています。

柳田　縁

★〔通釈〕につきまして、古文と漢文で方針が異なっておりますことを御了承ください。古文は、書かれている通りの日本語に忠実にとの観点から、原則「何も足さない・何も引かない」ことを旨とし、ごく事務的な作りになっています。漢文は、他言語の翻訳にあたるため、構文や訓点に基づきつつも、理解の範囲内での「解釈」として、時制や敬語を加えたり会話文はそれらしく表現したりするなど、いくらかの脚色を施している部分があります。

★他社の媒体によるものを含めまして、同分野の研究者の方々や同業者の方々の先行文献を参考にさせていただいた点が多分にございます。個々に申し伝える機会をもつことができませんことをお詫びかたがた、さまざま勉強させていただいたことへの感謝を申し上げます。ありがとうございます。

目次

はじめに
本書の利用法 …… 6
古文篇
出典作品の特徴と留意点 …… 10
設問パターンとその対応法 …… 11
重要文法 …… 14
二〇一九年度 …… 19
二〇一八年度 …… 24
二〇一七年度 …… 30
二〇一六年度 …… 37
二〇一五年度 …… 44
二〇一四年度 …… 50
二〇一三年度 …… 55
二〇一二年度 …… 60
二〇一一年度 …… 65
二〇一〇年度 …… 70
二〇〇九年度 …… 75
二〇〇八年度 …… 81
二〇〇七年度 …… 86
二〇〇六年度 …… 91
二〇〇五年度 …… 96
二〇〇四年度 …… 101
二〇〇三年度 …… 106
二〇〇二年度 …… 111
二〇〇一年度 …… 116
二〇〇〇年度 …… 125
一九九九年度 …… 129
一九九八年度 …… 135
一九九七年度 …… 142
一九九六年度 …… 150
一九九五年度 …… 157
一九九四年度 …… 163
一九九三年度 …… 170
漢文篇
出典作品の特徴と留意点 …… 178
設問パターンとその対応法 …… 179
重要句法 …… 182
二〇一九年度 …… 185
二〇一八年度 …… 189
二〇一七年度 …… 194
二〇一六年度 …… 199
二〇一五年度 …… 206
二〇一四年度 …… 211
二〇一三年度 …… 217
二〇一二年度 …… 222
二〇一一年度 …… 226
二〇一〇年度 …… 231
二〇〇九年度 …… 235
二〇〇八年度 …… 239
二〇〇七年度 …… 244
二〇〇六年度 …… 248
二〇〇五年度 …… 252
二〇〇四年度 …… 262
二〇〇三年度 …… 271
二〇〇二年度 …… 281
二〇〇一年度 …… 290
二〇〇〇年度 …… 299
一九九九年度 …… 306
一九九八年度 …… 315
一九九七年度 …… 324
一九九六年度 …… 331
一九九五年度 …… 337
一九九四年度 …… 346
一九九三年度 …… 352
問題編――別冊

【本書の利用法】

東大の入試は二次試験重視型（センター試験：二次試験＝一：四）で、二次試験における国語の配点は文科が一二〇／四四〇点、理科が八〇／四四〇点である。特に文科の場合、二次の国語が合否を左右すると言っても過言ではない。さらに、国語の試験における古典（古文・漢文）の割合は、文科が一九九九年度以前は四／七題、二〇〇〇年度以降は二／四題、理科が一九九九年度以前は二／四題、二〇〇〇年度以降は二／三題となっている。古典分野への十分な対策が不可欠である。

本書は、実際の東大入試問題を研究し、受験生に必要十分な情報と対応策を示すために作成したものである。以下に示す利用法に基づいて練習を重ねてほしい。

一　本文と設問のパターンに慣れる

東大で出題される文章は決して難解なものではないし、設問にも奇問の類はみられない。小手先のテクニックは不要、きちんと文章を読み解く力が求められているということである。**【設問パターンとその対応法】**をよく読み、本文・設問・答案のつながりを意識した演習を行ってほしい。慣れるためにはある程度の量をこなすことも必要である。文科の志望者は、早い時期に理科の問題（文科に比べると難度が低い）を練習に利用しておくとよい。理科の志望者は、過去の出題例を十分に研究したうえで、演習量を補うために時間の許す限り文科の問題にも挑戦しておいてほしい。

二　解答形式に慣れる

本書では、各問に設けられた解答欄の大きさを明記し、解答例もそれに見合った分量（一行＝三十字以内）のものを示している。まずは実際に自分で書いてみること。さらにそれを解答例と比べ、内容や分量の過不足を点検しよう。また、時には解答例を実際の大きさの解答欄に書き写してみて感覚をつかむのもよいだろう。そうした練習を積み重ねていけば、内容・分量ともに出題者の要求に沿った答案が作れるようになるはずである。本書の問題編巻末に、東大の解答用紙の解答欄を再現したものを掲載しているので、活用してほしい。

三　時間を決めて解く

文科・理科ともに二〇〇〇年度以降は大問数が減少した（下の●設問構成の変遷参照）が、一題あたりの文章量・設問数は増えているため、時間的に余裕があるとは言えない。東大合格のためには、手早く適切な処理能力も不可欠である。必ず、時間を計って問題演習を行ってほしい。目安は次の通りである。少々厳しい設定になっているが、集中力を養い、余裕をもって本番に臨むための練習である。

〔文科〕一九九九年度以前は一題一五分以内、
　　　二〇〇〇年度以降は一題三〇分以内。
〔理科〕一九九九年度以前は一題二〇分以内、
　　　二〇〇〇年度以降は一題二五分以内。

●設問構成の変遷

理科

100分				
四	三	二	一	1993〜1999
漢文	古文	**作文**	現代文	
三	二	一		2000〜2019
漢文	古文	現代文		

文科

150分							
七	六	五	四	三	二	一	1993〜1999
漢文	古文	現代文	漢文	古文	**作文**	現代文	
四	三	二	一				2000〜2019
現代文	漢文	古文	現代文				

四　的確な自己採点を行う

古文・漢文ともに現代語訳問題では八割以上、説明問題では六割以上の解答を目指してほしい。現代語訳問題は、語句の意味や文法・句法など、可否が明確に判断できる要素が多くある。厳密な確認を怠らないようにしよう。説明問題については、自分の答案と解答例とをしっかり見比べ、重なっている部分、ずれている部分を見極めよう。もちろん一言一句にこだわりすぎる必要はない。内容が必要なポイントを満たしていれば十分評価の対象になるのである。自分の答案を客観的に見る目を養うことも受験勉強の一環であるということを強調しておきたい。そのうえで、本書に示した解答例や解説を参考に、語彙や表現の幅を広げようとする姿勢が大切である。

古文篇

【出典作品の特徴と留意点】

二〇〇〇年度以降は、文科・理科で共通の文章が使用され、文科は理科よりも設問数が二〜三問多く出題されるという形が定着している（二〇〇一年度は除く）。文科のみで出題される設問は、文科・理科共通の設問と比べると、より細やかな部分の解釈や説明に関するもののようである。

出題される文章は、説話や物語がやはり多くを占めている。登場人物の状況や関係を正しく把握し、心情を丹念に読み取ることが求められる文章で問題が作られていると言えよう。出典作品の多くは非常に有名な作品である。中古・中世の代表的な作品については、成立時代や作者、おおまかな内容や登場人物などを知っておこう。出題された部分をきっかけに、その作品についての文学史的説明を確かめてほしい。同じ作品の他の章段を読んでみたりするのも良い練習になる。物語のほかに、歌論・音楽論・俳論など、あるテーマに関する筆者の主張を述べた文章の出題も目立つ。内容を逐語訳するのみならず、具体例と論旨との関係や筆者の価値判断などにも留意して読む癖をつけたい。

和歌を含む文章もしばしば出題されている。和歌の修辞技法に習熟しておくことはもちろん不可欠であるが、どのような状況で詠まれた歌なのかを地の文からしっかり読み取り、歌に込められた心情をつかむよう意識することが大切である。

【設問パターンとその対応法】

論理的な内容理解と解答作成を目標に、設問が要求するパターンをまとめた。問題文の出典は毎回違っても、設問には、東大が受験生に一貫して思考力を求めていることが如実に表れているとわかるだろう。〔解法〕において、各設問がどのパターンに該当するかを示しておいたので、その都度参照してほしい。

●パターン❶　言い換え

傍線部の現代語訳や内容説明を求める問題。

対策　傍線部を正しく品詞分解し、原則として各語を現代語に一対一対応で置き換える。言うまでもなく、用言・助動詞の活用、助動詞・助詞の接続と意味用法、敬語の種類と訳し方などの理解が必須である。14ページからの【**重要文法**】に各項目のポイントをまとめておいたので確認しておこう。また、現古異義語を中心とした重要単語の訳し方も大事である。重要語をしっかり覚え、文脈に見合った訳を考えよう。このパターンにおける設問の要求をさらに詳しく検討すると以下のようになる。

❶―Ⅰ　傍線部を現代語訳する

原則としては単語を過不足なく置き換えていけばよいが、必要な語句を補う必要がある場合や、解答欄の制約からある程度簡略化して答えざるを得ない場合もある。いずれにしても、自然な日本語として意味が通じるかどうかの確認を怠らないように。

❶―Ⅱ　傍線部の趣旨をまとめる

設問文には「～とはどういうことか」とある。まずⅠに基づいて傍線部の現代語訳を考えたうえで、要するにどういうことを述べているのかをわかりやすく説明することが求められる。同内容の並立を一つにまとめたり、やや冗長な説明の核心部のみを示したりするものであり、簡潔を旨とすることは言うまでもない。

❶—Ⅲ 省略された主語や目的語を補う

まずは原文（傍線部）の構文を正確に分析する。そのうえで、主語・目的語のうち明記されているものといないものとを識別する。省略されたものを原則として前部から探して補う。省略される主語・目的語は、①第一人称・第二人称、②一般的な人々、③既出のもの、のいずれかである。敬語が手がかりとなる場合が多いので、用法を確認しておこう。

●パターン❷ 指示内容

傍線部に含まれる指示語の指示内容を具体的に説明させる問題。

対策 古文の指示語には、指示代名詞「こ」「そ」「あ」「か」およびその複合語（「これ」「そち」など）、指示副詞「かく」「さ」「しか」およびその複合語（「かかる」「しかれども」など）、人称代名詞「わ」「われ」「おのれ」（第一人称）・「な」「なんぢ」（第二人称）がある。指示語の指すものの成分（人かモノか状態か動作か）を見極め、原則として前部から具体的記述を探す。

●パターン❸ 因果関係

ものごとの論理的な順序が把握できているかを試す問題。

対策　傍線部に対して、その原因・理由が問われているのか、そのことによる結果が問われているのかをまずはっきりさせる。傍線部と同内容のことがらを繰り返しただけでは因果関係の説明にならないので注意。場合によっては傍線部そのものの説明も補足として解答に加える場合もあるが、あくまでも解答の趣旨は傍線部の原因または結果である。傍線部と自分の解答とが論理的に順序づけられるかどうか、常に意識しておきたい。

●パターン4　心情・主張・主題

筆者や登場人物の心情、筆者の価値判断や主張、本文のテーマ等を求める問題。

対策　必ず根拠を文中から見出し、客観的な判断基準に照らして答えなければならない。事実として述べられていることをもとに、本文中に心情や価値判断を表す語があればそれを中心にまとめる。評価や好悪を表す形容詞・形容動詞に普段から注意を払っておこう。なお、リード文や〔注〕が大きなヒントになることも多いので、見落とすことのないように。

【重要文法】

●疑問・反語・詠嘆

係助詞「や」「か」および疑問詞「いかで」「など」「たれ」などによるものである。疑問とは疑ったり尋ねたりする用法。反語とは否定する用法。詠嘆はことがらに対する心の動きを表す用法。

●助動詞「る」「らる」「す」「さす」「しむ」

態（S・O・Vの関係）に関わる助動詞である。「Sが自分でVしない。他のものにVされる／させる」という受身・使役の概念に注意しよう。さらに、受身・使役以外の用法も確認しておこう。

▽「る」「らる」

①　受身　〃～れる〃
②　尊敬　〃～なさる〃
③　可能　〃～できる〃
④　自発　〃つい～てしまう〃

※③は平安期までの作品では否定語を伴う。

▽「す」「さす」「しむ」

①　使役　〃～せる〃
②　尊敬　〃～なさる〃

※②は必ず尊敬の動詞「給ふ」「おはします」が下接し、二重尊敬の形をとる。

●願望表現

古文の願望表現は次の通りである。

①　助動詞「たし」「まほし」

②　終助詞

(a)「ばや」未然形接続　〃(自分が)〜たい〃

(b)「なむ」未然形接続　〃(他のものに)〜てほしい〃

(c)「にがな」「にしがな」「てがな」「てしが」「てしがな」連用形接続　〃〜たい〃

(d)「かな」「がな」「もがな」「かも」「もがも」体言等に接続　〃〜がほしいなあ〃

※(b)の訳し方に注意。

※(b)は「なむ」の文法的識別に頻出。

※(d)は事物や状態に対する願望を表す。

●「なむ」の文法的識別

①　ナ行変格活用動詞「死ぬ」「往ぬ」未然形活用語尾＋助動詞「む」

②　完了(強意)の助動詞「ぬ」未然形＋推量(意志・適当・婉曲)の助動詞「む」

③　願望の終助詞「なむ」

④　強意の係助詞「なむ」

※②は連用形、③は未然形に接続する。

※④は後に述語があり、末尾が連体形となって係り結びが成立する(結びの省略・消滅の場合もある)。

●音便

音便にはイ音便・ウ音便・撥音便・促音便の四種がある。撥音便の無表記形に特に注意しよう。ラ変型活用語（ラ変動詞・形容詞の補助活用・形容動詞・助動詞「なり」「たり」・助動詞「ず」「たし」「べし」「まじ」の補助活用）の連体形語尾（「る」）が撥音便化し、無表記になっているもので、「あ・か・ざ・た・な」の各音に推量系の助動詞「なり」「めり」「べし」が下接する場合に見られる。

例―ありがたきことなめり。

●敬語の用法

まずは三種類の敬語の用法を再確認しておこう。

尊敬語	主格（～ガ）への敬意を表す。
謙譲語	対格（～ヲ・ニ）への敬意を表す。
丁寧語	読み手・聞き手への敬意を表す。

▽注意すべき敬語Ⅰ…「奉る」「参る」

① 「奉る」は動詞「与ふ」「送る・贈る」の謙譲語〝差し上げる〟、「参る」は動詞「行く」「来」の謙譲語〝参上する〟

② 「奉る」は謙譲の補助動詞〝～申し上げる〟

③ 動詞「食ふ」「飲む」「着る」「乗る」の尊敬語〝召し上がる〟〝お召しになる〟〝お乗りになる〟

③の用法になる時の条件は、以下の三つである。

(a) 主語は高貴な人物である。

(b) 話題の中に食べ物・飲み物・着物・乗り物のいずれかが登場する。
(c) 本動詞である。

▽注意すべき敬語Ⅱ…「侍り」「候ふ」

① 動詞「あり」の丁寧語〝あります・おります〟
② 丁寧語の補助動詞〝〜です・ます〟
③ 動詞「あり」の謙譲語〝お仕え申し上げる〟
③の用法になる時の条件は、以下の三つである。
(a) 主語は人間である。
(b) 高貴な人物や場が話題に上っている。
(c) 本動詞である。

▽注意すべき敬語Ⅲ…「給ふ」

① 動詞「与ふ」の尊敬語〝お与えになる〟
② 尊敬語の補助動詞〝〜なさる〟
③ 謙譲語の補助動詞（ただし訳・敬意の方向は丁寧語と同じ）〝〜です・ます〟
③の用法になる時の条件は、以下の四つである。
(a) 下二段活用をする。
(b) 会話・心中・手紙文で用いられる。
(c) 主語は第一人称である。
(d) 動詞「見る」「聞く」「思ふ」「覚ゆ」「知る」のいずれかに接続する補助動詞である。

●和歌

▽句切れ

和歌には句読点が付されないが、語形と意味から文末表現となる部分があればそこで文が切れると考える。これを句切れという。文末表現とは、終止形・命令形・係り結びの法則による結び・終助詞のいずれかである。

▽掛詞

一つの表現に二重の意味を持たせる技法を掛詞という。古典文法・歴史的仮名遣い・文意に留意して隠された意味に気付き、表現の妙を理解したい。

第二問

二〇一九年度　文理共通

出典　高桑闌更《たかくわらんこう》編『誹諧世説《はいかいせせつ》』　嵐雪《らんせつ》が妻、猫を愛する説

江戸時代の俳人高桑闌更が著した俳文集。闌更は松尾芭蕉に私淑し、蕉風復興に努めた。『誹諧世説』は五巻から成る俳文集で、芭蕉やその門弟らの逸話が集められている。

通釈

嵐雪の妻が、猫で姿がかわいらしいものを愛して、美しい布団を敷かせ、食べ物も並々ではない立派な器に入れて、いつも膝元を離さなかったので、門人・友人たちなどにも煩わしく思う人もいるだろうと、嵐雪は、折に触れては、「獣を愛するにも、限度があるはずのことである。人間よりも上等な敷き物・器（を使って）、食べ物にしても、（魚肉食を）慎まなければならない日にも、猫には生魚を食べさせるなど、良くないこと」とつぶやいたけれども、妻はほんの少しもこれを改めなかった。

そしてある日、妻が実家へ行った際に、留守の間、（猫が）外へ出ないように、例の猫をつないで、いつもの布団の上に寝させて、魚などを多く食べさせて、くれぐれも綱を緩めないようにあらかじめ頼んで出て行った。嵐雪は、例の猫をどこへでも行かせ、妻をだまして猫を飼うことをやめようと思い、前もって約束しておいた所があったので、遠く隔たった所へ、人に連れて行かせた。妻が、日が暮れて帰り、真っ先に猫を探すけれども見つからない。「猫はどこへ行っていますか」と尋ねたので、（嵐雪は）「さては、あなたの後を追ったのだろうか、むやみに鳴き、綱を切るほどに激しく動き、毛も抜け、首も絞まるほどであったので、あまりにも苦しいだろうと思い、綱を緩めて魚などを与えたけれども、食べ物も食べないで、ただうろうろと（あなたを）探す様子で、門口・裏口・二階などを行ったり戻っ

たりしたが、それから外へ出たのでしょうか、近隣を探すけれどもまだ見つからない」と言う。妻は、泣き叫んで、（猫が）行くはずがない辺りまでも探したけれども、（猫は）戻って来ずに、三日、四日過ぎたので、妻は、涙を流しながら、

猫の妻を、どのようなお方が奪って行くのか　　妻

〈参考：自分の飼っている猫をどこかの男性が妻とするために奪って行ったのではないかと詠み、猫がいなくなったことを嘆くとともに、雌猫と思われるその猫はこのうえなくかわいらしいということをアピールした発句となっている〉

このように言って、体調が悪くなりましたので、妻が友人とする隣家の奥様が、この人も猫を好きだったが、嵐雪が企てて他所へ連れて行ったことを聞き出し、こっそりと妻に告げ、「（猫は）無事でおりますとのことです。決して心をお痛めになるな。私が知らせたとはわからないように、どこそこ町、だれそれの所へ（猫を）取り返しに人を行かせなさい」と語ったので、妻は、「このようなことがあってよいのか。私の夫は、猫をかわいがることを嫌っていらっしゃいましたが、それでは私をだましてのことであるのか」と、あれこれと非難して互いに言い争った。嵐雪も露見した以上はどうしようもなく、「たしかにあなたをだまして（猫を他所の家に）連れて行かせたのだ。いつも言うように、あまりにも他の人とは異なるかわいがりようだ。非常にいけないことである。これ以上私が言う通りにしないならば、取り返してはならない」と、あれこれと言い争ったけれども、隣家・門人たちがさまざまに言って、妻に謝らせて、嵐雪の心を静め、猫も取り返し、何事もなくなったので、

一月の初めの夫婦のもめ事を人々に笑われて

喜ぶのを見なさいよ、初子《はつね》の日の玉のついた小さな箒《ほうき》は　　嵐雪

〈参考：夫婦げんかをした際には振り上げたりもした箒も、正月の初子の日の行事では本来の役

割で用いられることになって喜んでいると詠み、夫婦のいさかいが一件落着した安堵感をユーモラスに表現している〉

解法

㈠ **パターン❶―Ⅰ：現代語訳**

ア　「うるさし」は、煩わしく面倒に思う様子を表す形容詞。音声がやかましいという意味に限らないので注意しよう。「ん」は助動詞「ん」（「む」）の推量の用法。

解答例　煩わしく思う人もいるだろうと

イ　「程」は、ここでは、「獣を愛する」場合の「程」を言っていて、後に、妻の過剰な愛し方をあげつらっていることから、〝限度〟という訳が最適。「べき」は強い当然性を表す助動詞「べし」で〝～はずだ・～に違いない・～なければならない・～て当然だ〟といった訳がふさわしい。〝～だろう〟では助動詞「む」の訳にあたるので不十分。「なり」は断定の助動詞。

解答例　限度があるはずのことである

カ　「あらはれたる上は」は、〝（自分の企てが妻に）露見した以上は〟ということ。「是非なく」は、あれこれ言い立てることもできない様子を表す表現で、〝どうしようもなく・しかたがなく〟といった訳がふさわしい。

解答例　露見した以上はどうしようもなく

㈡　パターン❶―Ⅲ：省略の補足

傍線部ウの前文の内容は、嵐雪が妻に、猫がどこかへ行ってしまって探しても見つからないと告げたというものである。傍線部ウの前後も含めた「妻、泣き叫びて、行くまじき方までも尋ねけれども、帰らずして」という文脈を踏まえると、設問文で明示するように指示されている「誰が何をどうした」かは、「妻が猫を『尋ね』た」という骨格になる。

「まじき」は、強い当然性をもった打消の助動詞「まじ」の連体形で、〝～はずがない・～ないに違いない・～そうにない〟と訳す。〝～ないだろう〟では助動詞「じ」の訳にあたるので不十分。「方」は、何らかの方向性をもった事物・場所や様子などを広く表す名詞。「行くまじき方」は、〝猫が普通なら行くはずがない辺り〟の意。動詞「尋ぬ」は、不明なものをはっきりさせようとする動作を表す。〝質問する〟の意に限らないことに注意しよう。ここでは、妻が猫を探したということ。「けれ」は過去の助動詞「けり」の已然形。「ども」は逆接を表す接続助詞。

解答例　妻が、猫を、猫が行くはずがない辺りまでも探したけれども

㈢　パターン❶―Ⅱ：趣旨　《使役》《敬語》

「我が知らせしとなく」は、自分（＝隣家の内室）が（嵐雪の妻に）猫の居場所を知らせたということとは内密にするように、ということ。「何町、何方」は、猫が預けられている家の場所を具体的に教え

たもの。「取り返しに遣はし給へ」は、猫を取り返すために人を行かせなさいということ。一行の解答欄に収まるように簡潔にまとめる必要がある。

解答例　自分が教えたとは言わず、猫がいる家に人を行かせて猫を取り返せ。

(四)　パターン❶—Ⅱ：趣旨

第二段落の前半の内容に基づき、嵐雪が猫をどのようにして、妻にはどう言ったかをまとめる。妻が実家へ行っている間に、前もって話をつけておいた家に猫を連れて行かせ、帰宅した妻には、妻の後を追おうとして綱を逃れようとするのが苦しそうだったため、綱を緩めたところ、妻を探して外へ出たのか、姿が見えなくなったと嘘をついたという事情を、ごく簡潔にまとめる。

解答例　妻の留守中に猫を他所へ預け、妻には猫が姿を消したと嘘をついた。

(五)　パターン❶—Ⅱ：趣旨

嵐雪の妻がどのように猫をかわいがっていたかは、第一段落に書かれている。そのうち、「余り他に異なる愛し様」にあたるのは、嵐雪の発言の「人にもまさりたる敷き物（＝「布団」）・器、食ひ物とても、忌むべき日にも、猫には生ざかなを食はする」様子である。設問の「具体的に」という指示に従いつつ、一行の解答欄に収めるために、「布団」「器」「食ひ物」を挙げ、それらが贅沢で非常識なものであったというまとめ方をすることになるだろう。

解答例　非常識なほど贅沢な布団や器や食べ物を与える過度なかわいがり方。

第二問

二〇一八年度　文理共通

出典　『太平記』　巻第二十一　覚一真性連平家の事

室町時代に成立した作者未詳の軍記物語。後醍醐天皇の関東討伐計画から南北朝の分裂、細川頼之の管領就任に至る約五十年間の動乱の歴史が、全四十巻にわたって描かれている。出題された部分は、高師直が、塩冶高貞の妻に、兼好法師と薬師寺公義に代筆させた恋文を送り、公義が代作した和歌に思わせぶりな返事が届く場面である。この後、結局望みを遂げることができなかった師直の讒言により、塩冶高貞と妻子が死に追いやられるという話が続く。

通釈

侍従は帰って、「(女房の反応は) このようで」と語ったところ、武蔵守 (＝師直) はたいそう心を上の空にして、「何度も続いたならば情にほだされて (強硬な心が) やわらぐこともあるかもしれない、手紙を送ってみたい」と思って、兼好といった能書の遁世者を呼び寄せて、紅葉襲の薄様で、持つ手も香りが立つほどに香を焚きしめている紙に、(兼好が代筆して) 言葉を尽くして申し上げた (＝手紙を送り申し上げた)。返事がなかなか来ないと (思いながら) 待つところに、使者 (＝仲立ちの侍従) が帰って来て、「(女房は) お手紙を手に取りながらも、開いて御覧になることさえなく、庭にお捨てになっているのを、人目につかないようにしようと、懐に入れ帰参いたしました」と語ったので、師直は非常に気分を損ねて、「いやいや何の役にも立たないものは能書家であるなあ。今日からその兼好法師は、こちらへ近付けてはならない」と怒った。

このようなところに薬師寺次郎左衛門公義が、用事があって、ふと現れた。師直は側へ招いて、「ここに、手紙を送っても手に取っても見ず、とんでもないほどに態度が冷たい女房がいたのを、どうするのがよいか」と微笑んだところ、公義は「人は誰でも岩や木（のような感情のないもの）ではないので、どのような女房も、（自分を）恋しく思う男になびかない者がいるはずがありましょうか。もう一度お手紙をお送りになって御覧くださいませ」と言って、師直に代わって手紙を書いたが、あえて文章は書かずに、

　返すものでさえも（あなたの）手が触れただろうかと思うので、自分の手紙ながらも捨て置くこともできない。

折り返して、仲立ち（＝侍従）がこの手紙を持って行ったところ、女房はどのように思ったのだろうか、歌を見て顔を赤らめ、（手紙を）袖に入れて立ったのを、仲立ちはこれならば機会としては悪くないと、（女房の）袖を押さえて（引きとめて）、「それではお返事はどのように」と申し上げたところ、「重きが上の小夜衣」とだけ言い残して、中へ入って居場所がわからなくなった。しばらく経つと、（女房がもう出てきてくれそうもないので）使者（＝仲立ちの侍従）は急いで帰って、「このようでございました」と語ると、師直は嬉しそうにふと考えて、すぐに薬師寺（＝公義）を呼び寄せ、「この女房の返事に、『重きが上の小夜衣』とだけ言い残してお立ちになったと仲立ちが申すのは、衣・小袖を用意して送れということであろうか。そのことであったならば、どのような装束であっても仕立てるようなことについては、実にたやすいにちがいない。これはどういう意味か」とお尋ねになったところ、公義は「いやこれはそのような意味ではございませんで、『新古今和歌集』の十戒の歌に、

　そうでなくてさえも重い小夜衣の上に、自分の衣の裾ではない裾を重ねてはならない（＝ただでさえ〈＝僧が自分の妻と関係を持つことでさえ〉重い罪であるうえに、自分の妻ではない妻と重ねて関係を持ってはならない）。

という歌の意味によって、人目だけを気にしますものと思い当たっております」と歌の意味を解釈したので、師直は非常に喜んで、「ああ、あなたは弓矢の道だけではなく、歌道にまでも並ぶ者のない達人であるなあ。さあ贈り物をしよう」と言って、黄金作りの丸鞘の太刀を一振り、自らの手で取り出して薬師寺にお与えになった。兼好の不幸と、公義の幸運は、栄耀と衰廃がほんの短い間に入れ違いになった。

解法

㈠ **パターン❶―Ⅰ：現代語訳　《敬語》**

ア 「だに」は、極端に程度の軽いことを挙げ、それ以上のものはまして当然だと類推させる用法の副助詞。ここでは、「御文をば手に取りながら、あけてだに見たまはず、庭に捨てられたる」という文脈なので、女房は手紙を開くことも見ることもなかったということが明確になるように、「あけて」「見」る動作をひとまとまりで示したうえで、尊敬と類推と打消の要素を添えるという形で解答する。

解答例　開いて御覧になることさえなく

イ 「なかなか」は、通常の認識やもともとの予想とは異なる側面があることを表す副詞。〃かえって・むしろ・逆に〃という一般的な訳でもよいだろうが、ここでは、女房への手紙の代筆を引き受けた公義が、通常なら恋心を連綿と書き連ねそうなところを、思い切って一首の歌のみを記したという状況に応じて、〔解答例〕では〃あえて〃とした。「言葉」は、ここでは「返すさへ…」の歌以外の散文の文章のことを表している。

解答例　あえて通常の文章は書かずに

エ　「たより」（「便り」「頼り」で、もとは「手寄り」とされる）は、都合のよいことや、うまく事が運ぶと期待できるものを広く表す。「あしからず」は、形容詞「あし」（「悪し」）の未然形に打消の助動詞「ず」の終止形が接続したもの。ここでは、師直からの手紙の和歌を見て顔を赤らめ袖に入れて立ち去ろうとした女房の様子について、仲立ちをした侍従が「さてはたよりあしからず」と思い、女房の袖を押さえて返事を催促したという文脈なので、「たより」は、女房に返事を求めるのに都合がよい機会・女房が返事を書いてくれることが期待できる様子といった意味でとらえることができる。〝見込みは悪くない〟などと解答してもよいだろう。前回、女房は手紙を開いて見ることさえなかった（まして返事などするはずもなかった）のに、今回は悪くない反応だと侍従は見て取ったのである。

解答例　事を運ぶ機会としては悪くない

㈡

パターン❸：因果関係　《助動詞「る」》

傍線部ウを含む和歌は、女房に読んでさえもらえずに捨てられて師直の手許に戻った手紙にちなんだもので、「置かれず」の「れ」は可能の助動詞「る」である。逐語訳は〝返すものでさえも手が触れただろうかと思うので、自分の手紙ながらも捨て置くこともできない〟となる。結果的に突き返されたような形になった手紙ではあるけれども、女房は一旦手に取りはしたとのことなので、愛しい女房が触れたものだと思うと捨て置くことができないということが詠まれている。第二・三句の「手や触れけんと思ふに」が、傍線部ウの理由にあたる。「手」「触れ」は愛しい女房の手が触れることであるという理解を明確に示すことが必須。過去推量の助動詞「けん」（＝「けむ」）・疑問の係助詞「や」もなるべく忠実に反映し、手紙を捨て置けない気持ちがわかるように、〝慕わしい・大切に思われる〟などの表現を添えてまとめるとよい。

解答例　愛しい女房の手が触れたのだろうかと慕わしく感じられるから。

㈢　パターン❷：指示内容

傍線部オは公義の言葉で、女房が言い残した「重きが上の小夜衣」という言葉について、師直が自分なりの考えを述べたことを受けたものである。ここでの「心」は〝意味・内容〟という意味で、「さ」は、「衣・小袖をとゝのへて送れ」ということではないかと解釈した師直の推察を指している。「衣・小袖をとゝのへて」は、続く文の「いかなる装束なりとも仕立てんずる」とほぼ同じ意味で、衣や小袖などの着物を仕立てるということ。「さやうの心」自体の解釈は〝着物を仕立てて送れというような意味〟であるが、設問は「何を指しているか」と問うているので、それは師直が「…とにや」（＝引用を表す格助詞「と」＋断定の助動詞「なり」の連用形「に」＋疑問の係助詞「や」で、逐語訳は〝…ということであるか〟）と推察したことであるという客観的な説明も添えてまとめるのが適切だろう。

解答例　着物を仕立てて送れという意味であろうかと師直が推察したこと。

㈣　パターン❶―Ⅱ：趣旨《和歌》

傍線部カの逐語訳は〝自分のつまではないつまを重ねてはならない〟。「十戒の歌」の〔注〕と、第三句に詠み込まれている「小夜衣」をふまえると、「つま」は、配偶者の意で男女を問わず用いられる「妻《つま》」や「夫《つま》」と、衣の裾の意の「褄《つま》」との掛詞で、「重ね」も、加えて関係を持つという意味と、衣の裾を重ねて共寝するという意味が掛けられている。「な…そ」は禁止を表し、仏道の教えとしては、自分の配偶者以外の者と関係を持ってはならないと戒めるものであるが、女房は、その戒めを師直に示すことによって、すでに人妻となっている自分は夫以外の男と関係を持つことはできない立場にあるということを表明している。

解答例　夫以外の男と衣の裾を重ねて共寝することはできないということ。

㈤　パターン❶―Ⅱ：趣旨

傍線部キの逐語訳は〝人目だけを気にしますもの〟。師直はそれを聞いて非常に喜んでいるので、公義のこの解釈は、師直にとって喜ばしいものであるとわかる。人目だけを憚るということは、人目以外には憚るものはないということで、女房が「さなきだに…」の歌を引いて「重きが上の小夜衣」と言ったことを、公義は人目を避けることを条件に師直の求愛に応じるという意向だと都合よくとらえているのである。

解答例　人目さえ避ければ師直の求愛に応じる気があると解釈している。

第二問

二〇一七年度　文理共通

出典　紫式部『**源氏物語**』　真木柱

平安時代中期の作り物語。紫式部の作。光源氏の出生から、成長のさまや女性遍歴などの波乱に満ちた生涯が語られ、さらには光源氏の子孫の代の話へと続く長大な物語である。貴族社会の愛や苦しみ、理想や現実が、さまざまな登場人物を配して重層的に描かれている。出題された部分は「真木柱」の巻で、光源氏と、光源氏のかつての恋人夕顔の遺した玉鬘とが、玉鬘が鬚黒大将のもとに嫁いだ後に手紙のやりとりをする場面である。

通釈

二月にもなった。大殿（＝光源氏）は、それにしても無情なことであるなあ、まったくこのようにきっぱりと（鬚黒が玉鬘を自邸に引き取ると）とも思わずに油断させられた悔しさを、体裁が悪く、何から何までお心にかからない時はなく、恋しく思い出さずにいられないでいらっしゃる。（二人が夫婦になった）前世からの因縁などというものはいいかげんではないことであるけれども、自分の度が過ぎた気持ちによって、このように他人に強いられたのではない物思いはするよと寝ても覚めても（玉鬘の姿が）面影にお見えになる。（鬚黒）大将のような、風流な感じも陽気な感じもない人と（玉鬘が）一緒に暮らしているような状況で、ちょっとした色めかしい手紙も気が引けてそぐわなくお思いにならずにいられなくて、我慢なさるが、雨がひどく降ってたいそうのどかな頃、このような所在ない気持ちも紛らわせる所（＝光源氏が玉鬘を引き取って住まわせていた際の玉鬘の居所）にお行きになって、お話をなさった様子などが、ひどく恋しいので、お手紙を差し上げなさる。右近のもとへこっそりとお送りになるのも、一方では（右近が不審に）思うようなことをお思いになるので、これといったことをも書き連ねなさることができずに、ただ相手の推察に任せたことなどが書いてあった。

「降り続いてのどかな頃の春雨の中で、（あなたは）住み馴れた所の人（＝私）をどのように思い出すのか。

所在ない気持ちに加えても、恨めしく思い出さずにいられないことがたくさんありますのを、どうして申し上げることができようか」などとある。

（右近が）機会を見付けて（＝鬚黒が不在の折に）こっそりと（玉鬘に手紙を）見せ申し上げると、（玉鬘は）少し泣いて、自分の心にも時間が過ぎるにつれて思い出しなさらずにはいられない（光源氏の）御様子を、まともに、「恋しいなあ。どうにかしてお目にかかろう」などとはおっしゃることができない親であって、本当に、どうして対面することもできるだろうかとしみじみ悲しい。時々煩わしかった（光源氏の）御様子を、気に入らなく思い申し上げたことなどは、この人（＝右近）にもお知らせにならないことであるので、自分一人の胸で際限なくお思いになるけれども、右近はうすうす事情を察した。どのようであったことであるだろうかとは、今でも理解しがたく思った。お返事は、「申し上げるのも気が引けるけれども、うやむやではいけない」ということでお書きになる。

「長雨が降り続く軒の雫に袖が濡れるように、物思いに耽って涙を流して、泡がはかなく消えるような少しの間もあなたを思い出さないだろうか。

（長雨が）降るうちに時が過ぎる今は、本当に格別な所在ない気持ちも募りました。あなかしこ（＝手紙の末尾に添える文句）」と礼儀正しく意識してお書きになっている。

（光源氏は玉鬘からの返事の手紙を）広げて、涙がこぼれるようにお思いにならずにいられないのを、人も見たならばまずいにちがいないとさりげなく振る舞いなさるけれども、胸がいっぱいになる気がして、あの昔の、(当時の) 尚侍の君 (であった朧月夜) を朱雀院の母后が (光源氏に逢えないように) 強引に閉じ込めなさった時のことなどを思い出しなさるけれども、直面していることであるからだろうか、これ (＝今の尚侍の君である玉鬘と自分との間柄) は男女の仲ではないだけにしみじみ悲しかった。(光源氏のように) 恋愛を好んでいる人は、自分の性格のせいで心穏やかなはずがないことであった、今となっては何によって心を悩ませようか (＝すでに鬚黒の妻となっている玉鬘を恋しく思ってもしかたがない)、不相応な恋の相手であるなあ、と心を鎮めあぐねなさって、御琴を掻き鳴らして、(かつて玉鬘が) 好ましく弾きこなしなさった爪音を思い出しなさらずにはいられない。

解法

㈠　パターン❶―Ⅰ：現代語訳《敬語》《反語》《和歌》

ア「おろかなら」は〝いいかげんだ・不十分だ〟の意の形容動詞「おろかなり」の未然形。「ぬ」は打消の助動詞「ず」の連体形。傍線部アの前の「宿世などいふもの」が「おろかならぬこと」であるという内容に整合する表現となるように注意が必要である。「なれ」は断定の助動詞「なり」の已然形。「ど」は逆接の接続助詞。

解答例　いいかげんではないことであるけれども

イ　述語の「聞こゆ」は、光源氏から玉鬘に宛てた手紙の文面で、〝私があなたに〟「聞こゆ」という意味が成立するので、「言ふ」の謙譲語として〝申し上げる〟と訳す。「恨めしう思ひ出でらるること多うはべるを」(＝〝恨めしく思い出さずにいられないことがたくさんありますのを〟)「いかでかは聞こゆ」とつながっていることから、「いかでか」は反語を表していると判断する。「べから」は助動詞「べし」の未然形で、可能（または適当〝～のがよい〟）の用法。「む」は助動詞「む」の連体形で推量の用法。

解答例　どうして申し上げることができるだろうか、いや、できない

オ　「ながめする…」の和歌は玉鬘が詠んだもので、光源氏の「かきたれて…」の歌への返歌である。「人」は光源氏を指すが、訳は〝あなた〟とする。「しのば」はバ行四段活用の動詞「しのぶ」（「偲ぶ」）の未然形。上二段活用の「忍ぶ」とは異なることに注意しよう。「ざら」は打消の助動詞「ず」の未然形。「めや」は和歌に特有の形で、「め」は助動詞「む」の已然形で推量の用法、「や」は反語。

解答例　あなたを思い出さないだろうか、いや、思い出す

(二)　パターン❹：心情　《反語》

第二段落冒頭の「隙に忍びて見せたてまつれば」は、「隙に忍びて」に「鬚黒が不在の折にこっそりと」と〔注〕が付されていることもふまえると、第一段落で光源氏が書いて右近に託した手紙を右近が玉鬘に見せたということ。その後の「うち泣きて」以降は、手紙を読んだ玉鬘の様子が描かれている。傍線部ウは、玉鬘の気持ちである。「げに」は同意や納得を表す副詞で、光源氏からの手紙に「いかでかは聞こゆべからむ」（傍線部イ）と書かれていたことや、傍線部ウの前に『恋しや、いかで見たてまつらむ』などはえのたまはぬ親にて」とあるのを受け、〝本当に・そのとおり〟と言ったものである。

玉鬘も光源氏のことを思い出さずにいられないでいるが、光源氏は玉鬘にとって親とはいえ実父ではないので、恋しく会いたいなどとは言うことができない間柄であるということを、あらためて認識していると読み取れる。その流れで見れば「いかでかは」は明らかに反語で、「いかでかは対面もあらむ」は、どうあっても光源氏と対面することはできないだろうということ。「あはれなり」は心にしみじみ感じる様子を広く表す形容動詞で、ここではしみじみ悲しくせつない気持ちにあたる。

解答例　玉鬘の、もう会えそうにない光源氏との関係を悲しむ気持ち。

㈢　パターン❹：心情

傍線部エは、「右近はほの気色見けり」に続く心内文で、直後の「とは、今に心得がたく思ひける」に尊敬語が用いられていないことから、右近の気持ちであるとわかる。この文章の地の文全体で、右近は敬意の対象になっていないことも確認しよう。傍線部エの解釈は〝どのようであったことであるだろうか〟で、それは「心得がたく思」う気持ちなので、「不審に思っている・訝しく思っている」等と説明すればよい。右近が何を不審に思っているのかについては、前の文の「時々むつかしかりし御気色を、心づきなう思ひきこえし」が見出せる。これは前書きの「玉鬘は」「光源氏にも思慕の情を寄せられ困惑」していたことにあたり、玉鬘はそのことを右近にも知らせずに一人で悩んでいたが、右近はいくらか察知して、玉鬘と光源氏は親子にあたる関係なのに、もしかしたら恋愛めいたことなどがあったのだろうかと訝しんでいるということである。

解答例　右近が、玉鬘と光源氏の関係について、不審に思っている。

㈣　**パターン❶―Ⅱ：趣旨・Ⅲ：省略の補足　《敬語》**

第二段落は玉鬘と右近の場面で、尊敬語「たまふ」が用いられていることから、傍線部カの主語は玉鬘である。「ゐやゐやし」は礼儀正しく丁重な様子を表す形容詞。「書きなす」の「なす」は、あえて意識的に行動する意を添える。光源氏からの手紙を読んだ玉鬘は、自分も恋しく思う気持ちはあるものの、あくまでも親子の関係であることを意識し、かつて光源氏から思慕の情を寄せられて困惑したという事情も含めて複雑な思いを抱きつつ、わざと礼儀正しく他人行儀な文面の返事を書いて、恋愛めいた方向に受け取られることのないように牽制したということである。

解答例

玉鬘が、光源氏への返事の手紙を、あえて他人行儀に書いた。

㈤　**パターン❶―Ⅱ：趣旨**

「好い」は動詞「好く」の連用形「好き」のイ音便形。「好く」は、好ましい思いを抱いて心を寄せるという意味で、主に恋愛や風流を好むことを表す。ここでは、玉鬘を思う光源氏の様子が描かれている場面なので、〝恋愛を好む〟の意。光源氏は、前書きに書かれているように、立場上の娘である玉鬘に以前から思慕の情を寄せ、本文では、玉鬘が人妻となってからも恋しさを募らせている。さらに、傍線部キの前の文では、かつて尚侍の君であった朧月夜との逢瀬を阻まれた経験も思い起こしている。そのような光源氏の有様が「好いたる人」と述べられ、設問では「ここではどういう人のことか」を説明するように求められているので、単に恋愛を好むということではなく、禁忌や妨害があって恋が成就しそうにないような相手であっても愛さずにはいられない傾向にあり、かえって苦しむことになるような人を称したものという理解を示す必要がある。

解答例

結ばれそうにない相手にも恋心を抱いて自ら苦悩する人。

二〇一六年度　文理共通

第二問

出典　『あきぎり』上

鎌倉時代の成立とされる擬古物語。作者未詳。上下二巻から成る。姫君と三位中将との恋愛を軸に、その周辺の家族・友人・女房・宮中などの人間関係が綴られた典型的な擬古物語の筋立てで、『源氏物語』の影響も指摘されている。出題部分は、上巻の冒頭から少し進んだ箇所で、姫君の母親である尼上が亡くなる前後の場面である。

通釈

（尼上は）本当に臨終とお感じになるので、御乳母をお呼びになって、「もう臨終と感じるので、この姫君のことばかり思うので、（私が）亡くなったような後にも、ぜひとも疎略でないように扱い申し上げよ。これからはあなた以外は、（姫君は）誰を頼りになさることができようか。私が亡くなるとしても、父君が生きていらっしゃったならば、いくらなんでも（姫君を大切にしてくださるだろう）と安心できるにちがいないのに、誰に世話を委ねるというわけでもなくて、死んでしまうような後の気がかりなこと」ということを何度繰り返しても最後まで言うこともおできにならず、御涙も抑えきれない。

まして宰相（＝御乳母）は涙をこらえることができないでいる様子で、しばらくは何も申し上げない。いくらか気を落ち着けて、「どうして疎略に扱うはずか。（あなたが）御存命の時は、たまに（私が姫君のおそばを）離れることもあるでしょうけれども、（あなたがいらっしゃらないとなると、姫君は私以外の）誰を頼りにして、ほんの少しの間もこの世に生き長らえることがおできになるか」と言って、袖を顔に押し当てて、こらえきれない様子だ。姫君は、ましてひたすら同じ（悲しみにくれる）様子である中でも、このように嘆きをかすかに聞くにつけても、(自分は)まだ正気でいるのだろうかと、悲しさは晴らしようがない。本当にまさにもう臨終とお思いになって、念仏を声高に申し上げなさって、お眠りになるのだろうかと見ると、(尼上は)すでに御息も絶えてしまった。

姫君は、ともかく同じように(死んでしまいたい)と、(尼上を)慕い焦がれなさるけれども、どうにもならない。誰もが正気でいられないけれども、そのままにもしていられることではないので、尼上の葬送の準備をなさる時にも、(姫君が)自分こそ先に(死にたい)と(でもいうように)何度も気を失いなさるのを、(乳母たちは)「どんなことも前世からの御因縁がおありになるのだろう。お亡くなりになってしまったのは、どうしようもないだろう」と言って、今度はこの姫君の御様子をずっと嘆いている。大殿もあれこれと言葉を掛け申し上げて慰めなさるけれども、(姫君は)生きている人のようにもお見えにならない。

その夜、そのまま阿弥陀の峰という所に埋葬し申し上げる。はかない煙として立ち昇りなさった。悲しいというのも、ありきたりで言い尽くせない表現である。大殿は、(御自分が)事細かに(葬儀の)指示などをおっしゃっていることが、夢のように思われて、姫君のお気持ちは、それはもう(相当につらく悲しいだろうと)推察せずにはいられなくて、御乳母をお呼びになって、「しっかりとお言葉をお掛けして慰め申し上げよ。御喪が明けたならば、すぐに引き取り申し上げるつもりだ。心細く思わないでいらっしゃい」などと、頼もしい様子で言い残しなさり、お帰りになった。

中将は、こうとお聞きになって、姫君のお嘆きを想像し、気の毒で、鳥辺野の草のようにも、それはもう思い嘆きなさっているだろうと、しみじみつらい。毎晩通って行くことも、もうできないのだろうかとお思いになるのは、どなたのお嘆きにも劣らなかった。少将のもとにまで、

鳥辺野の夜中の煙が立ち昇るのに取り残され、それはもうあなたが悲しく思っているだろう。

と（手紙が）あるけれども、（姫君は）見向きさえなさらないので、しかたがなくてそのまま置いてある。

解法

㈠　パターン❶―Ⅰ：現代語訳《敬語》

エ「世の常」は〝世間並み・ありきたり〟の意で、「～とも、世の常なり」は、〝～と表現するのも、ありきたりだ・～と言っても、普通すぎてその様子を表現しきれない〟ということを表す慣用表現。ここでは、尼上が亡くなって火葬された有様について、「悲し」というありきたりな言葉では表現しきれないほど悲しい様子であるということを言っている。

解答例　悲しいと言っても、ありきたりで悲しさを表現しきれない

オ「やがて」は、時間や状態が隔たらない様子を表す副詞で、ここでは、前に「御忌み離れなば」（＝〝〈尼上の〉御喪が明けたならば〟）という時間的な条件が示されているので、そこから隔たらない様子として〝すぐに〟と訳すのが適切。「迎へ」は、大殿が姫君を引き取ること。「奉る」は大殿から姫君への敬意を表す謙譲語補助動詞。助動詞「べし」はここでは大殿の強い意志を表している。

解答例　すぐに引き取り申し上げるつもりだ

キ「御覧じだに入れ」は、〝見る〟の尊敬語「御覧ず」と、〝入れる〟の意の下二段活用の「入る」と

の複合動詞「御覧じ入る」に、副助詞「だに」が割り込んだ形になっている。「〜入る」は、動作を内向きに行ったり感覚を対象に向けたりする様子を添える働きで、「御覧じ入る」は、〝そちらを見る・目を向ける〟という意味の「見入る」が尊敬表現になっているものである。「だに」は、度合いの軽いものを挙げ、ましてそれ以上のものは当然だと言外に類推させる働きで、〝〜さえ〟と訳す。「ね」は打消の助動詞「ず」の已然形。已然形に接続する「ば」は、実際にそうであることを順序通りつなぐ働きで、ここでは、傍線部キの内容と、後の「かひなくてうち置きたり」に因果関係が認められるので〝〜ので〟と訳す。

解答例　見向きさえなさらないので

㈡　**パターン❶—Ⅱ：趣旨・Ⅲ：省略の補足　《敬語》**

自分の死を自覚した尼上から乳母への言葉である。「なからむあと」は、ここでは死んでこの世にいない状態を表す形容詞「なし」の未然形に、婉曲・仮定の助動詞「む」が接続し、名詞の「あと」につながっているもので、尼上の死後のこと。「かまへて」は命令を強調する副詞で、〝必ず・くれぐれも〟の意。「軽々しからず」は〝疎略にではなく〟ということだが、説明としては〝大切に・重んじて〟といった簡潔な表現にしてよいだろう。「もてなす」は、状況に応じた行動をとるという意味の動詞で、謙譲語補助動詞「奉る」が付いており、傍線部アの前に「この姫君のことのみ思ふを」とも述べられていることから、〝姫君を扱う・姫君を世話する〟の意ととらえる。「奉れ」は命令形で、尼上は、乳母に対して、姫君を大切にすることを求めているのである。

解答例　尼上の死後も、乳母は姫君を必ず大切に扱えということ。

㈢　**パターン❶―Ⅰ：現代語訳・Ⅲ：省略の補足　《敬語》**

「おはします」は「あり」の尊敬語。「おのづから」は自然とそうなる様子を表す副詞。「侍ら」は「あり」の丁寧語。「め」は助動詞「む」の已然形で、ここでは推量の用法。係助詞「こそ」を受ける已然形で文末とならず読点で続いている場合は逆接で後につながる。傍線部イを逐語訳すると、〝いらっしゃる時は、たまたま立ち去ることもあるでしょうけれども〟となる。これを骨格に、「おはします」と「立ち去る」とは誰がどうすることかを考え、それぞれの主語を補う必要がある。

傍線部イは宰相（＝乳母）の発言で、尼上が自らの臨終に際して姫君のことを心配する言葉に答えたものである。発言の一文目「いかでかおろかなるべき」で、尼上の心配する姫君について、自分は決して疎略に扱わないと言っていることと、傍線部イから逆接でつながる「誰を頼みてか、…ながらへさせ給ふべき」の内容を併せて考えると、宰相は、この発言全体で自分が必ず姫君が生きていく支えとなるつもりであることを強く表明していることがうかがえる。傍線部イの「おはします時」は尼上の存命時のことで、「立ち去る」は宰相が姫君のもとを離れるということである。逆接でつながる内容から遡ると、尼上の死後は自分だけは姫君のもとを離れずにずっとそばにいるということを伝えることの前置きとして、傍線部イのように言っていることになる。

以上をふまえて丁寧に言葉を補うと、〝あなたが生きていらっしゃる時は、私はたまたま姫君のそばを離れることもあるでしょうけれども〟となるが、設問で要求されている主語を示したうえで解答欄の一行に収めるためには、「おはします時」を〝あなたが御存命の時〟のように簡潔に表現し、「立ち去る」対象の姫君は解答に含めることができないと判断してまとめる。

解答例 あなたが御存命の時は、私はたまたま離れることもあるでしょうが

㈣ パターン❶―Ⅱ：趣旨

傍線部ウの逐語訳は〝ひたすら同じ様子にと〟で、「ただ同じさまに」は姫君の心内文である。前の段落に、尼上が亡くなったことが書かれ、傍線部ウの直後に「こがれ給へども、かひなし」とあることから、「ただ同じさまに」は、姫君が尼上と同じように自分も死んでしまいたいと強く望む気持ちを表していることが読み取れる。「姫君」「尼上」という人物を客観的に示し、引用を表す格助詞「と」を含む説明になるように配慮してまとめる。

解答例 姫君が、尼上の後を追って自分も死にたいと思っていること。

㈤ パターン❶―Ⅱ：趣旨 《和歌》

傍線部カの和歌は、姫君の恋人である中将が、尼上を亡くした姫君の嘆きを思いやり、姫君の侍女のもとに詠み送ったものである。「鳥辺野の夜半の煙」は火葬場で夜中に立ち昇る煙、すなわち、尼上を火葬する煙のこと。「立ちおくれ」は〝先立たれる・死に後れる〟という意味の動詞「立ち後《おく》る」で、「立ち」は〝立ち昇る〟意も掛けられて「煙」の縁語となっている。「さ」は指示副詞、「こそ」は強意の係助詞で、末尾の現在推量の助動詞「らむ」が已然形「らめ」となって係り結びが成立しているが、「さこそは」でひとまとまりの強調表現として、〝それはもう・さぞかし〟という意味をなしている。

「君」は姫君を指す。大意として、尼上の火葬に際し、尼上に先立たれた姫君が非常に悲しい気持ちでいるだろうということを、一行の解答欄に収まるように簡潔な表現でまとめる。

解答例

尼上を火葬した今夜、先立たれた姫君はひどく悲しんでいるだろう。

第二問

二〇一五年度　文理共通

出典　『**夜の寝覚**』　巻二

平安時代後期の作り物語。作者は菅原孝標女との説もあるが未詳。天人から数奇な運命を予言された女君が、姉の夫となる男君と契りを交わしたことをきっかけにさまざまな人間関係に苦悩して生きる有様が描かれている。

通釈

そうはいうもののやはり姨捨山の月（を彷彿とさせる広沢の池の月）は、夜が更けるにつれてますます美しく輝くのを、（女君は）目を引かれる様子で、しみじみと目をやりなさって、すっかり物思いに耽っていらっしゃる。

以前とは違ってつらいこの世に住む私なのに、美しく輝く月の光は（以前）見たのと変わらないことだよ。

長らく置いたままで手をお触れにならなかった箏の琴を引き寄せなさって、掻き鳴らしなさると、場所が場所だけにしみじみとした思いが募り、松風も実にうまく音を合わせるように吹いている様子に、心誘われて、何かにつけてしみじみとお思いにならずにいられないのにまかせて、聞く人はいないだろうとお思いになると気楽で、ありったけの曲をお弾きになっていると、入道殿が、仏の御前にいらっしゃったのだが、お聞きになって、「しみじみ心打たれる様子で、言っても言い尽くせないほどの御琴の音色だなあ」と、すばらしい音色なので、聞いているだけではいられなくて、勤行を途中でやめてお越しになったので、弾く手が止まりなさったのを、「もっとお弾きになってください。念仏しておりますと、『極楽からの迎えが近いのか』と、胸がどきどきせずにはいられなくて、（音色を）たどってやって参りましたよ」と言って、少将（＝女君の乳母の娘）に和琴をお渡しになり、琴を合奏したりなさって楽しみなさるうちに、あっけなく夜も明けた。このように心を慰めては、日をお過ごしになる。

普段よりも時雨が強く夜明けまで降っている早朝、大納言殿から、

（あなたは私に対して）冷淡だけれども、（私はあなたに）思いを馳せることだよ。山里の夜中の時雨の音はどのようだろうかと。

雪が夜まで降っている日、（良い）思い出がないかつてのなじみの地（＝都）の空までもが、塞がっているような思いがして、やはり心細いので、縁側近くににじり出て、白いお着物を何枚も、かえってさまざまな色であるようなのよりも風情があり、心引かれる様子で着こなしなさって、物思いに耽って夜まで過ごしなさる。いつぞやの年、このようであった時に、大納言の上（＝姉）と縁側近くで、雪の山を作らせて見た時のことなど、思い出しなさると、普段よりも流れる涙を、かわいらしい様子で拭い隠して、

「（良い）思い出はないだろうに、嵐が吹く嵐山で心が慰められずに、雪が降る古里はやはり恋しい。私を、このようにも（大納言の上は）思い出しなさらないだろうよ」と、推察してのことでさえ涙をこらえきれないのを、対の君（＝女君の母親代わりの女性）がたいそう気の毒に思って見申し上げて、「困ったことに、今まで物思いに耽っていらっしゃるなあ。おそばに女房たちは来て差し上げてください」などと、すべて深刻に思ってなどいないようなそぶりに振る舞い、慰め申し上げる。

解法

㈠ パターン❶—I：現代語訳 《敬語》

ア 「ありし」はラ行変格活用動詞「あり」に過去の助動詞「き」の連体形が接続したもので、〝以前の～・かつての～〟という意味の連体詞として扱う連語。ここでは直後に断定の助動詞が置かれていることから、「ありし」自体を名詞に相当するものとして〝以前（の様子）・かつて（の有様）〟と解釈する。「に」は断定の助動詞「なり」の連用形で、実質的には「に・あり」で〝～である〟と訳す。「も」は強意の係助詞、「ず」は打消の助動詞「ず」。「ありしにもあらず」「すむ」というつながりがあるので、「ず」は連用形である。傍線部アの逐語訳は〝以前の様子でもなく〟であるが、自然な表現として〝以前とは違って〟などとすればよい。

解答例 以前とは違って

イ 「行ふ」はここでは〝仏道修行をする・勤行する〟の意。「～さす」は〝～を途中でやめる〟という意を添える。

解答例 勤行を途中でやめて

カ 「いと」は〝たいそう・とても〟、「心ぐるしく」は、他者の痛みに同情して胸が痛む様子を表す形容詞「心ぐるし」（「心苦し」）の連用形、「見」は動詞「見る」の連用形、「たてまつり」は謙譲語の補助動詞「たてまつる」。「心ぐるしく見る」は、「見る」対象について「心ぐるし」という気持ちを抱いて「見」ているということなので、〝気の毒だと思って見る〟と表現するのがふさわしい。

解答例　たいそう気の毒に思って見申し上げて

㈡　パターン❶―Ⅰ：現代語訳・Ⅲ：省略の補足

「つらけれ」は形容詞「つらし」の已然形。「つらし」は、他者からの仕打ちによって自分がつらい気持ちにさせられる様子を表す言葉で、自分の心情が〝つらい〟というよりも他者からの仕打ちの有様を〝冷淡だ・薄情だ〟と訳すのが基本であることに注意。「思ひやる」（「思ひ遣る」）は〝思いを馳せる・気持ちを向ける〟の意。「かな」は詠嘆の終助詞。傍線部ウの逐語訳は〝冷淡だけれども思いを馳せることだよ〟となる。傍線部ウの和歌は大納言が女君に詠み贈ってきたものである。リード文にあるように、大納言は何とか女君と連絡を取ろうとするが女君はかたくなに拒絶していたということであるから、「つらし」は大納言から見た女君の仕打ちのことで、「思ひやる」は大納言が女君に思いを馳せているということである。現代語訳の問いなので、詠み手の大納言からの呼称を用いて人物関係を補い、〝あなたは私に冷たい〟〝私はあなたに思いを馳せる〟とする。

解答例　あなたは私に冷たいけれど、私はあなたに思いを馳せることだよ。

㈢　パターン❶―Ⅱ：趣旨

「なかなか」は通常の認識や予想とは異なる面があることを示す副詞で〝かえって・むしろ〟と訳す。「いろいろ」は〝さまざまな色〟、「なら」は断定の助動詞、「む」は婉曲の助動詞、「より」は比較の基準を表す格助詞、「をかしく」は感じが良い様子を表す形容詞「をかし」で、傍線部エの逐語訳は〝かえってさまざまな色であるようなのよりも趣深く〟となる。傍線部エの前後には「白き御衣どもあまた」「なつかしげに着なしたまひ」とあり、女君が白い着物を何枚も心引かれる様子に着こなしている様子が、カラフルな着物を重ね着しているのよりもかえってすばらしいとされていることがわかる。一行の解答欄に収めるのはやや厳しいが、「白き御衣」との対比がわかるように工夫したい。

解答例　多彩な衣よりも白い衣の重ね着姿の方がかえって風情があること。

㈣　パターン❸：因果関係・パターン❹：心情　《和歌》

傍線部オを含む和歌は、「あらし」が「嵐」と「あらじ」の掛詞、「ふるさと」が「降る」と「古里」との掛詞で、逐語訳すると〝思い出はないだろうに、嵐が吹く嵐山で心が慰められずに、雪が降る古里はやはり恋しい〟となる。「思ひいではあらじ」「古里」は、この段落の初めの文の「思ひいでなきふるさと」に対応し、もはや何の良い思い出もないに等しい京での暮らしのことを言っている。「あらしの山になぐさまで」は、嵐山にほど近い広沢に身を寄せて暮らしているが、心は慰められずにいる現状のこと。「雪降る」「古里」は、「雪かき暮らしたる日」「ひととせ、かやうなりしに、大納言の上と端ちかくて、雪山つくらせて見しほどなど、思しいづる」に対応し、今降っている雪を見て、かつて姉と一緒に雪を楽しんだことを思い出したということ。傍線部オ「雪ふるさとはなほぞこひしき」（＝〝雪が降る古里はやはり恋しい〟）ことの理由は、広沢での今の暮らしがつらいあまり、もう取り返しはつかないとはいえ、かつて京で姉と一緒に楽しく過ごしていた頃のことを思い出したからということになる。これを一行の解答欄に収めるには、解答例のようにまとめるか、「つらい状況に陥る前は、都で姉とも仲良く過ごしていたから。」のようにするしかないだろう。

解答例　今の状況がつらく、かつて穏やかに過ごした日々が懐かしいから。

㈤

パターン❶—Ⅱ：趣旨

傍線部キの逐語訳は〝すべて深刻に思ってなどいないようなそぶりに振る舞い〟である。傍線部キの前後に書かれている対の君の言動もふまえると、女君を気の毒に思いながらもあえてそれを何気なく口にし、女房たちを女君のそばに呼び寄せて慰めたということなので、女君のつらさを思いやっているからこそ、努めて何も気に留めていないかのような態度をとっていることが読み取れる。

解答例　女君のつらさを、あえて深刻に考えていないように振る舞う態度。

二〇一四年度 文理共通

第二問

出典 井原西鶴『**世間胸算用**』 巻五 二 才覚の軸すだれ

江戸時代の浮世草子で、井原西鶴の作。大晦日に金策に奔走する町人の有様を二十編にわたって描いたもので、借金をめぐる駆け引きや金銭のやりくりに腐心する庶民の姿がユーモラスに綴られている。

通釈

裕福になった者は、その生まれ持ったものが格段に違っている。ある人の息子が、九歳から十二歳の年の暮れまで、手習いに行かせたところ、その間に使った筆の軸を集め、それ以外に人が捨てている物も取り集めておいて、間もなく十三歳の春に、自分の手細工で軸簾をこしらえ、一つを一匁五分ずつ（の値段）の、三つまで売り払い、初めて銀四匁五分を儲けたことは、自分の子ながらただ者ではないと、親の身としては嬉しさのあまりに、手習いの師匠に語ったところ、師匠である僧は、このことを良いとはお誉めにならない。「私は、この年まで、数百人子供を預かって、指導いたしまして見届けてきたが、あなたの子のように、気が回りすぎている子供が、後に裕福に生活している例はない。そうかといって、物乞いをするほどの身の上にもならないもので、中流から下の生活をするものである。このようなことには、いろいろな事情があることである。あなたの子だけを、利口だというようにお思いになってはいけない。その子以上に、やりくりがうまい子供がいる。自分の当番の日は言うまでもなく、他人の当番の日も、箒を持っては座敷を掃いて、大勢の子供が毎日使い捨てている書き損じの紙で丸めてあるのを、一枚一枚皺を伸ばして、毎日屏風屋へ（屏風の下張り用の紙として）売って帰る子供もいる。これは、筆の軸を簾にするという思いつきよりは、さしあたっての役に立つことではあるが、これも感心しない。またある子供は、余分の紙を持って来て、紙を使いすぎて不自由している子供に、一日あたり一倍増しの利息でこれを貸し、一年間で貯まった儲けは、どれほどとも計り知れない。これらはすべて、それぞれの親のけちな気性を見習ってのもので、自然と生まれる各自の知恵ではない。その中でも一人の子供は、父母が常におっしゃったのは、『脇目もふらず、手習いに精力を注ぎ込め。成人してからのおまえの身のためになることだから』との言葉（であり）、（これを）無用のものにはすることができないと、毎日読み書きに気を緩めることなく、後には兄弟子たちよりも優れて達筆になった。この心がけからは、将来裕福になることが見て取れている。そのわけは、一心に家業に励むからである。一般に親の代からずっとしている家職以外に、商売を替えて続いていることはめったにない。（先ほど挙げた）手習いの子供たちも、自分の務めである字を書くことはそっちのけにし、幼少の頃から鋭く抜け目がなく、不必要な欲深さである。だから、（手習いをする子供にとって）最も重要な、字を書かないことが嘆かわしい。あなたの子であるけれども、そのような熱心さは、良いこととは言いづらい。何かにつけて幼少の頃は、花をむしり、凧を揚げ、知恵が付く時期に自分自身をしっかりしたものにしていることが、人のありかたとして当然のことである。七十歳になる者が申し上げたこと（なので）、将来を御覧なさい」と言い残しなさった。

解法

㈠　パターン❶—Ⅰ：現代語訳

ア「気のはたらき過ぎ」は、〝気が回る・頭の回転が良い〟という意味の「気のはたらく」という表現に〝～しすぎる・必要以上に～〟の意味を添える「～過ぐ」が付いたもの。「過ぎたる」の「たる」は存続（完了）の助動詞「たり」。「子供の」の「の」は主格の格助詞。「末」は〝後・将来〟、「世を暮らす」は〝生活する・過ごす〟、「ためし」は〝例・前例〟の意。

解答例　気が回りすぎている子供が、後に裕福に生活している例はない

エ　「反古」は〝不要の紙・紙のごみ〟の意がもとで、比喩的に〝無用のもの・無駄なこと〟という意味で用いられることもある。傍線部イの後の文の「つかひ捨てたる反古」は前者だが、この傍線部エは父母の戒めの言葉について述べたものなので、後者の意でとらなければならない。「〜がたし」は困難や不可能の意を添えるもので〝〜しづらい・〜できない〟と解釈する。「反古になる」の直訳は〝無用のものになる〟であるが、傍線部エは子供の心中にあたるところで、その後に読み書きの練習に励んだという行動が書かれているので、〝親の戒めの言葉が無になることはあってはならない〟という気持ちととらえ、〝無用のものとする・無駄にする〟と解釈するのがふさわしい。

解答例　無用のものにはすることができない

カ　「おのれが役目」は〝自分の務め〟、「手」は〝文字〟、「ほか」は〝よそ・別のもの〟の意。「なし」は意図的に作用や変化を及ぼすことを表す動詞「なす」（「為す」）の連用形。傍線部カは、手習いに来ていながら小金稼ぎをしている子供のことを言ったものなので、「ほかになす」は〝そっちのけにする・放っておく・関係ないものとする〟といった表現で訳し、文脈の理解を示す必要がある。

解答例　自分の務めである字を書くことはそっちのけにし

(二)　パターン❶—Ⅱ：趣旨

「手まはしのかしこし」は〝やりくりに長けている〟の意で、傍線部イの後に、捨てられた紙を屏風屋に売る子供と、余分の紙を持って来て他の子供に利息をつけて売る子供の例が挙げられている。傍線部イの前の「それよりは」の「それ」は、ここまでで話題になっている「ある人の息子」を指し、軸簾を作って売ったその子供以上にやりくりに長けた子供がいるということなので、傍線部イは直後の文で挙げられた具体的な一例だけを指しているのではないと判断することが最大のポイント。それぞれの子供の具体的な行為を説明する余地はないので、その子供たちの共通点として、不要のものを利用したり紙の不足を見越したりする小賢しい知恵が回るということと、それによって金儲けをするということを示す。

解答例　小賢しい知恵を働かせてうまく金儲けをする子供。

(三)　パターン❶—Ⅱ：趣旨

軸簾を思いついた子の父親については、本文初めの方に「…まうけしこと、我が子ながらただものにあらずと、親の身にしては嬉しさのあまりに」とあるように、軸簾を作って金を儲けた息子を、抜きん出た才覚を持っているとして喜んだと書かれている。傍線部ウの「親のせちがしこき気を見習ひ」（＝〝親のけちな気性を見習ってのもので〟）は、息子が金儲けしたことを喜ぶ父親自身が金銭欲の強い人間であると指摘したもの、「自然と出るおのれおのれが知恵にはあらず」（＝〝自然と生まれる各自の知恵ではない〟）は、自分の子に抜きん出た才覚があるなどと考えるのは見当違いだとして戒めているものと考えられる。

解答例　金銭に執着し、自分の子供に金儲けの才覚があることを喜ぶ考え。

(四)　パターン❸：因果関係

傍線部オの次の文に「その子細は、一筋に家業かせぐ故なり」と理由が書かれている。子供の頃に手習いに専念したということは、自分がするべきことを一筋に務めることができるということなので、大人になってからは家業に専念するはずだというのである。その次の文に、商売替えしてもほとんど成功しないということが書かれているのも視野に入れると、もともとの家業に励むことこそが金持ちになる道だという考えがうかがえるが、「一心に」「専念」といった表現でそれも含めた説明が成立する。

解答例　手習いへの態度と同様に将来は家業に専念すると考えられるから。

(五)　パターン❶―Ⅱ：趣旨

傍線部キは、子供の時には子供らしく遊び、知恵が付く時期に自分のあり方をしっかり固めることが、人としての正しいありかただということ。「少年の時は」「知恵付時に」と例示されているが、この言葉の要点としては、人生のさまざまな年齢や時機において、それぞれに適切なことや必要なことをしなければならないということになる。

解答例　年齢や時機に応じた本分を尽くすことが人間の正道である。

二〇一三年度　文理共通　第二問

出典　平仮名本『**吾妻鏡**』　巻六　文治二年四月

『吾妻鏡』は鎌倉時代に幕府が編纂した漢文体の歴史書で、その平仮名本は江戸時代前期に徳川家綱の命で出版された。編者は未詳であるが、幕府の側近の手によるものと考えられ、鎌倉幕府の成立期から八十七年間の出来事が、将軍ごとの代を追う日記の形式で記録されている。

通釈

静が、まず歌を朗詠して言うには、

吉野山の峰の白雪を踏み分けて入ってしまった人の名残が恋しい。

また別に音曲を歌って後、和歌を朗詠する。その歌として、

倭文《しず》の苧環《おだまき》（＝織物を作るために紡いだ麻糸を何重にも巻いて玉状にしたもの）の「しず」ではないが、静よ静よと繰り返し呼んでくれた昔を今に戻すことができる方法があればいいなあ。

このように歌ったので、社殿も音を立てて動くほどに、身分の高い者も低い者も誰もが感興を催したところで、二位殿（＝源頼朝）がおっしゃるのは、「今、八幡宮の神の前で私が芸を奉納する際に、とりわけ関東の長久を祝わなければならないのに、外聞をも憚らず、反逆者の義経を慕い、（望ましいものとは）別の曲を歌うことは、非常にけしからん」と言って、御機嫌が悪くおなりになるので、御台所（＝源頼朝の妻、北条政子）はお聞きになり、「そんなにひどくお怒りを顔にお出しになるな。私にとって思い当たることがある。あなたがすでに流罪に処せられた身となりなさって、伊豆の国にいらっしゃった頃、私との御縁が浅くないといっても、平家が繁栄している時であるので、父北条殿も、そうは

いってもやはり時勢を恐れなさって、内密にこのことを、制止なさる。けれどもやはりあなたと心を通わせて、暗い夜の間ずっと降る雨をさえ厭わず、掻き上げる着物の裾も雨露に濡らしてほんのわずかの隙間から、あなたがいらっしゃる御寝所の中にこっそり入りましたが、その後あなたは石橋山の戦場に向かいなさる時、（私は）一人で伊豆の山に残っていて、（あなたの）お命はどうであろうかということをずっと思っているので、昼間にはどれほどかわからないほど、夜には何度かわからないほど、気を失うほどの思いをしました。その嘆きと照らし合わせますと、今の静の気持ちもそのようであるだろうと思わずにいられず、気の毒でございます。彼女がもし長年九郎殿（＝源義経）と慣れ親しみ合って過ごした縁を忘れますほどであるならば、貞女の心がけであるはずがない。今の静の歌の有様は、表面的にはほんの少しばかりの思いを向けて、内面には霧が深く立ちこめているような深い憤りを込めている。とりわけかわいそうにお思いになって、ぜひとも御鑑賞くださいませ」と、おっしゃると、二位殿はお聞きになり、一緒に御涙を浮かべている様子で、御立腹を鎮めなさった。しばらくして、簾の中から卯の花襲《がさね》のお着物を静にお与えになった。

解法

㈠　パターン❶―Ⅰ：現代語訳　《疑問》

ア　傍線部アは「興をもよほしける」主体の人物にあたるので、「上下」は〝身分が高い者も低い者も〟、「いづれも」は〝どの者も〟の意で、要するにそこにいた者全員ということである。主格を表す助詞の〝〜が〟を添えて仕上げる。

解答例　身分の高い者も低い者も誰もが

エ　「夜すがら」は〝夜の間ずっと・一晩中〟の意。「夜」は、形容詞「暗《くら》し」の連体形「くらき」を受ける名詞と、副詞の「夜すがら」とが重なったものと考えられるので、「くらき夜」と「夜すがら」を分けて〝暗い夜に一晩中〟と訳してもよい。

解答例　暗い夜の間ずっと降る雨

オ　直訳は〝お命がどのようであろうかということを〟であるが、御台所（＝頼朝の妻である北条政子）が頼朝の身を案じている心情なので、「御命」は頼朝の命であると示し、「いかがあらん」は〝無事なのかどうか・生き長らえているのだろうか〟といった表現にしておくのがよい。

解答例　あなたのお命が無事なのかどうかということを

㈡　パターン❸：因果関係　《「す」》《敬語》

傍線部イは、二位殿（＝源頼朝）の顔色が変わった様子を述べたもので、頼朝がそのようになった理由は、その前の頼朝の発言部分に書かれている。静が鶴岡八幡宮の神前で頼朝に命じられて歌舞を披露するにあたり、関東武士の長久を言祝《ことほ》ぐのが本来であるにもかかわらず、謀反人の義経を慕う歌を歌ったことについて、頼朝はとんでもないことだとして立腹しているのである。端的には「反逆の義経を慕ひ、別の曲を歌ふ事」とあるのに基づき、リード文の内容から、義経が謀反人として兄頼朝をはじめとする関東武士と敵対関係にあることをふまえてまとめる。

解答例　静が、関東武士と敵対する義経を恋い慕う歌を吟詠したから。

㈢ パターン❷：指示内容 《敬語》

御台所（＝北条政子）が自分の体験を語っている部分で、傍線部ウを含む一文の内容は、頼朝が流罪に処せられていた頃、すでに政子と深い仲になってはいたが、平家が栄えている時であったため、父の北条殿（＝北条時政）が、時勢を憚って、こっそりと「これ」を制止したというものである。「これ」が政子と頼朝との逢瀬を指していることを明確に示し、当時の頼朝の立場や世の情勢を加えてまとめる。

解答例　政子が、当時栄えていた平家と敵対する源頼朝と逢瀬を重ねること。

㈣ パターン❶—Ⅱ：趣旨

「貞女」は夫への貞操を固く守る妻のことで、ここでは静の義経に対する思いに即して説明することが求められている。傍線部カを含む一文が「かれもし多年九郎殿に相なれしよしみをわすれ候ふ程ならば、貞女のこころざしにてあるべからず」となっていることから、長年義経と連れ添った縁を忘れずにいることが「貞女」の条件であるととらえることができる。義経は現在謀反人として追われる身で、静の前からも姿をくらましているが、そのような逆境の中でも義経を慕い続けることが「貞女」の心の持ちようであるというのである。

解答例　静が、長年の縁のある義経を不遇な中でも慕い続ける心のさま。

㈤ パターン❸：因果関係・パターン❹：心情

二位殿（＝源頼朝）が立腹した理由は、㈡で考察した通りである。その立腹を鎮めた政子の言葉はかなり長いが、「我が身において思ひあたる事あり」から「今の静が心もさぞあるらむと思はれ、いたはしく候ふ」に至る部分で、かつて頼朝が流罪に処せられていた時の政子自身の経験を語ることに多くの言葉が費やされている。単に静を弁護するのではなく、不遇な立場にある恋人を慕う気持ちのほどを、頼朝と自分との以前の有様になぞらえて同情を求める政子の訴えに、頼朝も心を動かされたものと考えられる。

解答例　義経を慕う静の思いを、かつて頼朝を慕った自分に比して訴えた所。

第二問

二〇一二年度 文理共通

出典 源俊頼『**俊頼髄脳**』

平安時代末期の歌論書。歌人である源俊頼が、時の関白藤原忠実の命に応じて著したもので、和歌の成り立ちや詠み方などについて、例歌や逸話などを交えながら多岐にわたって詳しく解説されている。和歌の入門書として広く読まれ、後世の和歌や歌論にも大きな影響を与えたとされる。

通釈

夜間に岩で橋を架けるという約束が中断したように、私たちの夜の逢瀬も絶えてしまうにちがいない。夜が明けるのがつらい葛城の神と同じように、私も醜い容貌をしているので。

この歌は、葛城の山と、吉野山との間の、遠い距離を巡り歩くと、何かにつけての苦労があるので、役《えん》の行者《ぎょうじゃ》といった修行者が、この山の峰からあの吉野山の峰に橋を架けたならば、苦労もなく人はきっと通うだろうということで、その場所にいらっしゃる一言主《ひとことぬし》と申し上げる神（＝葛城山に住む女神）に祈り申し上げたことは、「神の神通力《じんづうりき》は、仏に劣ることがない。凡人ができないことをするのを、神通力と称している。どうか、この葛城の山の頂上から、あの吉野山の頂上まで、岩を使って橋を架けてください。この願いを恐れ多くも聞き入れてくださるならば、できる限り法施を差し上げよう」と申し上げたところ、空で声がして、「私はこのことを引き受けた。必ず（橋を）架けよう。ただし、私の容貌は醜くて、見る人はひどく怖がる。夜ごとに架けよう」とおっしゃった。「どうか、早く架けてください」と言って、般若心経を読んで祈り申し上げたところ、その夜のうちに少し架けて、昼は架けない。役の行者はそれを見てたいそう怒って、「それならば鬼神（＝仏法守護のために使役される神）よ、この女神を縛ってください」と申し上げる。鬼神はただちに、葛を使って女神を縛った。その女神は大きな岩のようにお見えになるので、葛が絡まり付いて、掛け袋（＝紐を付けて首に掛ける袋）などに何かを入れているように、隙間もなく（葛が）絡まり付いて、今でもいらっしゃるそうだ。

解法

㈠　パターン❶―Ⅰ：現代語訳

ア　この「事」は不特定の事物を表したり状況をぼかして言ったりするもので、〝何かにつけてのこと・あれこれ〟といった意味。「わづらひ」は〝苦労・厄介なこと・差し障り〟の意で、「事のわづらひ」を言葉通りに訳すと〝何かにつけての苦労〟であるが、傍線部アの前の内容をふまえ、葛城山と吉野山の間の遠い距離を行き来するにあたっての苦労であると示しておくのがよい。

解答例　行き来するのに何かと苦労があるので

イ　「凡夫」は〝普通の人・凡人〟、「えせぬ」は可能を表す副詞の「え」＋サ行変格活用動詞「す」の未然形＋打消の助動詞「ず」の連体形で〝することができない・できない〟と訳す。「神力」は〝神の威力・霊力・神通力〟といったものであると見当がつくだろうが、そのままでもかまわないだろう。「〜とせり」の「せ」はサ行変格活用動詞「す」の未然形、「り」は存続・完了の助動詞で、直訳は〝〜としている〟であるが、「〈具体的な有様〉を〈端的な表現〉とす」という構文・内容から、ここでの「す」は〝（〜と）見なす・考える・呼ぶ・称する〟と解釈する。

解答例　凡人ができないことをするのを、神通力と称している

ウ　「たふる」はハ行下二段活用動詞「耐ふ」(「堪ふ」)の連体形で、〝能力がある・もちこたえられる〟の意、「〜にしたがひて」は付随や相応の様子を示す表現で、傍線部ウの直訳は〝もちこたえられることに応じて〟となる。これが誰のことについて言ったものかは、〝神が山に橋を架けることができた度合いに応じて〟という解釈と、〝私(＝発言者である役の行者自身)がお礼の法施としてできるだけの度合いに応じて〟という解釈の二通りが考えられる。傍線部ウを含む発言は、役の行者が山に橋を架けてほしいと神に願い出たもので、傍線部ウの前の「この願ひをかたじけなくも受け給はば」で神が願いを聞き届けてくれることを前提条件として示していることと、傍線部ウに尊敬語が用いられていないことから、役の行者自身のことを述べたものと考え、後者を採るのが妥当であろう。その解釈のうえで、「法施をたてまつらむ」に係る自然な表現として、〝できる限り・精一杯に〟といった解答が考えられる。

解答例　できる限り

㈡　**パターン❶—Ⅱ：趣旨**

「かたち」は〝容貌・顔立ち〟。「おぢ恐り」は〝ひどく怖がること〟、「なす」(「為す」)は〝する〟の意で、「おぢ恐りをなす」は要するに〝ひどく怖がる〟ということ。傍線部エの直訳は〝私の容貌は醜くて、見る人はひどく怖がる〟である。説明問題なので、「我」は発言者である神自身を指すと示し、

全体としてわかりやすい表現に整えて解答すればよい。

解答例　一言主の女神は、見る人がひどく怖がるほど容貌が醜いということ。

(三)　パターン❸：因果関係

役の行者とのやりとりがあった日の夜に早速少し橋を架けたのは、どうか早く橋を架けてほしいという役の行者からの要望に応えるためであり、昼間は作業をしなかったのは、明るい中では自分の容貌が人に見られる恐れがあるためであったと考えられる。両方を盛り込んで答案を仕上げたい。

解答例　役の行者の願いには応じるが、人に自分の姿を見られたくないから。

(四)　パターン❶―Ⅱ：趣旨・Ⅲ：省略の補足

傍線部カの逐語訳は〝隙間もなく絡み付いて、今でもいらっしゃるそうだ〟である。傍線部カを含む一文を見ると、「今におはす」の主語が一言主の女神であることは明らか。「ひまはざまもなくまつはれて」は岩のように見える神に隙間もなく葛が絡み付いている様子。役の行者の怒りを買って鬼神に葛で縛られた一言主の女神の姿が、葛城山に今でも残っているということである。

解答例　一言主の女神が、葛に覆われた岩のような姿を今も留めている状況。

(五)　パターン❶―Ⅱ：趣旨　≪和歌≫

冒頭の和歌の逐語訳は、〝岩橋の夜の契りもきっと絶えるにちがいない。明けるのがつらい葛城の神〟

で、その後の本文に照らすと、夜が明けて明るい所で自分の醜い顔を晒すのがつらい葛城の女神は、夜にしか作業をしなかったため、役の行者の怒りを買い、山に岩で橋を架けるという約束が果たせなかったということである。これを、ある女房が通ってきた男性に詠みかけたものとして解釈すると、自分を女神になぞらえて醜い容貌であることをそれとなく示し、明るい所で見られると嫌われて逢瀬も絶えてしまうにちがいないので、夜が明けるのがつらいという気持ちを訴えたものととらえることができる。解答例は歌そのものの解釈に即して作成したが、さらに踏み込んで、〝夜が明ける前に帰ってほしい〟という意向を示したものとして説明してもよい。

解答例　自分の容貌の醜さを明るい所で見て嫌われるのがつらいということ。

二〇一一年度　文理共通　第二問

出典　『十訓抄』　第六　忠直を存すべき事

鎌倉時代の説話集。十の徳目を掲げ、それぞれの教訓となる説話を配したもので、年少者の教育のために編まれたものであると伝えられている。出題部分は、忠実・実直を説く項の序文である。

通釈

孔子がおっしゃっていることがある、「ひたすら主君に従い申し上げるのは、忠ではない。ひたすら親に従うのは、孝ではない。抗わなければならない時に抗い、従わなければならない時に従うこと、これを忠とする、これを孝とする」。

だから、主君であっても、父母、親類であっても、親友、友人であっても、悪いようなことを、必ず戒めなければならないと思うけれども、道義が衰えた世の中ではこのことはできない。人の習性として、思い立ったことを戒めるのは、（戒められた人にとっては）気に入らなくて、話を合わせてくれる人が、気に入るようにも思われるので、天の神はしみじみ感心だともお思いになっているだろうけれども、主人の悪い点を戒める者は、（主人から）恩顧を受けることは、めったにない。そうして、することが不都合な有様にもなって、落ち着いて思い起こす時は、その人がよくも言ってくれたのになあと合点するけれども、また気が向く方面のことについて、（何かしようと）考えていることがある時は、（いつも戒める者のことが）不愉快で、また戒めようとしているのだろうと思って、このことを聞かせないようにしようと思うのである。これはひどく愚かなことであるけれども、すべて人の習性であるので、意地悪く思わず、また不愉快でない程度に対処するのがよいのである。

総じて、人が腹を立てている時、強く制止するとますます怒る。燃え盛っている火に少しの水を掛けるようなのでは、その効果はないにちがいない。だから、(相手の)意向を考慮して、穏やかに戒めるのがよい。主君が万一愚かであっても、賢明な臣下が助力すれば、その国は乱れるはずがない。親が万一思い上がっていても、孝行心のある子が慎んで従えば、その家は損なわれずに続くにちがいない。重い物であっても、船に乗せてしまうと、沈まないようなものだ。身分は違っても、立場に応じて、頼りにしているような人に対しては、決して先行きが不安であったり、意地悪な心があったりしてはならないのである。目につかないところでは、また神仏の加護を期待することができるからである。

解法

(一)　パターン❶―I：現代語訳

ア　「ひとへに」は〝ひたすら・一途に・むやみに〟と訳す副詞、「君」は〝主君〟、「奉る」は謙譲語の補助動詞、「忠」は〝忠義〟、「に」は断定の助動詞「なり」の連用形で、「にあらず」の形で断定＋打消の意として〝～ではない〟と訳す。「ひとへに君に随ひ奉る」ことについて「忠にあらず」と述べられているので、〝～のは、・～ことは、〟とつないで訳すことが必須である。

解答例　ひたすら主君に従い申し上げるのは、忠義ではない

ウ　「思ひ立つ」は〝(何かを)しようと決意する・決心する〟、「ぬる」は完了の助動詞「ぬ」の連体形、「いさむ」(「諫む」)は〝戒める・忠告する〟、「心づきなし」は〝気に入らない〟の意。「思ひ立つ」「いさむ」「心づきなし」がそれぞれどの立場の人の動作や状態を言っているのかがわかるように配

慮したい。誰かが何かしようと思い立ったことに対して、他人が諫めるのは、思い立った本人にとっては気に入らないということである。

解答例

しようと決意したことを他人が戒めるのは、気に食わなくて

カ　「機嫌」は〝時機・状況・事情〟の意。ここではこちらが諫めようとする相手の状況や意向などを表しているものと見る。「はばかる」は〝恐れ慎む・考慮する〟、「やはらかに」は〝穏やかに・柔和に〟、助動詞「べし」は〝〜がよい・〜しなければならない〟の意。不適切なタイミングで相手に諫言しても無意味だという前文までの内容をふまえた理解を示すこと。

解答例

相手の意向を考慮して、穏やかに戒めるのがよい

(二)

パターン❶—I：現代語訳・パターン❷：指示内容

「世の末」はここでは〝道義が衰えた世・末世〟、「かなはず」は〝思い通りにならない・できない〟の意。逆接でつながっている前の部分の内容から、「このこと」は、主君や父母や親類や親友や友人の悪い点を諫めることを指しているとわかる。「主君」「父母」…を列挙すると字数がかさむため、表現を工夫したい。

解答例

道義が衰えた世では、どんな立場の相手も戒めることができない

(三) パターン❶—Ⅰ：現代語訳・Ⅲ：省略の補足

「その人」は自分を諫めてくれた人を指す。ここでは、以前その人から諫言されたことを後で思い起こしているので、〝あの人〟としておくのがよい。「よく」はここでは〝適切に・よくぞ〟の意の副詞、「言ふ」は具体的には「諫む」の意で取ることができる。「つる」は完了の助動詞「つ」。「ものを」は逆接の確定条件を表す接続助詞だが、詠嘆の終助詞的に用いられており、より丁寧に言葉を補うなら〝～のに従わなかった自分が悪かったなあ・～のに従わなかったからうまくいかなかったのだなあ〟などの含みが考えられるが、解答欄に収まりきらないので不要と見なした。「思ひあはすれ」は〝思い当たる・合点がいく〟という意味の動詞「思ひ合はす」の已然形。事がうまく運ばなくなった後で、以前思い立った時点で人が諫言してくれたことを思い起こして合点するということである。

解答例　あの人が適切に私を戒めてくれたのになあと思い当たるけれども

(四) パターン❸：因果関係

この段落全体をふまえ、「また心の引くかたに…」から傍線部オまでの文意に基づいて解答する。「このこと」の内容は「心の引くかたにつきて、思ひたること」で、傍線部ウの「思ひ立ちぬること」と同じく、要するに自分で思い立って手がけようとしていることである。それを聞かせないようにしようと思う理由は、「むつかしく、またいさめむずらむとて」がそのまま該当する。「むつかし」は〝不愉快だ・煩わしい〟の意の形容詞。「むずらむ」は、推量の助動詞「むず」と現在推量の助動詞「らむ」であるが、現在の状態に基づいてこれからのことを推測するひとまとまりの表現となっている。傍線部ウの読解に基づき、相手の諫言を自分が不愉快に思うという内容がわかるように文を整えて仕上げる。

解答例　自分の思いつきを戒められて不愉快な思いをするだろうから。

㈤　パターン❶—Ⅱ：趣旨

「頼め」は四段活用動詞「頼む」、「ら」は存続の助動詞「り」、「む」は助動詞「む」の婉曲の用法で、「頼めらむ人のためには」の逐語訳は〝頼りにしているような人に対しては〟である。「ゆめゆめ」は禁止表現を強調する副詞で、ここでは助動詞「まじ」とともに〝決して〜してはならない〟という意味をなしている。「うしろめたなし」は先の成り行きが心配な様子、「腹黒し」は意地悪な様子を表す形容詞、「なり」は断定の助動詞である。「ゆめゆめ…なり」の逐語訳は〝決して先行きが不安であったり意地悪であったりする気持ちを持ってはならないのである〟となる。以上をふまえて、要するに誰に対してどのようであるべきだと言っているのかを見極めよう。この段落では諫言する立場の人のあり方が述べられていることと、傍線部キの前二文の具体例や比喩とのつながりを考慮すると、「頼めらむ人」は、臣下や子などが頼り庇護を求める主君や親などの上位者を指していると考えるのが妥当であろう。臣下や子が有益な助力をすれば国や家は安泰なのだから、上位者に対して不安を抱いたり意地悪であったりせず、誠実な気持ちで諫言も厭わない態度であれということである。

解答例　目上の人には決して邪心を持たず誠実に仕えるべきだということ。

二〇一〇年度　文理共通　第二問

出典　橘成季『**古今著聞集**』　巻第八　孝行恩愛第十

鎌倉時代の説話集。橘成季の編纂。七百余りの話が、「神祇」「政道忠臣」「和歌」「魚虫禽獣」などの三十編に分けて収録されている。

通釈

白河院の御治世、国中で殺生を禁制なさったので、国土に（食卓に載せる）魚鳥の類がなくなってしまった。その頃、貧しかった僧で、年老いている母を持っている者がいた。その母は、魚がないと物を食べなかった。まれに探して手に入れた食べ物も食べずに、だんだん日数が過ぎるうちに、年老いた体力はますます衰えて、もはや見込みがないように思われた。

僧は、悲しみの思いが深くて、（魚を）探し求めるけれども手に入れることは難しい。思い余って、全く魚を捕る方法も知らないけれども、自ら川のほとりに出向いて、着物に襷《たすき》掛けをして、魚を狙って、はえという小さい魚を一匹、二匹捕って持っていた。禁制が厳重な頃であったので、役人が見付けて、捕らえ縛って、院の御所へ連れて参上した。

まず事情を尋ねなさる。「殺生の禁制は、世間で広く知れ渡っている。どうしてそのことを知らないだろうか、いや、知っているだろう。ましてや、法師の姿として、その衣を着たままでこの罪を犯すとは、並一通りではない罪で、逃れることはできない」とおっしゃって聞かせなさると、僧は、涙を流して申し上げるには、「国中でこの禁制が厳重であることは、すべて承知しておりますことである。たとえ禁制がなくても、法師の身でこの行為は、決してあってよいことではない。ただし、私は、年老いている母を持っている。ただ私一人以外に、頼っている者がいない。高齢になり体が弱って、朝晩の食事も容易ではない。私もまた家が貧しく財産も持っていないので、思い通りに孝養することにも力が及ばない。とりわけ、(母は)魚がないと物を食べない。最近、国中の禁制によって、魚や鳥の類が、ますます手に入れにくいために、(母は)体力がもはや衰えている。これを助けるために、気持ちの抑えようもなくて、魚を捕る方法も知らないけれども、思いのあまりに川のほとりに出向いた。罰を受けるようなことは、覚悟のうえでございます。ただし、この捕まえた魚は、もはや放っても生き延びられそうにない。私の身の猶予を認めていただくのが難しいなら、この魚を母のもとへ届けてくださって、もう一度新鮮な食べ物を勧めて、安心だとお聞き申し上げておいて、どのようにでもなるといたそう」と申し上げる。これを聞く人々は、涙を流さないということがない。

院はお聞きになって、孝養の思いが浅くないことにしみじみ心打たれ感動なさって、いろいろな物を馬車に積んでお与えになって、お許しになった。不十分なことがあれば、重ねて申し出るがよいということをおっしゃった。

解法

㈠　パターン❶—Ⅰ：現代語訳

エ　「心のごとく」は〝思い通り・望み通り〟の意。「養ふ」には〝母を〟を加えておく必要がある。「力」は能力や方策のこと、「堪ふ」は〝もちこたえられる・その能力がある〟ということ。「〜に力堪へず」で〝〜ことができない〟と訳してもよいだろう。

解答例　思い通りに母を養うことに力が及ばない

オ 「罪をおこなふ」は〝処罰する〟の意、「れ」は助動詞「る」の未然形でここでは受身の用法、助動詞「ん」は婉曲（仮定）の用法、「案のうち」は〝考えのとおり・想定内〟の意、「に」は断定の助動詞「なり」の連用形、「はべり」は丁寧語の補助動詞。

解答例 罰を受けるようなことは、覚悟のうえでございます

カ 「いとま」は〝合間・暇〟の意で、「身のいとま」はここでは拘束を解かれて自由に行動できる時間的な猶予のことを言っている。「聴《ゆ》る」はルビと文脈から判断して〝許す・許可する〟の意。「～がたし」は〝～するのが難しい・～できそうにない〟、「～くは」は形容詞型活用語に助詞の「は」が付いて仮定を表す語法で〝～ならば〟と訳す。傍線部カの逐語訳は〝私の自由な時間を許可するのが難しいならば〟であるが、「身のいとまを聴る」については、状況に即した自然な表現で書くのがよい。

解答例 私の身をしばらく自由にしていただくことが難しいなら

㈡

パターン❶―Ⅱ：趣旨

「頼む」は〝期待する・あてにする〟、「かた」は〝方法・手段〟の意で、「頼むかたなし」で〝期待できそうにない・見込みがない〟という意味になる。「見ゆ」は〝見える・思われる〟。傍線部アに至るまでの文脈は、殺生が禁止されていた時に、ある僧の老いた母が、もともと魚しか口にしない者であったため何も食べなくなり、体力がますます弱って、回復し生き長らえる見込みがなさそうに見えたというものである。内容説明の問題なので、母について言っていることを明示する必要がある。また、傍線部

ア自体の語句に基づいて説明することが原則なので、単に〝死にそうであった〟などとしたのでは不十分である。

解答例　僧の母は生き長らえる見込みがなさそうに見えたということ。

㈢　パターン❶―Ⅰ：現代語訳・パターン❷：指示内容

「いかで」は理由・手段や様子などについての疑問副詞、「か」は疑問・反語を表す係助詞、「よし」は〝事情・～ということ〟の意の名詞、「ざら」は打消の助動詞「ず」、「ん」は推量の助動詞で、傍線部イを逐語訳すると〝どうしてその事情を知らないだろうか〟となる。「そ」の指示内容は直前の文にある「殺生禁制」で、それは世間に広く公布されている（＝「世に隠れなし」）ということなので、「いかでか」は反語を表していると判断できる。発言者は白河院で、傍線部イの主語は〝おまえ（＝僧）〟であるという理解は大前提である。〝（私は）～知っている〟などととれるものは不可である。

解答例　どうして殺生の禁制を知らないだろうか、いや、知っているだろう

㈣　パターン❶―Ⅱ：趣旨

「ひとかたならず」は〝並一通りでない〟、「科」は〝罪〟の意。傍線部ウの前に「いはんや、法師のかたちとして、その衣を着ながらこの犯しをなすこと」とあるのがその内容である。殺生の禁制が世間に公布されているか否かにかかわらず、仏道上の戒律として、出家者は殺生をしてはならないのが当然である。にもかかわらず、出家の身で、しかも僧衣を着たままで殺生を行ったことについて、在俗の者

が禁制を犯したのとは比べものにならないほどのひどい罪であると言っているのである。

解答例　僧の姿で殺生を行うのは禁制を犯す以上の大罪であるということ。

㈤　パターン❶―Ⅰ：現代語訳

「心やすし」は〝安心だ・心穏やかだ〟の意の形容詞、「うけたまはる」は「聞く」の謙譲語で〝お聞きする〟の意、「〜おく」は〝前もって〜する・〜しておく〟の意を添える。僧がひたすら心配しているのは物を食べず衰弱している母のことで、自分が禁制を犯したのは罪であるとはいえ、捕った魚は川へ戻しても生き延びられそうにないのだから、自分が母のもとへ出向くのが無理なら院の手配によって、せめて母にその魚を食べさせてやりたいと訴えている。「心やすくうけたまはりおきて」は、母が魚を食べたという報告を受けて自分が安堵することを言ったものである。そのうえで、自分自身については「いかにもまかりならん」と言っている。「まかる」は本来は謙譲語であるが、ここでは丁重な言葉遣いのニュアンスを添える働きで用いられている。助動詞「ん」は意志の用法。「いかにもまかりならん」の逐語訳は〝どのようにでもなるといたそう〟といったところである。文脈から、自分はどんなにひどい罰でも受ける意向であることをふまえて解釈するのが望ましい。

解答例　母の身は安心だとお聞きしたうえで、どのような罰もお受けしよう

二〇〇九年度　文理共通　第二問

出典　『**うつほ物語**』　嵯峨の院

平安時代前期の物語。作者は源　順《みなもとのしたごう》かとされるが未詳。清原俊蔭が漂着した異国で琴とその秘曲を得て帰国したところから、それを伝授された娘や孫の仲忠らが数奇な運命をたどっていくさまが二十巻にわたって描かれている。家族・恋愛・政争などさまざまな要素が盛り込まれた作品で、『源氏物語』に先行する物語としてはかなりの完成度であるとされている。

通釈

こうして、たいそう風流に管絃の宴をしてにぎやかに騒ぐ。仲頼が、屏風二つの隙間から、御簾の中をのぞき込むと、母屋の東向きの部屋に、こちらやあちらの女君たちが、全員残らずいらっしゃる。誰となく（すべての女君たちが）、周囲までもが輝くように（美しく）見えるので、（仲頼は）正気も消え心乱れて何が何だかわからず、不思議なほど美しい顔立ちだなあと、気もそぞろだ。さらに見ると、他の人よりもたいそうすばらしく、周囲が光り輝くような中に、天女が下りて来ているような人がいる。仲頼は、これは世間で評判となっている九の君（＝あて宮）であるにちがいない、と思いついて見ると、（心乱れて）どうしようもない。（先ほどまで）このうえなくすばらしく見えた女君たちは、この今目にしている人と比べると、格段に（劣って）見える。仲頼は、どうしようと思い乱れるが、（あて宮が）今宮と一緒に母宮のお近くへいらっしゃる御後ろ姿や、格好は、たとえようがない。（昼間の明るい光ではなく、夜間のほのかな）灯りに照らされた姿でさえ彼女はこのように（際立って美しく）見えるよ。少将（＝仲頼）は考えると癪に障ることはこのうえない。私はどうしてこの御簾の中を見てしまったのだろうか。このような人を見て、何事もなくて済むだろうか、いや、そうはいくまい。どのようにしたらよいだろうか。（あまりに思い乱れて）生きているのでも死ぬのでもない気がして、いつもの管絃の演奏を、（あて宮にも聞こえているかと思い）またいっそう熱心にし続けている。夜が更けて、上達部や、親王たちも褒美の品を貰い受けなさって、主席の舎人まで褒美の品を貰い受け、祝儀などを受けて皆帰りなさった。

仲頼は、帰るのもおぼつかない様子で、家に帰って五、六日、頭も持ち上げないで物思いにふけって横になっていると、たいそうやりきれなくつらいことはこのうえない。（あて宮を見るまでは）またとないほどすばらしいと思った妻も、（今では）物の数とも思われず、（かつては）ほんの少しの間でも（妻に）会わないと恋しく悲しく思ったのも、（妻が今）前に向かい合って座っているけれども、目にも留まらない。自分が（今後）どうなるかというようなことも、全く何事も何事も、あらゆることを、全く思い付くこともできないでいる時に、（妻が）「どうしていつもと違って、真剣になっている御様子であるのか」と言う。少将（＝仲頼）は、「あなたに対してこのように真剣でいるのだ。浮気者であれとお思いになるのか」などと言う様子が、いつもと違っている時に、女（＝妻）は、「いやまあ、（あなたの）浮気心は、いいかげんな噂と聞いていました。（それなのに、『古今和歌集』で「もし、あなた以外の人に、私が浮気心を持ったとしたら、あの末の松山を波も越えてしまうでしょう〈＝末の松山を波が越えることが決してないように、私があなた以外の人に浮気心を持つことは決してありません〉」と詠まれた）松山を、目の前で見ているうちに越える波だなあ（＝現にあなたは浮気心を持っているということですね）」

と言う時に、少将（＝仲頼）は（あて宮のために）思い乱れる心にも、（妻のことが）やはりしみじみいとしく思われたので、

「海辺を吹く風が海藻を吹き掛ける松山も、いい加減な波が、根も葉もない評判を立てているらしい。
私の大切な人よ」と言って泣くのをも、（妻は）私のために泣くのではないと思って、親の部屋の方へ去る。

解法

㈠　パターン❶—Ⅰ：現代語訳　《疑問》《敬語》

ア　「遊ぶ」は〝管絃の宴をする・音楽を楽しむ〟の意。「ののしる」は〝騒ぐ〟の意で、ここでは盛大でにぎやかな演奏の様子を言ったものである。

解答例　管絃の宴をしてにぎやかに騒ぐ

ウ　「何せむに」は、疑問代名詞「何」＋サ変動詞「す」＋婉曲の助動詞「む」＋格助詞「に」で、連語として〝どうして・なぜ〟と訳す。「つ」は完了・強意の助動詞で〝〜てしまう・〜た・まさに〜〟、「らむ」は現在推量の助動詞で〝〜（ている）だろう〟と訳す。「御簾のうちを見」るとは、リード文の説明や本文二文目に「仲頼、…御簾のうちを見入るれば」とあることから、仲頼が、左大将邸の饗宴で、御簾の奥にいる娘たちを垣間見たことを言っている。仲頼は、御簾の中を見てしまったばかりに、目にした娘たちの中でも際立って美しいあて宮に心を奪われ、どうしようもなく思い乱れることになったので、なぜ見てしまったのだろうかと自問する形で、取り返しのつかないことになったと嘆いているのである。「何せむに」は疑問の用法ということになる。

解答例　私はどうしてこの御簾の中を見てしまったのだろうか

オ　「あだなり」は〝浮気者だ・不誠実だ〟の意で、「あだなれ」はその命令形。後の「松山」に付された〔注〕で、「あだし心」が〝浮気心〟と解釈されているのも参考になる。妻と仲頼のやりとりの中にある「まめだつ」「まめなり」の「まめ」は「あだ」の対義語にあたるもので、〝誠実だ・まじめだ・真剣だ〟の意であることも確認しよう。「や」はここでは疑問の用法、「おぼす」は〝お思いになる・思いなさる〟と訳す尊敬語。妻から〝どうしていつもと違って真剣な様子なのか〟と尋ねられたのに対して、仲頼は、自分が思いつめているのは実はあて宮への恋心ゆえなのであるが、妻にそうと悟られまいとして、まず「御ためにはかくまめにこそ（＝〝あなたに対してこのように真剣でいるのだ〟）」と答えている。そのうえで、傍線部オでは、妻にあてつけ開き直るような感じで、それなら不誠実な様子でいてほしいのかと言い返しているのである。

解答例　浮気者であれとお思いになるのか

㈡　パターン❶―Ⅰ：現代語訳・Ⅲ：省略の補足

「こよなし」は〝格別だ・格段に違っている〟という意味で、ここでは、何と何とを比べているのかをふまえ、どのような点がどう格別なのかを正しく読み取ることがポイントとなる。

ここで対比されている二者は、この文の「限りなくめでたく見えし君たち」と「このいま見ゆる」である。前者は、本文の二文目に「こなたかなたの君たち」とあり、〔注〕にも説明されていることから、左大将邸の（あて宮以外の）娘たちのこと。後者は、傍線部イの前の二文から、娘たちの中でも特に美しく、世間でも評判のあて宮らしき女性のことである。傍線部イ「見ゆ」の主体は前者「限りなくめでたく見えし君たち」なので、初めはこのうえなく美しく見えた（「見えし」と過去形になっていることに注意）他の娘たちが、今見ているあて宮の美しさに比べると、格段に劣るように思われるというのである。

解答例　美しさが格段に劣って見える

㈢　パターン❸：因果関係・パターン❹：心情

「頭《かしら》ももたげで」は〝頭も持ち上げないで〟、「思ひ臥《ふ》す」は〝物思いに沈んで横になる〟の意。「る」は存続の助動詞「り」で〝～ている〟と訳す。物思いのあまり起き上がることもできないで寝込んでいる様子であるが、その原因として、あて宮への恋心が募ってどうしようもなくつらい心情であることを示すのがポイント。

解答例　仲頼が、あて宮への恋煩いのあまり起き上がることもできない様子。

㈣　パターン❶―Ⅰ：現代語訳・パターン❹：心情

ここまでの文脈から、仲頼（＝少将）があて宮への恋心で思い乱れていることは明らか。「なほ」は〝それでもやはり・依然として〟の意の副詞、「あはれなり」はしみじみとした情感を表す形容動詞、「おぼゆ」は〝感じる・思われる〟の意の動詞。

ここで仲頼がしみじみ心を動かされたのは、妻が、夫の浮気心を目の当たりにしているという意味の「あだごとは…」の歌を詠んだからである。妻は、仲頼の心が自分以外の女性に向いていることに気付いている様子で、それを知った仲頼は、他の女性に心を奪われてはいても、妻のことがやはりしみじみいとしく感じられたということである。

解答例　あて宮を思って乱れる心でも、やはり妻をいとしく感じたので

㈤　パターン❶―Ⅰ：現代語訳・Ⅲ：省略の補足

この段落における人物の言動を整理すると、仲頼が悩み臥せっているのを不審に思った妻がわけを問いただすが仲頼はそれをごまかす。再度妻が「あだごとは…」の歌を詠んで仲頼の浮気に気付いて嘆く様子であるのに対して仲頼は「浦風の…」と返歌して泣く。それを見て「われによりて泣くにはあらず」と妻は思ったという流れである。したがって「泣くにはあらず」の主語は仲頼、「思ひ」の主語は妻である。

仲頼は、自分は浮気などしていないという意味の歌を詠み、「あがほとけ（＝〝私の大切な人よ〟）」と妻に呼びかけ泣いているが、妻としては、それは口先だけで、泣いているのも妻である自分への思いからではなく実は別の女性への恋心のためだと考え、その場を立ち去ったということである。

解答例　夫は私のことがもとで泣いているのではないと妻は思って

二〇〇八年度　文理共通

第二問

出典　**『古本説話集』**　下　五九

平安時代後期～鎌倉時代前期の成立かとされる説話集。選者は未詳。上巻に和歌説話四十六話と、下巻に仏教説話二十四話が収められている。『今昔物語集』や『宇治拾遺物語』などの他の説話と共通する話も多い。

通釈

今となっては昔のことだが、よるべのなかった女で、清水寺にひたすら参詣する者がいた。参詣している年月は重なっていたけれども、ほんの少しぐらいもその御利益と思われることはなく、ますますどうしようもなくなっていって、最後には、長年の間住んでいた所をも、特に何ということもなくさまよい出て、身を寄せる所もなかったので、泣きながら観音を恨み申し上げて、「ひどく拙い前世の宿業であるといっても、ほんのわずかなよすがをいただきたいのです」と執拗にお願い申し上げて、観音の御前にうつ伏していた夜の夢に、「観音様から」と言って、「このように一途に申し上げるのは、気の毒にお思いになるけれども、少しでも、生きていくことができるよすががないので、そのことを思い嘆きなさるのである。これをいただけ」と言って、御帳の帷（＝本尊を納めた厨子《ずし》の前に隔てとして垂らす絹製の布）をたいそうきちんとたたんで、前にふと置きなさると見て、夢が覚めて、御燈明の光で見ると、夢でいただくと見た御帳の帷が、まさに見たままにたたまれてあるのを見ると、「それでは、これ以外に、与えてくださろうとする物がないのであるようだ」と思うと、（自分の情けない）宿運を身にしみて感じずにはいられなくて、悲しくて申し上げることは、「これは、決していただくつもりはない。少しのようすがもありますならば、錦をも、御帳の帷としては、縫って差し上げようと思いますのに、この御帳だけをいただいて、退出し申し上げなければならないようなことはありません。ぜひ返し申し上げましょう」と訴え申し上げて、犬防ぎ（＝仏堂の内陣と外陣を仕切る低い格子の衝立《ついたて》）の中に差し入れて置いた。そうして、またうとうと眠り込んでいると、また夢で、「どうして、小賢しいことをするのか。ただ与えてくださるような物をいただかずに、このように返し申し上げるのは、けしからんことである」と言って、またいただくと見る。そうして、目覚めたところ、また同じように、やはり（御帳の帷が）前にあるので、泣きながら、また返し申し上げた。このようにしながら、三度返し申し上げると、三度とも返し与えなさって、最後の回には、今度返し申し上げるならば、無礼であるにちがいないということを忠告なさったので、「このようであるとも知らないような（この寺の）僧は、（私が）御帳の帷を外し取ったと疑うだろうか」と思うにつけてもつらいので、まだ深夜に、（帷を）懐に入れて、退出し申し上げてしまった。「これを、どのようにするのがよいだろうか」と思って、広げて見て、「着ることができる着物もない。それでは、これを着物にして着よう」と思いついた。それを着物や袴にして着た後、会うすべての男にでも、女にでも、しみじみと気の毒な者と思われて、関わりもない人の手から物をたくさん手に入れた。重大な訴訟をも、その着物を着て、知らない高貴な人の所にも、参上して申し上げさせたところ、必ず成就した。このようにしては、人の手から物を手に入れ、立派な男性にも愛されて、裕福であった。だからその着物をしまい込んで、必ずしようと思うことがある機会に、取り出して着た。（すると）必ず叶った。

解法

㈠　パターン❶―Ⅰ：現代語訳

ア　「つゆ」はほんのわずかな様子、「ばかり」は程度を表す副詞で、「つゆばかり」で〝ほんの少しぐらい〟と訳す。「験」は〝効き目・効果〟の意で、ここでは清水寺に参詣して祈った効果のことであるから〝御利益・効験〟といった言葉がふさわしい。

解答例　ほんの少しぐらいもその御利益と思われることはなく

ウ　「さらに」は打消を強調する副詞、「じ」は打消推量の助動詞で、「さらに～じ」で〝決して～つもりはない〟。「賜はる」は〝受け取る〟の意の謙譲語で〝貰い受け申し上げる・いただく〟と訳す。「これ」は、具体的には観音から与えられた御帳の帷のことで、「賜はる」の目的語になっている。全体として、女が、自分は帷を受け取るつもりはないと言ったものである。

解答例　これは、決していただくつもりはない

エ　「あやし」は普通と違っていて違和感をおぼえるような様子を表す形容詞で、ここでは、観音の意向を告げ仲立ちする夢の言葉が、観音から与えられた御帳の帷を拒絶しようとする女に対してこう言っているので、〝けしからん・良くない・不当だ〟といった意味合いでとらえる必要がある。

解答例　けしからんことである

㈡ パターン❶—I：現代語訳 《助動詞「る」》

よすがもない女が、何年もひたすら清水寺に参詣して祈ったにもかかわらず、観音から御帳の帷だけしか与えてもらえなかったことを嘆いている部分なので、「身のほど」は〝自分の情けない宿運・自らの拙い宿命・自分がどれほど不幸せな身であるかということ〟という意味でとらえる。「思ひ知る」は〝身にしみてわかる・十分わかる〟、「れ」は助動詞「る」で自発の用法である。

解答例 自分の情けない宿運を身にしみて感じずにはいられなくて

㈢ パターン❶—I：現代語訳・パターン❷：指示内容

「かかり（＝〝このようである〟）」とは、女が観音から御帳の帷をいただいたことを指している。「ざら」は打消の助動詞「ず」、「ん」は助動詞「ん」（「む」）の婉曲の用法。傍線部オの後の「御帳の帷を放ちたるとや疑はんずらん」は〝（私が）御帳の帷を外し取ったと疑うだろうか〟という意味で、女は帷などもらってもしかたがないと初めは拒絶していたが、ぜひとも受け取るようにという夢のお告げが再三あったため、不本意ながらももらい受けようとしている。その際に、その帷は本尊を納めた厨子に掛かっていたものなので、事情を知らない僧から、自分が盗んだと思われるのではないかと恐れているのである。

解答例 この帷は観音からいただいた物だという事情も知らないような僧

㈣　パターン❶—Ⅱ：趣旨・Ⅲ：省略の補足

「何が」にあたるのは、この文の始めにある「大事なる人の愁へ」である。「人の愁へ」は〔注〕に〝訴訟〟とある。「大事なる人の愁へ」とは、誰かと重大な揉め事などがあった際、自分の正当性を認めてもらえるように訴えを起こすことである。「成る」は〝成就する・思いが叶う〟という意味で、ここでは訴訟が自分の思い通りの結果になったということである。

解答例　女にとっての重大な訴訟が、必ず思い通りの良い結果になった。

㈤　パターン❶—Ⅱ：趣旨

「楽し」は、現代語の「楽しい」のように愉快で明るい気分であるということだけではなく、経済的に富み栄えている様子を表すことが多い。ここでは、前に「人の手より物を得、よき男にも思はれて」とあることから、女が、物資にも恵まれ、身分の高い男性にも愛されて、物心ともに満ち足りた生活を送っている状態のことを表していると読み取れる。もともとよすがもなく貧しかった女が、観音の御利益によって幸せになったという結末にあたる内容である。

解答例　裕福で幸せに暮らす状態。

第二問

二〇〇七年度　文理共通

出典　『**続古事談**』　第一　王道后宮

鎌倉時代の説話集。作者未詳。先行する『古事談』などの説話と類似・共通する話も多い。政情不安な時代背景を映し、政治や君臣の本来のありかたを説こうとする意図がうかがえる。この作品は一九八九年度の文理共通問題でも出題されている。

通釈

堀河天皇は、末世の賢明な王である。中でも、世の中の雑務を、ことさらお心にかけなさっていた。蔵人が奏上した申請書を全部取り寄せなさって、夜もお休みにならずに、書類を丁寧に御覧になって、あちこちに付箋をして、「このことを調べよ」「このことを再度尋ねよ」など、御自筆で書き付けて、次の日、蔵人が参上した際にお渡しになった。（通常の天皇は申請書について）一通り詳しくお聞きになることさえめったにないのに、（堀河天皇は）何度も御覧になって、それほどまでの御指示があったとかいうのは、たいそうすばらしいことである。何かにつけ、人が朝廷の儀式を務めるようなことなどをも、お心にかけて御覧になり評定なさったのであろうか、追儺の出仕に支障（＝病気などで出席に差し障りがあるということ）を申し出た公卿が、元日の小朝拝に参上したのを、すべて追い返しなさった。「昨夜まで病気でいるような者が、どうして一夜のうちに治るはずがあろうか、いや、治るはずがない。仮病を使っているということである」とおっしゃった。白河上皇はこれをお聞きになって、「聞いても聞かないようにしよう」とおっしゃった。度が過ぎることであるとお思いになったのであろうか。

堀河天皇が、在位中の御代、坊門左大弁為隆が、蔵人で、伊勢神宮の訴えを申し入れた時に、天皇は笛をお吹きになっていて、お返事もなかったので、為隆は、白河上皇のもとに参上して、「天皇におかれては御物の怪がお憑きになっている。御祈禱が新たに行われなければならない」と申し上げた。上皇は驚きなさって、女官に尋ねなさったところ、「そのようなことは、全くございません」と申し上げた。不審に思って為隆にお尋ねがあったので、(為隆は)「そのことでございます。先日、伊勢神宮の訴えを奏上しました時に、お笛をお吹きになって御返答がなかった。これは御物の怪などでなければ、あるはずのことではないと思って、申し上げましたのである」と申し上げたところ、上皇から天皇へその旨を申し上げなさった。お返事としては、「そのようなことがありました。普通のことではない。笛で秘曲を伝授されて、その曲を千回吹いていた時、為隆が参上して何かを奏上した。(千回の演奏まで)もう二、三回になっているので、吹き終えて言おうと思ったが、(私が為隆を)探したところ、(為隆は宮中を)退出してしまっていた。それをそのように申し上げたのは、たいそうきまりが悪いことである」と申し上げなさった。

解法

(一)　**パターン❶―Ⅰ：現代語訳《敬語》**

ア「聞こしめす」は「聞く」の尊敬語。「だに」は類推の副助詞で〝～さえ〟と訳す。「ありがたし」は〝めったにない・珍しい〟という意味の形容詞。通常の天皇は申請書の内容について一通り詳しくお聞きになることさえまれであるということである。

解答例　一通り詳しくお聞きになることさえめったにないのに

ウ　「意に入る」は〝心にかける・気をつける〟の意。「御」が付いているので、尊敬語として訳す。「御覧じ定む」は「見定む」の尊敬語の形をとっているが、傍線部ウの後に述べられている内容をふまえると、堀河天皇は臣下の者たちの勤務状況をよく観察し（＝「見」）たうえで判断を下し（＝「定め」）ているということなので、「見る」と「定む」それぞれの動作を示す形で解釈した方がよいだろう。「～にや」は断定の助動詞「なり」の連用形に軽い疑問の係助詞が接続したもので、〝～であろうか〟と訳す。

解答例　お心にかけて御覧になり評定なさったのであろうか

㈡　パターン❶―Ⅰ：現代語訳・パターン❷：指示内容

「沙汰」は〝指図・対処〟という意味で、「さまでの御沙汰」の「さ」は本文第三文の「所々に挿み紙をして、…賜はせけり」を指している。堀河天皇は申請書を全部取り寄せて詳細に読み（＝傍線部イの前「重ねて御覧じて」）、付箋に不審点を自ら書き付け、ただすよう指示を与えるほど念入りな対処（＝「さまでの御沙汰」）をしたということだが、これをできるだけ簡潔にわかりやすくまとめて示すことがポイントになる。「けん」は過去の伝聞を表す助動詞の連体形で、「重ねて御覧じて」から傍線部イまでの部分が後の「いとやんごとなきことなり（＝〝たいそうすばらしいことである〟）」の主語にあたる成分になっているので、〝～とかいうのは〟と訳さなければならない。「御沙汰」が政務の申請書に対する堀河天皇の指図であることも補いたいところだが、解答欄に入りきらないので割愛せざるを得ない。

解答例　不審点を指摘して問いただすほどの御指示があったとかいうのは

㈢　パターン❹：心情

まず、「白河院はこれを聞こしめして」の「これ」は、前の文までに述べられている堀河天皇の態度を指していることを確認しよう。さらに、傍線部の後に「あまりのことなり」とあるのが、白河院の気持ちを直接表した部分である。臣下の者の公務への出席状況などを細かに把握し、不正があればただちに指摘して処分した堀河天皇に対して、白河院は、厳格さも度が過ぎていると感じてあきれ、もはや自分としては手のつけようもないので知らんぷりを決め込もうという思いで「聞くとも聞かじ（＝〝聞いても聞かないようにしよう〟）」と言ったものと考えられる。

解答例　堀河天皇に対する、臣下へのあまりの厳しさにあきれる気持ち。

㈣　パターン❷：指示内容

オ　傍線部オを含む発言文は〝そのようなことは、決してございません〟という意味で、傍線部オの前で為隆が「内裏には…」と言ったのを受けたものである。「さること」は「内裏には御物の気おこらせおはしましたり」を指している。「内裏」はここでは〝天皇〟の意で、この説話の冒頭に「堀河院、位の御時（＝〝堀河院が、在位中の御代〟）」とあることから、堀河天皇のことであると判断する。「内裏には」の「に」は貴人の主格を表す用法の格助詞、「おはします」は尊敬語。「物の気」は人を苦しめたり狂わせたりする霊などの類で、「物の怪」という表記にしておけばよい。

解答例　堀河天皇が物の怪にとり憑かれていること。

カ　傍線部カを含む一文は堀河天皇の言葉で、〝そのようなことがありました〟という意味。傍線部カの次の文以降で、その具体的な状況や理由が述べられているが、要するに、この説話の冒頭の文に「坊門左大弁為隆、…、御返事もなかりけれ」とある状況をできるだけ簡潔に説明すればよい。為隆が伊勢神宮からの訴状を奏上したが、堀河天皇は笛を吹いていて返答しなかったということである。為隆はその様子を見て天皇は物の怪にとり憑かれているにちがいないと思ったが、後に白河院が事情を尋ねると、堀河天皇は笛に熱中するあまりに返事をするタイミングを失ってしまっただけだと弁解している。

解答例

堀河天皇が為隆からの奏上を笛に夢中で無視したこと。

㈤　パターン❶―Ⅰ：現代語訳・Ⅲ：省略の補足

為隆からの奏上に対して、堀河天皇は笛の曲をあと二、三回吹き終えてから返答しようと思っていたのだから、演奏を終えた堀河天皇が為隆を「尋ね（＝〝探し〟）」たと読み取れる。堀河天皇自身の発言部分なので、第一人称の「私」を用いて訳すこと。「まかり出づ」は〝退出する〟という意味で、堀河天皇が探した時には為隆はすでに宮中から退出していたということである。

解答例

私が為隆を探したところ、為隆は退出してしまっていた

二〇〇六年度　文理共通

第二問

出典　『堤中納言物語』　はいずみ

『堤中納言物語』は平安時代後期の短編物語集で、十編の物語を収める。作者未詳。「はいずみ」は、夫婦が別れるにあたって改めて情感を通わせるさまを典雅に描いた前半と、新しく迎えられた妻が白粉と間違えてはいずみ（＝眉墨）を顔に塗ってしまうというユーモラスな後半とから成る話である。今回の文章は、一九九三年度の文理共通問題で出題された部分の後にあたる。

通釈

「今夜よそへ行こうと思うので、牛車をしばらく（お借りしたい）」

と（女が男のもとへ）言い送ったところ、男は、「ああ、どこ（へ行こう）と思っているのだろうか。行くような様子だけでも見よう」と思って、すぐここ（＝自分の家）へこっそり来た。

女は、（牛車を）待つといって縁側に座っている。月が明るい中で、泣くことはこのうえない。

我が身がこのように（夫から）遠く離れるだろうと思っただろうか、いや、思いもしなかった。月でさえもこの家にずっと住み（＝この家から離れず見え）、ずっと澄み輝いている世の中なのに。

と言って泣くうちに（男が）やって来ると、そのような（泣いている）そぶりも見せずに、ちょっと横を向いて座っている。

「牛車は、牛の都合がつかなくて、馬ならあります」

と（男が）言うので、

「とても近い所なので、牛車は大袈裟だ。それならば、その馬でも（行こう）。夜が更けないうちに」

と急ぐと、（男は）たいそう気の毒と思うけれども、あそこ（＝新しい妻の所）では皆が、翌朝に（この家に迎えてもらえる）と思っているようなので、（女が出て行くのを）避けることができるはずもないので、心苦しく思いながら、馬を引き出させて、縁側に寄せたところ、（女が）乗ろうとして出てきたのを見ると、月のたいそう明るい光で、（女の）様子がたいそう小柄で、髪はつややかで、とても美しい感じで、（長さは）背丈ほどである。

男は、自らの手で（女を馬に）乗せて、あちこち整えてやると、（女は）たいそうつらいけれども、我慢して何も言わない。馬に乗っている姿や、髪の様子がたいそうすばらしい感じなのを、（男は）しみじみ心打たれると思って、

「（あなたを）送りに私も参ろう」と言う。

「（私の行く先は）ほんの近くの所なので、（送ってもらわなくても）かまわないだろう。馬はすぐに返し申し上げよう。その間はここにいてください。（私の行く先は）見苦しい所なので、人に見せることができそうな所でもありません」

と（女が）言うので、（男は）「そうでもあるだろう」と思って、残って、（縁側に）腰をちょっとかけて座っている。

この人（＝女）は、供に人は多くはなくて、昔からなじんでいる小舎人童一人を連れて去る。男が見ていた間は（悲しみを）隠して我慢していたけれども、門から出るや否や、たいそう泣いて行く。

解法

㈠　パターン❶—Ⅰ：現代語訳

イ　「うち〜」は〝ちょっと〜・ふと〜〟といった意味を添える接頭語。「そばむく」は〝横を向く・顔

を背ける〟ということ。「ゐ」はワ行上一段活用動詞「居《ゐ》る」の連用形で、〝座る・じっとしている〟という意味である。

解答例　ちょっと横を向いて座っている

ウ　「車」は牛車のこと。「たがひて」（「違ひて」）とは、それを引く牛が、こちらの意向に反して都合がつかないということである。係助詞「なむ」の結びで連体形「はべる」になっている「侍り」は丁寧語の本動詞で、〝あります〟と訳す。女が家を出て行く際の乗り物として、あいにく牛車の用意はできず、馬しかないということを告げる言葉である。

解答例　牛車は、牛の都合がつかなくて、馬ならあります

キ　「ただここもとなる所」は、女の行く先が〝ほんの近くである所〟であるということ。「あへなむ」は下二段活用動詞「敢《あ》ふ」に強意の助動詞「ぬ」と推量の助動詞「む」が接続したもので、連語的に〝まあよい・かまわないだろう〟と訳す。ここでは、男が「送りに我も参らむ（＝〝あなたを送りに私も参ろう〟）」と言ったのに対して、女が〝送らなくてもかまわない〟と答えたことがわかるように言葉を添える必要があるだろう。

解答例　ほんの近くの所なので、送っていただかなくてもかまいません

(二)　パターン❹：心情　《和歌》

和歌の解釈がポイント。「我が身かくかけはなれむ」は、夫である男が新しい妻を迎えるため、女が男と同居していた家を離れることになった状態を言ったもの。「思ひきや」は〝思っただろうか、いや、思ってもみなかった〟という意味で、予想外の状況を述べる表現である。「月だに宿をすみはつる世に」の「だに」は類推の副助詞。「すみ」には、月が美しく輝く意の「澄み」と、月がずっと空に宿ってい る意の「住み」とが掛けられている。月さえも美しく輝いて空にずっと宿り続ける世なのに、自分はこの家に住み続けることもできないという悲しみを詠んだ歌である。

解答例　男と共に住み慣れていた家を出て行くことになったのは思ってもみなかったことだと、自分のつらい身の上を嘆き悲しむ気持ち。

(三)　パターン❹：心情

傍線部エを含む文を主語に注目して整理すると、「『車は、…』と言へば、『ただ近き所なれば、…』と急げば」は、男が牛車は都合がつかないが馬なら用意できると言い、女は行く先は近いので馬で夜が更けないうちに行こうとして急いでいるということ。その次の「いとあはれと思へど、…心ぐるしう思ひ思ひ、馬引き出ださせて、簀子に寄せたれば」は男の側の心情・行為であると判断する。したがって、「だれの」は「男の」である。男は、気丈に振る舞って出て行こうとする女のことをたいそうしみじみ気の毒だとは思うが、新しい妻を翌朝家に迎えるのをもはや止めようもないので、板ばさみのような状態で「心ぐるしう思」っている。

解答例　男の、女を気の毒には思うがどうにもできず、やるせない気持ち。

㈣　パターン❶―Ⅰ：現代語訳・Ⅲ：省略の補足

傍線部オの前に「男、手づから乗せて、ここかしこひきつくろふに（＝〝男は、自らの手で女を馬に乗せて、あちこち整えてやると〟）」とあるのをふまえ、傍線部オの主語は「女」であると判断する。「心憂し」は〝つらい〟、「念ず」は〝我慢する〟という意味の重要語句。女は、自分を送り出そうとする男の行為がとてもつらいが、気丈なふりをして何も言わないでいるということである。

解答例　女は男の行為がたいそうつらいけれども、我慢して何も言わない

㈤　パターン❹：心情

傍線部カの発言を含む文は、一人で出て行こうとしている女の姿がたいそう美しい様子であるのに対して、男はしみじみ心打たれることだと思い、「自分も一緒に送って行こう」と言ったという内容である。男は女の美しさを改めて感慨深くおぼえ、女と離れ難い気持ちになっていることが読み取れる。

解答例　女の美しい姿に心打たれて未練を感じ、別れ難く思う気持ち。

第二問

二〇〇五年度　文理共通

出典　『住吉物語』

平安時代中〜後期に成立かとされる物語。作者未詳。継子いじめをテーマにしたもので、継母の計略で好色な老人と結婚させられそうになった姫君が、亡き母の乳母を頼って乳母子の侍従と住吉の地に逃亡するが、やがて恋人の中将に助けられて幸せになるという筋である。

通釈

そうでなくてさえも、旅先にあっては悲しいのに、夕方の波の上を飛ぶ千鳥が、しみじみとあちこちで鳴き、岸の松風や、もの寂しい空と一緒になって琴の音がかすかに聞こえた。この音は、律に調弦して、盤渉調に美しく響き渡り、これを聞きなさったであろう（男君の）気持ちは、言葉では表現できないほどである。「ああ、すばらしい。人のすることでは、まさか（ないだろう）」などと思いながら、その音に誘われて、何となく近付いて行って聞きなさると、釣殿（＝池に面した建物）の西側の部屋に、若い声で、一人か、二人ほど（の声）が、聞こえた。琴をかき鳴らす人がいる。「（この住吉の地での）冬は、ろくになじめませんでした。最近は、松風や、波の音も親しみが持てますよ。都では、このような所も見なかったなあ。ああ本当に、情趣を解する心のあった人々に見せたいものだよ」と語り合って、「秋の夕方はふだんよりも、旅先にあってこそしみじみ感慨深い」（という今様《いまよう》の一節）などを、すばらしい声で詠じるのを、侍従（の声だ）と（男君は）聞いて思って、「ああ、驚いたことだ」と胸騒ぎがして、「聞いて勝手にそうと思い込んでいるのだろうか」と思って聞きなさると、尋ねて来る人もいないこの渚の住の江で、誰を待つといって松風が絶えず吹いているのだろうか。

と、詠じるのを聞くと、姫君（の声）である。

「ああ、すばらしい。仏の御利益は、あらたかなものだなあ」と嬉しくて、簀の子に近付いて、（戸を）叩くと、「どのような人であろうか」と言って、侍従が、透垣の隙間からのぞくと、簀の子に寄りかかって座っていらっしゃるお姿は、夜目にもはっきりと（男君の）気配が見えたので、「ああ、驚いたことだよ、少将殿がおいでになっている。どう申し上げたらよいか」と言うと、姫君も、「感無量なことに、（少将殿は私のことをいとしく）思ってくださっているのだろう。けれども、外聞が悪いだろう。私はいないと申し上げよ」ということなので、侍従は、（男君に）対面して、「どうして、（このような）辺鄙な所までおいでになったのか。ああ、とんでもない。その後、姫君と死別し申し上げて、心を慰めかねて、このようにまでさまよって過ごしているのです。（姫君の恋人だったあなたに）お目にかかると、ますます昔が恋しくて」などと出まかせを言って、（それでも）しみじみ悲しく思われるので、涙にくれて、どうしてよいかわからずにいると、中将も、ますます涙が出そうな気がしなさる。

「侍従は、（私が）姫君のことを慕って来たのに、恨めしくも、（姫君は亡くなったなどと）おっしゃるものだなあ」と、「（姫君の）お声まで聞いたのに」と言って、浄衣のお袖に顔を押し当てなさって、「嬉しさもつらさも、半々だ」とおっしゃるので、侍従は、もっともだと思って、「それはそうと、お休みくださいませ。都のことも聞きたいので」と言って、尼君に相談すると、（尼君は）「もったいないことである。誰も彼も、情というものをわきまえなさいよ。まず、こちらへお入りになるようにということを、（男君に）申し上げよ」と言うので、侍従は、「不躾《ぶしつけ》で、いかにも失礼ではございますけれども、姫君のゆかりである（私の）声（をお尋ねくださったのですから、それ）に（免じてお許しくださ い）。旅は、まさにそういうものでございます。お入りください」と言って、袖を引いて（男君を中に）入れた。

語釈

秋の夕は常よりも、旅の空こそあはれなれ――「秋の夕は常よりも 旅の空こそあはれなれ 柴の庵に月もりて 虫の声々よはりゆく」という今様《いまよう》（平安時代に流行した歌謡で、七五調の四句から成るもの）の一節。

解法

㈠ パターン❶―Ⅰ：現代語訳・Ⅲ：省略の補足 《願望表現》《敬語》

ア 「しわざ」は〝すること〟の意であるが、ここでは琴の演奏のことであるとわかるように言葉を補足する必要がある。「よも」は打消推量と呼応して〝まさか（〜ないだろう）〟と訳す副詞で、ここでは述語が省略されているので、補って仕上げる。琴の演奏があまりにもすばらしく、人間が弾いているとはとうてい思えなかったということである。

解答例

この琴の音は、人間が演奏するものでは、まさかないだろう

イ 「心あり」は〝情趣を解する・風流心がある〟という意味。前文と併せて読み、「心ありし人々」とは、具体的には侍従たちが以前いた都の人々を指していると理解しよう。「まほし」は願望の助動詞。

解答例

情趣を解した都の人々にこの住吉の地の光景を見せたいものだよ

オ 前の侍従の言葉を受け、男君のことを話題にしている。よって尊敬語「おぼす」は姫君から男君への敬意を表したもの。〝男君がお思いになっている〟と直訳したうえで、その対象（＝私〈＝姫君自

身〉）と具体的な気持ち（＝いとしい・恋しいなど）とを補って仕上げる。

解答例　少将殿は私のことをいとしく思っていてくださるのだ

(二)　パターン❹：心情

傍線部ウは男君の心内文で、前の「『秋の夕は常よりも、…』など、をかし声してうちながむるを、侍従に聞きなして」を受けている。「ながむ」はここでは「詠む」で〝声に出して歌う・朗詠する〟という意味。男君は、誰かが今様の一節を口ずさむ声を聞き、姫君に付き従っている侍従の声だと思ったのである。これは結果的に当たっていたわけだが、男君は自分の判断にまだ確信が持てていないために、「聞きなしにや（＝聞いて勝手に思い込んでいるのか）」と思い、さらに耳を澄ましている。

解答例　「秋の夕は…」と朗詠する声を、侍従の声だと、聞いて思った。

(三)　パターン❶—Ⅰ：現代語訳　《和歌の掛詞》

都から遠く離れた住吉の地で寂しく過ごしている姫君の歌である。上の句は、第二句の「なぎさ」が「無き」と「渚」の掛詞で、それぞれ「尋ぬべき人も無き」「渚の住の江に」という意味をなしている。前者は〝（私を）捜しあてて訪ねて来てくれそうな人もいない〟という姫君の心寂しさを表したもの。後者は、住吉が海辺の地であるということ。下の句は、第四句の「まつ」が「待つ」と「松（風）」の掛詞で、「誰待つ」「松風の絶えず吹く」という意味になる。松に吹き寄せる風を、誰かを待ち受けて鳴っているものと見立て、誰も待ち人のいない自分と対照させているのである。以上をふまえ、それぞれの意味のまとまりをうまくつないで訳す。

解答例　私を捜しに来てくれそうな人もいない、この渚の住の江に、いったい誰を待つといって松風がひっきりなしに吹いているのだろう。

㈣　パターン❸：因果関係・パターン❹：心情

「うれしさ」「つらさ」それぞれの理由を並立して説明する。「うれしさ」は、第一段落末から第二段落初めに記されているように、「尋ぬべき」の歌を詠じる声を聞いて姫君がその場にいるとわかったことによるものであるのは明らか。「つらさ」は、姫君はもう亡くなっていてそこにはいないという侍従の言葉を聞き、侍従が姫君を自分に会わせまいとして嘘をついていることに対して言ったものである。

解答例　姫君がいるとわかったのに、姫君に会わせてもらえないから。

㈤　パターン❶―Ⅰ：現代語訳・パターン❷：指示内容　《敬語》

直訳すると〝旅は、まさにそうでございます〟となる。「さぶらへ」は丁寧語「さぶらふ」で、係助詞「こそ」を受けて已然形になっている。「さ」の指示内容は、侍従のこの発言のうち、旅先でありがちなこととして「なれなれしく、なめげに（＝〝不躾で、失礼な様子で〟）」と見ることができる。不慣れな地での住まいに客人を招き入れるにあたって、謙遜した言い方をしているのである。

解答例　旅先では、まさに不躾で失礼なこともしてしまうものでございます

二〇〇四年度　文理共通　第二問

出典　武女《たけじょ》『**庚子道の記**』

江戸時代に成立した日記紀行文。武女の作。名古屋城内に仕えていた作者が、七年ぶりに江戸へ里帰りする旅の道中を、和歌を交えて記録したものである。

通釈

こゆるぎの磯に近い粗末な家の中でも、雛遊びをする少女たちは、桃や、山吹の花など、仰々しいほどに瓶《かめ》に活け、今日の日が暮れるのを惜しいと思っているようである。野に出てゴギョウなどを摘む者もいるのは、今日の草餅を作るためであるにちがいない。

七年前、この場所を通り過ぎたのは九月九日（＝重陽の節句）で、別れてきた親兄弟のことなどを思い出して悲しかったが、今日は一日か二日のうちに会えることを思うと、嬉しいあまり、心までどきどきして、何となくふと笑ってしまうことが多いのを、そばにいる人たちは、気が変なのだろうかなどとも思っているだろうよ。明日は江戸に参りますので、公私の準備があるといって、男は全員、皆戸塚の宿場へと急ぐので、（私は）一人のんびりとも行きにくくて、同じように宿場に着いた。

三日の夜から雨が降り出して、翌朝もまだやまない。金川、河崎、品川などという各宿場もどんどん通り過ぎて来て、芝に参ります。ここから大通りの様子は、高貴な者も下賤の者も大勢出歩き、馬や、車が縦横に行き交い、華やかで賑わっている様子で、七年の眠りが一瞬で覚めた気がして、嬉しさは言いようもない。その夜は藩邸に泊まって、三月五日という日に、なじみの住まいに戻った。

それほどたいそうな一家ではないけれども、親族は全員、近親は叔母や、いとこなどが（私を）待ち受けて集まって、あれこれとさまざまなことを言うのも、（気もそぞろで）どうにもわけがわからない。幼い妹が一人いたのも、いつの間にかずいぶん成長して、髪上げなどしているので、私の方では見忘れているのを、彼女から言い出すようなことも気が引けたのだろうか、叔母の後ろに隠れて、（姉が自分に声をかけてくれないのを）何となく恨めしいと思っている様子でこちらを見ているのに、まだ（私はそれが妹だと）わからなくて、「そこにいらっしゃるのは、どちらからのお客様でいらっしゃるのか。縁起が悪そうなことではありますけれども、亡くなりました母の面影に、驚くほどまで似通っていらっしゃるようだね」と尋ねると、彼女はうつむいて、顔も上げない。叔母も（亡き母を思い出した悲しみで）鼻がつまって物も言えない。皆「ははは」と笑うので、初めて（妹だと）気付いた。

語釈

たてぬき（経緯）――機《はた》の縦糸（経《たて》）と横糸（緯《ぬき》）のことから、縦横の方向を表す。

髪などあげたれば――「髪上げ」は、女子が十二、三歳で成人のしるしとして垂れ髪から結い上げた髪型に変えること。

解法

㈠　**パターン❶―Ⅰ：現代語訳**

ア「こちたし」は〝大袈裟である・仰々しい〟の意。瓶に挿す花の量が多すぎて仰々しいほどだということである。「あふれそうなほど」などと訳してもよいだろう。

解答例　仰々しいほどたくさん瓶に活け

オ「ねぶ」は〝大人びる・成長する〟の意。「ねびまさる」で〝ますます大人びる・よりいっそう成長する〟という意味になる。七年ぶりに会った妹の様子を現に見てそう述べているので、「いつか」は〝いつの間にか・知らないうちに〟と解釈するのがふさわしい。

解答例　いつの間にかずいぶん成長して

カ　「かれ」はここでは「をさなき妹」を指す。「うち出づ」は〝口に出す・言う〟の意で、「かれよりうち出でん」は、筆者にそれと気付いてもらえていない妹が、自分から筆者に妹だと口に出して言うことである。助動詞「ん」は婉曲の用法。「つつまし」は〝気後れする様子だ・恥ずかしい〟の意で、「つつましくあり」で〝気後れしている・恥ずかしがっている〟と解釈できる。係助詞「や」は疑問の用法で、過去推量の助動詞「けん」が結びとなって係り結びが成立し、傍線部カは挿入文になっている。

解答例　彼女の方から言い出すようなことも気が引けたのだろうか

ク　「過ぎ行く」は、その「おもかげ」に妹が「似かよふ」とされていることや、この筆者の発言の後、叔母が鼻をつまらせて泣きそうになっていることから、ここでは〝死ぬ・亡くなる〟という意味だと判断しよう。「あさまし」は〝驚きあきれる様子だ〟の意で、「あさましきまで」で〝驚くほど〟という意味になる。「侍り」は丁寧語の補助動詞、「給ふ」は尊敬の補助動詞で、筆者がこの時点ではどこの誰ともまだわからない相手に対して、他人行儀に敬意を払った物言いをするために用いられたものである。「めり」は推定の助動詞、「は」はここでは詠嘆を表す終助詞的な用法。

解答例　亡くなりました母の面影に、驚くほど似ていらっしゃるようだね

(二)　パターン❸：因果関係・パターン❹：心情

筆者がつい笑ってしまう理由として、状況と心情をそれぞれ簡潔に説明することがポイント。リード文と併せて傍線部イまでを読み、「けふは一二日のうちに逢ひみんことを思へば、うれしきあまり、心さへときめきして」とあるのに沿って素直にまとめることができる。

解答例　家族に間もなく再会できると思うと嬉しくてたまらないから。

(三)　パターン❶―Ⅱ：趣旨

前後に「大路のさま」「はえばえしく賑はへるけしき」とあることから、傍線部ウは賑やかな大通りの光景が具体的に描写されたものだとわかる。「たかき賤しき」は人間の階層について〃身分が高い者も身分が低い者も〃という意味で、それが「袖をつらね」るのだから、着物が触れ合うほどに大勢の人々がぎっしりといて行き来している様子が表されている。「たてぬきに」は機《はた》の縦糸（＝経《たて》）と横糸（＝緯《ぬき》）の様子から〃縦横に〃という意味。馬や車が縦横に往来している様子を表したものである。以上、傍線部を解釈する形で説明したうえで、「賑わっている」「活気にあふれている」「繁華である」など、全体的な雰囲気を説明する表現を置いてまとめるとよい。

解答例　あらゆる階層の人々が大勢出歩き、馬や車が縦横に往来している、江戸の大通りの賑やかで活気にあふれた光景。

㈣

パターン❸：因果関係・パターン❹：心情

傍線部エを含む一文に注目。まず、言いようもないほど嬉しい気持ちを催させるもととなったのは、「大路のさま」「はえばえしく賑はへるけしき」である。さらに、嬉しさにつながる心情として、「七とせのねぶり一ときにさめし心地」がしたことも見逃せない。「七とせのねぶり（＝〝七年の眠り〟）」は比喩表現で、リード文と併せて読めば、江戸生まれの筆者が尾張藩で過ごした七年間のことであるとわかる。江戸の大通りの賑わいを見てそれが一気に覚めたというのだから、実家のある江戸の地へ帰ったとはっきり実感できたことが、ここでの筆者の「うれしさ」の理由だと考えられる。

解答例

大通りの賑わいを見て、七年ぶりに江戸に帰ったと実感したから。

㈤

パターン❶―Ⅲ：省略の補足

傍線部キを含む一文をまずは丹念にたどる。筆者の妹が話題に上っていることは明らかで、「わが方」が筆者自身を、「かれ」が妹を指すものと理解できれば、「見わすれたるを」および「なほ心得ずして、『そこに…』と問へば」の主語は筆者であると判断することができる。成長して風貌が変わっている妹のことを筆者は「見わすれ」ていて、妹は自ら名乗ることもできずに叔母の後ろから筆者の方をじっと見ていたが、それでもまだ筆者はそれが妹だということを「心得ず」にいたということである。傍線部キの後、筆者から「そこにものし給ふは、…」と誰何された妹がうつむいて恥ずかしがり、周囲の人もそれを見て大笑いしたことにより、筆者は「はじめて心づ」いたと続いていることも確認しておこう。

解答例

叔母の後ろに隠れて筆者の方を見ている人が、妹だということ。

二〇〇三年度 文理共通 第二問

出典

『古本説話集』 下 五三 丹後国成合事《たんごのくにのなりあひのこと》

説話集。成立は平安時代後期から鎌倉時代前期かとされるが未詳、編者も未詳である。上・下巻合わせて七十の話を収める。『今昔物語集』や『宇治拾遺物語』などと共通する話も多い。出題された話は、丹後の国（現在の京都府北部）の成相寺の観音菩薩にまつわる、いわゆる神仏霊験譚である。『今昔物語集』や『宝物集』などにも同じ話がみられる。

通釈

「どうしてお助けくださらないのだろうか。高い位を望んだり、高価な宝を求めたりするのなら（かなえていただけなくても）しかたがないだろうが、ただ今日食べて、生き長らえるだけの物を探してお与えください」と申し上げるうちに、北西の隅の荒れてぼろぼろになっている所に、狼に追われた鹿が入って来て、倒れて死ぬ。そこでこの法師は、「観音様がくださったものであるようだ」と、「食べようか」と思うけれども、「長年仏を頼って修行することも、だんだん年を重ねてきている。どうしてこれをすぐに食べることができようか。聞くところによると、生き物はすべて前世での父母である。自分がひもじいからといって、親の肉を切り取って食べたりできようか。何かの肉を食べる人は、成仏する可能性を絶って、地獄へ行く道（をたどることになるの）である。あらゆる鳥獣も、（そのような者を）見ては逃げ走り、恐れ騒ぐ。菩薩も遠ざかりなさるにちがいない」と思うけれども、この世の人間の悲しさで、後の罪にも思いが至らず、ただ今生きている間の耐え難さに我慢できず、刀を抜いて、（鹿の）左右の股《もも》の肉を切り取って、鍋に入れて煮て食べた。その味わいのおいしいことはこのうえない。

そうして、ひもじさも消えた。力も出て人間らしい心もちになる。「あきれるようなことをもしたなあ」と思って、泣きながら座っている時に、人々が大勢来る音がする。聞くと、「この寺に籠もっていた聖はどうなってしまいなさっただろうか。人が通って来た跡もない。召し上がる物もないだろう。人気《ひとけ》がないのは、ひょっとしてお亡くなりになってしまったのか」と、口々に言う声がする。（法師は）「この肉を食べた跡をどうにかして隠そう」などと思うけれども、どうしようもない。「まだ食べ残して鍋にあるのもみっともない」などと思ううちに、人々が入って来た。

（人々が）「どのようにして何日もお過ごしになっていたのか」など（と言って）、周囲を見ると、鍋に檜の切れ端を入れて煮て食べている。「これは、食べ物がないとはいっても、木をどんな人が食べたりするのか」と言って、たいそう気の毒がるが、人々が観音菩薩像を拝見すると、左右の股を新しくえぐり取ってある。「これは、この聖が食べたのである」と思って、「本当にあきれるようなことをなさった聖だなあ。同じ木を切って食べるのなら、柱でも割って食べればよいのに。どうして観音菩薩像を傷つけなさったのだろうか」と言う。驚いて、この聖（＝法師）が（観音菩薩像を）拝見すると、人々が言う通りである。「ということは、さっきの鹿は観音菩薩が化身なさったものだったのだなあ」と思って、さきほどあったことを人々に語ると、（人々は）気の毒がり皆で悲しんでいた時に、法師は、泣きながら観音菩薩像の御前に参上して申し上げる。「もし仏様がなさったことならば、もとの姿におなりになってください」と何度も申し上げたところ、人々が見ている前で、（観音菩薩像は）もとの姿に完全に戻ってしまいなさった。

解法

㈠　**パターン❶—I：現代語訳　《敬語》《音便》《疑問・反語》**

ア　「賜ぶ」は「たまふ」と同じで、〝お与えになる・くださる〟の意の尊敬語。接続している助動詞は、「たる」が完了「たり」の連体形、「なん」が断定「なり」の連体形で語尾が撥音便化したもの、「めり」が推定「めり」の終止形。

解答例　観音様がくださったものであるようだ

イ　「いかでか」は反語の用法。「にはかに」は〝すぐに・突然〟の意の副詞であるが、前文で自分は長年仏道修行をしてきた身だとあり、後の部分から肉食は仏縁を絶って地獄へ落ちる道だと認識していることがわかるので、〝今ここで・今さら急に〟などと訳し、助動詞「ん」は可能推量か意志の用法で解すると、文意に合った表現となるだろう。

解答例　どうしてこれを今さらすぐに食べることができようか

エ　「参り物」は一つの名詞と扱うが、もとは「参る」+「物」から成ったものである（例：「あり」+「さま」→「ありさま」）。「参る」は注意すべき敬語動詞で（16ページ参照）、ここでは聖の安否を心配した人々の言葉であるから、尊敬の用法で〝召し上がる・お食べになる〟の意だと判断する。助動詞「じ」は打消推量の用法。

解答例　召し上がる物もないだろう

オ　「いかにしてか」はここでは疑問の用法。「おはす」は「あり」の尊敬語で、ここでは聖が何日もの間〝生きている・過ごす・無事でいる〟ことをいったもの。「つる」は完了の助動詞「つ」の連体形で、係助詞「か」の結びとなっている。

解答例　どのようにして何日もお過ごしになっていたのか

キ　「割り食ひてんものを」を品詞分解すると、動詞「割り食ふ」連用形＋強意の助動詞「つ」未然形＋適当の助動詞「ん」連体形＋詠嘆の終助詞「ものを」となる。〝きっと割って食べる方がよいだろうなあ〟と直訳したうえで、自然な表現で示すようにも心がけよう。

解答例　柱でも割って食べればよいのに

(二)　**パターン❶—Ⅱ：趣旨**

形容詞「あさまし」は〝驚きあきれる様子だ〟の意。「わざ」は広くものごとを表す名詞で、直訳すると〝驚きあきれるようなこと〟となる。傍線部ウは法師の心中部分で、鹿を食べてひもじさから解放され人心地がついたところで自分の行動をこう認識したもので、具体的な動作はもちろん「鹿の肉を食べた」ことであるが、第一段落で述べられた法師の心中部分から、それが仏法の戒律に反する地獄への道であることも併せて説明したい。傍線部カは人々の発言部分で、法師が食べたらしい木が、観音菩薩の木像の股《もも》の部分を削り取ったものだと気付いてこういったもの。「法師が木を食べた」ことのみでは不十分なので注意してほしい。いずれも話の筋を正しくたどれば容易に解答できるであろう。

解答例

ウ	法師の身で仏法に背く肉食をしてしまったこと。
カ	法師が空腹のあまり観音菩薩像を削って食べたこと。

㈢ パターン❶—Ⅰ：現代語訳・パターン❷：指示内容 《敬語》

「さ」は、前の「見奉れば、人々言ふがごとし」を受け、法師が観音菩薩像を見ると像の一部が削り取られていたことを指している。「ありつる」はラ変動詞「あり」に完了の助動詞「つ」が接続した連語で、すでに認識している事物を指して〝さっきの・例の〟と言うもの。「験ず」はここでは〝神仏が霊験を示す〟の意で、具体的には、観音菩薩が鹿に化身して法師を破戒から救ってくれたことをこう述べたものと解釈できる。「給へるにこそありけれ」は、四段活用動詞「給ふ」（尊敬の補助動詞の用法）の已然形＋完了の助動詞「り」の連体形＋断定の助動詞「なり」の連用形＋強意の係助詞「こそ」＋ラ変動詞「あり」（補助動詞の用法）の連用形＋詠嘆の助動詞「けり」の已然形。

解答例

観音菩薩像が削り取られているということは、さっきの鹿は観音が化身なさったものであったなあ

二〇〇二年度　文理共通　第二問

出典　『**神道集**』　熊野権現の事

室町時代の成立かとされる説話集。編者は安居院《あぐい》流の唱導僧ともいわれるが未詳である。神社の縁起を中心に、本地垂迹の思想に基づく神仏説話が収録されている。

通釈

九百九十九人の后たちは、第一から第七にあたる宮殿に集まり、どうしようかと互いに嘆いていらっしゃった。とにかくこれから生まれてくる子の前世からの宿縁がどのようなものであるか知ろうということで、ある人相見をお呼びになって、この子のことを尋ねなさった。「菩薩女御が懐妊していらっしゃるのは、王子か姫宮か。また（その子の）前世からの宿縁のほどを占い申せ。不審に思われる（から）」ということだったので、人相見は、文書を開いて申し上げたのは、「懐妊していらっしゃるお子様は王子でいらっしゃるが、御寿命は八千五百歳である。国土は安穏で、この（王子がお治めになる）時代は、万民すべてが自在快楽な世をなすことのできる王者であるにちがいない」と占い申し上げた。后たちが人相見におっしゃったのは、「この王子の御事を、大王の御前で私たちが言う通りに占い申し上げよ。ほうびは望み通りに与えてやろう。この王子は、生まれなさって七日たったなら、九足八面の鬼となって、体から火を出し、都をはじめとして、世界中をすべて焼き滅ぼすにちがいない。この鬼は三色で、身長は六十丈の倍になるにちがいない。大王も食われなさるにちがいない」。また言うには、「鬼波国から九十九億の鬼王がやって来て、大風を起こし、大水を出して、世界中をすべて海にしてしまうにちがいないと申し上げよ」と言って、それぞれの分相応に、ほうびを人相見に与えなさる。ある者は金五百両、ある者は千両である。それだけではなく、綾錦の類は莫大である。人相見は喜んで、「承知しました」と答え申し上げた。后たちは、「決して、決して（人に言ってはならない）」と口止めなさった。人相見は、「どうして（御命令に）背き申し上げるはずがあろうか」とはっきり申し上げる。

一日置いて、后たちは、大王の御前に参上して、相談申し上げなさったのは、「菩薩女御の御懐妊のことについて、（そのお子様が）王子とも姫宮とも（わからず）気がかりだ。早くお聞きしたい。人相見をお呼びになってお聞きになるがよい。あまりにも（気がかりに）思われることだよ」。そこで（大王も）もっともなことだとお思いになって、例の人相見をお呼びになる。后たちも、お言いつけになった菩薩女御のお産のことを、（大王に）何々の子だと申し上げよとは言っているが、（人相見が）約束を破ろうとしているだろうと、それぞれの心中はただもう鬼のようである。人相見は占いの書物を開いて目録を見申し上げると、王子の御果報がすばらしいことは申し上げるまでもなく、この后（＝菩薩女御）の御寿命はどれほどかと申し上げると、三百六十歳だと思われた。そのまま人相見は目録の通りに見ると、涙も全く止まらない。これほどすばらしくていらっしゃるお方のことを、事実に反して申し上げるようなことのつらさといったらとは思うけれども、前の約束の通りに占い申し上げた。大王はこのことをお聞きになり、「（お互いに）親となり、子となることは、偶然であろうとめったにない。この世だけではない、深い因縁があることなのだ。（私は）今日までに（自分の）子というものをまだ見ていない。どのような鬼としてでも生まれて来るなら生まれて来い。親であり子であるとわかり、一日でも対面して後にどうとでもなるようなことはかまわないだろう」と言って、（人相見の言葉を）取り上げなさることもなかった。

解法

㈠ パターン❶—Ⅰ：現代語訳《敬語》《反語》

ア「果報」は、前世での行いの報いが現世にあらわれること。生まれて来る子がこの世でどのような生を送るかは前世から運命づけられたものであるという、仏教的な死生観に基づく言葉で、〝前世からの因縁・前世から定められた宿縁〟などと訳す。「果報のほど」で〝前世からの因縁がどのようなものであるか〟といった解釈になる。「相す」は〝占う〟の意。「申す」は謙譲語で、会話文中の荘重表現とみられるが、現代語訳としてはそのまま〝～申す・～申し上げる〟としておけばよいだろう。

解答例　前世からの宿縁によりどのような生を得るか占い申せ

イ「いかでか」はここでは反語の用法、「たてまつる」は謙譲語の補助動詞、助動詞「べし」はここでは当然（または意志）の用法で、いずれも基本的な文法項目である。何を「違ふ」のかを簡潔に添える必要はあろうが、傍線部自体に含まれる要素を忠実に訳すことが肝心。

解答例　どうして御命令に背き申し上げるはずがありましょうか

㈡ パターン❶—Ⅰ：現代語訳・Ⅲ：省略の補足

「召す」「聞こしめす」はいずれも尊敬語で、后たちから大王への敬意を表している。よって、主語は〝あなた（＝大王）〟となる。何を「聞こしめす」かは、前の部分で后たち自身が気がかりで聞きたいと述べている「后の御懐妊のこと、王子とも姫宮とも」だと見て問題ないだろう。なお、解答例では助動詞「べし」を適当の用法として訳しているが、勧誘・命令的に〝～てはいかがでしょう〟、〝～てください〟などとしてもよい。

解答例　人相見をお呼びになって、菩薩女御が御懐妊中のお子様の性別をお聞きになるとよいでしょう

(三)　パターン❶―Ⅱ：趣旨

第一段落の后たちと人相見とのやりとりから、どのような「約束」が交わされていたかは容易に読み取れるはず。いかに簡潔にまとめられるかがポイント。〝偽って占う・嘘の占い結果を言う〟ということを軸に、その内容にも触れておく必要があろう。

解答例　生まれてくる子が国に災いをもたらすと大王の前で偽って占うこと。

(四)　パターン❶―Ⅰ：現代語訳　《敬語》

オ　「めでたし」「あらぬ様」「心憂さ」はいずれも基本レベルの語句である。「おはします」は尊敬語の補助動詞、「申す」は謙譲語の本動詞。助動詞「ん」は婉曲の用法。「…の心憂さよ」は強調表現として解釈するのがふさわしい。

解答例　これほどすばらしくていらっしゃるお方のことを、偽って申し上げるようなことがとてもつらいよ

カ　「ありがたし」は基本重要古語。「たまたまも」は〝偶然にも〟ということであるが、ここでは「ありがたし」の「あり」に係っているとみなければ意味が通じない。〝〔偶然にも→ある〕ということが難しい〟という関係を押さえておこう。

解答例　偶然であれめったにないことだ

キ　「ともかくもなる」は最悪の場合も想定して〝どうとでもなる〟の意。助動詞「ん」は婉曲・仮定の用法。「苦しからじ」は、ここでは〝差し支えないだろう・かまうつもりはない〟と解することができる。

解答例　一日でも対面してから後にどうなったとしてもかまわないだろう

第二問

二〇〇一年度 文科

出典 『**栄花物語**』 巻第二十七 ころものたま

平安時代後期の歴史物語。作者不詳。宇多天皇から堀河天皇までの十五代約二百年間の歴史を編年体で綴ったもので、『大鏡』以下の歴史物語の先駆となる。出題された部分は、四条大納言藤原公任が出家を決意した経緯を述べた部分である。

通釈

こうして四条の大納言殿は、内大臣殿の北の方（＝大納言の娘）がお亡くなりになった後は、何もかもがすっかりいやになってしまいなさって、しんみりと仏道修行をしてお過ごしになる。法師と同じような御様子であるけれど、「これは考えてみるとつまらないことである。一日分であっても出家の功徳は、非常に尊くすばらしいと聞いているのに、もう少しの間（このまま出家せずに）いたならば、（孫娘の）御匣殿が東宮妃となるという慶事などが実現して、ますます（この世が）見捨てがたく、（御匣殿が）どうしようもない束縛とおなりになるだろう。それならば、今が（出家するのに）良い機会である」と決意なさって、人知れず必要な領地の地券などの処置をして、御荘の管理者たちをお呼びになり、（自分が出家した後の）必要な処理事項などをおっしゃったりして、やはり年内に（出家しよう）とお思いになるが、（妹の）女御（のこと）が、やはり人知れずしみじみ心細いことだとお思いにならずにいられなくて、「人の心はたいそうふがいないものである。どうして（このような執着を）感じなければならないのだろうか」と、たいそう自分でも情けなくお思いにならずにいられないにちがいない。（自分が出家したからといって）どれほどのことがあるか（いや、どれほどのこともあるまい）と思いめぐらせなさりつつ、人知れず自分の御心中だけで思い乱れなさるのも、たいそうお気の毒だ。（大納言に）このような御意志があるということは、女御殿もおわかりになっているけれども、（出家が）いつかということはお知りではない。

そんな頃に、椎の実を人が（大納言のもとへ）持って参上したので、女御殿の御方へ差し上げなさった。（椎の実を入れて献上した）御箱の蓋を返し申し上げなさるということで、女御殿が、

（あなたが出家することによって）生きたままあなたと別れるとしたら、それよりはむしろ、椎の「木の実」ではないが、死んでしまっている「この身」であればよいのに。

と詠み申し上げなさったところ、大納言殿の御返歌は、

奥山の椎の木の根元を尋ねて来たならば、そこになっている「木の実」をきっと見出すように、奥山を訪れてくだされば、そこでまだ出家しあぐねている「この身」がおわかりにならないことがあろうか、いや、おわかりになるだろう。

女御殿は、たいそうしみじみ悲しいことだとお思いにならずにいられない。

解法

㈠　**パターン❷：指示内容**

傍線部アは四条大納言の心中部分である。前で説明された彼の行動・状況を読み取り、逆接で傍線部アにつながっていることを考慮してまとめる。①仏道修行はしている、②出家して法師になっているわけではない、の二点を押さえることがポイント。

解答例　法師と同じように修行をしてはいるが、まだ出家していないこと。

(二)
パターン❶―Ⅰ：現代語訳 《音便》

イ 形容詞「めでたし」は〝すばらしい〟の意の重要語。文中では連体形で語尾が撥音便化している。よって「なる」は伝聞の助動詞「なり」の連体形である。「ものを」は逆接の接続助詞。

解答例 すばらしいと聞いているのに

ウ 前の「さるべき文ども見したため」に付された〔注〕が参考になる。自分で領地の地券などの処置をしたうえで、荘園の管理人を呼び、必要なことを指示したというのである。「あるべき事」は、助動詞「べし」は当然（適当）の意に解し、直訳すれば〝当然しなければならないこと・そうであるにふさわしいこと〟となるが、〝必要な処置・適切な手配のこと〟等、文脈にふさわしく訳したい。「のたまはす」は〝言う〟の尊敬語で、主語である四条大納言への敬意を表している。

解答例 自分が出家した後に必要な処理事項などをおっしゃったりして

(三)
パターン❹：心情

形容詞「くちをし」は〝残念だ〟の意の重要語。傍線部エまでの部分から、四条大納言は娘の死を悲しみ、孫への思いを断ち切って年内に出家しようと思いながら、やはり妹である女御のことを心ひそかに気遣っていることがわかる。「女御の」の「の」はここでは「を」に近い意味を表すもので、〝女御のことが・女御に対して〟と解することに注意。さらにそれに続く部分「人の心は…おぼゆべからむ」から、どうして肉親への思いが断ち切れないのだろうかと、人間の心の愚かさを嘆いていることが読み取れる。①自分は出家を決意した身であること、②妹のことを心配せずにいられないこと、以上二点が説明できていればよい。なお、古典常識として、肉親や家族への思い（＝絆《ほだし》）は出家を妨げるものとして仏教上罪深いものとされることを知っておきたい。

解答例　出家を決意しているにもかかわらず、肉親への思いを断ち切ることができない人間の心の愚かさ。

㈣　パターン❶—Ⅰ：現代語訳・Ⅲ：省略の補足

「いつ」とは誰が何をすることを言っているのか、「知らせ給はず」の主語は誰か、それぞれ明示することが解答の条件である。前者は、前の逆接に注意して読めば〝四条大納言（公任）がいつ出家するのか〟ということであるとわかる。それに伴って後者は、前の「知らせ給へれど」の主語と同じく、〝女御殿〟となる。

解答例　女御殿は、大納言殿の出家がいつかということは御存じではない

㈤　パターン❹：心情　《和歌》《願望表現》

「なかなかに」は〝かえって・むしろ〟の意の副詞、「もがな」は願望を表す終助詞。「AよりはなかなかにBもがな」の形で〝AよりはかえってBがよい〟と述べる比較の構造を大きくつかむことがポイントである。そうすれば、「ありながら別れむ」と「なくなりにたるこの身」との対比が明らかになる。この世に生きたまま出家と在家とで別れ別れになってしまうよりは、いっそ自分が死んで生を隔ててい

る方がよい、というのである。大納言の出家を悲しむ女御のやるせない気持ちが表れた歌で、「この身」には大納言から贈られた「木の実」が掛けられている。設問に「大意を述べよ」とあるので、ポイントを押さえた簡潔な表現を心がけたい。

解答例　出家するあなたと生きたまま別れるつらさに比べたら、むしろ自分が死んでしまっている方がましだ。

二〇〇一年度　理科　第二問

出典**『十訓抄』** 第七　思慮を専らにすべき事

鎌倉時代の説話集。作者不詳。年少者への教訓を十項目に分けて記したものである。各項目の初めに総括的な趣旨を述べた序文を配し、続いてその例話を並べるという形式をとる。

通釈

九条民部卿顕頼のもとに、それほど身分の高くないある貴族が、年をとっているのに、近衛府の武官となることをお望みになって、ある者を使いにして、「うまく帝に申し上げてください」などと伝えて来なさったのを、主人（の顕頼）が聞いて、「高齢に、今はもうなっているだろう。どうして、近衛府の武官職をお望みになるのだろうか。出家でもして、片隅でじっとしていらっしゃいよ」とつぶやきながらも、（使いの者に対して）「『詳しくお聞きしました。機会があります時に、帝に申し上げましょう。（ところが）最近は、病気をしておりまして。このような（取り次ぎを介した）形で聞きますのは、たいそう不都合なことでございます』と申し上げよ」と言うのを、この（使いの）侍は、（貴族の前に）出るや否や、「（次のように）申し上げよとのことです。『（あなたは）高齢になっていらっしゃるだろう。どうして、近衛府の武官などをお望みになるのか。片隅で出家でもして、じっとしていらっしゃいよ。しかしながら、事細かにお聞きしました。機会がございます時に奏上しよう』ということです」と言う。

この貴族は、「おっしゃる通りです。（私自身）わきまえていないわけではないけれども、前世からずっと続く執心であろうか、この（任官の）望みが捨てきれず心にかかっておりますので、宿願を叶えることができてからは、すぐに出家して、隠棲しますつもりである。隠し立てなくおっしゃってくださるのは、ますます本望でございます」と言うのを、（使いの侍は）その通りにまた（顕頼に）申し上げる。主人（の顕頼は）、手をポンと打って、「どのように申し上げたのか」と言うと、（使いの侍は）「こうこう、おっしゃった通りに（申し上げました）」と言うので、全くあきれて言葉もない。（顕頼は）この使いの侍を送って、「どのような国王や大臣の御事情をも、内心で至らない考えの及ぶところを、あのようにふと申し上げてしまうものである。それなのに、この愚か者が、何から何まで申し上げました。あきれたことだなどと申し上げるどころではございません。すぐに（宮中に）参上して、（あなたが）お望みのことを（帝に）申し上げて、（その結果をあなたに）報告し申し上げよう」と（貴族に）伝えて、その後（その貴族は近衛府の）少将におなりになった。（その貴族はその後）本当に、おっしゃっていたように、出家していらっしゃった。

解法

㈠ **パターン❶―Ⅰ：現代語訳　《疑問》《「る」》《敬語》**

ア「なんでふ」は「何といふ」の縮まった形で、ここでは疑問を表す副詞として用いられている。助動詞「る」はここでは尊敬の用法。「やらむ」は「にやあらむ」の約で、中世以降によく見られる語形である。品詞分解すると、断定の助動詞「なり」連用形＋疑問の係助詞「や」＋ラ行変格活用動詞「あり」（ここでは補助動詞）未然形＋推量の助動詞「む」連体形となり、〝～であるだろうか〟と訳す。

解答例

どうして、近衛府の武官職をお望みになるのだろうか

イ　「ついで」は〝機会〟の意。「侍り」は丁寧語。「奏す」は「言ふ」の謙譲語で、必ず天皇または院に〝申し上げる〟の意である。助動詞「べし」は意志の用法。

解答例　機会があります時に、帝にそうお伝え申し上げましょう

エ　「やがて」は〝（時間の隔たりがなく）すぐに〟〝（状態が）そのまま〟のいずれかの意であるが、ここでは近衛府の武官就任後に出家するというのだから、前者の意に解する。「籠る」は出家後に〝隠棲する・隠居する〟ということ。丁寧語「侍り」、意志の助動詞「べし」、断定の助動詞「なり」を落とさずに訳すこと。

解答例　すぐに出家して、隠棲しますつもりである

カ　形容詞「あさまし」は〝驚きあきれたことだ〟の意の重要語。「聞こゆるもおろかに侍り」は、〝言うまでもない〟という意味の連語表現「言ふもおろかなり」（「おろかなり」は〝不十分だ〟の意）に、謙譲（「聞こゆ」）と丁寧（「侍り」）の意が加えられたものである。

解答例　あきれたことだなどと申し上げるどころではございません

(二)　パターン❶－Ⅰ：現代語訳・パターン❷：指示内容
「さりがたく」は漢字で書くと「避り難く」にあたり、〝逃れ難く〟の意。この人（＝なま公達）が逃れ難く持っている執着心とは、冒頭から話題に上っている通り、近衛府の武官となることである。

解答例

近衛府の武官の職を得たいという思いが心から離れませんので

㈢　パターン❸：因果関係

前段落までをきちんと読めば、侍は、顕頼が思わずつぶやいてしまった心中の思いで、公達に対する悪口にあたることまでも、そのまま公達に伝えたということがわかる。さらに、傍線部オの前の「それを」が指す前文に注目すれば、顕頼のつぶやきは当人の思慮の至らなさから発せられたものなのに、言っていいことか悪いことかの判断もできず、それをそのまま相手に伝えた侍を「不覚人」と呼んで非難していると判断できる。〝聞いても口に出してはならないことまですべて話してしまったから〟〝伝言不要な独り言まで相手に伝えてしまった愚かさ〟など、自分の言葉で表現を工夫すればよい。なお、この発言部分からは、侍を非難することによって自分の失言を弁解しようという意識もうかがえるが、傍線部オが「この不覚人」のみであること、「簡潔に」との指示、解答欄の大きさから、解答に含める必要はないであろう。

解答例

相手に直接言うべきではない内心まですべて伝えてしまったから。

二〇〇〇年度　文理共通　第二問

出典　源俊賢女『**成尋阿闍梨母集**』

平安時代後期の私家集。詞書が長いことや時間的な経過に沿って構成されていることなどから、日記文学とみることもできる。源俊賢女（成尋阿闍梨母）の作。仏道修行のために渡宋する息子成尋との離別を書き綴ったものである。出題部分は、すでに京都を発った成尋を思って、仁和寺にいる母が悲嘆する場面である。

通釈

その朝、（成尋が）手紙をよこしなさった。（成尋が私に会わずに出発したのは）恨めしいけれども急いで見ると、「夜の間はどうしていましたか。（私は母上からの）昨日のお手紙を見て、一晩中涙も止まらないでおりました」とある。（それを）見ると、（涙がこぼれて）文字もはっきりと見えない（ほどである）。涙の止まる間もなく日が暮れるまで過ごす。

やっとのことで起き上がって見ると、仁和寺の前に、梅が木にこぼれるほど咲いている。（私が）住む所など、すべてしつらえられている。（悲しみのあまり）我を忘れたような状態で、どちらが（極楽浄土のある）西の方角かもわからない。目もずっと（涙で）かすみ、夢のような気持ちで一日を過ごした翌日の朝、都から人が来て、「昨夜の夜中頃に出発なさった」と言う。起き上がることもできず、言いようもないほど悲しい。

翌日の朝に手紙が来た。目も開けることができないほどだけれども、見ると、「お訪ねしようと思いますけれども、夜中頃に（こちらに）やって参りましたので、何とも慌しくて（お訪ねできませんでした)」とある。目の前も真っ暗になって気持ちも乱れるような有様なので、(成尋を)見送った人々が集まって慰めてくれるが、(ひどく涙を流すことが)不吉に思われる。「そのまま八幡と申す所で舟にお乗りになった」と聞くにつけても、気がかりな思いは言いようもない。

(成尋が)船出をする淀の神様も、私の深い気持ちを察して(成尋を)ずっと守ってほしい。

と泣きながら思い浮かぶ。

「あきれたことに、(私に)会うつもりはないとお思いになった(成尋の)心といったらなあ。あきれたことに」と、つらいことばかり考えて過ごしたところ、また、「この子が真剣に成し遂げようとお思いになるようなことを邪魔しないようにしよう」などと思ったことによって、(成尋)阿闍梨の言いなりになって、このような(唐土への渡航の)こともひどくつらそうに泣いてやめさせることもないまま終わってしまったことが、ここ数日経つにつれて悔しく、「手を押さえてでも、(成尋が)ここにとどまるようにすればよかった」と残念で、涙ばかりが目にたまって物も見えないので、

(私の反対を)押し切って(異国に)行く(成尋の)船旅を悲しむ別れ際に、(成尋の旅立ちを止めることができなかったように)涙も止めることができないことだよ。

語釈

いづ方西——筆者が西の方角を気にするのは、極楽浄土のある西方に向かって日々勤行するためである。

解法

㈠ パターン❶―I：現代語訳　《敬語》《「なむ」の文法的識別》

ア「心なし」の「心」は大別すると〝①思慮、②思いやり、③風流心〟である。ここでは①にあたると解し、息子と別れた筆者の状態がよくわかるように工夫したい。〝茫然として・わけもわからず〟

等も可。「西」が極楽浄土のある方角であるのは常識。

解答例　何も考えられず、どちらが極楽浄土のある西かもわからない

ウ　「なむ」は未然形に接続しているので他への願望（あつらえ）の終助詞。「〜やる」は〝最後まで〜し通す〟の意を添える。

解答例　息子を思う私の深い気持ちを察して成尋をずっと守ってほしい。

エ　「あさまし」は〝驚きあきれるほどだ〟。「思ひ給ひける」の主体は、尊敬語が使用されていることから成尋とわかる。「見る」はここでは前段落の成尋の行動から〝（母親である筆者と）会う〟ことである。〝母親の顔を見ないでおこう・母と顔を合わせないようにしよう〟等も可。

解答例　あきれたことに、私に会うまいとお思いになった成尋の心だなあ

オ　「この人」は具体的には成尋のこと。「たがふ」（「違ふ」）は下二段活用なので〝背く・逆らう〟。助動詞「ん」は「せん」では意志、「思ひ給はん」では婉曲の用法。

解答例　この子が成し遂げようとお思いになるようなことを妨げるまい

㈡　パターン❶—Ⅰ：現代語訳・Ⅲ：省略の補足　《敬語》

「詣で来」が①謙譲語〝(敬うべき場へ)参上する〟か、②荘重表現(改まった感じを出す表現)かは迷うところだが、後に「やがて……船に乗り給ひぬ」と人々が報告しているので、船に乗る場所へ行ったと見て②で訳すのが妥当であろう。「静心なく」の後に続く語句を、傍線部イの前の「参らんと思ひ侍れど」から考えて補う。

解答例　夜中頃に船着き場にやって参りましたので、どうにも慌しく、母上をお訪ねすることができません

㈢　パターン❷：指示内容・パターン❹：心情

筆者の心情は傍線部カに含まれる形容詞「くやし」に表されている。「かかること」の指示内容(成尋が唐土へ行くこと)を明確にして、それを阻止できなかった自分への後悔の気持ちを説明する。「いみじげに」は「泣き妨ぐ」(「ず」は含まず)にかかる。

解答例　成尋の唐土への渡航をひどく泣き叫んででもやめさせればよかったという後悔が日増しに募る心情。

一九九九年度　文理共通　第三問

出典　建部綾足『**芭蕉翁頭陀物語**』　野坡盗人にあふ幷《ならびに》発句

江戸時代の俳諧書。建部綾足の作。芭蕉および蕉門の俳人の逸話を収めたもの。別名『蕉門頭陀物語』ともいう。出題部分は蕉門の俳人である野坡の話だが、事実の通りというわけではなく、作者が小説的な潤色をしているものと考えられている。野坡は《かるみ》の代表俳人であり、日常的な事物を軽快に詠むのに長けていた。

通釈

ある夜、雪がひどく降って、表の人通りの音も夜が更け（静まっ）ていくにつれて、（野坡は）夜具をひきかぶって横になった。明け方が近くなって、障子を静かに開け、盗人が入って来る。娘が驚いて、「助けてよ誰か。ねえ、ねえ」と泣く。野坡が起き上がって、盗人に向かって、「私の家には家宝にするようなものさえもない。けれども、飯を一釜分と、上等の茶を一斤は持ち合わせている。柴を折って燃やし、暖まって、（盗みに入ったことを）人が知らないのを宝物の代わりだと思い、明け方を待たずに出て行ったら、私にも罪がないにちがいない」と、話し方も平静に言うと、盗人も心穏やかになって、「本当に表から見たのとは、貧富は、金と瓦のように違っている。それならばもてなしをお受けしよう」と、覆面のままで並んで座って、いろいろな話をする。その中で年老いた盗人が、机の上を探り、句が書いてあるものを広げたところ、

草庵の急な火事を逃れ出て

私の家の桜もつらそうに見える。火事で煙の花が咲いて。

という句を見付け、「この火事はいつのことか」(と言う)。野坡が言うには、「いついつの頃である」。盗人は手を叩いて、「あなたにこの俳句を詠ませた(火事を起こした)悪者は、最近処刑された。火事につけても水害につけても俳句を作って楽しみなさるなら、今夜の事情も句になるだろう。今聞きたい」。野坡が言うには、「苦しみや楽しみにつけても心を慰めるのを風流人という。今夜のことは、とりわけおもしろい。けれども、ありのままに句を作ったならば、私は盗人を休憩させたようなものである。ただ何も知らないのであるようだ(ということにしておこう)」と、次のようなことを書いて与える。

垣根をくぐって入って来たのはどうも雀ではなさそうな雪の上の足跡だよ。

解法

㈠ パターン❶—I:現代語訳

ア 「宝にかふ」(「宝に代ふ」)は文字通り訳すと〝宝物の代わりとする〟だが、ここでは〝幸いなことと思う・感謝する〟と解する。

解答例 盗みに入ったことを人が知らないのを幸いだと思い

イ 「金と瓦のごとし」は、「金」はすばらしいもの、「瓦」はつまらないものの比喩で、非常に大きな違いがあるということを述べたものである。具体的には、裕福な家だと思って泥棒に入ったのに、内実は非常につつましい暮らしぶりであったということ。

解答例 本当に表から見たのと比べて、貧富の実情は金と瓦ほど異なる

ウ　「御坊」は僧の敬称で、ここでは野坡のことを言っている。「この発句」は前の「わが庵の桜もわびし煙りさき」を指す。急な火事を題材にしたものであるから、〝この発句を作らせた〟とは結局〝火事を起こした・放火した〟ということ。

解答例　火事を起こしてあなたにこの俳句を詠ませた悪者は

エ　「苦楽を」の「を」は対象を表すものとして〝〜に対して・〜について〟と訳すとよい。「風人」は〝風流人・風雅な者〟のこと。

解答例　苦しみや楽しみにつけても心を慰めるのを風流人という

(二)　パターン❹：心情

盗人を気遣い、彼らの罪が発覚し処罰されることを心配したものか、盗人をもてなした自分自身が共犯と見なされることを心配したものか、決し難い。傍線部オのみを見れば後者になるだろうが、盗人への対応ぶりを見ると前者の可能性もあるので、解答例では、事実そのものの発覚を恐れているとの説明にとどめておいた。解答欄の大きさから考えてもそれが妥当なところであろう。

解答例　事実を句にすることで、自宅に盗人が入ったと知られてしまうこと。

(三)　パターン❶―Ⅱ：趣旨　《俳句》

傍線部オとの関連から、「盗人が入った」という事実をぼかした表現であることは明らか。「ならなく」は断定の助動詞「なり」に打消の助動詞「ず」の未然形「な」・接尾辞の「く」が接続したもので、〝〜ではないのに〟と訳す。やや難解な語法であるが、文法的説明が求められているわけではないので、「垣くぐる」「雪のあと」などの語句から、実際に垣根を越え雪に足跡を付けて侵入したのは盗人であると理解できればよい。

解答例　盗人が侵入したこと。

一九九九年度　文科　第六問

出典

香川景樹『**百首異見**』

江戸時代に成立した、『小倉百人一首』の注釈書。香川景樹の作。先行の注釈書である契沖の『百人一首改観抄』・賀茂真淵の『宇比麻奈備』に対して異見を唱えたものである。

通釈

右大将道綱の母

（あなたの訪れがないのを）嘆きながら一人で寝る夜が明けるまでの間はどれほど長いものかということを、（あなたは）知っているのか。

『拾遺集』恋四の巻に、「入道摂政が訪れていた時に、門をなかなか開けなかったので、立ち疲れたと伝えて来ていましたところ、詠んで渡した」とある。今夜にも（訪れがあるだろう）かと悩みながら、一人で寝る毎晩毎晩が明けていく時間は、どれほど長いものかということをおわかりになっているのか、という意味である。門を開けるまでの間でさえ、そのように（立ち疲れたなどと）おっしゃるお心に当てはめてお考えになってくださいと、この頃夜の訪れも途絶えがちなことへの心中の恨みを、その機会に歌に詠んだのである。『蜻蛉日記』に、この門をたたきなさった件を、とうとう開けずじまいで帰し申し上げて、明くる朝、こちらから歌を詠んで送ったように書いているのは、間違いである。「一人で寝る夜が明けるまでの間は」と言い、「どれほど長いか」と言っているのは、門を開けるまで時間がかかったのを、（兼家が）つらく思いなさったのと比べているのである。結局開けずじまいで終わってしまったなら、何に当てはめて、「明ける（開ける）までの間は」とも、「（時間が）長い」とも詠み表すはずがあるか。

解法

㈠ パターン❶—Ⅰ：現代語訳・パターン❷：指示内容

「のたまふ」は〝言う〟の意で、兼家への敬意を表す尊敬語。よって、「しか」の指示内容は『拾遺集』の詞書にある兼家の発言「立ちわづらひぬ」である。「だに」は類推を表す副助詞で〝～さえ〟と訳す。

解答例　門を開けるまでの間でさえ、立ち疲れたなどとおっしゃる

㈡ パターン❶—Ⅱ：趣旨

「夜離《が》れがち」は〝夜の訪れが途絶えがち〟ということ。「下の恨み」は〝心中の恨み〟で、夫に対する妻の恨み心である。「うち出づ」がここでは〝歌に詠む〟意であることを明確にするのがポイント。

解答例　夫が訪れないことへの恨み心を、この機会に歌に詠んだということ。

㈢ パターン❶—Ⅰ：現代語訳　《和歌》

「嘆きつつひとり寝る夜」は〝夫の訪れのないことを嘆きながら一人で寝る夜〟。「あくる間」は〝(夜が) 明けるまでの間〟という意味であるが、〝(門を) 開けるまでの間〟という意味もふまえた解釈になるよう配慮しなければならない。不実な夫の、門を開けるまでのわずかの時間でさえ長いという態度へのあてつけを汲み取った解釈になっているかがポイントである。

解答例　あなたを待って嘆きながら一人で寝る夜が明ける間がどれほど長いか、門を開けるまでの間さえ遅いと言うあなたは知っているのか。

一九九八年度　文理共通　第三問

出典　**『宇治拾遺物語』**　十六　尼、地蔵奉見事

鎌倉時代初期の説話集。作者不詳。多彩な内容の話を収める。現実的で庶民的なエピソードが平明な文体で生き生きと語られている。出題部分は、「信じる者は救われる」話型の、信仰心の篤さを称える説話。地蔵菩薩信仰が民間に広まっていたことがうかがえる。

通釈

今は昔、丹後の国に年老いた尼がいた。地蔵菩薩が夜明けごとに歩き回りなさるということをかすかに聞いて、夜明けごとに地蔵を拝見しようと思って、辺り一帯を夢中になって歩き回っていると、博打打ちで勝負事にうつつをぬかしていた男が見て、「尼君は寒い中で何をなさっているのか」と言うので、（尼は）「地蔵菩薩が明け方に歩き回りなさると聞くので、お目にかかろうと思って、こうして歩いているのである」と言うと、（博打打ちが）「地蔵が歩きなさる道は私が知っているので、さあおいでなさい、会わせて差し上げよう」と言うので、（尼は）「ああ、うれしいことだなあ。地蔵がお歩きになるような所へ私を連れて行ってください」と言うと、（博打打ちは）「私に何かください。（そうすれば）すぐにお連れ申し上げよう」と言ったので、（尼は）「この（今私が）着ている着物を差し上げよう」と言うと、（博打打ちは）「さあおいでなさい」と言って隣にある家へ連れて行く。

尼は喜んで急いで行くと、そこの子供で「じぞう」という子がいたのだが、その子の親を（博打打ちは）知っていたので、「じぞうは（どこにいるか）」と尋ねたところ、親は、「遊びに行っている。すぐ（帰って）来るだろう」と言うので、（博打打ちが）「ほら、ここである。じぞうがいらっしゃる所は」

と言うと、尼は、うれしくて紬の着物を脱いで（博打打ちに）与えると、博打打ちは急いで受け取って去って行く。

尼は「地蔵を拝見しよう」と思って座っているので、親たちはわけがわからず、「どうしてうちの子を見ようと思っているのだろうか」と思っていると、十歳ぐらいの子が来たのを、「ほら、じぞう」と言うと、尼は、見るや否や我を忘れて転げるようにひれ伏して熱心に祈って、地面に這いつくばった。子供は、細い木の枝を持って遊んでいたままでやって来たのだが、その枝で何気ない手つきで額をかくと、額から顔の上までが裂けた。裂けた中から何とも言えないほどすばらしい地蔵の御顔がお見えになる。尼は熱心に拝んでふと顔を上げたところ、こうして（地蔵が）お立ちになっているので、涙を流して拝み上げ申し上げて、そのまま極楽往生した。だから心でさえも深く念じたので、仏も現れなさるのであったことだと信じるがよい。

解法

㈠　パターン❶―Ⅰ：現代語訳

ア　人を誘う際に呼びかけて言う慣用的連語表現。

解答例　さあおいでなさい

イ　「やがて」は〝すぐに〟。「奉る」は尼君への敬意を表す謙譲語。「ん」は意志の助動詞。

解答例　すぐにお連れ申し上げよう

オ　「え」は打消と呼応して不可能を表す。

解答例　何とも言えないほど

(二)　《「なん」の文法的識別》

「なん」が他への願望（あつらえ）を表す終助詞か、完了（強意）の助動詞「ぬ」＋推量の助動詞「ん」かは、文脈から判断するしかない。ここでは、前の「ぢざうは」という問いかけに対する答えなので、後者で〝もうすぐきっと戻って来るだろう〟と解釈する。よって「来」は連用形。

解答例　き

(三)　パターン❸：因果関係

第一段落の尼と博打打ちとのやりとりから、博打打ちは、尼の会いたがっているのが地蔵菩薩だと知りつつ、同音の名を持つ子供を利用して尼から着物をだまし取ろうとしたことを読み取る。「じぞう」という名の子供が帰って来るとそれがばれてしまうと考えた博打打ちは、尼から礼の着物を受け取ったとたんに急いで立ち去ったのである。

解答例　尼から着物をだまし取ったことが露見するのを恐れたから。

(四)

パターン❹：主題

末尾の一文から、一見愚かとも思えるほどの尼の純粋な信仰心を筆者は高く評価しているとわかる。

解答例

一途な信仰心によって地蔵の加護を受け極楽往生ができたすばらしい例として意義づけている。

一九九八年度　文科　第六問

出典　紫式部『**源氏物語**』椎本

平安時代中期の物語。紫式部の作。光源氏の出生から、成長のさまや女性遍歴などの波乱に満ちた生涯が語られ、さらには光源氏の子孫の代の話へと続く長大な物語である。貴族社会の愛や苦しみ、理想や現実が、さまざまな登場人物を配して重層的に描かれている。出題された部分は「椎本」の巻で、宇治八の宮が姫君たちを残して世を去ろうとしている場面である。

通釈

あの（父君が）行いなさる誦経は、今日終わったところだろうと、早く（父君に会いたい）と（姫君たちが）待ち申し上げていらっしゃる夕暮れに、使いの者が参上して、「今朝から気分が悪くて、そちらに帰参することができない。風邪だろうかということで、あれこれ手当てをしようとしているところである。それにつけても、いつも以上に（おまえたちに）会うのが待ち遠しいことだよ」と申し上げなさった（と伝えに来た）。（姫君たちは）胸が張り裂けるようで、どういう容態なのだろうかと思い嘆きなさり、お着物などを綿を厚く入れて急いで仕立てさせなさって、差し上げたりしなさる。（父君は）二、三日は下山なさらない。（姫君たちは）どうかどうかと使者を送り申し上げなさるけれども、（父君は）「（病状は）たいしてひどくはなく、何となく苦しくて。少し回復したら、そのうちに、我慢してでも（戻るつもりだ）」などと、口頭で申し上げなさる。

阿闍梨はずっとおそばにつき申し上げて、看病し申し上げた。「ちょっとした御病気に見えるけれども、これが最期でいらっしゃるだろう。姫君たちの御事は、何を心配なさる必要があろうか。人は皆前世からの御因縁というものがそれぞれなので、お気を煩わせなさらなければならないことでもおありにならない」と、ますます現世への未練を断ち切りなさるのがよいということを教え申し上げながら、「今となってはもう（山を）お出になってはいけない」と忠告申し上げるのであった。

解法

㈠　**パターン❶―Ⅰ：現代語訳**

ア　「心もとなし」は〝気がかりだ・待ち遠しい〟の意の重要単語。山寺に籠もっている父から自宅の姫君たちへ宛てた伝言なので、「対面」は〝おまえたちに会うこと〟と解する。「を」は詠嘆。

解答例　おまえたちに会うのが待ち遠しいことだよ

ウ　文字通り訳すと〝最後の時〟だが、山寺で病に臥している父について述べたものなので、〝死に際・臨終・最期〟の意を明確にすること。

解答例　もう死んでしまう時

㈡　**パターン❶―Ⅱ：趣旨　《敬語》**

リード文を参考に、冒頭から傍線部イの前までの人物と行動を整理すると、姫君たちが父の帰りを待っているところへ父の病を知らせる使者が訪れ、姫君たちは驚いて父の容態を心配し着物などを送ったりするが、父は二、三日たっても下山しない、という流れである。前の「いかなるにか」と同じく、

「いかにいかに」と心配しているのは姫君たちである。「奉る」は〝送る〟の謙譲語で、父への敬意を表している。「たまふ」は姫君たちへの敬意を表す尊敬語。説明問題なので、山寺（＝父のもと）に人（＝使者）を送るという行為のみを示す。

解答例　姫君たちの父の病状を案じる気持から出た、山寺に使者を送る行為。

㈢　**パターン❶―Ⅱ：趣旨**

「思し離る」は〝思いを断ち切る・執着を捨てる〟の意で、「思す」は父への敬意を表す尊敬語。前の阿闍梨の発言部分に注目し、死を前にした父に対してどう忠告しているかをまとめる。現世での生死は前世からの因縁（＝宿世）に基づくものであり、現世での信仰心が来世の極楽往生の可否を決めるという仏教的思想も確認しておこう。より具体的に、「娘への思いにとらわれていてはならない」としてもよい。

解答例　前世からの因縁を悟り、現世への執着を断たなければならないこと。

一九九七年度　文理共通　第三問

出典　上田秋成『**春雨物語**』　樊噲

江戸時代の読本。上田秋成の作。十巻十編の物語から構成されたもので、出題された部分は最終巻の「樊噲」の一節である。殺人・強盗などの罪を犯した樊噲は活力と魅力に富んだ人物で、二人の子分を従えるまでになっていたが、那須岳で旅の僧に出会って頓悟する。

通釈

下野の那須野の原に日が沈んだ。小猿・月夜が言う。「この野は分かれ道になっていて、暗い夜には迷うことが、往々にしてあった。ここでしばらくお休みなさい。様子を見て来よう」と言って、走って行く。(樊噲は)殺生石といって、毒があるという石垣の崩れた所に、火を起こして盛んに燃やして座っている。僧が一人やって来る。(樊噲に)目もくれずに通り過ぎる様子が憎らしい。(樊噲は)「法師よ、食べ物を持っているなら食わせろ。旅費があるなら置いて行け。何もなしでは通らせるつもりはない」と言う。法師は立ち止まって、「ここに金が一分ある。(おまえに)やろう。食べ物は持っていない」と言って、むき出しの金を樊噲の手に渡して、振り向きもしないで行く。(樊噲は)「行く先で若者が二人立っているはずだ。『樊噲に会って物を与えた』と言って通り過ぎろ」と言う。(法師は)「おう」と答えて、静かな足取りで歩いていった。半時にもまだなっていないだろうと思う頃に、僧が戻って来て、「樊噲はいらっしゃるか。私は、仏道に入って以来嘘を言っていないが、ふと物が惜しくて、もう一分残したのは、潔くない。これもやるぞ」と言って、取り出して与える。(樊噲はその金を)手に置いたところ、急に心に寒々しさを感じて、「これほど正直な法師がいる。私は、親・兄を殺し、多くの人を傷つけ、盗みをして生きていることが、情けない情けない」と、しきりに思うようになって、法師に向かい、「(あなたの) 御人徳によって改心し、今からは御弟子となり、仏道修行の道に入ろう」と言う。法師は感動して、「実にすばらしい。ついて来い」と言って、連れ立って行く。小猿・月夜が、現れた。「おまえたちはどこへでも去って行き、どうにでもなれ。私はこの法師の弟子となって修行しよう。襟元にたかる虱のようなおまえたちを、私のそばにまとわりつかせるつもりはない。二度と会うつもりはない」と言って、(二人を) 見つめて別れて行く。(法師は)「(一緒にいても) 何にもならない手下どもは捨てろよ。懺悔は道中で聞こう」と言って、先に立った。

解法

㈠　パターン❶―Ⅰ：現代語訳

ア「あない」は〝内情・詳細〟の意で「案内」と書く。訪問時の取り次ぎを言う場合も多いが、ここでは前に「この野は道ちまたにて、暗き夜には迷ふこと、すでにありき」とあることから〝道の様子〟と訳す。助動詞「む」は意志の用法。

解答例　道の様子を見て来よう

イ「むなし」は〝何もない・空虚だ〟の意の重要単語。ここでは前に「物あらばくはせよ。旅費あらばおきてゆけ」とあることから〝(法師が金品を) 何も置いていかない〟と解する。「〜く (＝形容詞型活用語) は」は仮定条件を表す。「通す」は僧を通過させること。助動詞「じ」は打消意志の用法。

解答例　何もよこさないならば通らせるつもりはない

(二)　パターン❶—Ⅰ：現代語訳・Ⅲ：省略の補足

傍線部ウは樊噲の僧に対する発言部分。よって「いうて過ぎよ」は僧に対しての命令である。前の「若き者ら二人」すなわち小猿と月夜に「樊噲に会ひて物おくりし」と言うように命じている。各動詞の主語や目的語を丁寧に補って訳しておこう。

解答例　おまえは、この先に立っているはずの二人の若者に「私は樊噲に会って物を与えた」と言って彼らの前を通り過ぎろ

(三)　パターン❸：因果関係・パターン❹：心情

①前に述べられている僧の行動、②後の樊噲の心中部分、以上二点に注目してまとめる。①は〝仏道に対して誠実な僧の態度に触れ・正直で潔い僧の行動に接し〟、②は〝自己の悪業を反省した・自分の犯してきた罪の深さに恐れおののいた〟などとしても可。

解答例　僧の正直さに感銘を受け、ひどい悪事を繰り返して生きてきた自分の罪深さに一瞬にして気付き、恐ろしくなったから。

㈣　**パターン❶―Ⅱ：趣旨**

「襟もとの虱」は比喩表現で、襟元にたかる虱のようにそばにつきまとう邪魔な存在のこと。ここでは、仏道修行を決意した樊噲にとっては邪魔な存在となった盗賊仲間の小猿と月夜のことを言っている。「つく」は助動詞「まじ」に接続する終止形なので、四段活用か下二段活用かを形から見分けることができず、どちらでも意味は通りそうだが、樊噲の言葉全体を見ると、一文目「おのれら…」で〝おまえたちはどこへでも去り、どうとでもなれ〟と二人に命じたうえで、二文目「我は…」以降では自分の意向を表明していると考えられるので、下二段活用（＝現代語の〝付ける〟にあたる）と解するのが妥当と判断したい。「襟もとの虱」を「身に付ける」という構文である。助動詞「まじ」は打消意志や打消当然の用法。解答例のほかに、〝樊噲は改心して仏道修行をしようと決意したので、もはや無用な盗賊の手下をそばにいさせるわけにはいかないという意味。〟といった説明も考えられる。

解答例

発心した樊噲にとって、悪行仲間の小猿と月夜は邪魔な存在でしかないので、自分のそばにいさせるつもりはないという意味。

第六問

一九九七年度　文科

出典　『**栄花物語**』　巻第九　いはかげ

平安時代後期の歴史物語。作者は不詳であるが、四十巻のうち正編三十巻は赤染衛門がまとめたとする説が有力である。宇多天皇から堀河天皇までの約二百年間の歴史を編年体で記したもので、歴史物語の先駆となった。出題部分にもあるように、彰子の産んだ若宮（敦成親王）を立太子させることは道長の悲願であり、兄宮（敦康親王）を先にという彰子の懇願は当然容れられない。道長の言動にことごとく理解を示し、彼を賞賛するのが『栄花物語』の特徴のひとつである。

通釈

中宮は若宮が東宮位にお即きになることが決定したことを、普通の人でいらっしゃったならば、あれこれ考えることもなく嬉しくお思いになるはずなのに、「帝は道理に従って（東宮を決定した）とお思いになっているのだろうが、あちらの兄宮も、『いくら何でもそのようであるだろう（＝兄の自分が東宮位に即くだろう）』とお思いになっているだろうに、『このように世の中の騒ぎによって、かねての思いと逆に（帝は、若宮を東宮位に）お決めになったのであろうが、いくら何でも（自分が東宮にならないなんて）』と御心中嘆きが募り穏やかでないこととしては、今回のことをこそお思いになっているだろうから、たいそう心苦しく（兄宮が）気の毒だし、若宮はまだたいそう幼くていらっしゃるので、そのまま前世からの御因縁に任せ（いずれ若宮が立太子するのを待っ）ていてもよいだろうに」などとお思いになって、殿の御前（＝父道長）にも、「やはり、このこと（＝東宮位について）はぜひともそうでないといいなあ（＝我が子若宮ではなく兄宮に決定するようにしたい）と思います。あちらの御心中では、長年の間（東宮位に即くのは自分だと）お思いになっているだろうことが叶わないことについて、たいそう心苦しくてやりきれないこと」など、泣きそうなほどに申し上げなさると、殿の御前は、「本当に、（あなたのお心遣いは）実に比類ないほどすばらしいものでもいらっしゃるなあ。それもまた当然のことであるので、なるほどその通りだと思いまして配慮し申し上げなければならないが、帝がいらっしゃって、取り計らわなければならないことなどを細々とおっしゃるので、『いや、やはり間違っておっしゃることである。ものの順序に従って（決定なさいませんと）』などと反論し申し上げてよいことでもありません。世の中はたいそう拠り所のないものですから、こうして（私が）この世で政治を行っております間に、そのような（＝若宮が東宮位にお即きになるような）御有様を拝見しましたならば、来世も心残りなく安心していられるでしょうと思います」と申し上げなさるので、またこれも道理の御事であるので、（中宮は）返事をし申し上げなさらない。

解法

㈠　**パターン❶—Ⅰ：現代語訳**

「例の」は〝普通の・一般の〟の意。「おはします」は中宮彰子への敬意を表す尊敬語。未然形に接続する「ば」は順接仮定条件で〝もし～ならば〟と訳す。

解答例　普通の人でいらっしゃったならば

㈡　**パターン❶—Ⅰ：現代語訳・❷：指示内容**

中宮彰子の心中部分である。「このこと」はリード文および冒頭から話題の中心となっている東宮位のこと。「さら」は「さあら」の縮まった形、「で」は打消の接続助詞で、「さらで」は〝そうではなくて〟の意。副詞「いかで」はここでは願望の終助詞「にしかな」と呼応して〝どうにかして～たい・ぜひとも～たい〟と訳す。「さ」の指示内容は、そうならないよう彰子が望んでいることであるから、前の彰子の心中部分に注目し、〝自分の息子である若宮が兄宮を差し置いて東宮位に即くこと〟と解する。

解答例　東宮位についてはぜひ若宮が即くことのないようにしたい

㈢　パターン❶―Ⅲ：省略の補足

前に「げに」とあることから、道長は、彰子の発言に一旦は同調し、他人の子である兄宮を思いやる彰子の態度をすばらしいものと認めているとわかる。「ありがたし」は〝めったにない〟の意であるが、ここでは〝すばらしい〟という評価も加えて理解する必要がある。

解答例　彰子が、定子の産んだ兄宮への深い思いやりを持っていること。

㈣　パターン❷：指示内容

道長の発言部分を整理すると、「げに…掟て仕うまつるべきを」で一旦彰子の考えに同調しながらも、「上おはしまして…」ではやはり自分の娘である彰子の息子を東宮位に立てたいという本心を述べている。傍線部エは後者の部分にあり、前後も併せて見ると〝自分の執政中、そのような御様子を拝見できたら、来世も安心だろう〟ということを言っている。「さ」の指示内容は、道長の望む通りに若宮が東宮位に即くことである。娘を入内させその息子を帝位に即かせるのは、当時の貴族が政治的実権を掌握する手段でもあった。

解答例

道長の孫である若宮が東宮になり、やがて帝位に即く身となること。

一九九六年度　文理共通　第三問

出典　『**増鏡**』　巻七　北野の雪

室町時代初期の歴史物語。作者は二条良基説が有力であるが、不詳。『大鏡』の形式に倣い、嵯峨の清涼寺で老尼が昔語りをするという設定で、後鳥羽院から後醍醐天皇までの十五代約百五十年間の歴史を編年体で記したものである。公家の生活模様が優雅な文体で描かれている。出題部分は、美貌の佶子《きっし》に対する、実兄公宗《きんむね》の秘めた恋情を描いた章段。後に佶子は入内して帝寵を得、実雄一家は栄えるが、公宗は夭折する。

通釈

秋の訪れが吹く風によって際立って感じられ、趣深い夕暮れ時に、大臣がお越しになって御覧になると、姫君は、薄紫色に女郎花の色目などを重ねた衣裳で、几帳から少し離れて座っていらっしゃる姿形は、いつも以上に言いようもなく上品で美しさに満ちあふれて、可憐に見えなさる。御髪はたいそう豊かで、五重の扇とかいうものを広げたような様子で、少し赤みがかっているように見えなさるが、流れ具合は繊細で、額から先端まで癖もなく美しい。臣下の人（の妻）には本当にもったいなさそうな品格でいらっしゃる。（大臣は）几帳を向こうへやって、打ち解けた様子で笏拍子を打ち鳴らして、（姫君には）御箏を弾かせ申し上げなさる。ちょうどその時中納言が参上なさった。（大臣が）「こちらへ」とおっしゃるので、（中納言は）畏まって、御簾の中で（お二人のおそばに）控え申し上げなさる姿形は、この方もまたたいそうすばらしく、どこまでもしっとりとした落ち着きがあり、お心の奥深くまで知りたくなるほどで、むやみに気遣いをせずにいられないような（立派な）様子で、繊細で美しく、落ち着いた感じで、気高く美しい。（姫君を前にして）いっそう気を落ち着かせようとして、御胸騒ぎをこらえながら、さらに気遣いを加えていらっしゃる。笛を少し吹き鳴らしなさると、（その音色は）空高く美しく響き上って、たいそう趣深い。（姫君の弾く）御箏の音色の控え目でかわいらしいのも、合奏の間は、（中納言は嬉しさのあまり）かえって音も耳に入らないほどで、涙がこぼれそうになるのを、さりげなくごまかしていらっしゃる。撫子の花に浮かぶ露の模様が実物と見まがうほどの輝きで織り込まれた小袿に、御髪が垂れ掛かって、少し首をかしげていらっしゃる横顔は、まさに光り輝くとはこのような様子をいうのだろうかと思うほどに（美しく）お見えになる。人並みに美しい娘でさえ、親はどれほど（すばらしいと）思って見るか。ましてやこれほど際立って美しい御容貌であると見えるので、この世にないほどの親心で（姫君のことで）心乱れなさるのも、もっともなことであるにちがいない。

語釈

拍子——打楽器のひとつで、笏《しゃく》のような平たい板を打ち合わせて音を出し、調子をとる。

解法

㈠ **パターン❶—Ⅰ：現代語訳・Ⅲ：省略の補足** ≪「らる」≫

ア「あてなり」は〝上品だ・高貴だ〟、「匂ひ」は〝（見た目の）美しさ〟、「らうたし」は〝かわいらしい〟の意。「給ふ」は姫君への敬意を表す尊敬語なので、主語に「姫君」を補う。

解答例　姫君は上品で美しさにあふれ、可憐に見えなさる

ウ「なかなか」は〝かえって・逆に〟の意。助動詞「らる」は可能の用法で、打消の助動詞「ず」と併せて不可能を表している。箏の琴を弾いているのは姫君なので、その音色を聞く側の人物は中納言

である。〝聞きとめることもできない〟とは、〝音も耳に入らないほど気が高ぶっている・落ち着いて聞いてもいられないほどである〟ということ。

解答例　中納言はかえって落ち着いて聞いていることもできないほどで

(二)　**パターン❶―Ⅱ：趣旨　《「らる」》**

「この君」すなわち中納言について、傍線部イの前の「いとめでたく…」から文末の「あてに美し」まで、さまざまな表現でそのすばらしさが述べられている。「そぞろに」は〝むやみに・無意識に〟の意。「心づかひす」は、中納言の周囲の者が中納言を意識して気を遣ったり緊張したりするということ。助動詞「らる」はここでは自発の用法。

解答例　周囲の者がむやみに緊張せずにはいられないほど立派だということ。

(三)　**パターン❶―Ⅲ：省略の補足・パターン❹：心情**

「つれなし」は〝関係ない様子だ・平気だ〟、「もてなす」は〝振る舞う〟の意。主語は傍線部ウと同様に中納言である。心情の説明はやや難しいが、前に「いとどもてしづめて、騒ぐ御胸を念じつつ、用意を加へ給へり」とあるのをヒントに、中納言が妹である姫君に対して密かな恋心を抱いていたことを読み取る。

解答例　中納言が、姫君への恋心を気付かれないようにしようという気持ちで、こぼれそうになる涙をこらえ平静を装ったということ。

㈣　**パターン❶—Ⅱ：趣旨　《詠嘆》**

「よろし」は〝まあ良い・悪くはない〟ということ。副助詞「だに」は類推の用法で〝〜さえ〟と訳す。後の「まして…」との対比から、「よろしき」は娘の容貌を言ったもので、「見なす」は親がそのような娘のことをすばらしいと思って見るということ。さらに、〔注〕に示された歌をふまえ、いとしさのあまりに分別もつかないほど心乱れるということも加えて説明したい。この「いかが」はどれほどかわからないぐらいだと強調する表現である。

解答例

人並み程度の容姿の娘でさえも、親はこのうえなくすばらしいと思ってかわいがり、分別もつかないほど心乱れるものだということ。

第六問

一九九六年度　文科

出典　『**唐物語**』第五

成立・編者ともに不詳の説話集。長短さまざまな中国説話二十七編を翻訳したもので、軽快な話運びと歌物語的な形式が特徴である。出題部分は、司馬相如が貧困にあっても実直な性格を曲げず、かつて決意した通りに出世した有言実行の話。

通釈

昔相如という人がいた。世にもまれなほど貧しくてどうしようもないほどだったけれども、あらゆることを知っていて、学問の才能は比類ないほどであって、琴を見事に弾いた。卓王孫という人の所に行って、月の明るい夜に一晩中琴を弾いていたところ、その家の主人の娘で卓文君と申し上げる人が、（相如の弾く琴の音を）しみじみすばらしいと感じて、いつももっぱらその演奏をほめて楽しんでいたのを、この文君の両親は、（娘が）相如に近付くことを嫌がり腹立たしく思ったけれども、琴の音をしみじみすばらしいと深く心に感じてしまったのだろうか、（文君は）この男と結婚してしまった。女の父は、さまざまな財宝に十分恵まれていて、世間の貧しさというものを知らなかった。けれども、この貧乏人と（娘が）一緒になったことを、たいそう気に食わないことだと思い込んで、全く娘のその後の暮らし向きを知らなかったけれども、少しもつらいと思わないで、年月を過ごした。この夫が、蜀という国へ行った道中で、昇仙橋という橋があった。それを歩いて渡る際に、橋柱に何かを書き付けた。自分は、大きな車や立派な馬に乗（るほど立派な身分にな）らない限り、再びこの橋を渡って戻って来るつもりはないと誓って、蜀の国に籠ってしまった。その後思い通りにすばらしい身分になって、橋を渡って帰って来た。女は、長年の間貧しくても（男と）一緒に暮らした甲斐があって、親しい者や、親しくない者などの世間の人々にも、たいそう羨ましがられた。

貧しい身で私が（橋に）書き付けた言葉は、（「昇仙橋」というその名の通り）空高く上る橋だけに、高い身分に出世するきっかけであったことだよ。

気を長く持って身を粗末にしないでいることは、今も昔もやはり非常に大切なことであると思われる。

解法

㈠　パターン❶―Ⅰ：現代語訳

ア　「わりなし」は〝道理に合わない・どうしようもない〟の意で、ここでは、非常に貧乏でどうしようもないほどの暮らしぶりだということ。

解答例　どうしようもないほどの暮らしぶりだったけれども

イ　「心づきなし」は〝気に入らない・好感が持てない〟の意。「思ひとる」は〝思い込む・思いを抱く〟といった解釈が考えられる。

解答例　たいそう気に食わないことだと思い込んで

ウ　「つゆちり」は打消を強調する副詞。「なむ」は強意の係助詞。

解答例　少しも心苦しいと思わないで、年月を送った

(二)　パターン❶—Ⅱ：趣旨

「我」は相如のこと。「大車肥馬」は直訳すると〝大きな車や立派な馬〟。後の「思ひのごとくめでたくなりて」にも注目し、「大車肥馬に乗る」で〝立派な身分になる・立身出世を遂げる〟と解する。「〜ずは」は〝〜ないならば〟と訳す。自ら退路を断って出世を期する誓いの言葉である。

解答例　相如が、不退転の覚悟で、蜀国で立身出世を遂げない限りは、再び昇仙橋を渡って故郷に帰って来るつもりはないということ。

(三)　パターン❶—Ⅱ：趣旨　《和歌》

「はし」が「橋」と〝きっかけ・発端〟の意の「端」との掛詞になっている。それをふまえて、「雲ゐにのぼる」にも、橋の名「昇仙」の〝天高く昇る〟という意味と、〝高い地位に出世する〟という意味とが掛けられていると理解し、それがわかるように説明することがポイント。

解答例　昇仙橋の柱に書き付けた誓いの言葉が、天高く昇るという橋の名の通り、大いに出世するきっかけとなったということ。

一九九五年度　文理共通

第三問

出典　本居宣長『**玉勝間**』四の巻　十三　ひとむきにかたよることの論ひ

江戸時代の随筆。本居宣長の作。折々の随想や学問上の考察などが平明に記されている。国学者としての宣長の学識と識見の広さがうかがえる。宣長は国学者としてすぐれた識見を持っていたが、学論に偏頗なところがあり、その点を村田春海など他の国学者から指摘されることがあった。出題部分は、そうした批評への対抗意識が表れた章段である。

通釈

世間の物知りの人が、他人の説の悪い点を非難せず、一方に偏らず、これもあれも捨てないように論評するのは、多くは自分が悟った内容を曲げて、世間の人の心に、広く合わせようとするものであって、誠実ではなく、卑劣だ。たとえ世間の人は、どれほど非難するとしても、自分の思う道理を曲げて、従ってよいことではない。人がほめるか非難するかには左右されてはならないことだよ。だいたい一方に偏って、他人の説を、良くないと非難することを、度量が狭く良くないこととして、一方に偏らず、他人の説をも、良くないとは言わないのを、度量が広くおおらかで、良しとするのが、世間一般の人の考えであるようだけれども、必ずしもそれはさほど良いことでもない。拠り所がはっきりしていて、それを深く信じる気であるならば、必ず一方に偏るはずだ。それと違った向きのことを、取ってはならない。（自分が）良いと考えて拠り所とする説に反する説は、すべて悪いのである。この説が良いと、他の説は必ず悪いというのが道理だよ。それなのに、これも良い、またあれも悪くないと言うのは、拠り所とするものが定まらず、信じなければならないことを、深く信じていないということである。拠り所とするものが定まっていて、それを信じる心が深いと、それと違う向きのことが悪いということを、どうしても非難しないではいられない。これが信じるところを信じる誠実な心である。人はどう思っているかわからないが、私は一方に偏って、他の説を良くないと非難することも、必ずしも良くないとは思わないでいる。

解法

(一) パターン❶―I：現代語訳《音便》

イ 「あげつらひ」（「あげつらふ」の名詞形）は〝良し悪しを論じること・論評すること〟の意。

解答例 論評するのは

ウ 「おいらかなり」は〝おおらかだ・ゆったりしている〟の意。

解答例 度量が広くおおらかで

エ 「なべて」（「並べて」）は〝ほとんどすべて・一般〟の意。「なめれ」は断定の助動詞「なり」の連体形語尾が撥音便化し表記されない形に、推量の助動詞「めり」が接続したもの。

解答例 世間一般の人の考えであるようだけれども

カ 「おのづから」は〝自然と・どうしても〟。「あたはず」は不可能を表す漢文訓読的な表現。「ざる」と「ず」で二重否定となっている。

解答例 どうしても非難しないわけにはいかない

㈡　パターン❶—Ⅱ：趣旨

前の「人の説のあしきをとがめず」、後の「これをもかれをも捨てぬさまに」と並立されている部分である。「説」について述べていることを明確に説明することがポイント。

解答例

ある一つの説だけにこだわらないということ。

㈢　パターン❷：指示内容

〝「それ」に相違したことを取ってはならない〟とあるので、「それ」は判断の基準となる説といった内容で、「よるところ定まりて、そを深く信ずる心」を指している。

解答例

自分が拠り所とすると決め、心から信じている説。

㈣　パターン❸：因果関係

他人の説を非難することは、自分が拠り所とする説を深く信じることと表裏一体であるという説明をふまえたうえで、傍線部キの前の文でそれを「まめごころ」と評価していることに帰結させる。

解答例

他説を非難することは、自分の拠り所とする説を深く信じる誠実な心によるものだから。

一九九五年度　文科　第六問

出典　紫式部『**源氏物語**』　玉鬘

平安時代中期の物語。紫式部の作。光源氏の出生から、成長のさまや女性遍歴などの波乱に満ちた生涯が語られ、さらには光源氏の子孫の代の話へと続く長大な物語である。貴族社会の愛や苦しみ、理想や現実が、さまざまな登場人物を配して重層的に描かれている。出題された部分は「玉鬘」の巻で、夕顔の遺児玉鬘が大夫監《たゆうのげん》の強引な求婚を避けて上京する場面である。

通釈

こうして逃げたということを、（人々が）自然と言い伝えたならば、（結婚を迫っていた豪族大夫監は）負けたくないという気持ちできっと追いかけて来るだろうと思うと心も乱れて、早舟といって、特別に作ってあったので、行きたい方向への風までも吹いてよく進んで、危ないほど速く航海して上京した。ひびきの灘も無事に通り過ぎた。「海賊の舟であろうか、小さい舟が飛ぶようにやって来る」などと言う者がいる。海賊で乱暴な者よりも、あの恐ろしい人が追いかけて来たのではないかと思うと（恐ろしさは）どうしようもない。

つらいことを想像してひたすら胸騒ぎがするその高鳴りの音と比べたら、難所と名高いひびきの灘も差し障りにはならないことだよ。

川尻という所が近付いたと言うので、少し生き返った気持ちがする。いつものように、船子たちが、「唐泊より川尻おすほどは」と、歌う声の無骨な様子も心にしみるように聞こえる。豊後介は、しみじみと好ましく気の向くままに歌って、「たいそう愛しい妻子のことも忘れてしまった」と言って、考えると、「本当に、すべて捨てて来てしまった。(妻子は) どうなっているだろうか。しっかりしていて身の支えになると思う家来たちは、皆連れて来てしまった。(大夫監が) 私を憎く思って、(妻子を) 追い惑わせて、どんな目に遭わせているだろうか」と思うと、大人げなくも気遣いをせずに (あの地を) 離れてしまったことだなあと、少し心が落ち着いたところで、驚きあきれるばかりのことを順に考えていると、気弱にもつい泣いてしまった。

解法

㈠ **パターン❶—I：現代語訳　《「なむ」の文法的識別》**

ア　「負けじ魂」は直訳すると〝負けないようにしようという気持ち〟だが、ここでは〝決して姫君を逃すまいという気持ち・意地でも姫君と結婚しようという思い〟であることがわかるように訳すのがよい。「来なむ」は文意からカ行変格活用動詞の連用形に完了（強意）の助動詞「ぬ」未然形・推量の助動詞「む」が接続したものと判断する。主語はリード文にある豪族である。

解答例　男は決して姫君を逃すまいと思ってきっと追いかけて来るだろう

ウ　「いかが」は疑問、「ぬ」は完了（強意）の助動詞、「らむ」は現在推量の助動詞である。前の「いとかなしき妻子も忘れぬ」から、豊後介の妻子が主語であると判断する。

解答例　九州に残して来た愛しい妻子は今ごろどうなっているだろうか

㈡　**パターン④：心情　《和歌》**

上の句の「うきことに胸のみ騒ぐひびき」は、つらさでひたすら胸騒ぎがする様子、傍線部の「ひびきの灘」は〔注〕にあるように航行の難所で、「ひびき」は「ひびき」でも前者に比べたら後者は差し障りにもならないと詠むことで、要するに前者の方がよほど激しいものであるということを述べている。リード文や前の「かの恐ろしき人の…せむ方なし」にも注目し、結婚を迫る豪族に対する多大な恐怖心を説明すればよい。

解答例　航行の難所も気にならないほど、豪族の追跡を恐れ動揺する気持ち。

㈢　**パターン❶―Ⅱ：趣旨**

「あさまし」は〝驚きあきれるほどだ〟の意。前の「げにぞ、…いかがしなすらむ」「心幼くも…出でにけるかな」という豊後介の心中部分にその具体的な内容が述べられている。妻子に対する豊後介の行動を具体的にまとめることがポイント。

解答例　頼れる家来も残さず妻子を九州に置いてきたのは、自分でもあきれるほど無分別だったということ。

一九九四年度　文理共通

第三問

出典

『十訓抄』　第十　才芸を庶幾すべき事

鎌倉時代の説話集。作者不詳。年少者への教訓を十項目に分けて記したものである。各項目の初めに総括的な趣旨を述べた序文を配し、続いてその例話を並べるという形式をとる。出題された部分は第十の項目の序文で、才芸の力を養うことの大切さを述べた文章である。

通釈

ある人が言うには、もともと何かの芸道の家系に生まれた者は、（その道に関して有能であるのは）言うまでもないことである。そうではない者も、それぞれの分に応じて、才芸の能は必ずつけておかなければならないものである。中でも家名を受け継いだ者で、技芸が拙くて家を継がない者がいるし、その道の家に生まれていない者が、能力によって道を極める福徳もあるので、家名を継ぐために、また芸道を極めるために、芸道の家に生まれた者もそうでない者も共に努力しなければならない。何となく一緒に過ごしている時はその違いはわからないけれども、芸能に関してお呼び立てを受けたり、ただちょっとした仲間同士の遊興で、周りの者に抜きん出て何事でもやってのけたりしたような場合には、（才能がある人とない人とでは）雲泥の差があるように感じ、人から見てもすばらしいと思われるにちがいない。全般に容姿も美しく身分が高くても、みすぼらしく身分は低いが才能のある人と並んで立つ時は、その身分も容姿も必ず色あせて見られてしまうものである。例えば、桜の花のそばの常緑樹は、ちょっと見るとたとえようもなく見劣りしているけれども、春の日々が過ぎ、峰の嵐が吹き過ぎた後に、（その木の）緑だけが残って、一時の（花の）色美しさは残っていないようなものである。だから、「桃やすももは一日しか栄えない花である。松の木は千年たっても色が変わることのない木である」と言っている。たいそう（身分や容姿に）恵まれてはいるが自身の才能のない者が一人いるのを見る時さえ、才能ある人のことを思い浮かべてしまうのが普通である。ましてや、（そうした者が）才能ある人と並んでいる時の差（が歴然としているの）は言うまでもない。ましてや当然、（身分や容姿が）同程度である者の一人は才能があって、一人は才能がない場合などはもう話にならない。中でも世の中が移り変わっていく様子は、昔に比べるとだんだん衰えていくにつけても、それぞれの芸道の才芸もまた父祖（の才芸）には至らないのが常であるので、出藍の誉れなどは本当にまれなものではあるけれども、形だけでも父祖の遺業を継がないのは、残念なことにちがいない。

解法

㈠　パターン❷：指示内容

文中から抜き出せば「もとよりその道々の家に生まれぬる」と「さなきたぐひ」。

解答例　芸道の家系に生まれた者と芸道の家系に生まれていない者。

㈡　パターン❶―Ⅰ：現代語訳　《「る」》

イ　「うち」は〝ちょっと〟の意の接頭語。「うちある」で〝ちょっとした〟といった意味の連体詞と扱えばよい。「われどち」は〝自分たち同士〟つまり〝仲間内〟。「遊び」は特に管絃の遊びを指すことが多いが、ここでは芸事一般が話題にされているので、〝遊興〟程度に訳しておく。

解答例　ちょっとした仲間同士の遊興において

ウ　「そ」は前の「みめよく品高」い人を指している。「けた」は「消つ」の未然形。「思ひ消つ」で〝ないものと思う・無視する・軽視する〟ということである。助動詞「る」は受身の用法。

解答例　どれほど高貴な身分もどれほど美しい容姿も、きっと気にも留まらないものとされるものである

エ　「さむ」は「褪む」で、「花のあたりの常磐木」を見ての印象なので、〝見劣りする・色あせて見える〟と訳す。

解答例　色あせて見えているけれども

(三)　パターン❶―Ⅱ：趣旨

「桃李」は表面的な華やかさを持つもの、「松樹」は地味ではあるが不変の力を持つもののたとえである。文中から抜き出せば「桃李」は「みめよく品高」き、「松樹」は「あやしくいやしきが能ある」。

解答例

桃李	美しい容姿や高貴な家柄
松樹	すぐれた技芸の才能

(四)　パターン❶―Ⅱ：趣旨

弟子が師よりもすぐれることのたとえである故事成語「青は藍より出でて藍よりも青し」をふまえた

表現である。ここでは前の「才芸もまた父祖には及び」に注目し、〝才芸において子弟が父祖よりもすぐれる〟ということを述べたものと理解する。

解答例　子が、父祖よりもすぐれた才芸を身につけること。

一九九四年度　文科　第六問

出典　**『多武峰少将物語』**　少将出家の段

平安時代中期の物語。作者不詳。別名『高光日記』とも言い、右大臣藤原師輔の八男である高光が出家し、後に妻子や兄弟と歌のやりとりをする模様が綴られたものである。

通釈

（高光少将は）あらゆることが心細く感じられなさるにつれて、ひたすらこの（出家の）ことばかり御心中でお急ぎにならずにいられなくて、お出かけになるたびに、女君に、「法師になるために比叡山へ参りますぞ」と申し上げなさったので、（女君は）「いつものこと」と、冗談だとお思いになって、申し上げなさった。（高光少将が）「本当に今回は（出家するつもりなのだ）」と申し上げなさったので、（女君は）「いつものように夜になったらお帰りになったようなのを、法師のお帰りと見よう」と申し上げてお笑いになったところ、（高光少将は）「本当だよ」と申し上げてお出かけになったので、女君は、「法師になろうとのお気持ちがありますのは、私を嫌っていらっしゃるからであるようだ」と思って、

（私のことを）いとしいと思うこともなくなる（仏道修行の場である）比叡山にあなたがお入りになったならば、（私は）麓の草の露となって消えてしまうにちがいない。

と申し上げなさると、高光の少将の君は、

私が入ろうとする比叡山の山の端にずっとかかっていてくれ。思いつめないでください。（私はあなたのことを）決して忘れるつもりはない。

と申し上げなさって、愛宮のおそばに参上なさって、立ったままでお出ましになると、「御挨拶を申し

上げよう」とおっしゃったので、（愛宮は）「どうして（屋敷の中に）お上がりになることができないのか」と申し上げなさったけれども、（高光少将は）涙もこぼれてきなさったので、「急いでよそへ参ります」と申し上げなさって、これということも申し上げなさらないで出て行きなさって、比叡山にお上りになって、弟君がいらっしゃった僧坊にお行きになって、すぐに（弟の）禅師の君をお呼びになって、「頭を剃ってくれ」とおっしゃったので、たいそう驚きあきれて、禅師の君は、「どうしてそのようにはおっしゃるのか。お気持ちが変にでもおなりになったのか」と言って、そうおっしゃると同時にお泣きになる。

解法

㈠ パターン❶—Ⅰ：現代語訳・パターン❷：指示内容《「る」》

「このこと」は後の「法師になりに」から〝出家すること〟と解する。「給ふ」は高光の少将への敬意を表す尊敬語。「心にいそぐ」は、〝気が急《せ》く・早くしたいと思う〟等、わかりやすい表現にするのが望ましい。

解答例　ただ出家のことだけを早くしようとお思いにならずにいられなくて

㈡ パターン❶—Ⅰ：現代語訳

イ　「たはぶれ（戯れ）」は〝ふざけること・冗談〟。「おぼす」は女君への敬意を表す尊敬語。「例のこと」は、女君が夫の高光に直接言ったものなので、話し言葉らしく整えておけばよい。

解答例　「いつものことですね」と、冗談とお受け取りになって

ウ　副詞「な」は終助詞「そ」と呼応して禁止を表す。「つゆ」は打消表現と呼応して「全く・決して～ない」の意。助動詞「じ」は打消意志の用法。〃あなたが出家したら自分は死んでしまいそうだ〃と詠んだ妻に対して、夫の高光が、〃そこまで思いつめるな〃となだめ、〃私はおまえを決して忘れるつもりはない〃と安心させようとしている部分である。「つゆも忘れじ」という気持ちの表明が「思ひな入れそ」と言う理由にあたるので、末尾に〃～から〃を添えるとよい。

解答例　思いつめないでください。私は決して忘れるつもりはないから。

㈢　パターン❶―Ⅰ：現代語訳

「など」は〃なぜ・どうして〃の意の疑問詞。「え」は打消表現と呼応して不可能を表す。「給ふ」は高光の少将への敬意を表す尊敬語。「のぼる」は前の「愛宮の御もとにまうで給ひて、立ちながら出で給へば」から、〃愛宮の屋敷の中に入る〃ことと解する。出家前に妹のもとに立ち寄った高光に対し、そうとは知らない愛宮は、立ったままで部屋にも上がらずにいる理由を尋ねたのである。

解答例　どうして屋敷の中にお入りになることができないのですか

第三問

一九九三年度　文理共通

出典　『**堤中納言物語**』　はいずみ

『堤中納言物語』は平安時代後期の短編物語集で、十編の物語を収める。作者未詳。「はいずみ」は、別れゆく妻へのいとおしさを、伝統的なもののあわれの情趣を漂わせて綴ったものである。

通釈

下京あたりに、身分が低くもない人が、生活も立ち行かない（ほど貧しい）女性を好ましく思って、何年も経つうちに、親しい人のもとに出入りしていた際に、（その邸の）娘に懸想して、こっそりと通い続けた。（男にはその娘が）新鮮に思われるからであろうか、以前通っていた人よりも愛情深く感じて、人目も避けずに通ったので、（娘の）親が聞きつけて、「長年連れ添った妻をお持ちになっているけれども、どうすることができようか」と言って、許して（娘のもとに）通わせた。

もとの妻が聞いて、「もう（私たち二人の仲は）おしまいであるようだ。（新しい女性の家としては男を）このまま通わせるだけでなどということも、決してさせないだろう」と悩み続ける。「身を寄せることができる所があればなあ。（私たち二人の仲が）冷えきってしまわないうちに、離れてしまおう」と思う。けれども、身を寄せられるような所もない。

新しい女性の親などは、一方的に言うことには、「妻などもいない男で、心から求婚してきた者と（娘を）結婚させるのが本当なのに、このように不本意な形で通い始めてしまいなさったのは、残念だけれど、どうしようもないので、こうして通うのを許し申し上げるのだが、世間の人々は、『妻をお持ちになっている人を（娘のもとへ通わせるとはあきれたことだ）。愛しているなどと、そうは言っても、家に置いている妻のことをこそ、大切に思っているであろう』などと言うのも、心穏やかでない。本当に、世間の人々の言う通りでございます」などと言ったので、男は、「(私は)一人前として認められるような男でもありませんけれども、愛情だけは(私に)勝る人はいないでしょうと思う。(娘さんを)私の自宅にお連れ申し上げないことを、誠実さに欠けるとお思いになるのなら、今すぐにでもお連れ申し上げよう。(そのようにお思いになっているとは)たいそう心外でございます」と言うと、親は、「せめてそのようにでもなさってください」と、高圧的に言うので、男は、「ああ、もとの妻はどこへ行かせようか」と思って、心中では悲しいけれども、新しい女性が大切なので、「こういう事情でなどと言って、反応を見よう」と思って、もとの妻のもとへ行く。

語釈

下わたり――平安京の四条より南のあたり。下京《しもぎょう》。人家も少なく、未発展の地域であった。

解法

(一)　**パターン❶―Ⅰ：現代語訳**

ア　「みそかに(密かに)」は〝こっそりと〟。「～ありく」は、ここでは動作が継続する意を添えるもので、〝～し続ける・ずっと～する〟と訳す。

解答例　こっそりと通い続けた

イ　「年ごろ」は〝長年の間〟。「年ごろの人」とはここでは〝長年連れ添った妻〟のことである。「たまふ」は男への敬意を表す尊敬語。「れ」は存続の助動詞「り」の已然形。「いかが」は反語で、親が〝どうしようもない〟と考えた根拠として、「人目もつつまず通ひければ」にあたる内容を添える必要がある。

解答例

長年連れ添った妻をお持ちになっているけれども、娘のもとに人目も気にせず通い始めなさったからにはどうしようもないだろう

(二) パターン❷：指示内容

「さること」は前で述べられている「世の人々」の意見を指す。「思ふと、さ言ふとも、家にすゑたる人こそ、やごとなく思ふにあらめ」という文は構文がやや複雑なので注意しよう。「さ」は前の「思ふと」を指す。「思ふ」は文脈から〝愛している〟ということ。「とも」は逆接仮定条件で〝たとえ～としても〟と訳す。「言ふ」「やごとなく思ふ」の主語は男。「家にすゑたる人」は「やごとなく思ふ」の目的語である。

解答例

世間の人々の言う通り、男というものは、通って行く先の女性よりも共に住んでいる妻の方を大切に思うものだろうということ。

(三) パターン❷：指示内容

「さ」は前の男の発言を指す。特に、男が自分の意志を述べている「ただ今も渡したてまつらむ」が肝心の部分である。「だに」は最小限の希望を表す副助詞、「せたまふ」は男への敬意を表す二重尊敬。親が男に、娘のために最低限の誠意を示してほしいと望んでいるのである。

解答例

男が真剣に娘を愛していることを示すために、娘をせめて男の自宅に迎えてやってほしいということ。

㈣

パターン❶―I：現代語訳・パターン❷：指示内容

「かれ」は男が共に住んでいる妻で、文中では「はじめの人」「もとの人」とある人物のこと。助動詞「まし」はここではためらいの意志を表す。「むすめ」を家に迎えると「むすめ」の親に約束した以上、これまで一緒にいた妻をどこかよそへ行かせざるを得ないことになるというのである。

解答例

長年連れ添った妻もどこに行かせたものだろうか

一九九三年度　文科　第六問

出典　大神基政『**竜鳴抄**』下

平安時代後期の音楽芸道論。大神基政の作。笛の奏法や曲の故事などを説き、音楽により往生できるという信仰を述べている。

通釈

昔の偉人がおっしゃったのは、「あらゆる芸道には地獄がある、それに見合った代価があるから。管絃の道には地獄がない、それによる代価がないから」と。

うれしいことに、罪のない芸事を選んで従事したものだなあ。（私のような）取るに足りない身の者にとっては、この管絃の道こそがいとしく思われる。

このようなことであっても、人の心によっては、罪を得るような有様にもしてしまう場合があるにちがいない。決して決して、そのような（罪を得る）ことに長く執着してはならない。（管絃を）愛好する人には（秘伝を）隠してはならない。管絃の才能が十分備わっている人には（秘伝の伝授を）惜しんではならない。月の明るい夜、一晩中音楽を奏でて、腹立たしいようなことも忘れて、「極楽浄土の鳥の声も、風の音も、池の波音も、鳥のさえずりも、この音楽のようにすばらしいものだろう。早く早く（極楽に）参ってその音色を聴きたいものだ」と思うはずだ。そうしていたならば、功徳を得ることはあっても、罪にはなるはずがない。一方、管絃の秘伝を無理に隠して、人にはまずく演奏させて、心の中では悪口を言って笑って、「私だけが人よりも勝っていよう。そして（人から）実にすばらしいとほめられて、それを所得としよう」と思ったならば、どうして罪を得ないことがあろうか。だから、心の持ちよう次第にちがいないと思うのである。

解法

(一)　パターン❶—Ⅰ：現代語訳

イ　禁止表現と呼応して〝決して・くれぐれも（〜するな）〟と訳す慣用表現である。

解答例　決して決して

ウ　「器物」は〝器量・素質・持って生まれた能力〟のこと。「その器物かなふ」は〝音楽の能力が十分にある〟ということ。存続の助動詞「たり」と婉曲の助動詞「ん」もなるべく忠実に訳出したい。「惜しむ」は、この文と前の文「…隠すべからず」がほぼ同意の対句をなしていることと、傍線部オを含む文の内容を考え併せると、〝伝授を惜しむ・指導を渋る〟という意味だと判断できる。「べからず」はここでは禁止。

解答例　音楽の才能が備わっているような人には伝授を渋ってはならない

オ　「わろし」はここでは〝（楽器の演奏が）下手である〟ということ。助動詞「さす」は使役。

解答例　他人にはまずく演奏させて

(二) **パターン❶—Ⅱ：趣旨**

前の「諸道には…がゆゑに」と対照的な内容を述べた部分である。「地獄」を〝罪〟、「料物」を〝代価・それによって得られる利益〟など、わかりやすく言い換えること。倒置表現なので、説明する際には自然な語順に直せばよい。

解答例

音楽の道は、他の芸道と違って代価を目的としないものだから、たしなんでも罪を得ることはないということ。

(三) **パターン❷：指示内容**

「かやう」は前の「月の…と思ふ」状態を指す。一行の解答欄に収めるために、〝利益にとらわれず心から音楽を愛好する・俗世の欲望から脱して純粋に音楽を楽しむ〟など、表現を工夫する必要がある。「ば」は順接仮定条件を表す接続助詞。

解答例

邪念を持たず、音楽を純粋に愛好するならということ。

漢文篇

【出典作品の特徴と留意点】

二〇〇五年度までは、文科・理科で別々の文章が出題されることが多かったが、二〇〇六年度以降は文科・理科で共通の文章が使用され、文科は理科よりも設問数が一問程度多く出題されるという形である。文科のみで出題される設問は、文科・理科共通の設問と比べると、より細やかな部分の解釈や説明に関するものであると言えよう。

出題される文章は、史伝・説話・随筆・詩論などさまざまであるが、内容としては、ある人物の具体的エピソードを紹介し、それに対する筆者の評言が加わるというものが多い。示された状況や人物関係を的確に把握して話の展開を追う練習をしておこう。奢りを戒め清廉さを重んじるなど、人物の言動に対する評価にはある程度のパターンや常識的判断もあるので、漢文の典型的な文章を読み慣れておくことが必要である。

詩の出題は二〇〇一年度以前の文科で多く見られ、近年も二〇一六・二〇一一・二〇〇九年度に出題されている。詩に特有の対句や比喩表現などに留意し、短い字句によって表された豊かな情感を読み取る練習をしておいてほしい。本書に掲載した過去問を解いてみるのが最適な学習法である。

【設問パターンとその対応法】

古文篇と同様、論理的な内容理解と解答作成を目標に、設問が要求するパターンをまとめた。〔解法〕において、各設問がどのパターンに該当するかを示しておいたので、その都度参照してほしい。

●パターン❶　言い換え

傍線部の現代語訳や内容説明を求める問題。

対策　傍線部の各語の意味用法を分析し、原則として各語を現代語に一対一対応で置き換える。言うまでもなく、重要句法や構文の理解が必須である。**【重要句法】**に頻出の文法事項をまとめておいたので、確認しておこう。このパターンにおける設問の要求をさらに詳しく検討すると以下のようになる。

❶―Ⅰ　傍線部を現代語訳する

原則としては単語を過不足なく置き換えていけばよいが、必要な語句を補う必要がある場合や、解答欄の制約からある程度簡略化して答えざるを得ない場合もある。いずれにしても、自然な日本語として意味が通じるかどうかの確認を怠らないように。

❶―Ⅱ　傍線部の趣旨をまとめる

設問文には「〜とはどういうことか」とある。まずⅠに基づいて傍線部の現代語訳を考え意味を理解したうえで、設問の指示に従って言い換えて説明する。傍線部が具体例や比喩である場合は、同内容の並立を一つにまとめたり、やや冗長な説明の核心部のみを示したりすることになるし、傍線部が抽象的・相対的なことがらを述べたものである場合は、それを具体的な例に即して述べるとどうなるかを説明することになる。

❶—Ⅲ　省略された主語や目的語を補う

まずは原文（傍線部）の構文を正確に分析する。そのうえで、主語・目的語のうち明記されているものといないものとを識別する。省略されたものを原則として前部から探して補う。省略される主語・目的語は、①第一人称・第二人称、②一般的な人々、③既出のもの、のいずれかである。

●パターン❷　指示内容

傍線部に含まれる指示語の指示内容を具体的に説明させる問題。

対策　漢文の指示語には「其」「之」「此」「是」「斯」「彼」「焉」、人称代名詞「我」「吾」「余」「予」「妾」「寡人」「小人」「臣」「朕」（以上第一人称）・「汝」「女」「若」「爾」「君」「子」「卿」「先生」（以上第二人称）などがある。指示語の指すものの成分（人かモノか状態か動作か）を見極め、原則として前部から具体的記述を探す。

●パターン❸　因果関係

ものごとの論理的な順序が把握できているかを試す問題。

対策　傍線部に対して、その原因・理由が問われているのか、そのことによる結果が問われているのかをまずはっきりさせる。傍線部と同内容のことがらを繰り返しただけでは因果関係の説明にならないので注意。場合によっては傍線部そのものの説明も補足として解答に加える場合もあるが、あくまでも解答の趣旨は傍線部の原因または結果である。傍線部と自分の解答とが論理的に順序づけられるかどうか、常に意識しておきたい。

●パターン❹　心情・主張・主題

筆者や登場人物の心情、筆者の価値判断や主張、本文のテーマ等を求める問題。漢詩に多く見られる。

対策　必ず根拠を文中から見出し、客観的な判断基準に照らして答えなければならない。事実として述べられていることをもとに、本文中に心情や価値判断を表す語があればそれを中心にまとめる。評価や好悪を表す語に普段から注意を払っておこう。なお、リード文や〔注〕が大きなヒントになることも多いので、見落とすことのないように。

【重要句法】

東大で過去に出題された重要句法は以下の通り。いずれも正確な内容理解のために不可欠のものである。それぞれの形・意味・訳し方を完全にマスターしておくこと。

●終助詞「乎」「耶」「邪」「哉」「也」「与」および疑問詞の用法

文脈から次の三つの用法のいずれかを判断しなければならない。

① 疑問―尋ねたり疑いや迷いの気持ちを投げかけたりする用法である。原則として、答えが想定できる。

② 反語―丁寧に訳せば「～だろうか、いや、～ない」となるが、結論は「～ない」となり、否定表現の一種である。訓読の際には述語の活用語の末尾に送り仮名「ん」を付ける。

③ 詠嘆―「～なあ」と心中の感動を表すものである。もちろん訳出は必要だが、文意自体は詠嘆を表す語がなくても変わらない。

●比喩・比況

何かを何かにたとえたり、何かと何かの共通性を示したりする構文である。再読文字「猶」「由」・助字「如」「若」によるもので、中心的な話題と、それを何かにたとえている部分とをしっかり見極めることがポイント。

●比　較

「A不如B」「A不若B」は「AはBにしかず」と訓読し、〝AはBに及ばない〟と訳す。比べることがらは同等の資格を持つ成分でなければならない。（名詞句と名詞句・節と節など。）

●抑　揚

極端に程度の低いことがらをとりあげ、それ以上のことがらを当然のこととして強調する語法である。とりあげられていることがらの対比的な内容をつかみ、それらが結局どうだというのか（述語）を明らかにすることがポイント。

▽構文

A 猶 尚 且 述語。況 B 乎。

▽訓読

A すら 猶ほ 尚ほ 且つ 述語。況んや B をや。

▽訳

A でさえ 述語。ましてや B が 述語 のは言うまでもない。

●受身・使役

「主語が自分でVしない。ほかのモノにVされる／させる」ことを表す。受身は「る」「らる」と訓読する助字「見」「被」「所」「為」を動詞の前に置くか、「為A所V」の形をとるかによって表す。使役は「しむ」

と訓読する助字「使」「令」「教」「遣」を動詞・形容詞の前に置いて表す。受身・使役共に、文脈からその意が明らかな場合は、右記の構文をとらない場合もあるが、訓読の際は適宜「る」「らる」「しむ」を補うのが普通である。

▽付記

訓読は日本人が独自に考え出した解読法であるから、多くの異説があるし、これが正解だと言える唯一のものが存在しないこともある。本書では、許容の範囲内は柔軟に認めるべきだとの姿勢を保ちつつ、あくまでも入試問題を解く受験生の立場から、出題者の付した送り仮名や注記に沿った解答例を示している。

二〇一九年度　文理共通　第三問

出典　黄宗義《こうそうぎ》『**明夷待訪録《めいいたいほうろく》**』　学校

黄宗義は明代末から清代初めの学者・思想家。君主や役人の権勢を批判して民本主義を唱えた著である『明夷待訪録』によって「中国のルソー」とも称される。

書き下し

学校《がくかう》は士《し》を養《やしな》ふ所以《ゆゑん》なり。然《しか》れども古《いにしへ》の聖王《せいわう》、其《そ》の意僅《いわづ》かに此《これ》のみならざるなり。必《かなら》ず天下《てんか》を治《をさ》むるの具《ぐ》をして皆《みな》学校より出《い》でしめ、而《しか》る後《のち》に学校を設《まう》くるの意始《はじ》めて備《そな》はる。天子《てんし》の是《ぜ》とする所《ところ》未《いま》だ必ずしも是ならず、天子の非《ひ》とする所未だ必ずしも非ならず。天子亦遂《またつひ》に敢《あ》へて自《みづか》ら非是を為《な》さず、而《しか》して其の非是を学校に公《おほやけ》にす。是《こ》の故《ゆゑ》に士を養ふは学校の一事《いちじ》たるも、学校は僅かに士を養ふ為《ため》に設くるのみならざるなり。

三代以下《さんだいいか》、天下の是非一《いつ》に朝廷《てうてい》より出づ。天子之《これ》を栄《えい》とすれば則《すなは》ち群趨《ぐんはし》りて以《もつ》て是と為し、天子之を辱《じよく》とすれば則ち群擿《なげう》ちて以て非と為す。而して其の所謂《いはゆる》学校なる者《もの》は、科挙《くわきよ》もて囂争《がうさう》し、富貴《ふうき》もて熏《くん》心《しん》す。亦遂に朝廷の勢利《せいり》を以て其の本領《ほんりやう》を一変《いつぺん》す。而して士の才能学術《さいのうがくじゆつ》有《あ》る者、且《か》つ往往《わうわう》にして自ら草野《さうや》の間《かん》より抜《ぬ》きんで、学校に於《お》いて初《はじ》めより与《あづか》る無きなり。究竟《きうきやう》士を養ふの一事も亦之を失《うしな》ふ。

通釈

学校は有能な人材を養成するためのものである。けれども昔の聖王は、学校の意義はただこれだけとはしなかったのである。必ず世の中を治めるための手立てをすべて学校から発するようにさせ、そうして後に学校を設ける意義が初めて満たされる。君主が是とすることがこれまでに必ずしも是であったわけではなく、君主が非とすることがこれまでに必ずしも非であったわけではない。君主もまた一貫して進んで自分からは是非を判断しようとせず、是非を学校において社会に共通のものとした。だから有能な人材を養成することは学校の一つの役割であるけれども、学校はただ有能な人材を養成するために設けられるだけのものではないのである。

夏・殷・周という理想の治世が終わった後の時代、世の中の是非はすべて朝廷から発せられてきた。君主がほめると群衆はこぞって進んでそれを是とし、君主がけなすと群衆はこぞって捨ててそれを非とする。そしていわゆる学校というものは、科挙のために騒ぎ争い、財産や高い地位のために心をこがす。同時に結局朝廷の権勢や利益によって学校本来のあり方を一変させた。そして有能な人材で才能や学術がある者も、またしばしば自力で民間から身を起こし、学校に対して初めから関係を持つことがないのである。つまり（学校は）有能な人材を養成するという一つの役割もまた失った。

解法

㈠ パターン❶―Ⅰ：現代語訳

a 「僅」は〝ほんの少し〟の意から、〝ただ～（だけ）〟と限定を表す。「此」は「これ」と読む指示代名詞。

解答例 これだけではない

d 「草野之間」は〝民間・在野〟の意。「自抜於草野之間」は、公的な養成機関などを経て官職に就くのではなく、自分の力で民間から身を起こして頭角を現すことを言っている。

解答例

民間

e　「与」は、ここでは「与《あづか》る」を基本形とする動詞で、〝関係を持つ・関わる〟の意。「無与」は「与る（こと）無し」と読み、〝関係を持つことがない・関わりを持たない〟という解釈になる。

解答例

関係を持つことがない

(二)　パターン❶—Ⅰ：現代語訳

「敢《あ》へて自《みづか》ら非是を為《な》さず」と読む。「不敢〜」は〝進んで〜しない〟の意。「自」は〝自分で・自分から〟という意味の副詞。「為」はここでは〝判断する・決める〟という意味の動詞。

解答例

進んで自分からは物事の是非を判断しようとせず

(三)　パターン❶—Ⅱ：趣旨

逐語訳は〝朝廷の権勢や利益によってその本来のあり方を一変させた〟。「朝廷之勢利」は、この段落の初めから述べられているように、朝廷が世の中の是非を決める権勢を持ち、民衆もそれに追従している状態を言っている。「其」は学校を指す。「一変」はすっかり変わるということで、第一段落の「治天下之具皆出於学校」にあたる学校の本来のあり方が、傍線部cの前の「科挙囂争、富貴熏心」のように利益を追求する状態に変化したということ。変化の説明なので、変化前と変化後を丁寧に説明したいところではあるが、一行の解答欄に収めるためには、肝心な内容として、朝廷の影響による変化後の有様に絞ってまとめることになるだろう。

解答例　学校が、朝廷の権勢に影響され利益追求の場に本質を変えたこと。

四　パターン❶―Ⅱ：趣旨

傍線部自体の読みは「亦之《またこれ》を失《うしな》ふ」で、逐語訳は〝またこれも失った〟。「之」は直前の「養士一事」を指し、人材を養成するという学校の一つの役割を言っている。設問では、なぜ「亦」と言っているのかを本文の趣旨を踏まえて説明することが求められているので、学校が「養士一事」以前に失ったものがあるということを明示する必要がある。学校の役割はひとまずは「養士」であるとされているが、古代の聖王は、第一段落の三文目に「必使治天下之具皆出於学校、而後設学校之意始備」とあり、傍線部bの後に「公其非是於学校」とあるように、社会全体を治めるための手立てをすべて発することこそが学校の意義であり、学校において社会の是非が公的に定められるべきだと考えていた。ところが、第二段落では、後世になってその意義が失われ、さらには「養士」という役割も失われたという流れになっている。以上の内容をまとめれば十分かと思われるが、〔解答例〕では、古代の聖王の考えを学校の本質ととらえ、「養士」についてはあくまでも「一事」としているという筆者の見解を踏まえ、前者には「本質的意義」、後者には「最低限の役割」という表現を用いてその理解を示した。

解答例　学校は、社会の是非を定めるという本質的意義に加え、人材養成という最低限の役割まで失ったから。

二〇一八年度　文理共通

第三問

出典

王安石『新刻臨川王介甫先生文集《しんこくりんせんおうかいほせんせいぶんしゅう》』上仁宗皇帝言事書《じんそうこうていにたてまつるしょ》

王安石（一〇二一～一〇八六年）は北宋の政治家。出身地にちなんで臨川先生と呼ばれる。「介甫」は字《あざな》。唐宋八大家の一人で、詩人としても有名である。

書き下し

先王《せんわう》の天下を為《をさ》むるや、人の為《な》さざるを患《うれ》へずして人の能《あた》はざるを患へ、人の能はざるを患へずして己《おのれ》の勉《つと》めざるを患ふ。

何をか人の為さざるを患へずして人の能はざるを患ふと謂《い》ふ。人の情の得るを願ふ所の者は、善行《ぜんかう》・美名《びめい》・尊爵《そんしやく》・厚利《こうり》なり。而《しか》うして先王能《よ》く之《これ》を操《と》り以《もつ》て天下の士に臨む。天下の士、能く之に遵《したが》ひて以て治《をさ》むる者有れば、則《すなは》ち悉《ことごと》く其の得るを願ふ所の者を以て以て之に与ふ。士能はざれば則ち已《や》む。苟《いや》しくも能くすれば、則ち孰《たれ》か肯《あ》へて其の得るを願ふ所を舍《す》てて自《みづか》ら勉めて以て才と為《な》らざらんや。故《ゆゑ》に曰《い》はく、人の為さざるを患へず、人の能はざるを患ふと。

何をか人の能はざるを患へずして己の勉めざるを患ふと謂ふ。先王の法、人を待つ所以《ゆゑん》の者を尽《つ》くす。下愚《かぐ》にして移るべからざるの才に非《あら》ざるよりは、未《いま》だ赴《おもむ》く能はざる者有らざるなり。然《しか》り而して之を謀《はか》るに至誠惻怛《しせいそくだつ》の心を以て力行《りつかう》して之に先《さき》んぜざれば、未だ能く至誠惻怛の心を以て力行して之に応《おう》ずる者有らざるなり。故に曰はく、人の能はざるを患へずして己の勉めざるを患ふと。

通釈

古代の帝王が天下を治めるにあたっては、人民がしないことを憂慮せず人民ができないことを憂慮し、人民ができないことを憂慮せず自分が努力しないことを憂慮した。

何を人民がしないことを憂慮せず人民ができないことを憂慮すると言うのか。人民の気持ちが得たいと望むものは、善行・美名・尊爵（＝高い地位）・厚利（＝大きな利益）である。そういうわけで古代の帝王はそれらを掌握することができたことによって世の中の人々を治めた。世の中の人々で、それらに従って治めることができる者がいれば、（統治者は）その者が得たいと望むものをすべてその者に与える。人々がそうできなければ（＝望みに従って治めることができない人々ならば）そのままで終わる（＝その者が望むものを与えないまでだ）。もしできるなら、誰がわざわざ自分が得たいと望むものを捨てて自分から努力して有能な人材とならないだろうか。だから、人民がしないことを憂慮せず、人民ができないことを憂慮すると言う。

何を人民ができないことを憂慮せず自分が努力しないことを憂慮すると言うのか。古代の帝王の法は、人民を（正当に）待遇する制度が行き届いていた。きわめて愚かで賢明な者になることができない者でない限りは、これまでに（人材登用に）加わりたいと申し出ることができない者はいなかった。そういうわけで（帝王が）それ（＝人材登用）を考慮するにあたって誠意とあわれみの心で努力して人民よりも優れていようとしなければ、誠意とあわれみの心で努力してそれに応じることができる者がいたことはまだないのである。だから、人民ができないことを憂慮せず自分が努力しないことを憂慮すると言うのである。

解法

㈠ パターン❶—Ⅰ：現代語訳

a 「患」は心身に苦痛を感じることを表す。この文章では、書き手の王安石が、世を治める皇帝が気に病み避けるように努めなければならないことを挙げる際に用いているので、為政者が政務において「患」うという文脈に合うように、〝憂慮する・心配する〟といった表現で訳す。単に〝苦しむ・つらく思う〟等ではやや不足な感がある。

解答例　憂慮する

b　「尊」は〝尊い・価値が高い〟の意、「爵」は「爵位」「侯爵」等の「爵」で、〝地位・身分〟の意。人民が得たいと望むものとして、「善行」「美名」「厚利」と並んで挙げられていることも確認しよう。

解答例　高い地位

c　この「已」は〝終わる〟という意味の動詞。「矣」は強調を表す置き字。〝そのまま終わる・それまでだ〟という語義を示すのみでよいかもしれないが、〔解答例〕では、念のために、前文の「悉以其所願得者以与之」ということがないままで終わるという理解を簡潔にふまえたものを示した。

解答例　与えないままで終わる

㈡　**パターン❶—Ⅱ：趣旨・Ⅲ：省略の補足　《反語》**

「孰《たれ》か肯《あ》へて其の得《う》るを願ふ所を舎《す》てて自《みづか》ら勉《つと》めて以《もつ》て才と為《な》らざらんや」と訓読し、逐語訳は〝誰がわざわざ自分が得たいと望むものを捨てて自分から努力して有能な人材とならないだろうか〟。「才」は、人材登用について述べた文章であるというリード文をふまえ、〝登用に堪えうる有能な人材〟といった意味でとらえる。傍線部d全体は反語の文で、要するに〝誰もが自分が得たいと望むものを捨てるはずもなく、自分から努力して有能な人材となろうとするはずだ〟ということ。「孰」は、第二段落第三文から用いられている「天下之士」を指し、為政者が統治しその中から人材を登用する対象である「人」にあたる。

解答例 統治下の人が、望むものを得るために自ら努力して有能な人材になろうとするはずだということ。

㈢ パターン❶―Ⅰ：現代語訳

「人を待つ所以《ゆゑん》の者を尽くす」と訓読し、逐語訳は〝人民を待遇する方法がすべてに行き渡っていた〟。「待」はここでは〝待遇する・扱う〟の意。「所以～者」は〝～ためのもの・～の方法〟、「尽」は〝すべてに行き届いている・できる限りのことをする〟といった意味で、「先王之法」について、人民を待遇するための制度が世の中全体に行き届いていたということを表している。さらに次の文「自非下愚不可移之才、未有不能赴者也」は、〝きわめて愚かで賢明な者になることができない者でない限りは、これまでに（人材登用に）加わりたいと申し出ることができない者はいなかった〟という意味で、きわめて愚かな者でなければ、あらゆる人民に登用される可能性が開かれていたとされているので、「待」は、その人の能力に見合った正当な待遇をするという意味でとらえることができる。

解答例 人民を正当に待遇するための制度が行き届いていた

㈣　パターン❶―Ⅱ：趣旨

逐語訳は〝それを考慮するにあたって誠意とあわれみの心で努力してそれに先んじなければ、誠意とあわれみの心で努力してそれに応じることができる者がいたことはまだないのである〟。この文章全体は、リード文にあるように、人材登用について皇帝に進言する上書で、傍線部fの前文の「赴者」および傍線部fの「応之者」は人材登用に応じる人民を指している。ということは、「謀之以至誠惻怛之心力行而先之」は、人材を登用する側の皇帝のありかたを述べたものであると判断できる。「至誠惻怛之心」は、「惻怛」の〔注〕からもわかるように、誠実で慈悲深い心のこと。皇帝が自ら人民よりも先に誠実で慈悲深い心を持つように努力しない限り、人民が誠実で慈悲深い心で努力して人材登用に応じることができたためしはないということで、「誰がどうすべき」かという形で説明すると、皇帝が人民に先んじて自ら誠実で慈悲深い心を持つように努力すべきだということになる。

解答例　皇帝が、良い人材を登用するためにはまず自ら誠実で慈悲深くあるように努力すべきだということ。

二〇一七年度　文理共通　第三問

出典　劉元卿《りゅうげんけい》『賢奕編《けんえきへん》』応諧

劉元卿は明の人で、理学・教育・文学に携わった人物。問題文は教訓を含む笑話の一つである。

書き下し

斉奄《せいえん》家《いへ》に一猫《いちべう》を畜《やしな》ひ、自《みづか》ら之《これ》を奇《き》とし、人《ひと》に号《がう》して虎猫《こべう》と曰《い》ふ。客《かく》之に説《と》きて曰はく、「虎《とら》は誠《まこと》に猛《まう》なるも、龍《りゅう》の神《しん》なるに如《し》かざるなり。請《こ》ふ名《な》を更《か》へ龍猫《りゅうべう》と曰はんことを」と。又《また》客之に説きて曰はく、「龍は固《もと》より虎よりも神なり。龍天《てん》に昇《のぼ》るに浮雲《うきぐも》を須《もと》むれば、雲其《そ》れ龍より尚《たか》きか。名づけて雲《うん》と曰ふに如かず」と。又客之に説きて曰はく、「雲靄天《あいてん》を蔽《おほ》ふも、風《かぜ》倏《たちま》ちにして之を散《さん》ず。雲固より風に敵《かな》はざるなり。請ふ名を更へ風《ふう》と曰はんことを」と。又客之に説きて曰はく、「大風飆起《たいふうへうき》するも、維《た》だ屏《ふせ》ぐに牆《しやう》を以《もつ》てせば、斯《すなは》ち蔽ふに足《た》れり。風其れ牆を如何《いかん》せん。之に名づけて牆猫《しやうべう》と曰はば可《か》なり」と。又客之に説きて曰はく、「維《こ》れ牆固《こ》なりと雖《いへど》も、維れ鼠《ねずみ》之に穴《うが》たば、牆斯ち圮《くづ》る。牆又鼠を如何せん。即《すなは》ち名づけて鼠猫《そべう》と曰はば可なり」と。

東里《とうり》の丈人《ぢやうじん》之を嗤《わら》ひて曰はく、「噫嘻《ああ》、鼠を捕《とら》ふる者《もの》は故《もと》より猫《ねこ》なり。猫は即ち猫なるのみ。胡為《なんすれ》ぞ自ら本真《ほんしん》を失《うしな》はんや」と。

通釈

斉奄が家で一匹の猫を飼っており、自分でその猫を非常にすばらしいものと思い、人に名付けたと言いふらして虎猫と呼んだ。客人が斉奄に説いて言うには、「虎は本当に勇猛だけれども、龍が霊力があってすばらしいのには及ばないのである。どうか名を変えて龍猫と呼ぶようにしてください」と。また別の客人が斉奄に説いて言うには、「龍はもともと虎よりも霊力があってすばらしい。龍は天に昇るにあたって空に浮かぶ雲を必要とするので、雲は龍よりも優れているのではないか。名付けて雲猫と呼ぶのが一番良い」と。また別の客人が斉奄に説いて言うには、「雲や靄が大空を覆っても、風がたちどころにそれらを吹き散らす。雲はそもそも風に対抗できないのである。どうか名を変えて風猫と呼ぶようにしてください」と。また別の客人が斉奄に説いて言うには、「大風が猛威をふるっても、ただ塀を用いて遮ったならば、防ぐことができる。風は塀をどうしようもない。その猫に名付けて塀猫と呼べばよい」と。また別の客人が斉奄に説いて言うには、「塀が堅固だといっても、鼠が塀に穴を空けたなら、塀は崩れる。塀は鼠をどうしようもない。だから名付けて鼠猫と呼べばよい」と。

東里の老人がそれを嘲笑して言うには、「ああ、鼠を捕らえるのはもともと猫である。猫はまさに猫であるだけだ。どうして自分から本質を失おうとするのか」と。

解法

㈠　パターン❶－Ⅰ：現代語訳　《比較》

a　「於」は比較を表す置き字で、傍線部aを含む一文は「龍は固より虎よりも神なり」と訓読する。「神」は人智を超えた計り知れないものや様子を表す。ここでは、龍の属性について、勇猛な動物である虎よりも「神」だとされているので、人智を超えた霊力がある様子を表していると解釈するのがふさわしい。この話は、斉奄の飼い猫に付ける名前について、よりすばらしい意味のものが次々に提案されていくという展開であることもふまえ、〝すばらしい・立派だ・すぐれている〟といった表現を添えるとよりわかりやすい。

解答例　虎よりも霊力があってすばらしい

b 「須」は、ここでは「浮雲」という名詞の前に置かれているので、動詞ととらえなければならない。「須く〜べし」と訓読する再読文字（＝副詞として動詞の前に置かれる）ではないという判断が必要である。「須」が再読文字として用いられる場合は、後の動詞に〝必ず〜しなければならない〟という意味を加えるという基本句法の知識を応用し、名詞を目的語にとる動詞としては、〝〜を必要とする・〜の存在がなければならない〟という意味であろうという見当をつける。「浮雲」はそのまま〝浮き雲〟でもよいかもしれないが、〝空に浮かぶ雲・空を漂う雲〟等と表現しておくのが無難だろう。傍線部bは読点で後の「雲其れ龍より尚きか」（＝〝雲は龍よりも優れているのではないか〟）に続いているので、順接の言葉を加えて仕上げる。

解答例　空に浮かぶ雲を必要とするので

c 「不如〜」は〝〜に及ばない〟という比較を表すが、比較する対象が示されていない場合は〝〜が一番良い・〜に越したことはない〟という最上級を表す。「名曰」は送り仮名の通りに〝名付けて〜と呼ぶ〟と訳す。「雲」は猫に付ける名の案なので、他の「虎猫」「龍猫」「牆猫」「鼠猫」に合わせて「雲猫」とするのが適切である。

解答例　名付けて雲猫と呼ぶのが一番良い

㈡　パターン❸：因果関係　《反語》

傍線部dは、四人目の客人が〝その猫に名付けて塀猫と呼べばよい〟と提案した言葉で、その理由は、前の二文に述べられている。「大風飆起、維屏以牆、斯足蔽矣」は、大風が猛威をふるっても、塀を用いて防ぐだけで十分だということ。「風其如牆何」は、風は塀をどうすることもできないということ。「如～何」は「～を如何《いかん》せん」と訓読し、「～」への手段・方法についての疑問や反語を表す句法で、前の文をふまえると、風は塀に対する手立てがないという反語の意をなしていると判断できる。初めに飼い主が付けた「虎」という名に対して、客人が順に、「虎」よりも「龍」、「龍」よりも「雲」、「雲」よりも「風」と、さらに良い意味の名前を提案していくという展開で、傍線部dは、三人目の客人が提案した「風」に勝る名として、風を防ぐことができるという理由で、「牆」を提案したものである。

解答例

猛威をふるう風よりも、それを防ぐ塀の方が優れているから。

㈢　パターン❶―Ⅰ：現代語訳　《反語》

「如～何」は、㈡で傍線部dの前文について解説したのと同様の句法で、「～を如何せん」と訓読し、方法や手立てについての疑問や反語を表す。猫の名について、前で提案されたものを凌ぐ名を提案するという展開も同様なので、この「如～何」も反語の用法である。傍線部dの逐語訳は〝塀もまた鼠をどうしようか、いや、どうしようもない〟であるが、設問に「平易な現代語に訳せ」との指示があるので、「牆」と「鼠」について、「牆」は強固であっても「鼠」が穴を空けるとすぐに崩れてしまうという前文の内容を簡潔に加え、「如～何」は〝～をどうすることもできない〟という否定表現のみにして、わかりやすく示す。

解答例 強固な塀も、穴を空けて崩す鼠をどうすることもできない

㈣ パターン❹：主張

「東里丈人」の「噫嘻、…失本真哉」という言葉に示されている主張をまとめる。この言葉は、猫の名前をより立派なものにしようとして「虎」「龍」「雲」「風」「牆」と案を重ねた結果「鼠」が提案されるに至ったという話に対するもので、傍線部ｆの直後の「嗤」には、「嘲笑すること」と〔注〕が付されていることから、猫の名付けの話を老人が批判していることは明らか。老人は、発言の一・二文目で〝もともと鼠を捕まえるのは猫であり、結局猫は猫でしかない〟と揶揄し、三文目で〝どうして自分から本質を失おうとするのか〟と嘆じている。「虎」よりも「龍」、「龍」よりも「雲」、「雲」よりも…と、より強くすばらしいものを提案しようとエスカレートして「鼠」に行き着いたが、そもそも猫が鼠よりも強いのはごく当たり前のことで、猫が猫であるという本質は変わらないのだから、名前だけを過剰に立派なものにしようとこだわるのは無意味で愚かなことだという主張が読み取れる。

解答例 本質を見失って名前だけを立派にしようとするのは愚かなことだ。

二〇一六年度　文理共通

第三問

出典

蘇軾《そしょく》**「寓居定恵院之東、雑花満山、有海棠一株、土人不知貴也」**

蘇軾は宋代の人。号は東坡。経史に通じ、優秀な成績で科挙に合格するが、国内制度の改変や新旧勢力の盛衰に翻弄され、浮沈の激しい人生を送った。出題された詩は、罪に問われて流されていた地で、美しい海棠の花に出会って詠んだものである。蘇軾の作品は、東京大学では一九九三年度（文科）に詩が、一九九八年度（理科）・二〇〇四年度（理科）に文章が、それぞれ出題されている。

書き下し

寓居定恵院《ぐうきよぢやうゑゐん》の東、雑花《ざつくわ》山に満《み》つ、海棠一株《かいだういつしゅ》有り、土人《どじん》は貴《たふと》きを知らざるなり

江城地《かうじやうち》は瘴《しやう》にして草木蕃《さうもくしげ》し　只《た》だ名花《めいくわ》の苦《はなは》だ幽独《いうどく》なる有り
嫣然《えんぜん》として一笑《いつせう》す竹籬《ちくり》の間《かん》　桃李《たうり》山に漫《み》つるも総《すべ》て粗俗《そぞく》
也《ま》た知る造物《ざうぶつ》深意《しんい》有《あ》るを　故《ことさら》に佳人《かじん》をして空谷《くうこく》に在《あ》らしむ
自然《しぜん》の富貴天姿《ふうきてんし》より出《い》づ　金盤《きんばん》もて華屋《くわおく》に薦《すす》むるを待たず
朱唇《しゅしん》酒を得て暈臉《うんほほ》に生《しやう》ず　翠袖紗《すいしうさ》を巻きて紅《くれなゐ》肉に映《えい》ず
林深く霧暗くして暁光《げうくわう》遅く　日暖かく風軽《かろ》くして春睡《しゅんすい》足《た》る
雨中《うちゆう》涙《なみだ》有り亦《ま》た悽惨《せいさん》　月下《げつか》人無《な》く更《さら》に清淑《せいしゆく》
先生食《せんせいしよく》飽《あ》きて一事《いちじ》無し　散歩逍遥《さんぽせうえう》して自《みづか》ら腹《はら》を捫《な》づ
人家《じんか》と僧舎《そうしや》とを問《と》はず　杖《つゑ》を拄《つ》き門《もん》を敲《たた》き修竹《しうちく》を看《み》る
忽《たちま》ち絶艶《ぜつえん》の衰朽《すいきう》を照らすに逢《あ》ひ　嘆息無言《たんそくむごん》病目《びやうもく》を揩《ぬぐ》ふ

陋邦《ろうはう》何《いづ》れの処《ところ》にか此《こ》の花《はな》を得たる　無乃《むしろ》好事《かうず》の西蜀《せいしよく》より移《うつ》せるか
寸根千里《すんこんせんり》致《いた》し易《やす》からず　子《し》を銜《ふく》みて飛来《ひらい》せるは定《さだ》めし鴻鵠《こうこく》ならん
天涯流落《てんがいりうらく》倶《とも》に念《おも》ふべし　為《ため》に一樽《いつそん》を飲《の》み此の曲《きよく》を歌《うた》ふ
明朝《みやうてう》酒醒《さ》めて還《ま》た独《ひと》り来《きた》らば　雪落ちて紛紛那《ふんぷんなん》ぞ触《ふ》るるに忍《しの》びん

通釈

仮住まいの定恵院の東、さまざまな花が山いっぱいに咲いている、（その中に）海棠が一株ある
が、土地の人は価値を知らないのである
長江に面した町は湿気が多くて草木が繁茂している
（そこに）すばらしい花でたいそうひっそりぽつんと咲いているものがある
竹垣の中でにっこりとほほえんでいる
（その花に比べれば）桃や李が山いっぱいに咲いていてもすべて卑俗だ
やはり造物主には深い意図があることを思い知る
わざわざ美人を人気《ひとけ》のない谷間にいさせている
もともと備わっている豊かさや貴さは生まれつきの姿を通して現れる
金の器できらびやかな宮殿に献上する必要はない
（海棠の花の色美しさは）赤い唇が酒を含んでほんのりした赤みが頬にさす（ようだ）
（海棠が咲く姿は）緑色の衣の袖に薄絹をまとい、紅色が肌に映える（ようだ）
林は深く霧は暗くて夜明けの光はなかなか射さず
日光は暖かく風は軽やかで春のまどろみが堪能できる
雨の中では涙を流し、その姿はまた痛々しい

月の光の下では人影もなくいっそう清楚だ
私は満腹でこれといってすることもない
ぶらぶらと散歩して自分で自分の腹を撫でる
民家でも寺でもかまわず
杖をついて門を叩き、立派な竹を見物する
そこで突然このうえなく美しい花が老いぼれた私を照らすように咲いているのに出くわし
溜め息をつくばかりで何も言えず、病んだ目の涙を拭う
辺鄙なこの地がどこでこの花を得たのか
ひょっとしたら物好きな人が西蜀から移植したのか
（しかし）小さな根は遠くまで運びにくい
種をくわえて飛来したのは、きっと大きな渡り鳥だろう
空の果てまでさすらう身の上に一緒に思いを巡らすことができる
だから一樽の酒を飲み、この詩を詠んだ
明日の朝、酔いが醒めて再び一人で訪れたら
（おまえ〈＝海棠の花〉は）雪が降るように乱れ落ち、どうして手を触れることができるだろうか、いや、不憫で触れるに耐えられないだろう

解法

㈠　パターン❶―Ⅰ：現代語訳　《反語》

a　「空」はここでは〝中に何もない様子・からっぽ〟の意。傍線部aを含む句では、美しい花である

海棠を「佳人」（＝〝美人〟）にたとえ、造物主がわざわざ海棠を「空谷」に存在させていると詠まれている。詩の題名の「土人不知」や、第二句の「苦幽独」という表現もふまえると、「空谷」は、人がいなくて誰にも知られない所を言ったものと判断できる。

解答例　人が誰もいない谷間の地に

c　「先生食飽無一事　散歩逍遥自捫腹」を一連の内容として見る必要がある。「先生」は蘇軾の自称。「食飽」「散歩逍遥自捫腹」は食事をして腹ごなしに散歩しているということなので、傍線部cの「無一事」は、特に何もすることもない暇で気楽な様子を言ったものととらえる。

解答例　これといってすることもない。

f　「那」は反語、「忍」は〝耐える・こらえる〟の意で、傍線部fの逐語訳は〝どうして触れるのに耐えるだろうか、いや、耐えないだろう〟である。ただ、〝〜に耐える〟という表現は状況によって意味が異なるので、どのような意味で理解しているのかを明確に示すための考慮が必要である。「忍＋［打消］」は、現代日本語の「見るに忍びない」といった表現の「〜に忍びない」にあたり、そうすることが不憫に感じられて自分が耐えられないということを表す。傍線部fの前に「雪落紛紛」とあり、これは、海棠の花が雪が降るように乱れ散る様子を言ったものである。「雪落」は、海棠が〔注〕にあるように春に咲く花であること、第四句の「桃李漫山」や第十二句の「日暖」「春睡足」を勘案すると、実際に雪が降っているということではないはず。「紛紛」の〔注〕も併せると、「雪落紛紛」は、海棠の花がはらはらと散っている様子を比喩的に詠んだものと考えられる。作者は、前日、美しさに感動し、身の上を自分とも重ね合わせて深い感慨を覚えた海棠の花が、翌日にはかなく散っていたら、不憫で手を触れるのがためらわれるというのである。その理解を示そうとすると、反語を忠実に〝どうして〜か、いや、〜ない〟とするとうまく表現できず、字数も解答欄に収まらないので、解答例では、反語の結論部分だけを示し、「忍」の意味をよりわかりやすくした。

解答例　気の毒に感じてどうしても手を触れることができないだろう。

㈡　**パターン❶―Ⅱ：趣旨　《比喩の説明》**

傍線部bの逐語訳は〝赤い唇が酒を得て赤みが頬にさす〟。「朱唇」から、女性の顔の様子であることと、「酒を得て」「臉《ほほ》に生ず」という訓読から、「暈」は酔って頬にさす赤みのことであると見当がつく。この詩は、海棠の花について詠まれたもので、〔注〕には「濃淡のある紅色の花を咲かせる」という説明があるので、傍線部bの句は、海棠の花の紅色の濃淡を、唇は鮮やかな赤で頬はほんのりした赤みを帯びている様子にたとえて表現したものであると判断できる。大きくとらえると、「海棠の花の色美しさを、女性の顔の美しさにたとえて表現した」といった説明でも可とされるかもしれないが、解答例は、両者に共通するのは紅色の濃淡であるという理解を示すことにポイントを置いたものとした。

解答例　海棠の花の色を、女性の顔の唇と頰の紅色の濃淡にたとえたもの。

㈢　パターン❹：心情　《疑問》

「陋」は「陋劣《ろうれつ》」「陋屋《ろうおく》」などの「陋」で、卑しくむさくるしい様子を表す。「邦」は「異邦」「邦人」などの「邦」で、国のこと。「陋邦」は、作者蘇軾がその時に居を定めていて海棠の花を見出した地を言ったものである。「此花」はもちろん海棠の花を指し、「何処得此花」は、〝どこでこの花を手に入れたのだろうか〟の意。傍線部dは、現地にどうして海棠の花がもたらされたのかという疑問を提示したものである。それについて、まず、「無乃好事移西蜀」（＝〝ひょっとしたら物好きな人が西蜀から移植したのか〟）という考えを挙げるが、すぐに「寸根千里不易致」（＝〝小さな根は遠くまで運びにくい〟）と否定し、結局、「銜子飛来定鴻鵠」（＝〝種をくわえて飛来したのは、きっと大きな渡り鳥だろう〟）という考えに至っている。「銜」の振り仮名と「鴻鵠」の〔注〕から、「子」は海棠の種と見当がつくだろう。この問いは、「無乃好事移西蜀　寸根千里不易致」を無視して、「銜子飛来定鴻鵠」のみに基づいた説明ができているかどうかが決定的なポイントである。

解答例　大きな渡り鳥が西蜀から海棠の種をくわえて飛来したという考え。

㈣　パターン❸：因果関係

「為」は、ここでは、前に述べたことを理由として示すもので、「飲一樽歌此曲」の理由は、前の句「天涯流落俱可念」に見出せる。「天涯」は〝空の果て・故郷から遠く離れた所〟、「流落」は〝落ちぶれて放浪すること〟の意で、「天涯流落」は、原産地の西蜀からはるか遠い地で咲く海棠の花と、罪に問われて黄州に流されている作者蘇軾に共通する有様にあたる。「俱」は〝共に・一緒に〟の意の副詞、「可」は可能や当然を表す助動詞。「俱可念」は、同じような身の上の自分と海棠は思いを共有することができるということで、一緒に感慨にふけるために、酒を飲んで詩を詠んだという傍線部ｅにつながっている。

解答例　故郷を遠く離れた地に咲く海棠に、流罪にされた自分の境遇を重ね、感慨を共にしたかったから。

二〇一五年度　文理共通　第三問

出典　紀昀『**閲微草堂筆記**』巻十一　槐西雑志一

清代の紀昀が著した短編説話集。紀昀は清代一流の学者で、中国歴代の典籍をまとめた大叢書『四庫全書』の編纂を任された人物である。この『閲微草堂筆記』からの文章は東京大学で一九九六年度（文理共通問題）にも出題されている。

書き下し

高西園《かうせいゑん》嘗《かつ》て一客《いつかく》の来《きた》り謁《えつ》し、名刺に司馬《しば》相如《しやうじよ》と為《な》すを夢《ゆめ》む。驚き怪《あやし》みて寤《さ》むるも、何の祥《しやう》なるかを悟《さと》る莫《な》し。越《こ》ゆること数日、意《い》無《な》くして司馬相如の一玉印《いちぎよくいん》を得たり。古沢斑駁《こたくはんばく》、篆法精妙《てんはふせいめう》、真《まこと》に昆吾《こんご》刀《たう》の刻《こく》なり。恒《つね》に之《これ》を佩《お》びて身より去らず、至《いた》つて親昵《しんぢつ》なる者に非《あら》ざれば、一見《いつけん》する能《あた》はず。塩場《えんぢやう》に官《くわん》たりし時、徳州《とくしう》の盧丈《ろぢやう》両淮運使《りやうわいうんし》たり、是《こ》の印有《あ》るを聞き、燕見《えんけん》せし時、偶《たまたま》之を観《み》んことを索《もと》む。西園席を離れ半《なか》ば跪《ひざまづ》き、色を正《ただ》し啓《けい》して曰《い》はく、「鳳翰《ほうかん》一生客を結び、有《いう》する所は皆朋友《ほういう》と共にすべし、其《そ》の共にすべからざる者は、惟《た》だ二物《にぶつ》のみ、此《こ》の印及《およ》び山妻《さんさい》なり」と。盧丈笑ひ之《これ》を遣《や》りて曰はく、「誰《たれ》か爾《なんぢ》の物を奪ふ者ぞ、何の痴《ち》か乃《すなは》ち爾《しか》せんや」と。

西園画品絶高《ぐわひんぜつかう》、晩《ばん》に末疾《まつしつ》を得て、右臂偏枯《うひへんこ》するも、乃ち左臂《さひ》を以て揮毫《きがう》す。生硬倔強《せいかうくつきやう》なりと雖《いへど》も、乃ち弥《いよいよ》別趣《べつしゆ》有り。詩格《しかく》も亦《ま》た脱灑《だつしや》たり。跡《あと》を微官《びくわん》に托《たく》すと雖も、蹉跎《さた》として以て歿《ぼつ》す。近時《きんじ》士大夫《したいふ》の間《かん》に在《あ》りても、猶《な》ほ能《よ》く前輩《ぜんぱい》の風流《ふうりう》を追《お》ふなり。

通釈

高西園はかつてある客がやって来て面会し、名刺に司馬相如と書いてあったのを夢に見た。驚き不思議に思って目を覚ましたが、何の吉兆であるかわからなかった。数日が過ぎ、思いがけず司馬相如の玉印（＝美しい石で作った印章）というものを手に入れた。古びた光沢のあるまだら模様で、篆書の書法は精巧ですばらしく、まさしく昆吾刀で彫られた印である。いつもそれを持っていて体から離さず、ごく親しい者でなければ、一目見ることもできなかった。製塩場で役人であった時、徳州の盧丈が両淮の塩運使であり、（西園が）この玉印を持っているのを聞き、宴席で会った時、ふとした成り行きでそれを見せてほしいと頼んだ。西園は席を立って片膝をつき、かしこまった表情で申し上げるには、「私鳳翰は生涯にわたって客人と交わりを結び、持っている物はすべて友人と共有することができますが、共有することができない物は、ただ二つだけで、この玉印と愚妻です」と。盧丈は笑って彼を下がらせて言うには、「誰があなたの物を奪うことがあろうか、どんな愚か者がそのようなことをするだろうか」と。

西園の画の品格は並ぶものがないほどすばらしく、晩年に四肢の疾患にかかって、右腕が不随になっても、左腕を使って毛筆で文字や画を描いた。（その文字や絵は）ぎこちなく荒っぽいとはいえ、かえっていっそう格別な趣がある。詩の風格もまたすっきり洗練されている。生涯低い官職に甘んじていたけれども、志を得ないで亡くなった。近頃の士大夫の中にあっても、先人の遺風を追求することができたのである。

語釈

托跡微官――生涯低い官職に甘んじる。「托」は〝委ねる〟、「跡」は〝痕跡〟で、ここでは〝生涯の結果として残るもの〟といった意。「微」は〝小さい・軽い〟の意で、「微官」は低い官職のこと。

解法

㈠ パターン❶―Ⅰ：現代語訳・Ⅱ：趣旨

傍線部ａの訓読は「何の祥なるかを悟る莫し」。「祥」は〝めでたい兆し・良い前兆〟の意。この直前に高西園が経験したことは、傍線部ａの前に書かれているように、一人の客がやって来て面会し、名刺に古代の有名な文章家である司馬相如と書かれていたという夢を見たというものである。リード文と〔注〕に書かれている高鳳翰と司馬相如の生没年から、高鳳翰にとっては、同じ文人で古代の大先輩にあたる司馬相如が夢に現れたのは何らかの吉兆ではないかと考えられるが、具体的にそれがどのようなものであるのかはわからなかったということである。

解答例 司馬相如と名乗る人物が来訪する夢を見たが、それが何の吉兆かはわからなかったということ。

㈡ パターン❶―Ⅱ：趣旨

空欄ｂを含む文は、高西園が玉印を非常に大切に扱っていた様子を述べたもので、空欄ｂの前に「非至親昵者」（＝〝ごく親しい者でなければ〟）という条件が示され、空欄ｂの後に「能一見」（＝〝一目見ることができる〟）とあることから、「至親昵者」であることが「能一見」の不可欠の条件であることを示したものと判断できる。「非～、不…」＝〝～でなければ、…ない〟という句法で、空欄ｂには否定を表す助動詞の「不」が当てはまる。「無」「莫」も否定を表す語で、空欄ｂに入れると〝一目見ることができる者がいない・一目見ることができることがない〟という意味になるが、人やことがらの存在を否定するという解釈はこの文意にはやや不自然に感じられる。「至親昵者」が「一見」するかどうかの主語にあたると見るのが妥当であることから、「不」に決定する。

解答例　不

㈢　パターン❶―Ⅱ：趣旨

傍線部ｃは〝友人と共有できない物〟の意で、直後に「惟二物、此印及山妻也」と具体的に書かれている。本文で話題になっている「印」と、〔注〕で説明されている「山妻」の二つを示せばよい。

解答例　肌身離さず持っている司馬相如の玉印と高西園自身の妻の二つ。

㈣　パターン❶―Ⅰ：現代語訳　《反語》

傍線部ｄは「誰奪爾物者」と「何痴乃爾耶」の二文から成っている。「爾」の字が二つ含まれているが、本文の構文や送り仮名からそれぞれの意味を判断することがポイント。「爾者」の「爾」は「なんぢ」と訓読する人称代名詞で〝あなた〟の意。「乃爾」の「爾」は「しか」と訓読する指示副詞で、送り仮名「セ」が付され、〝そのようにする〟という意味の動詞になっている。「誰奪爾物者」は、疑問文と反語文のいずれの可能性もあるが、高西園の訴えを笑って快く認めた盧丈の態度と、後の「何痴乃爾耶」と並立されていることから、〝誰があなたの物を奪うだろうか、いや、誰もあなたの物を奪わない〟という反語文で解釈する。「何～耶」は送り仮名に従うと「何の～んや」と訓読するので、反語の用法とわかる。「痴」は〝愚か者・ばか者〟の意の名詞。「乃」は「すなはち」と訓読し〝それはもう・そのうえ〟といった意味を添えていると見る。「爾」（＝〝そのようにする〟）の具体的な内容は「奪爾物」なので、ここでの訳は指示語のままでよい。反語の忠実な訳は〝～か、いや、～ない〟とするのが基本だが、「わかりやすく」との指示があり、二文をそれぞれ忠実に訳すと解答欄に収まりきらなさそうなので、結論の〝～ない〟の部分のみを示すことになるだろう。

解答例 誰もあなたの物を奪ったりはしない、どんな愚か者もそのようなことをするはずがない

㈤ パターン❶—Ⅰ：現代語訳・Ⅱ：趣旨・Ⅲ：省略の補足

リード文や本文の内容から、主語が高西園（高鳳翰）であることは明らか。「猶」はここでは一旦否定する向きになりそうなことを〝それでもやはり〟と改めて認識する様子を表す副詞。この意を出すためには、傍線部eの前の「在近時士大夫間」（＝〝近頃の士大夫〈＝官僚〉の中にあっても〟）をふまえる必要がある。西園は清代の文人書画家であるが、はるか古代の文章家司馬相如が夢に現れ、その玉印を入手したことや、西園自身も実際にすばらしい作品をなしたということと、傍線部e「能追前輩風流」自体の意味から、「在近時士大夫間」は、要するに西園が筆者の生きた清代当時の人物であったことを示すものと理解できる。「能」は可能を表す副詞、「前輩風流」は〝先人の遺風・先人から伝わる流れ〟という意味で、「追」は西園がそれを追い求めたということ。「也」は断定の助動詞。

解答例 高西園は、清代に生きていてもなお先人から伝わる高尚な風格を追求することができたのである

二〇一四年度　文理共通　第三問

出典　司馬光『**資治通鑑**』巻第百九十四　唐紀十　太宗文武大聖大広孝皇帝上之下

北宋の政治家で歴史家の司馬光が著した史書。紀元前四〇三年から一三六二年にわたる史実を編年体で記した大部のもので、『史記』と並ぶ中国の代表的な史書とされている。

書き下し

長楽公主《ちやうらくこうしゆ》将《まさ》に出降《しゆつかう》せんとす。上《しやう》公主は皇后《くわうごう》の生む所なるを以《もつ》て、特に之《これ》を愛し、有司《いうし》に勅《ちよく》して資送《しそう》すること永嘉《えいか》長公主に倍《ばい》せしむ。魏徴《ぎちよう》諫《いさ》めて曰《いは》く、「昔漢《かん》の明帝《めいてい》皇子《くわうし》を封《ほう》ぜんと欲《ほつ》して曰く、『我が子豈《あ》に先帝《せんてい》の子と比《なら》ぶを得《え》んや』と。皆楚《そ》・淮陽《わいやう》に半《なかば》せしむ。今公主に資送すること長主に倍するは、明帝の意に異なること無きを得んや」と。上其《そ》の言《げん》を然《しか》りとし、入りて皇后に告《つ》ぐ。后嘆《たん》じて曰く、「妾《せふ》亟《しばしば》陛下《へいか》の魏徴を称 重《しようちよう》するを聞くも、其の故《ゆゑ》を知らず。今其の礼義《れいぎ》を引きて以て人主《じんしゆ》の情《じやう》を抑《おさ》ふるを観《み》て、乃《すなは》ち真《しん》の社稷《しやしよく》の臣《しん》たるを知るなり。妾陛下と結髪《けつぱつ》して夫婦と為《な》り、曲《つぶさ》に恩礼《おんれい》を承《う》くるも、言《い》ふ毎《ごと》に必ず先《さき》に顔色《がんしよく》を候《うかが》ひ、敢《あ》へて軽《かろがろ》しく威厳《ゐげん》を犯《をか》さず。況《ま》して人臣の疎遠《そゑん》なるを以て、乃ち能《よ》く抗言《かうげん》すること是《か》くのごとし。陛下従《したが》はざるべからず」と。因《よ》りて中使《ちうし》を遣《つかは》して銭絹《せんけん》を齎《もたら》して以て徴に賜《たま》ふを請《こ》ふ。

上嘗《かつ》て朝《てう》より罷《かへ》り、怒《いか》りて曰く、「会《かなら》ず須《すべか》らく此《こ》の田舎翁《でんしやをう》を殺すべし」と。后誰《たれ》と為《な》すかを問ふ。上曰く、「魏徴毎《まい》廷《てい》我《われ》を辱《はづかし》む」と。后退《しりぞ》きて、朝服《てうふく》を具《そな》へて庭に立つ。上驚きて其の故を問ふ。后曰く、「妾聞くならく主明《しゆめい》なれば臣直《ちよく》なりと。今魏徴の直なるは、陛下の明なるに由《よ》る故なり。妾敢へて賀《が》せざらんや」と。上乃ち悦《よろこ》ぶ。

通釈

長楽公主が降嫁することになった。太宗は公主は皇后が生んだ娘であるため、とりわけ彼女を愛し、官吏に勅命を出して送別の金銭や財貨を（先帝の娘である）永嘉長公主の倍にさせた。魏徴が諫めて言うには、「昔漢の明帝が皇子に領地を与えたいと思って言うには、『私の子はどうして先帝の子と同列に扱うことができようか』と。すべて（先帝の子である）楚王と淮陽王の半分にさせました。今公主に送別の金銭や財貨を与えるにあたり長主の倍にするのは、明帝の意向と相違しているのではないでしょうか」と。太宗はその言葉をもっともだと考えて、部屋に入って皇后に告げた。皇后は感動して言うには、「私はたびたび陛下が魏徴を褒めたたえ重んじていることを聞いていますが、その理由がわかりませんでした。今魏徴が（明帝の）正しい行いを引用して主君の私情を抑えたことから考えて、やっと本物の国家の忠臣であることがわかったのです。私は陛下と結婚して夫婦となり、すべてにわたって恩寵を受けておりますが、お話しするたびに必ず先に顔色をうかがい、決して軽率に（陛下の）威厳を損ねないようにしています。まして（魏徴は）臣下で（夫婦よりも）疎遠な立場でありながら、このように（陛下に）反論することができました。陛下は従わなければなりません」と。そこで（皇后は太宗に）天子からの使者を送って金銭と絹織物を用意して魏徴にお与えになるように願い出た。

太宗はかつて朝廷から戻り、怒って言うには、「必ずあの田舎じじいを殺さなければならない」と。皇后が誰のことを言っているのかを尋ねた。太宗が言うには、「魏徴はいつも朝廷で私に恥をかかせる」と。皇后は退出して、礼服を身に着けて朝廷に現れた。太宗は驚いてその理由を尋ねた。皇后が言うには、「私の聞くところでは主君が賢明だから臣下は率直だとのことです。今魏徴が率直なのは、陛下が賢明だからです。私はどうして祝福せずにいられるでしょうか」と。太宗は喜んだ。

解法

(一)　パターン❶—Ⅰ：現代語訳・パターン❷：指示内容　《反語》

「得無〜乎」の「乎」は送り仮名に従えば反語の用法で、直訳すると〝〜ないということがあり得るだろうか、いや、あり得ない〟であるが、ここでは、そうであるはずだという自分の考えを相手に問いかけるように示して同意を促す表現として、〝〜ではないだろうか〟と解釈する。「於」は対象を示す置き字。「明帝の意」は、魏徴の言葉の初めに書かれているように、明帝が自分の子を先帝の子と同列に扱うわけにはいかないと考え、息子に与える領地を先帝の子の半分にしたというものである。「意」にあたる内容としては、自分の息子への処遇を先帝の子よりも低いものとしなければならないという考え方を示すのがふさわしい。

解答例

先帝の子に遠慮し、自分の子への処遇を控え目にした明帝の意向と相違しているのではないでしょうか

(二)　パターン❶—Ⅰ：現代語訳

「観」は、夫の太宗から告げられた魏徴の諫言を「観る」ということなので、〝考える・考察する〟という意味で解釈する。「其」は魏徴を指し、「引礼義以抑人主之情」は魏徴が明帝の正しい行いを引用して主君の気持ちを抑えたということ。「礼義」は、「礼」（＝〝規範〟）と「義」（＝〝道義〟）で〝人としての正しい行い〟、「人主」は〝主君・天子〟の意である。「人主之情」は、具体的には太宗が自分の娘を贔屓して先帝の娘の倍の贈り物をしようとしたことを言っているので、〝私情・個人的な気持ち〟とい

った表現にする。「乃」は前の内容を受けてつなぐ言葉で、ここでは、それまでわからなかったことが「今観…人主之情」によって〝やっと・初めて〟わかったというつなぎ方であると読み取れる。「社稷」は〝国家〟の意。「真社稷之臣」は〝本当に国家のことを考えている臣下の者・本物の国家の忠臣〟ということである。

解答例　今魏徴が明帝の正しい行いを引用して主君であるあなたの私情を抑えたことから、やっと本物の国家の忠臣であることがわかりました

㈢ **パターン❶—Ⅰ：現代語訳《抑揚》**

「況」は〝まして・なおさら〟の意。「人臣」は〝臣下・主君に仕える者〟。「疎遠」は、前文をふまえると、太宗と夫婦の間柄である皇后の立場に比べると魏徴は疎遠な関係であるということを言った抑揚表現にあたるものと判断できる。「以」は「人臣之疎遠」が「乃能抗言如是」と関連していることを示すもので、ここでは逆接・対比的な表現で処理をするのが適切である。「乃」は前とのつながりを表して置かれているが、「以～、乃…」の理解を「以」の解釈で示すことができていれば、あえて訳出しなくてもよいだろう。「能」は可能を表す副詞。「抗言」は〝反論する〟の意で、魏徴が太宗の意向に反した諫言をしたということ。「如是」は前述のことを示して〝このようだ〟と述べたもので、「～如是」は語順の通りに訳すと〝～はこのようだ〟であるが、魏徴の諫言について言っていることは自明で、具体的な内容をここで示す必要もないので、〝このように～した〟といった表現をとっておくとよい。

解答例　ましてや魏徴は夫婦より疎遠な臣下の立場なのに、このように陛下の意向に反した諫言ができました

㈣　パターン❸：因果関係

傍線部dの逐語訳は〝必ずあの田舎じじいを殺さなければならない〟。「会」は振り仮名のとおり〝必ず〟、「須」は「すべからく〜べし」と訓読する再読文字で〝〜なければならない〟の意、「田舎翁」は、礼儀作法を知らない粗野な人を罵って言ったものである。后からそれは誰のことかと問われた太宗自身が「魏徴毎廷辱我」と答えていることから、「此田舎翁」は魏徴のことを指し、殺さなければならない理由は魏徴がいつも朝廷で太宗に恥をかかせるからだとわかる。第一段落で紹介されているエピソードによれば、魏徴は太宗に公正な諫言をする臣下であることがうかがえ、第二段落当時の太宗はそれを自分が辱められていると感じていたということである。

解答例　魏徴がいつも朝廷で諫言するのは自分への侮辱だと思ったから。

㈤　パターン❶—Ⅱ：趣旨　《反語》

傍線部eは〝私はどうして祝福せずにいられるでしょうか〟の意。「妾」は女性の第一人称。「敢不〜」は、「敢」が反語のニュアンスを帯び、〝どうして〜しないでいられようか・どうしても〜しないわけにはいかない〟という意味となる。「賀」は〝祝う・喜ぶ〟の意。皇后が喜ばしく思ったことは、傍線部eの前に「主明臣直。今魏徴直、由陛下之明故也」と書かれている。主君が賢明だからこそ臣下の

者が率直でいられるという格言を引き合いに、臣下の魏徴が太宗に率直な諫言をしたということは、主君である太宗が賢明であることの証明だと見なすことができると言っているのである。

解答例

魏徴が率直に諫言したことによって、太宗が賢明な主君であることが証明されたということ。

二〇一三年度　文理共通　第三問

出典　金富軾《きんふしょく》『**三国史記**』列伝第五　温達

朝鮮に現存する最古の歴史書とされているもので、高句麗（高麗）の官僚金富軾らが編纂した。金富軾は儒学者でもあったため、中国の儒学思想に基づいた記述が多い。

書き下し

温達《をんたつ》は、高句麗平岡王の時の人なり。破衫弊履《はさむへいり》して、市井《しせい》の間に往来す。時人之を目して愚《ぐ》温達と為す。平岡王の少女児好《よ》く啼《な》く。王戯《たはむ》れて曰《いは》く、「汝《なんぢ》常に啼きて我が耳に聒《かまびす》し、当《まさ》に之を愚温達に帰《とつ》がしむべし」と。王毎《つね》に之を言ふ。女《むすめ》年二八《にはち》に及び、王高氏に下嫁《かか》せしめんと欲す。公主対《こた》へて曰く、「大王常に汝必ず温達の婦と為《な》れと語《つ》ぐ。今何故に前言を改むるや。匹夫《ひっぷ》猶《な》ほ食言を欲せず、況《いは》んや至尊においてをや。故に曰く『王者に戯言無し』と。今大王の命謬《あやま》れり。妾《せふ》敢《あへ》て祗《つつし》みて承《う》けず」と。王怒りて曰く、「宜《よろし》く汝の適《ゆ》く所に従ふべし」と。是に於て公主宮を出で独り行きて、温達の家に至る。盲たる老母に見《まみ》え、拝して其の子の在《あ》る所を問ふ。老母対へて曰く、「惟《こ》れ我が息《そく》飢うるに忍びず、楡皮《ゆひ》を山林に取る。久しくして未《いま》だ還《かへ》らず」と。公主出で行きて山下に至り、温達の楡皮を負ひて来るを見る。公主之《これ》と懐を言ふ。温達悖然として曰く、「此《これ》幼女子の宜く行ふべき所に非ず、必ず人に非ざるなり」と。遂に行きて顧みず。公主明朝更《さら》に入り、母子と備《つぶさ》に之を言ふ。温達依違して未だ決せず。其の母曰く、「吾が息至《いた》つて陋《いや》しく、貴人の匹《たぐひ》と為るに足らず。吾が家至つて窶《まづ》しく、固《もと》より貴人の居に宜《よろ》しからず」と。公主対へて曰く、「古人言ふ『一斗の粟猶ほ舂《つ》くべく、一尺の布猶ほ縫ふべし』と、則《すなは》ち苟《いやし》くも同心たれば、何ぞ必ずしも富貴にして然る後に共にすべけんや」と。乃《すなは》ち金釧を売りて、田宅牛馬器物を買得す。

通釈

温達は、高句麗平岡王の時代の人である。破れた上着に傷んだ靴を身に着け、町中を歩き回った。当時の人はこれを見て「愚温達」と呼んだ。平岡王の幼い娘はよく泣いた。王が冗談で言うには、「おまえはいつも泣くので私の耳にやかましい。おまえを愚温達に嫁がせることにしよう」と。王はいつもそう言っていた。娘は年齢が十六歳になり、王は高家に嫁がせたいと望んだ。公主（＝娘）が答えて言うには、「お父様はいつも『おまえは必ず温達の妻となれ』と言っていた。今どうして以前言ったことを変えるのか。身分が低い者でさえ前言を翻そうとはしないのだから、ましてやこのうえなく身分が高い王は言うまでもない。だから（世間で）言うには『王者に戯れの言葉はない』と。今お父様の指示は間違っている。私はどうしても承諾いたしません」と。王は怒って言うには、「おまえがしたい通りにすればよい」と。というわけで公主は宮殿を出て一人で赴き、温達の家に着いた。盲目の老母に目通りし、拝礼して彼女の息子の居場所を尋ねた。老母が答えて言うには、「私の息子はひもじさに耐えきれず、楡の樹皮を山林で採っている。かなり時間が経つがまだ帰っていない」と。公主は出て行って山の麓に着き、温達が楡の樹皮を背負って来るのと会った。公主は彼に思いを伝えた。温達は怒って顔色を変えて言うには、「これは若い女性がするようなことではない、（あなたは）きっと人ではないのである」と。そのまま立ち去って振り返ることもなかった。公主は翌朝再び訪れ、母子に詳しく事情を話した。温達はぐずぐずしてまだ心を決めかねていた。彼の母が言うには、「私の息子はきわめて卑しく、高貴なお方の夫となるにはふさわしくない。私の家はきわめて貧しく、もともと高貴なお方の住まいにふさわしくない」と。公主が答えて言うには、「古人が言うには『一斗の粟も臼で搗《つ》くことはできるし、一尺の布も縫うことができる（＝わずかな衣食でも生活はできる）』ということなので、仮にも心が通い合っていれば、どうして必ずしも裕福で高貴であってそのうえで一緒になる（＝結婚する）必要があろうか」と。そこで金の腕輪を売って、畑や家や牛や馬や家財道具を買い揃えた。

解法

㈠　**パターン❶―Ⅰ：現代語訳　《抑揚》**

［Ａ］猶［述語］、況［Ｂ］乎」で抑揚の構文（〈重要句法〉参照）がとられている。Ａにあたる「匹夫」は〝身分が低い男〟、Ｂにあたる「至尊」は〝このうえなく身分が高い者・大王〟の意。述語の「不欲食言」の「不欲～」は〝～しようとしない・～したがらない〟の意、「食言」は（自分で自分の）言葉を食べてしまうという意味から、前言を翻したり約束を破ったり嘘をついたりすることを表す。受験生には馴染みのない表現かもしれないが、傍線部ａの前文の「改前言」や後の文の「戯言（＝いいかげんなことを言うこと）」とほぼ同じような意味ではないかと見当をつけたい。解答欄が二行あるので、「況至尊乎」の部分にもこの述語を補って仕上げる。

解答例　身分が低い者でさえ前言を翻そうとしないのだから、ましてやこのうえなく身分が高い王が前言を翻そうとしないのは言うまでもない

㈡　**パターン❶―Ⅱ：趣旨**

「宜」は「宜《よろ》しく～べし」と訓読する再読文字で〝～するのがよい〟の意、末尾の「矣」は強意の置き字。「従汝所適」は逐語訳すると〝おまえがしたいことに従う〟で、平岡王が娘の公主に対して、自分の思う通りにすればよいと突き放して言ったものである。「適」はここでは「適《ゆ》く」と訓読する動詞

で、〝行く・嫁ぐ・志向する〟などの意味があるが、いずれで解するにしても、具体的には公主が温達に嫁ぐという内容を簡潔に示しておくのが適切である。

解答例　公主は自分が嫁ぎたい相手に嫁げばよいということ。

㈢　パターン❶―Ⅱ：趣旨・パターン❷：指示内容

「与」はここでは対象を表す助詞、「之」は指示代名詞で、温達を指していることは前文から明らか。「懐」はここでは（胸に抱いているものの意から）〝心中の思い〟という意味で、具体的には、公主の、自分は温達のもとに嫁ぎたいという思いのことである。

解答例　公主が温達に、妻になりたいという思いを伝えたということ。

㈣　パターン❶―Ⅰ：現代語訳

傍線部dには送り仮名が付されていないが、次の文との対句表現になっていることに気付けば、同様の読みや内容がつかめる。「吾息」は六～七行目の「我息」と同意で〝私の息子〟の意。「至」は〝このうえなく・きわめて〟と強調する副詞、「陋」は「陋劣《ろうれつ》」「陋屋《ろうおく》」「陋巷《ろうこう》」等の「陋」で、卑しくむさくるしい様子を表す。「不足～」は〝～する値打ちがない・～には不十分だ〟の意、「為」は断定の助動詞「たり」または動詞「（～と）為《な》る」のいずれで解することもできる。「匹」はここでは〝配偶者・連れ合い〟の意。傍線部dの後の文と併せて、温達の母は、自分の息子や家は公主のような高貴な人の嫁ぎ先としてはふさわしくないということを言っているのである。

解答例

私の息子はきわめて卑しく、あなたのような高貴なお方の夫となるにはふさわしくない

㈤　パターン❶—Ⅱ：趣旨　《反語》

「苟」は仮定を表す副詞、「為」はここでは「たり」と訓読する断定の助動詞、「同心」は〝同じ思いであること・心が通い合っていること〟。後に述べることへの前置きとして、〝心が通い合ってさえいれば〟という条件を示している部分である。「何〜乎」は反語で、副詞の「必」と併せて部分否定となり、要するに〝必ずしも〜ではない〟ということ。「〜然後可…」は逐語訳すると〝〜であってその後に…できる〟、すなわち〝〜が成立してからでないと…できない・〜が…のための前提条件である〟という意味である。「共」はここでは〝一緒になる・結婚する〟ということであろう。解答例は傍線部eの構文におおむね即して書いたが、さらに全体をまとめて、「結婚相手についての条件は心が通い合っていることのみであって、身分や財産は関係ないということ。」といった解答も考えられる。

解答例

心が通い合ってさえいれば、結婚相手がもともと高貴で裕福な人でなくてもかまわないということ。

二〇一二年度　文理共通

第三問

出典　左丘明『**春秋左氏伝**』昭公二十年

孔子が編集したとされる魯の年代記『春秋』の注釈書。『春秋』に述べられた事象について、史実に基づくさらに詳しい説明を加えたもので、『春秋公羊伝』『春秋穀梁伝』と共に「春秋三伝」と称されている。

書き下し

公曰《い》はく、「唯《た》だ拠と我と和《わ》するかな」と。晏子対《こた》へて曰はく、「拠も亦《また》同するなり。焉《いづ》くんぞ和と為すを得んや」と。公曰はく、「和と同と異なるか」と。対へて曰はく、「異なり。和は羹《かう》のごとし。水火醯《けい》醢《かい》塩梅以て魚肉を烹《に》て、之を燀《た》くに薪《たきぎ》を以《もつ》てす。宰夫之を和し、之を斉《ととの》ふるに味を以てし、其の及ばざるを済《ま》して、以て其の過ぐるを洩《へ》らす。君子之を食らひて、以て其の心を平らかにす。君臣も亦然《しか》り。君の可《か》と謂《い》ふ所にして否《ひ》有らば、臣其の否を献じて、以て其の可を成《な》す。君の否と謂ふ所にして可有らば、臣其の可を献じて、以て其の否を去る。是を以て、政平らかにして干《をか》さず、民争ふ心無し。先王の五味を済へ、五声を和するや、以て其の心を平らかにして、其の政を成すなり。声も亦味のごとし。君子之を聴き、以て其の心を平らかにす。今拠は然らず。君の可と謂ふ所は、拠も亦可と曰ひ、君の否と謂ふ所は、拠も亦否と曰ふ。水を以て水を済すがごとし。誰か能《よ》く之を食らはん。琴瑟《きんしつ》の専一なるがごとし。誰か能く之を聴かん。同の可ならざるや是くのごとし」と。

通釈

公（＝斉の君王景公）が言うには、「実に拠（＝梁丘拠）と私とは調和するなあ」と。晏子が答えて言うには、「拠もまた同調しているのである。どうして調和すると言えようか」と。公が言うには、「調和と同調とは違うのか」と。答えて言うには、「違う。調和は吸い物のようなものだ。水・火・酢・塩辛・塩・梅などを使って魚や肉を煮て、そのための火を熾《おこ》すために薪を使う。料理人はそれらを調和させ、料理を仕上げるにあたっては味を基準とし、足りないものを増やして、多すぎるものを減らす。君子がそれを食べて、自分の心を安らかにする。君主と臣下もまた同様だ。君主が適正だと言うことで誤りがあれば、臣下はその誤りを進言して、適正なように変える。君主が誤りだと言うことで（実は）適正なことがあれば、臣下はその適正さを進言して、誤りを避ける。それによって、政治は安定して道理に背かず、民衆は争う気持ちを持たない。上古の優れた君主たちは五種の味覚を調え、五種の音階を調和させていたことで、自分の心を安らかにして政治を行った。音階もまた味覚と同じようなものだ。君子はそれを聴き、自分の心を安らかにした。今、拠はそうではない。あなたが適正だと言うことは、拠もまた適正だと言い、あなたが誤りだと言うことは、拠もまた誤りだと言う。水で水を増やす（＝料理の際に水に水を足す）ようなものだ。誰がそのような料理を食べることができるだろうか。琴と瑟の音色に違いがないようなものだ。誰がそのような音楽を聴くことができるだろうか。同調が良くないというのは、このようなわけだ」と。

解法

㈠　**パターン❶―Ⅱ：趣旨**

料理人が吸い物の味を調える際に行うことを述べた部分で、付されている振り仮名により、「済」は動詞「ます」（＝〝増やす〟）、「洩」は動詞「へらす」（＝〝減らす〟）と解釈することがわかる。「其」は前文に列挙されている調味料や火力を指している。

解答例　調味料や火力を、足りない場合は増やし多すぎる場合は減らすこと。

(二)

(ア)　パターン❶―Ⅰ：現代語訳

設問文でも指定されているように、「君」は君主、「臣」は臣下。「可」と「否」は文字通り対照的な意味で、ここでは政治において君主や臣下が判断することという文脈から、それぞれ〝適正なこと・正しいこと〟、〝不適切なこと・誤っていること〟といった解釈がふさわしい。「所謂可」の「所」は動詞を名詞化する用法、「謂」は動詞「謂ふ」（＝〝言う〟）。「而」は前後をつなぐ置き字、「焉」は語調を強める置き字。「成」は「なす」と訓読されているので、〝実現させる・成立させる〟という意味の他動詞として解釈する。

解答例　君主が適正だと言うことで誤りがあれば、臣下はその間違いを進言して、適正なように直す

(イ)　パターン❸：因果関係

傍線部bとその次の文とは対句になっており、君主の判断を臣下が適切に修正するという内容が述べられている。それを受けて「是以」から始まる文で、そうすれば政治が安定し不正はなく民衆も穏やかになるという望ましい有様が提示されている。

解答例　政平而不干、民無争心

㈢　パターン❶—Ⅰ：現代語訳　《比喩》《反語》

この「若」は「ごとし」と訓読して比喩を表すもので、「以水済水」は傍線部ａを含む部分で述べられていた料理の例が再び挙げられているものと考えられる。「誰」は述語の末尾に送り仮名の「ん」があることからここでは反語の用法、「能」は可能を表す。味を見ながらさまざまな調味料を加減していくのではなく、無味の水にさらに水を足すような調味のしかたでは、出来上がった料理には何の味もなく、食べられたものではないということである。「誰能食之」は丁寧に訳すと〝誰がこれを食べることができるだろうか、いや、誰も食べることはできない〟であるが、構文はなるべく崩さないことを前提に、反語の結論部分だけを示して解答欄に収めるしかない。

解答例　水に水を加えるようなものだ。誰もそんな料理を食べるに堪えない

㈣　パターン❹：主張

まず、晏子の言葉全体を通じて、彼が考える「和」と「同」の違いを押さえよう。料理や音楽の例によれば、さまざまな条件の見極めや適切な処置を加えたうえで全体をまとめるのが「和」であるのに対して、気遣いや工夫もなく単調なさまが「同」である。拠についてはさらに具体的に、景公の言うことにすべて従うのみであると明言されている。要するに拠の景公に対する態度は単なる同調・迎合であるということだが、臣下として必要な判断や諫言を行おうとする態度が一切見られないという批判も一言添えてまとめるのが望ましい。

解答例　適否を判断せず、君主景公の意見に同調するのみである態度。

二〇一一年度　文理共通

第三問

出典

白居易「**放旅雁**」（『白氏文集』巻第十二）

白居易は中唐の有名な詩人。字《あざな》は楽天。『白氏文集』はその代表的な詩文集で、平安期の日本でも愛読され、当時の日本文学に影響を与えたとされている。

書き下し

旅雁を放つ　元和十年冬の作

九江十年冬大いに雪ふり
江水は氷を生じ樹枝は折る
百鳥食無くして東西に飛び
中に旅雁有りて声最も飢ゑたり
雪中に草を啄《ついば》みて氷上に宿り
翅《はね》は冷えて空に騰《のぼ》れども飛動すること遅し
江童網を持して捕らへ将《も》ち去り
手に携《たずさ》へて市に入りて生きながら之を売る
我は本《もと》北人にして今は讁謫《けんたく》せらる
人と鳥と殊《こと》なると雖《いへど》も同じく是《こ》れ客なり
此の客鳥を見るは客人を傷ましむ
汝を贖《あがな》ひ汝を放ちて飛びて雲に入らしむ

雁よ雁よ汝は飛びて何処にか向かふ
第一に飛びて西北に去ること莫かれ
淮西《わいせい》に賊有り討《う》つも未《いま》だ平らかならず
百万の甲兵久しく屯聚《とんしゅ》す
官軍と賊軍と相《あ》ひ守りて老《つか》れ
食尽き兵窮まりて将に汝に及ばんとす
健児は飢餓して汝を射て喫《くら》ひ
汝の翅翎《しれい》を抜きて箭羽《せんう》と為さん

通釈

旅の雁を放つ　元和十年冬の作
江州は（今年元和）十年の冬、たいそう雪が降り
川の水は氷が張り、樹木の枝は折れる
鳥たちは食べ物がなくて東西に飛び回り
その中に旅の雁がいて、鳴き声は最も飢えているようだ
雪の中で草をついばんで、氷の上で休み
羽は冷えて、空に飛び上がろうとしてもなかなか飛び立てない
川べりに住む子供が網を持って捕まえ、持ち帰り
手にぶらさげて市場に入り、生きたままこれ（＝捕まえた雁）を売る
私はもともと北方の者で、今は左遷されている
人と鳥とは異なるというものの、同じように異郷の地にいる者だ

この異郷の地にいる鳥を見ることは、異郷の地にいる者に悲しみを催させる
おまえを買い取り、おまえを放って、飛んで雲に飛び込ませてやろう
雁よ、雁よ、おまえは飛んでどこへ向かうのか
決して北西の方角に飛んで行ってはならない
淮西に反逆者がいて、討伐しようとするがまだ平定できず
百万の武装兵が長い間駐屯している
官軍も賊軍もともに敵の攻撃に備えて疲れ
食糧もなくなり兵器も底をついて、おまえに手を伸ばすだろう
兵士は飢えておまえを射殺して食べ
おまえの羽を抜いて矢に付ける羽とするだろう

解法

(一) 空所補充

ａは雁が草をつついて餌をあさる場所、ｂは雁が眠る場所にあたり、うまく飛び上がれないほど羽が冷えるという第六句へのつながりを考慮すると、ａもｂも寒さの厳しい環境を表す言葉が考えられる。その年の寒冷な気候を詠んだ第一句から第四句の語のうち、草が深い雪に覆われた状態としてａには「雪」が、鳥が降り立って休む川に氷が張っている状態としてｂには「氷」があてはまる。

解答例

a	雪	b	氷

(二)　パターン❶—Ⅰ：現代語訳・パターン❷：指示内容

前の句「江童…」から傍線部ｃまでが一文をなしており、地元の子供が雁を網で捕らえて市場へ持ち込むという流れから、「之」はその雁を指していると容易に判断できるだろう。「生」は雁を生きたままの状態で売るということを示す副詞として用いられている。本来は「生きながら（にして）之を売る」という語順通りに訳したいところであるが、「之（＝雁）」に多少の説明を加えると、副詞「生」が動詞「売」に係っていることが不明確になるため、解答例のように整えた。

解答例　捕らえた雁を生きたままで売る。

(三)　パターン❹：心情

「同じく」は「人と鳥と」について言ったもの、「客」は〃旅人・異郷の地にある者〃の意で、具体的には、左遷されて異郷の地にいる失意の自分と、飛来地でつらい目に遭っている雁とが同じような境遇にあると感じているということである。傍線部ｄの次の句で、渡り鳥の有様は異郷の地にいる人間に悲しみを催させると詠まれていることも確認しよう。雁と作者自身の状況を共通点がわかるように簡潔に示したうえで、「同情」や「共感」などの心情を表す言葉でまとめるとよい。

解答例　渡り鳥の雁を異郷の地に左遷された自分になぞらえて同情する心情。

(四)　パターン❶—Ⅱ：趣旨

訓点と振り仮名の通りに素直に解釈できる。「汝」が雁を指していることは明らか。「贖」は〃金品と引き替えに償う〟という意味であるが、「贖汝放汝」で〝(捕らわれ売られていたおまえを) 買い取って自由にしてやる〟と解釈できれば十分。「飛入雲」は、要するに雁を大空へ飛んで行かせたということである。

解答例　作者が雁を買い取り、空へ飛び立たせてやったということ。

(五)　**パターン❶—Ⅱ：趣旨**

「将」は近い未来の予測を表す再読文字で、傍線部fの訓読は「将に汝に及ばんとす」。雁の身に何が起こりそうなのかを具体的に説明する。まず、第十五句「淮西有賊…」から傍線部fの前までの内容から、逆賊と官軍の戦いが膠着状態で、多くの兵士たちが食糧も兵器も尽きて疲弊しているという状況を押さえよう。傍線部fは、そのような兵士たちが雁に触手を伸ばすことを推測したものである。具体的には、傍線部fの後の二句に書かれているように、射殺して食べ、羽は抜いて矢に使用するだろうということである。

解答例　長期の戦いで困窮した兵士たちが、食糧と兵器の足しにするために雁を射殺すだろうということ。

二〇一〇年度　文理共通

第三問

出典　文瑩『**玉壺清話**』巻六

文瑩は宋代の僧で、詩文にすぐれ、さまざまな逸話を著作として遺している。『玉壺清話』は十巻から成り、『玉壺野史』とも称される。

書き下し

一巨商姓段《せいだん》なる者、一鸚鵡《あうむ》の甚《はなは》だ慧《けい》なるを蓄《やしな》ふ。能《よ》く李白《りはく》の宮詞を誦し、客《かく》至る毎《ごと》に則《すなは》ち茶を呼び、客人の安否寒暄《かんくわん》を問ふ。主人之《これ》を惜《をし》み、意を籠豢《ろうくわん》に加《くは》ふ。一旦段生事を以て獄に繫《つな》がる。半年にして方《はじ》めて釈《ゆる》されて家に到《いた》り、籠に就《つ》きて与《とも》に語りて曰く、「鸚哥《あうか》、我獄中より半年出づる能はず、日夕惟只《ただ》汝を憶《おも》ふのみ。家人の餧飲《ゐいん》、時を失ふこと無きや否や」と。鸚哥語りて曰く、「汝禁に在ること数月にして堪へざるは、鸚哥の籠閉《ろうへい》せられて歳《とし》久しきに異ならず」と。其の商大いに感泣し、乃《すなは》ち特に車馬を具《そな》へ、携して秦隴《しんろう》に至り、籠を掲げて泣きて放つ。其の鸚哥羽を整へ徘徊し、去るに忍びざるに似たり。後に聞くならく官道の隴樹の末に止巣《しさう》し、凡《およ》そ呉商の車を駆《か》りて秦に入る者あれば、巣外に鳴きて曰く、「客還《また》我が段二郎の安否を見るや。若《も》し見《まみ》ゆる時あれば、我が為に鸚哥甚だ二郎を憶ふと道《い》へ」と。

通釈

ある豪商で姓は段という者が、一羽のたいそう賢い鸚鵡を飼っていた。（その鸚鵡は）李白の宮詞（＝宮中に仕える女性の愁いをうたった詩）を暗誦したり、客が訪れるたびに茶を出すよう促したり、客人の日常の様子や天候の寒暖を尋ねたりすることができた。飼い主（＝段）はその鸚鵡を大切にし、鳥籠や餌に気を配った。ある日段氏は事情があって牢獄に捕らわれた。半年経ってようやく釈放されて自宅に戻り、籠にとりすがって語りかけて言うには、「鸚鵡よ、私は獄中から半年出ることができなかったが、いつもひたすらおまえだけを思っていた。家の者の餌やりや水やりは、時間通りでないことはなかったかどうか」と。鸚鵡が語って言うには、「あなたが監獄に数か月間いて耐え難かったのは、私が籠に長年閉じ込められているのと同じだ」と。この商人はひどく衝撃を感じて泣き、それからわざわざ車馬を手配し、（鸚鵡を）連れて秦隴へ行き、籠を掲げて泣きながら放した。その鸚鵡は羽を畳んで歩き回り、飛び去り難そうに見えた。後で聞いたところによると、（鸚鵡は）公道の丘の上の木の梢に巣を作り、呉の商人で車を走らせて秦に入る者がいる時はいつも、巣の外で鳴いて言うには、「旅のお方はところで私の段二郎の安否をご存知か。もしお会いする時があれば、私のために『鸚鵡はたいそう段二郎を懐かしんでいる』と伝えてくれ」と。

解法

㈠　パターン❶―Ⅱ：趣旨・パターン❷：指示内容

「主人」は鸚鵡の飼い主である段、「之」は鸚鵡を指す。「惜」は〝大切にする・かけがえのないものとして愛する〟、「加意～」は〝～に気を配る・～に注意を払う〟の意。段が鳥籠や餌に配慮を尽くし、鸚鵡を大切に飼育していたことを言っている。

解答例　段が、鸚鵡を愛し、鳥籠や餌に気を配って飼っていたということ。

㈡　パターン❶―Ⅰ：現代語訳

「家人餧飲」は、文脈や〔注〕から、段が投獄されている間の段の家の者たちの餌や水の与え具合のことであると読み取れる。「失時」は時機を失ったり時間に遅れたりすること、「無～否」は〝～がなかったかどうか〟という意味。傍線部は段が鸚鵡に対して、自分が不在の間、家の者が餌や水を用意するのを忘れたり時間が遅くなったりすることがなかったかと気遣って問いかけているものである。以上の状況をふまえたうえで、現代語訳問題なので、なるべく構文を崩さずに書くよう注意してほしい。

解答例　家の者が餌や水を用意するのは、時間通りでないことはなかったか

㈢　パターン❸：因果関係・パターン❹：心情

傍線部cの前の鸚鵡の言葉に注目。商人（＝段）が普段から大切に鸚鵡を飼い、自分が投獄されていた間もどんなに心配していたかを訴えたのに対し、鸚鵡は、段の数か月間の獄中生活の苦しみは籠の中に何年も閉じ込められている自分と同じであると語った。段はその言葉を聞いて鸚鵡の気持ちに初めて気付き、捕らわれの身で過ごすつらさに身をもって思い至ったということである。

解答例　自分の獄中生活と同等の苦しみを、何年も籠の中で飼っている鸚鵡に強いていたと気付いたから。

㈣　パターン❶―Ⅲ：省略の補足

前文の「見」の主語「客」と目的語「我段二郎」がそのまま該当する。それぞれを適切な言葉で具体的に示すことがポイント。「客」は漢文では〝旅人〟の意味があり、具体的には「呉商駆車入秦者」を指している。「我段二郎」は〝私の親愛なる段二郎〟といった意味合いであるが、鸚鵡との関係を客観

的に示しておくのがよい。秦隴に巣を作った鸚鵡は、段が住んでいる呉の国から秦にやって来た商人に、自分のかつての飼い主であった段の安否を知っているかと尋ね、もし会うことがあれば伝言してほしいと頼んでいるのである。「若」はここでは「もし」と訓読して仮定を表す副詞として用いられている。

解答例　呉から来た旅の商人が、鸚鵡の飼い主であった段に会う時。

(五)

パターン❶―Ⅰ：現代語訳

付されている返り点から構文をつかみ、文脈にふさわしい意味で解釈する必要がある。「為我」は「我《わ》が為《ため》に」と訓読し、対象を表す副詞的な成分となっている。この文全体の述語は「道」。この「道」は動詞「いふ」で〝言う・語る〟という意味である。鸚鵡が旅の商人に呼びかけ依頼している言葉なので、命令文として「いへ」と訓読する。「鸚哥甚憶二郎」が「道」の目的語成分で、「鸚哥（が）甚だ二郎を憶ふ」ということを「道《い》へ」と求めているのである。「憶」は〝懐かしく想う〟という意味で「おもふ」と訓読する。

解答例　私のために「鸚鵡がとても段二郎を懐かしんでいる」と伝えてくれ

二〇〇九年度　文理共通　第三問

出典　万里集九『**梅花無尽蔵**』

室町時代の漢詩文集。万里集九の作。万里集九は漢詩をよくした禅僧で、太田道灌から江戸城に招かれ、「梅花無尽蔵」という庵に住んだという。

書き下し

宋《そう》の神廟《しんべう》趙鉄面《てうてつめん》に謂《い》ひて曰《いは》く、「卿《けい》の蜀《しよく》に入りたるとき、一琴一亀《いつきんいつき》を以て自《みづか》ら随《したが》へ、政《まつりごと》を為《な》すこと簡易なり」と。一日余《いちじつよ》の友人、小画軸を袖《しう》して来り、賛語を需《もと》めらる。何の図たるかを知らず。壁間に掛くること月を逾《こ》え、坐臥《ざぐわ》に焉《これ》を質《ただ》す。梅は則《すなは》ち花中の御史《ぎよし》、趙抃《べん》の鉄面御史たるを表す。屋頭《をくとう》に長松《ちやうしよう》の屈蟠《くつばん》して、大雅《たいが》の風声《ふうせい》有るは、豈《あ》に一張《いつちやう》の琴に非《あら》ずや。一亀も亦《ま》た水上に浮游す。神廟の片言《へんげん》、頗《すこぶ》る絵の事と符を合《がふ》す。之を名《なづ》けて「趙抃一亀図」と曰《い》へば、則ち可《か》ならんか。

怪《あやし》む莫《なか》れ床頭《しやうとう》に琴を置かざるを
長松毎日遺音《ゐおん》を送る
主人の鉄面に何の楽しみ有りや
唯《た》だ一亀をして此《こ》の心を知らしむるのみ

通釈

宋の神宗皇帝が趙鉄面に言ったことには、「あなたが蜀に来た時、一張りの琴と一匹の亀を身に携え、政治を行うことにおいては無駄もなくおおらかであった」と。ある日私の友人が、小さな絵の掛け軸を袖に入れてやって来て、（私はその友人から）絵に書き添える詩句を頼まれた。（私は）何の絵であるのかわからなかった。壁に掛けたまま一か月以上、毎日常にそれを自問し追究した。梅は花の中で御史（＝官僚の不正行為を糾す官職）にあたり、趙抃が剛直な御史であったことを表している。屋根の上に大きな松がくねくねと曲がって枝を張り、雅びな音楽のような風の音がするのは、何とまあ一張の琴のようではないか。一匹の亀もまた水面を泳ぎ回っている。神宗皇帝のちょっとした言葉が、実にうまく絵の内容と一致している。これを名付けて「趙抃一亀図」と言うと、ちょうどよいだろうよ。

不審に思ってはいけない、枕元に琴を置いていないのを。

大きな松が毎日美しい響きを残す。

主人である鉄面（＝剛直な官人である趙抃）には何の楽しみがあったのだろうか。

ただ一匹の亀が彼の気持ちを表しているだけだ。

語釈

大雅――『詩経』の詩体の一つで、宮廷の宴や祭礼の楽歌のことであるが、ここでは、雅びで美しい曲や歌の意で用いられているとみる。

解法

㈠ **パターン❸：因果関係**

傍線部ａは〝壁に掛けたまま一か月以上、毎日常にそれを自問し追究した〟という意味で、筆者がそうした理由は前の二文にある。「見需」の「見」は受身の助動詞で、筆者が友人から詩句を添えるよう頼まれたということ。筆者は、友人から、掛け軸の絵に詩句を添えてほしいと頼まれたが、その絵が何の絵なのかわからなかったため、壁に掛けて常に眺め、考え続けていたのである。

解答例　友人から詩句を添えるよう頼まれた絵の意味がわからなかったから。

㈡　パターン❶―Ⅰ：現代語訳　《反語》

「豈〜邪」は反語、「非」は否定を表すので、併せて二重否定になり、要するに「一張琴」であることを詠嘆的に強調する文となっている。傍線部bの前で、松の木に風が吹いて風情ある音を立てる様子が述べられているので、「一張琴」は美しい音色を出すもののたとえであることを示しておきたい。

解答例　何とまあ一張の琴のように風情ある音色ではないか

㈢　パターン❶―Ⅱ：趣旨

「絵事」とは、絵に描かれていたもののこと。筆者は当初はその意味がわからず一か月以上考えた（＝傍線部a）結果、傍線部cで故事との符合に合点がいったということで、この間の三つの文に、絵に描かれているものとその意味とが述べられている。それぞれの文の冒頭で「〜ハ」「〜モ」と提示されている「梅」「屋頭長松之屈蟠、而有大雅風声」「一亀」が「絵事」の三つにあたるが、解答欄は一〜二字分の見当なので、「梅」「(長) 松」「(一) 亀」と答えることになる。

解答例

梅	
松	
亀	

㈣　パターン❶―Ⅱ：趣旨・パターン❸：因果関係

絶句の第一句と第二句は「起・承」をなしているので、この二句の関連に注目。大きな松の木の残響が毎日あるのだから、美しい音色を出すものとしてわざわざ楽器などを使う必要はないということである。地の文では傍線部bを含む文に書かれている内容で、ここから「琴」を抜き出す。

解答例　琴

(五)　パターン❷：指示内容・パターン❹：主題

傍線部eを含む句は、使役の構文で〝ただ一匹の亀にこの心を知らせるだけだ〟と直訳できる。前の句に〝主人の鉄面（＝剛直な趙抃）に何の楽しみがあるのか〟とあることから、傍線部eの「此」は趙抃を指し、亀だけが趙抃の心を知っていると詠まれている。趙抃は、「趙鉄面」の〔注〕にもあるように剛直な人物で、皇帝にも認められる政治を行ったが、現地に入る際には琴と亀を携えていたという。また、彼を描いたと思われる絵では、自宅の松に風が吹き寄せ、池に亀が泳ぎ回っている。以上のことから、趙抃は、剛直で孤独な官人である一方で、風雅な暮らしを楽しむ心を持った人物であったということが読み取れる。

解答例　趙抃の、剛直な官人として孤高な立場でありながらも、自然の風情を楽しんで過ごす風雅な心。

二〇〇八年度　文理共通

第三問

出典

清代末の学者兪樾が撰集した説話集で、六百余の話が収められている。

兪樾《ゆえつ》『**右台仙館筆記**』

書き下し

周鉄匡《しうてつがい》 屢《しばしば》 秋闈《しうゐ》を試《う》くるも售《う》からず。一日《いちじつ》他処より帰り、夜船を村落の間に泊む。水に臨む一家を望見するに、楼窓の外に碧火《へきくわ》の環《くわん》なるがごとき有り。舟人見て駭《おどろ》きて曰く、「縊鬼《いき》代を求むるに、多く此《こ》の状を作《な》す。此の家必ず将《まさ》に縊《くびく》りて死なんとする者有らん。慎んで声する勿《なか》れ、鬼人の覚《さと》る所と為《な》れば、且《まさ》に禍を人に移さんとす」と。周奮然として曰く、「人の死なんとするを見て救はざるは、夫《ふ》に非ざるなり」と。岸に登り、門を叩きて大呼す。其の家出て問ひ、告ぐるに故《ゆゑ》を以てすれば、大いに驚く。蓋《けだ》し姑婦《こふ》方《まさ》に勃谿《ぼつけい》し、婦泣涕《きふてい》して楼に登る。周の言を聞き、亟《すみ》やかに共に楼に登り、闥《たつ》を排《ひら》きて入るに、婦手に帯を持ちて牀前《しやうぜん》に立ち、神《しん》已に痴たり。之を呼ぶこと踰時《ゆじ》にして始めて覚《さ》め、挙家《きよか》共に之を勧慰すれば、乃《すなは》ち已《や》む。周次日《じじつ》家に抵《いた》る。夢に一老人之に謂ひて曰く、「子《し》善を為すに勇なり、宜しく其の報を食《う》くべし」と。周曰く、「他は敢へて望まず、敢へて問ふ我科名《くわめい》に於いて何如《いかん》」と。老人笑ひて示すに掌《たなごころ》を以てす。掌中《しやうちゆう》に「何可成」の三字有り。寤《めざ》めて歎《たん》じて曰く、「科名望無からん」と。其の明年、竟《つひ》に賢書に登る。是の科の主試者は何公《かこう》たれば、始めて夢語の巧合《かうがふ》を悟るなり。

通釈

周鉄匡は何度も秋に各省で行われる科挙を受験したが合格しなかった。ある日よそから帰り、夜に船を村落の辺りに停めた。川に面したある家を眺めていると、上階の窓の外に青い火が輪を作っているようなものがあった。船頭が見て驚いて言うには、「首を吊って死んだ亡魂が（冥界から人間界へ戻るため）交代する人を求める時に、よくこのような状態となる。この家はきっと今にも首を吊って死のうとしている者がいるのだろう。決して声を出してはいけない、（そのわけは）亡魂は人に気付かれると、災いを（その）人に移そうとする（からだ）」と。周は勇み立って言うには、「人が死のうとするのを見て救わないのは、一人前の男ではないのである」と。岸に登り、門を叩いて大声で呼んだ。その家の人が出てきて尋ね、（周が）理由を告げると、（家の人は）たいそう驚いた。そういえば姑と嫁がちょうどけんかをして、嫁が涙を流して泣いて上階に登った。周の言葉を聞き、急いで皆で上階に登り、小門を開いて入ると、嫁は手に帯を持って寝台の前に立ち、心はすでに虚ろである。彼女に呼びかけてほどなくして（嫁は）やっと正気に戻り、家中の者が皆で彼女をなだめたところ、やっと（嫁は）思いとどまった。周は次の日家に着いた。夢で一人の老人が彼に言うには、「あなたは勇敢に善行をなしたので、その報いを受けるがよい」と。周が言うには、「他のことは全く望まないが、思い切って尋ねるのは私が科挙に合格することについてはどうか」と。老人は笑って手のひらを示した。手のひらの中に「何可成」という三字が（書いて）あった。（周は）目を覚まして嘆いて言うには、（「何ぞ成るべけんや」と解釈して）「科挙に合格する望みはないのだろう」と。その翌年、ついに秋に行われる科挙に合格した。この科挙の試験の総責任者は「何」という姓の人であったので、（周は）初めて夢のお告げがうまく符合していたことに気付いたのである。

語釈

牀前――「牀」は寝床・寝台の意。

解法

㈠　パターン❸：因果関係　《受身》

傍線部ａの「慎勿～」は〝決して～してはいけない〟の意。決して声を出さないようにと船頭が注意した理由は、傍線部ａの後の「鬼為人所覚、且移禍於人（＝〝亡魂は人に気付かれると、災いをその人に移そうとする〟）」にあたる。「鬼」は、「求代」に付された〔注〕から〝亡魂〟の意とわかる。「為～所…」は「～の…所と為る」と訓読し受身を表す形で、〝～に…される〟と訳すもの。「且～」は「まさに～んとす」と訓読する再読文字で、〝～しようとする〟の意である。

解答例

人間界へ戻るため、交代する者を求める亡魂は、人に気付かれると災いをその人に移そうとするから。

㈡　パターン❸：因果関係

たまたま通りかかった家に首吊り自殺をしようとしている者がいるようだと知った周鉄厓が、見捨てて行くことができずにその家を訪れ、家族に事情を知らせたということなので、「大驚」の主語はその家の者たちで、周から思いがけない話を聞かされて驚いたと読み取れる。さらに傍線部ｂの後に「蓋姑婦方勃谿、婦泣涕登楼（＝〝そういえば姑と嫁がちょうどけんかをして、嫁が涙を流して泣いて上階に登った〟）」とあることから、周の話と考え合わせると、その嫁が首を吊るということではないかと思い当たり、慌てたというのである。傍線部ｂの前と後の内容をそれぞれ押さえてまとめる必要がある。

解答例　誰かが縊死しそうだと聞き、姑とけんかした嫁が泣きながら上階に登ったことに思い当たったから。

㈢　パターン❶―Ⅰ：現代語訳・Ⅲ：省略の補足・パターン❷：指示内容

「挙家共」は〝家中の者が皆〟、「勧慰」は、「勧」が〝言い聞かせる・説き勧める〟、「慰」が〝なだめる・いたわる〟、「之」は嫁を指している。家族が言葉を尽くして嫁を落ち着かせ、早まったことをしないようになだめたということである。「乃」は「すなはち」と読み〝そこで・そして〟の意、「已」は「やむ」と読み〝とどまる〟の意。正気を失って首を吊ろうとしていた嫁が、家族の説得によって思いとどまったということである。

解答例　家族が皆で嫁をなだめたところ、嫁はやっと自殺を思いとどまった

㈣　パターン❶―Ⅰ：現代語訳・書き下し　《反語》

周鉄厓はこの三字を見て「科名無望矣（＝〝科挙に合格する望みはないのだろう〟）」と嘆いていることから、「何」は反語、「可」は可能、「成」は〝成就する〟の意と判断できる。「何可～」は、反語の場合は「なんぞ～べけんや」と訓読する。

解答例　なんぞなるべけんや

㈤　パターン❶―Ⅱ：趣旨

傍線部eは〝初めて夢のお告げがうまく符合していたことに気付いた〟という意味である。夢のお告げとは、夢に現れた老人に周鉄厓が善行の報いとして科挙に合格できるかどうかを知りたいと望んだところ、老人は「何可成」の三文字を示したというもの。㈣で解答したように、周は当初はそれが不合格を意味していると思って嘆いていたが、翌年の科挙に合格した。その科挙の総責任者が「何」という姓の人物であったことから、「何可成」は「何成《かな》すべし」、つまり〝何という人物が（周を合格者に）させるはずだ〟という意味であったのだと気付いたということである。

解答例

周鉄厓は、夢で老人が示した三文字が、何という人物が科挙に合格させてくれるという意味であったことにやっと気付いたということ。

二〇〇七年度　文理共通　第三問

出典　陶宗儀『**輟耕録**《てっこうろく》』第十一巻

陶宗儀は元末から明初の学者で、農耕生活のかたわら教育・著述活動を行い、『輟耕録』を著した。『輟耕録』は著者の号である南村を冠して『南村輟耕録』とも称される。

書き下し

木八刺《ぼくはつらつ》、字《あざな》は西瑛《せいえい》、西域の人なり。一日《いちじつ》、妻と対飯し、妻小金鎞《せうきんへい》を以て臠肉《れんにく》を刺し、将《まさ》に口に入れんとするに方《あた》りて、門外に客の至る有り。西瑛出て客を粛《すす》む。妻啖《くら》ふに及ばず、且《しばら》く器中に置き起《た》ちて去《ゆ》き茶を治む。回《かへ》るに比《およ》び、金鎞を覓《もと》むる処《ところ》無し。時に一小婢《ひ》側《そば》に在《あ》りて執作《しつさく》す。其《そ》の窃《ひそ》かに取るを意《おも》ひ、拷問すること万端なれど、終《つひ》に認むるの辞無く、竟《つひ》に命を隕《おと》すに至る。歳余ありて、匠者《しやうしや》を召《まね》きて屋を整へ瓦瓴《ぐわれい》の積垢《せきこう》を掃《はら》ふに、忽《たちま》ち一物石上に落ちて声有り。取りて之を視《み》るに、乃《すなは》ち向《さき》に失ひし所の金鎞なり。朽骨一塊と同《とも》に墜《お》つ。其の所以《ゆゑん》を原《たづ》ぬるに、必ず是れ猫来りて肉を偸《ぬす》み、故に帯《お》びて去る。婢偶《たまたま》見るに及ばず、而《しか》して冤《ゑん》を含みて以て死す。哀しいかな。世の事此《かく》のごとき者甚《はなは》だ多し。姑《しばら》く焉《ここ》に書し、以て後人《こうじん》の鑑《かがみ》と為《な》すなり。

通釈

木八刺は、字は西瑛で、西域の人である。ある日、妻と差し向かいで食事をしていて、妻が小さな金のかんざしで肉片を刺し、ちょうど口に入れようとした時になって、門の外に客がやって来た。西瑛は出て客を家の中へ迎え入れた。妻は（その肉片を）食べることができず、ひとまず器の中に置いて（食卓を）立って（客の方へ）行き茶を用意した。戻って来ると、金のかんざしを探してもその場所になかった。ちょうど一人の召使いの少女がそばにいて家事の雑用をしていた。（妻は）彼女がこっそりかんざしを盗んだと思い、拷問をさまざまに行ったけれども、最後まで（盗んだと）認める言葉はなく、（召使いの少女は）とうとう命を落とすことになってしまった。一年余りたって、大工を呼んで屋根を修理し瓦に積もった塵を掃除したところ、急にある物が落ちて石の上で音を立てた。拾ってそれを見ると、何と以前に紛失した金のかんざしであった。朽ちた骨一塊と一緒に落ちて来た。そのわけを考えると、きっとこれは猫が来て肉を盗み、そのため（かんざしを）一緒に持って逃げたにちがいない。召使いはたまたま（それを）見逃し、そういうわけで無実の罪を受けたままで死んだ。かわいそうなことだなあ。世間の出来事でこのようなことはたいそう多い。とりあえずここに記し、後世の人の戒めにしようと思うのである。

解法

㈠　**パターン❶—Ⅰ：現代語訳**

「与」はここでは「と」と訓読する助詞。「将」は「まさに〜んとす」と訓読し〝〜しようとする〟という意味の再読文字。

解答例　妻と差し向かいで食事をしていて、妻が小さな金のかんざしで肉片を刺し、ちょうど口に入れようとした時、門の外に客がやって来た

㈡　**パターン❶—Ⅲ：省略の補足・パターン❷：指示内容**

金のかんざしを使っていた妻の一連の行動から、傍線部bの主語も妻とみてよいだろう。かんざしを

置いて客に茶を入れに行っていた妻が、戻って来てみるとかんざしが見当たらず、そばに召使いの少女がいたために、その召使いがかんざしをこっそり取ったと思ったというのである。「其」は「一小婢」を指している。

解答例　西瑛の妻が、召使いの少女が金のかんざしを盗んだと思った。

(三)　パターン❶—Ⅰ：現代語訳・パターン❷：指示内容

「所以」は〝原因・理由〟の意。前の三文をふまえると、「其所以」とは、朽ちた骨と金のかんざしが屋根から落ちて来た理由のことであると読み取れる。「必」以降がその理由を具体的に推察した部分で、西瑛の妻が食事を中断して席を外していた間に、かんざしに刺したまま置いてあった肉を猫が盗み持ち去ったと考えられるというのである。一語ずつ語順通りに訳すと、「その（＝かんざしが骨とともに屋根から落ちて来た）理由を考えると、きっと猫が来て肉を盗み、そのためにかんざしも一緒に持ち去ったということにちがいない」となるが、解答欄に収まるように、「かんざしが骨とともに屋根から落ちて来たのは、きっと…からだと考えられる」とすればよいだろう。

解答例　かんざしが骨とともに屋根から落ちて来たのは、きっと猫が来て肉を盗んだため、かんざしごと持ち去ったからだと考えられる

(四)　空所補充　《主語》

「含冤以死」とは、召使いの少女がかんざしを盗んだという無実の罪に問われて死んでしまったこと

を表している。かんざしの刺さった肉を盗んだのは実は猫であったが、少女はそれを見ていなかったため、自分にかけられた冤罪を晴らすこともできないまま亡くなったというのである。原文では空欄部分は「婢」となっているが、「小婢」としても認められるだろう。

解答例　婢

㈤　パターン❹：主張

末尾の文に注目。筆者は、かんざしを盗んだという冤罪に問われて死んでいった召使いの少女をいたみ、世間でもそのような事例が非常に多いと指摘したうえで、「姑書焉、以為後人鑑也（＝〝ちょっとここに記録し、後世の人の戒めにしようと思うのである〟）」と述べている。「鑑」はここでは〝前例となる戒め・教訓〟の意。少女の話を紹介することによって、とかく一方的に弱者を疑って罪に陥れがちな世間のありかたに警鐘を鳴らそうという意図でこの文章が記されたものと考えられる。

解答例　弱い立場の者に一方的に嫌疑をかける世間の傾向を指摘し、後世の人の戒めとする意図。

二〇〇六年度　文理共通　第三問

出典　彭乗『**続墨客揮犀**』巻五

彭乗は北宋の人。『続墨客揮犀』は宋代の逸話や詩話などを記した『墨客揮犀』の続編である。

書き下し

余《よ》が友《とも》劉伯時《りうはくじ》、嘗《かつ》て淮西《わいせい》の士人楊勔《やうべん》に見《まみ》ゆ。自《みづか》ら言へらく中年にして異疾を得、発言応答する毎《ごと》に、腹中輒《すなは》ち小声の之に効《なら》ふ有り。数年の間、其の声浸《やうや》く大なり。道士有りて見て驚きて曰《いは》く、「此《こ》れ応声虫なり。久しく治せざれば、延《ひ》きて妻子に及ばん。宜しく本草を読むべし。虫の応ぜざる所の者に遇《あ》はば当《まさ》に取りて之を服すべし」と。勔言《げん》のごとくす。読みて雷丸に至れば、虫忽《たちま》ち声無し。乃《すなは》ち頓《とみ》に数粒を餌《じ》せば遂《つひ》に愈《い》ゆ。余始め未だ以て信と為さず。其の後長汀に至り、一丐《かい》者に遇ふ。亦た是《こ》の疾有り。環《めぐ》りて観《み》る者甚《はなは》だ衆《おほ》し。因《よ》りて之に教へて雷丸を服せしめんとす。丐者謝して曰く、「某《それがし》貧にして他技無し。衣食を人に求むる所以《ゆゑん》の者は、唯《た》だ此《これ》を借るのみ」と。

通釈

私の友人の劉伯時が、以前淮西の士人（＝一人前の学者や役人）楊勔と会った。（その楊勔が）自分で言うには中年になって妙な病気にかかり、言葉を発して受け答えするたびに、腹の中でいつも小さな声がそれを真似るということがある。数年の間、その声はだんだん大きくなっている。道士（＝道教を修めた人）がいて（それを）見て驚いて言うには、「これは応声虫だ。いつまでも治療しないでいると、妻子にまで感染するだろう。『本草』を読み上げるがよい。虫が反応しない箇所に当たったら取り寄せてその薬を服用しなさい」と。楊勔はその言葉の通りにした。（『本草』を）読み上げて雷丸（＝薬材の名）（の箇所）に至ると、虫は急に声を出さなくなった。そこですぐに（雷丸を）数粒飲むと（応声虫の病は）ついに治った。私は当初はまだそれを信じていなかった。その後で長汀に行き、あるものごいに出会った。（そのものごいも）やはりその病気（＝応声虫）にかかっていた。（そのものごいを）取り囲んで見る者がたいそう大勢いた。そこで（私は）そのものごいに教えて雷丸を服用させようとした。ものごいが辞退して言うことには、「私は貧しくて他に技能もない。生活の糧を人から得ようとするには、ただこれ（＝応声虫）に頼るしかない」と。

解法

㈠　**パターン❶—Ⅰ：現代語訳**

「毎〜、輒…」は「〜ごとに、すなはち…」と訓読し、〝〜たびに、いつも…〟という意味を表す。「発言応答」は〝言葉を発して受け答えなどをする〟といった意味にとればよいだろう。「有小声効之」は送り仮名の通りに直訳すると〝小さな声がこれ（＝自分の発する言葉）を真似するということがある〟となるが、「有」はあえて訳に出さなくてもよいだろう。

解答例

私が言葉を発して受け答えするたびに、腹の中でいつも小さな声がその言葉を真似て言う

㈡　**パターン❶—Ⅱ：趣旨**

「宜」は「よろしく〜べし」と読み〝〜とよい〟という意味を表す再読文字。「宜読本草」で、道士はまず『本草』を読むように勧めている。ただし、次の「遇虫所不応者」につないで考えると、「読」と

は、腹の中の虫が口真似をするかどうかを試すためにすることなので、単に〝読む〟のではなく、〝声に出して読む・音読する・読み上げる〟という意味であると明示しなければならない。「当」は「まさに～べし」と読み〝～ねばならない・～せよ〟という意味を表す再読文字。「之」は虫が反応しなかった薬材を指している。

解答例　『本草』を音読し、応声虫が反応しない箇所に掲載されている薬を取り寄せて服用すれば治るということ。

㈢　空所補充　《主語》

本文の第一・第二文から、応声虫を患っているのは、筆者の友人劉伯時の知人の楊勔であると読み取れる。この空欄部分は原文では「勔」となっているが、「楊勔」と解答してもよいだろう。

解答例　勔

㈣　パターン❶―Ⅱ：趣旨・パターン❸：因果関係

傍線部dは「めぐりてみるものはなはだおほし」と訓読し、〝取り囲んで見物する者がたいそう多い〟という意味。傍線部dの前文をふまえると、人々は「丐者（＝ものごい）」を見物しているとわかる。そうしている理由は、本文末尾のものごいの言葉によると、ものごいの患っている応声虫の反応を面白がり、大道芸を見るような感覚で彼の周囲に人だかりができているということである。

解答例

応声虫がものごいの口真似をするのを面白がって、ものごいの周りを大勢の人々が取り囲んで見物している様子。

㈤　パターン❸：因果関係

応声虫の病を治すために雷丸の服用を勧める筆者に対して、ものごいが返答した言葉の内容をつかもう。「某貧無他技」は〝私は貧しくて他に技能もない〟ということ。「某」はここでは第一人称として用いられている。「所以求衣食於人者、唯借此耳」は〝生活の糧を人から得ようとするには、ただこれ（＝応声虫）に頼るしかないのだ〟と解釈できる。「所以」は「ゆゑん」と読み、〝理由・手段〟の意、「唯～耳」は「ただ～のみ」と読み、限定を表す。このものごいは、自分の腹の中にいる応声虫の反応を見せ物にして人々から施しを受けるのが生計を立てる唯一の手段であるため、雷丸を服用して応声虫を治療するわけにはいかないというのである。したがって「謝」はここでは〝断る・辞退する・謝絶する〟という意味でとらなければならない。「ものごいが筆者の申し出を断ったのは、…からである」という形で解答してもよい。

解答例

貧乏で他に何の技能もないものごいは、応声虫を見せ物にして人々から施しを受けるしか生計の手段がないので、筆者から応声虫の病を治す方法を教えられたが断った。

二〇〇五年度 文科 第三問

出典 陳其元『**庸間斎筆記**』（引用―『**孟子**』尽心章句下）

清代の資料筆記。「庸間斎」は陳其元の号で、清代社会のさまざまな事象や逸話を記録したもの。

書き下し

「名を好むの人、能《よ》く千乗の国を譲るも、苟《いやし》くも其の人に非《あらざ》れば、簞食豆羹《たんしとうかう》も色に見《あらは》る」と。此れ真に孟子の世故《せこ》に通達する語なり。余嘗《かつ》て慷慨《かうがい》の士の千金を揮斥《きせき》して、毫《がう》も吝惜《りんせき》せざるに、一二金の出納《すいたふ》に於て、或いは斷斷《ぎんぎん》たるを免《まぬか》れざる者を見るに、事過ぐるの後、己《おのれ》に在《あ》りて未だ嘗て失笑《しつせう》せずんばあらざるなり。五茸《ごじよう》の葉桐山《せふとうさん》河間《かかん》の通判《つうはん》たり、宣府《せんふ》に治餉《ちしやう》す。更代《かうたい》の日に当たり、積資《せきし》三千金を余《あま》す。桐山悉《ことごと》く置きて問はず。主《つかさど》る者一吏《り》をして持《ぢ》して中途に至らしめ、成例を以て請ふ。桐山曰く、「羨《せん》を受けざるは、即ち吾が例なり」と。命じて之を帰らしむ。晩に春申《しゆんしん》の故里《こり》に居《を》るに、饘粥《せんじゆく》継がず。一日梅雨の中、童子網を張りて一大魚を失す。桐山為に呀嘆《がたん》す。其の妻之を聞きて曰く、「三千金すら之を却《きやく》す、一魚能く幾何《いくばく》に値《あた》ひせん」と。桐山も亦《ま》た掌《たなごころ》を撫《ぶ》して大笑《たいせう》す。然《しか》りと雖《いへど》も、今の世に居れば、桐山賢と謂はざるべけんや。

通釈

「名誉を好む人は、大国を（人に）譲ることができるが、仮にもそのような人でなければ、わずかな食物（を惜しむ気持ち）も表情に表れる」と。これは本当に孟子が世間の事情によく通じている（ことを示す）言葉である。私はかつて意気盛んな男が大金を払いのけて、ほんのわずかも惜しまないのに、少しの金の出納に際しては、時には言い争いをせずにいられないのを見たが、事が済んだ後、自分に置き換えて考えるといつも失笑せずにはいられなかった。五茸の葉桐山が河間府の副長官であった時、宣府鎮で軍用の資金や物資を管轄していた。（任務の）交代の日になって、蓄えた資金として三千金を残していた。桐山はすべて（その余剰金を）そのままにして口出しもしなかった。担当の者が一人の役人に（余剰金を）持たせて（帰る）途中（の桐山）に追いつかせ、慣例に従って（余剰金を受け取ってほしいと）頼んだ。桐山が言うには、「余剰金を受け取らないのが、私の慣例である」と。（そして）その使いの役人を帰らせた。晩年には春申の故郷に住んだが、かゆさえ毎食は食べられないほど（貧しい暮らし）であった。ある日梅雨の雨が降る中、（召使いの）子供が網を張っていて一匹の大魚を逃してしまった。桐山はそれを見て大きなため息をついた。彼の妻がそれを聞いて言うには、「（あなたは）三千金さえ返したのに、一匹の魚にどれほどの価値があり得るというのか」と。桐山も同様に手をたたいて大笑いした。そうといっても、今の世に生きていたならば、桐山は賢人だと言わざるを得ないだろう。

語釈

慷慨――意気盛んである様子。
揮斥――ここでは、払いのけること。
更代――交代。
呀――ああ。（感動詞）

解法

㈠　**パターン❶―Ⅱ：趣旨**

「苟」は仮定を表す副詞で、「苟非其人」を直訳すると〝もしその人でなければ〟となる。「其人」は前の部分にある「好名之人」を指すということも無理なく理解できるだろう。そのうえで、「見於色」をどう解釈するかがポイントになる。「見」はここでは直後に目的語を伴わないので、「みる」ではなく

「あらはる」と読み、〝表れる・表面に出る〟という意味に解さなければならない。とすると、「色」は〝顔色・表情〟の意で、「簞食豆羹見於色」を直訳すると〝簞食豆羹については顔色に表れる〟となる。ここで再び前の部分と対照して考えると、名誉を好み重視する人物は大国を人に譲るほど無欲でおおらかだが、そうでない（＝名誉を重視しない）人物は、ほんのわずかな食べ物にさえも、人に譲るどころかその得失に執着し、欲望が態度に表れてしまう、ということを述べたものだとわかる。「簞食豆羹」は〝わずかな価値しかないもの・取るに足りない利益〟等、一般化して説明した方がよいだろう。

解答例

名誉を重んじる人でなければ、わずかな価値しかないものにも執着し、欲望が態度に表れるということ。

(二) パターン❶―Ⅰ：現代語訳・Ⅲ：省略の補足

この傍線部bまででは「請」が具体的にどのようなことを要請したかは判然としないので、傍線部bの後、その要請に対して桐山がどう返答したかに注目する。〝余剰金を受け取らないことが、私の慣例である〟と言っているのだから、その前に余剰金を受け取るように要請されたということである。「羨」に付された〔注〕も併せると、資金の管轄者は、任期中に官費から蓄財した余剰金を、退任時に自分の物にするというのが当時の暗黙の慣例であったということがわかる。

解答例

慣例に従い、任期中の余剰金を受け取るように桐山に頼んだ

㈢　パターン❷：指示内容

c　前の「命じて」に続くものとして解釈できるかがポイント。〝人に命じて〟という意味から考えて、後に続く動作には使役の意が加わることに注意しよう。「帰之」は「之を帰らしむ」と訓読し、〝その者を帰らせた〟という意味になる。〝その者〟とはもちろん、桐山を追って余剰金の受領を要請するよう「主者」から派遣されてきた「一吏」を指している。

e　「却之」は「之を却す」と訓読する。桐山の妻の発言であるから、桐山がかつて三千金もの余剰金を返却したことを言ったものであるとわかる。動詞「却」の目的語（＝本来は動詞の後に位置する）である「三千金」を先に挙げて述べたために、「之」を代わりとして後に置いたものとみることができる。

解答例

c	e
一吏	三千金

㈣　パターン❶―Ⅰ：現代語訳・Ⅱ：趣旨

傍線部dの前までに桐山が在官中のことが述べられたうえで、「居春申故里（＝〝春申の故郷に住んだ〟）」とあるので、「晩」は〝晩年〟の意と解釈できる。「饘粥不継」は直訳すると〝かゆが続かない〟だが、粗末な食事であるかゆさえも食べられないことがあるということから、暮らしぶりが貧しいありさまを示したものである。

解答例

桐山は晩年には春申の故郷に住んだが、かゆさえ毎食は食べられないほど貧しかった

㈤ パターン❸：因果関係・パターン❹：主題 《反語》

傍線部ｆの前に「雖然」という逆接表現があることに注目。桐山の晩年のエピソードとして、子供が逃がした魚を惜しんだことが挙げられているが、妻からそれを指摘されて桐山本人も大笑いした。彼は、筆者が本文前半で挙げているような、人間誰しもが持ってしまう利欲を持つ一面もあり、それを自覚もしたということである。それでも筆者が彼を「賢」だと認めているのは、もちろん三千金もの大金の受け取りを拒んだという行動の清廉さを評価してのことである。「全文の趣旨をふまえて」という設問の指示に従い、桐山の人間らしい利欲と潔い清廉さを共に盛り込んで説明することがポイントになる。

解答例

わずかな利益にこだわる人間らしい一面を持ちながらも、職務上は自分の主義を通し大金を受け取らなかったから。

二〇〇五年度　理科　第三問

出典　蘇洵『**嘉祐集**』諫論上（引用—『**国語**』巻第十二　晉語六・『**書経**』伊訓）

北宋の文人・政治家蘇洵の文章を集めたもの。「嘉祐」は蘇洵の号である。蘇洵は文学をよくし、二人の息子蘇軾・蘇轍と合わせて三蘇と呼ばれた。親子三人とも「唐宋八大家」にも数えられる。

書き下し

夫《そ》れ君の能《よ》く諫《かん》を納《い》るるとも、臣をして必ず諫《いさ》めしむる能《あた》はずんば、真に能く諫を納るるの君に非ず。夫れ君の大は、天なり、其の尊は、神なり、其の威は、雷霆《らいてい》なり。人の天に抗し神に触れ雷霆に忤《さか》ふ能はざるは亦《ま》た明らかなり。聖人其の然るを知る。故《ゆゑ》に賞を立てて以て之を勧む。伝に曰く、「興王は諫臣を賞す」と。是なり。猶ほ其の選耎《せんぜん》阿諛《あゆ》して一日も其の過を聞くを得ざらしむるを懼《おそ》る。故に刑を制して以て之を威《おど》す。書に曰く、「臣下正さざれば、其の刑は墨《ぼく》なり」と。是なり。人の情、風を病み心を喪《うしな》ふに非ずんば、未だ賞を避けて刑に就《つ》く者有らず。何を苦しんで諫めざらんや。賞と刑とを設けずんば、則ち人の情、又何を苦しんで天に抗し神に触れ雷霆に忤はんや。性忠義にして賞を悦ばず罪を畏れざるに非ざるよりは、誰か言を以て死を博せんと欲する者あらん。人君又安《いづ》くんぞ能く尽《ことごと》く性忠義なる者を得て之に任ぜん。

通釈

主君が（臣下の）諫言を受け入れることができても、臣下に必ず諫言させることができなければ、本当に諫言を受け入れることができる主君とはいえない。そもそも主君の偉大さは、天のようなものであり、その尊さは、神のようなものであり、その威力は、雷のようなものである。人が天に抗ったり神を汚したり雷に逆らったりすることができないのも、また明らかだ。聖人はそれがその通りであることを知っている。だから褒美を設けてそれ（＝臣下に諫言させること）を勧める。『国語』に書かれていることには、「国を興隆させた王は諫言する臣下に褒美を与える」と。これである。（古代の聖人も）やはり臣下が（自分を）びくびくと恐れおもねって一日でも自分の過失（を指摘する臣下の諫言）を聞くことができないようにさせるのではないかと心配した。だから刑罰を制定して（諫言しない）臣下を脅した。『書経』に書かれていることには、「臣下が（主君の過失を）正さなければ、入れ墨の刑に処す」と。これである。人の情として、精神を病み心を失わない限り、褒美を避け刑罰を受けようとするような者がいたためしがない。何を気に病んで諫言しないようなことがあろうか、いや、何も気にせず諫言するものだ。褒美と刑罰とを設けなければ、人の情として、今度は何を気に病んで天に抗ったり神を汚したり雷に逆らったりするだろうか、いや、そのようなことをするはずがない。本性が忠義で褒美を喜ばず罪を恐れない者でない限りは、誰が（主君を諫める）言葉によって死ぬことを受け入れようと望む者がいるだろうか、いや、いない。人の主君もまたどうして誰もが本性から忠義な者を（臣下として）得て彼らを任用できるだろうか、いや、できない。

解法

㈠　パターン❶—Ⅱ：趣旨・パターン❷：指示内容

前文で引用された『国語』の一節およびその前の二文の内容とのつながりから、聖人や王など人の上に立つ人物が、臣下の人民に対してとる態度を述べたものであると判断できる。よって「懼」の主語は聖人、「其選耎阿諛」の「其」は臣下の者たちを指す。「其選耎阿諛」で〝臣下の者が主君である自分を恐れおもねって〟と解釈する。「使」は使役、「不得」は不可能を表す基本句法。「過」はここでは〝過失・間違い〃の意である。臣下が主君に諫言する（＝間違いを忠告する）ことを話題とした文章なので、「其過」の「其」は主君（聖人）を指すものとみることができる。「使一日…」を直訳すると、〃一日でも主君である自分の過失を聞くことができないようにさせる〃となるが、要するに、〃臣下が主君である自分の過失を指摘できない日が一日でもある〃ということである。傍線部a全体で、常に臣下からの諫言を求めるべき聖人は、臣下が恐れやおもねりのために諫言してくれないことが一日たりともありはしないかと心配していると述べられている。二つの「其」を明らかにせよという設問の指示には、「選耎阿諛」の主語は臣下、「過」は主君たる聖人の過失であるとわかるように説明することで対応しよう。

解答例

聖人は、臣下が恐れやおもねりの気持ちから、主君である自分の過失を指摘できずにいることがないかと常に危惧していたということ。

(二)　パターン❶—Ⅰ：現代語訳

「正」の解釈がポイント。形容詞「正し」とみるか、動詞「正す」とみるかであるが、前二文から、傍線部の『書経』の引用は、臣下に主君の過失を指摘させるために刑罰を制定した一例を示すものだとわかるので、後者を採るのがふさわしい。「臣下不正」で〃臣下が主君の過失を正さない〃という意味になり、これが後の「其刑墨」の条件を表している。「其」は「臣下不正」そのものを指し、「其刑墨」で〃臣下が主君の過失を正さないことの刑罰は入れ墨である〃と直訳できるが、なるべく簡潔に表現しよう。「是也」の直訳は〃これである〃。前文を受けて、〃これが、刑罰を制定して、主君の過失を正さない臣下を威《おど》した例である〃と説明したいところであるが、解答欄の制約から、具体的な内容の補足は困難なので、〃その一例である〃と訳す程度で十分であろう。

解答例 『書経』に「臣下が主君の誤りを正さない場合は、入れ墨の刑に処す」とあるのが、その例である

(三) 空所補充

Aは「避(=〝避ける・離れる〟)」の、Bは「就(=〝付く〟)」の、それぞれ目的語になっていることから、AとBは対照的な意味の語であると判断できる。空欄を含む一文をみると、〝人の情として、精神が病んだり心が喪われたりしない限りは〟という条件を設け、人間がごく当たり前にとる態度を述べたものだとわかる。「未有〜者」は〝かつて〜ものはない〟という意味なので、「避A」「就B」はともに人間が通常とる態度とは逆のものになる点に注意しよう。以上のことから、『国語』『書経』からの引用にそれぞれ含まれ、いずれも主君が臣下に適用するものと説明されている「賞」「刑」を見出すことができる。

解答例

A	B
賞	刑

(四) パターン❶—Ⅰ：現代語訳 《反語》

「自非〜」は〝〜でない限りは〟という意味で、限定条件を表す。「誰」は「誰か…者あらん」という送り仮名から反語の用法。「自非〜、誰…」で〝〜でない限りは、誰が…か、いや、誰も…ない〟の意となる。「以言」は直訳すると〝言葉によって〟であるが、「言」が〝主君を諫める言葉・諫言〟の意であることは文意から明らかであろう。「以言博死」で〝諫言によって死を得る〟という意味になる。要

するに、人間は本性から無条件で忠義であるというわけではないので、諫言すれば褒美がもらえ、しなければ罰を受けるというような法が確立していなければ、権威ある主君に命を賭けてまで諫言する者はいないということであるが、語順通りに素直に訳せば十分であろう。

解答例

本性が忠義で褒美を喜ばず罪を恐れない者でない限りは、誰も主君に諫言したことによって自分の死を受け入れようと望む者はいない

二〇〇四年度　文科

第三問

出典　田汝成『**西湖遊覧志余**』（引用―杜甫『**子規**』）

明代の文人田汝成による記録集で、社会や風俗の逸話を集めたもの。

書き下し

孝宗の時朝に辞するの法甚《はなは》だ厳にして、蜀《しょく》人の蜀の郡を守ると雖《いへど》も、万里を遠しとせず来見す。蜀守の当《まさ》に朝辞すべきもの有り、素《もと》より文を能《よ》くせず、以て憂ひと為す。其の家素より梓潼神《しとうしん》に事《つか》ふ。夜夢《ゆめ》むるに神之に謂ひて曰く、「両辺山木合し、終日子規啼《な》く」と。覚めて其の故《ゆゑ》を暁《さと》る莫《な》し。朝に会して対《こた》ふるに、上《しやう》問ふらく、「卿《けい》は峡中より来たるか、風景如何《いかん》」と。守即《すなは》ち前《さき》の両語を以て対ふ。上首肯すること再三なり。翌日宰相の趙雄に謂ひて曰く、「昨《きのふ》蜀人の対ふる者有り。朕《ちん》峡中の風景を問ふに、彼杜詩を誦《しよう》して以て対ふ。三峡の景、宛《あたか》も目中に在り。善く詩を言ふものと謂ふべきなり。寺丞《じじよう》・寺簿を与ふべし」と。雄朝を退きて召して之に問ひて曰く、「君何を以て能く爾《しか》る」と。守敢《あ》へて隠さず。雄曰く、「吾固《もと》より君の此に及ぶ能《あた》はざるを疑へり。若《も》し中に留まれば、上再び問ひ、敗《やぶ》れん。蜀に帰り郡に赴くにしかず」と。他日上復《ま》た其の人を問ふに、雄対へて曰く、「臣嘗《かつ》て聖意を以て之に語《つ》ぐるも、彼留まるを願はず」と。上嘆じて曰く、「恬退《てんたい》なること乃《すなは》ち爾る、尤《もつと》も嘉《よみ》すべし。憲節使を予ふべし」と。

通釈

孝宗皇帝の治世では地方赴任の際に皇帝に拝謁して辞令を受ける作法が非常に厳格で、蜀の人が（自分の出身在住地である）蜀の郡を統治するとしても、遠方であるにもかかわらず（朝廷に）来て謁見した。

蜀の長官で朝廷に来て皇帝に謁見拝命しなければならない者がいたが、生来詩文が不得手で、悩んでいた。彼の家はもともと梓潼神を信仰していた。夜夢を見たところ神が彼に言うには、「両辺山木合し、終日子規啼く（＝両側の山に木が生い茂り、一日中ほととぎすが鳴いている）」と。（長官は）目覚めてからもその夢の意味がわからなかった。朝廷で（皇帝に）拝謁して応答していると、皇帝が尋ねることには、「あなたは渓谷の中から来たのか、（それではその渓谷の）風景はどのようか」と。長官はすぐに例の（夢に見た）二句を答えた。皇帝は何度もうなずいた。翌日宰相である趙雄に言うには、「昨日蜀の人で（私に）応答した者がいた。私が渓谷の風景を尋ねると、彼は杜甫の詩を詠誦して答えた。三峡の風景が、まるで目の前に見えるかのようであった。詩をよくする者であると言えよう。寺丞・寺簿の役職を与えよう」と。趙雄は朝廷から退出して（蜀の長官を）呼んで彼に尋ねて言うには、「あなたはどうしてそのように（皇帝の問いにうまく答えることが）できたのか」と。長官は全く隠し立てしなかった。趙雄が言うには、「私は初めからあなたがこのような（杜甫の詩を引用して答える）ことなどできない者だと疑っていた。もし中央政府に留まったなら、皇帝は再び質問なさり、ぼろが出るだろう。蜀に帰って郡（の役所）に行くに越したことはない」と。後日皇帝は再びその人（＝蜀の長官）のことをお尋ねになったので、趙雄は答えて言った、「私は以前陛下の御意向を彼に伝えましたが、彼は（中央政府に）留まることを望みませんでした」と。皇帝はため息をついて言った、「（あの長官が）それほどまでに無欲で謙虚なのは、何よりも賞賛しなければならない。憲節使の官職を与えよう」と。

語釈

恬退——無欲で謙虚なさま。

解法

㈠　パターン❶—Ⅰ：現代語訳・パターン❷：指示内容　《疑問》

傍線部は宰相の趙雄が蜀の長官に向けて発した言葉で、訓読すると「君何を以て能く爾る」、直訳すると〝あなたはどうしてそのようにできたのか〟となる。「爾」の指示内容を明らかにするために、この発言に至る経緯を本文に即してたどると、蜀の長官で文才に欠ける者が、皇帝孝宗に謁見しなければならない日の前日、夢で神からある詩句を告げられる。翌日、皇帝からの質問にその詩句をそのまま答えたところ、皇帝は満足し、長官を詩に長けた者だと思い込んで、彼に中央政府の官職を与えようと提案する。その提案を聞いた宰相趙雄は、皇帝のもとから退出して長官を呼び、傍線部のように問いかけたのである。「爾」の指示内容は、蜀の長官の行動に即して言えば、皇帝からの質問に詩句を用いて適切に答えたことであるとわかる。

解答例　あなたはどうして皇帝からの質問に杜甫の詩を引用してうまく答えることができたのか

㈡　パターン❶—Ⅲ：省略の補足

㈠の解答をふまえると、傍線部は、趙雄の質問に対して長官が隠し立てせずにありのままを答えたということである。皇帝は長官が杜甫の詩句を用いて見事に返答したと思い込んだが、実は長官は前夜の夢で神に告げられたことを意味もわからずそのまま口にしただけであった。ここで趙雄は皇帝が長官の文才を過大評価していることに気付くのである。

解答例

皇帝に返答した詩句は、夢で神から告げられたものであること。

㈢　パターン❸：因果関係

「不若〜」は〝〜に越したことはない・〜方がよい〟の意で、傍線部は、趙雄が蜀の長官に対して〝あなたは蜀に帰って郡に赴任した方がよい〟と言ったものである。こう勧める理由は、趙雄の発言の前二文に見出せる。まず、「吾固疑…」とあるように、趙雄は長官の文才をもともと疑っており、長官の話を聞いた結果、長官には実際に文才がないということが明らかになっている。そして「若留中、…」では、真実を知らない皇帝が長官を中央政府の官職に就かせたがっていることを受け、もし長官が皇帝の意向通り中央に留まったら、皇帝からまた下問を受け、その時にはうまく答えられず、文才のなさが露呈して失態を演じてしまうであろうと予測しているのである。

解答例

中央政府の官職に就くと、再び皇帝から質問を受けた際にうまく答えられず、生来の文才のなさが露呈するから。

㈣　パターン❷：指示内容

「聖」は〝聡明である〟という意味から、理想的な人物である〝聖人〟や尊崇すべき〝皇帝〟を表しても用いられる。ここではもちろん孝宗皇帝を指し、「聖意」で〝皇帝の御意向〟という意味になる。傍線部を含む文は趙雄の発言で、蜀の長官について尋ねた皇帝に対して〝私はかつて皇帝の御意向を彼（＝長官）に告げましたが、彼は留まることを望みませんでした〟と答えたものである。これより前から、皇帝が長官を「留ま」らせる意向を示している部分を探すと、〝〜しよう・〜するがよい〟と解釈できる「可〜」が見出せる。皇帝は長官に中央政府の役職を与え、自分のそばに留まらせようと考えたということである。

解答例

可与寺丞・寺簿

(五) パターン❸：因果関係

傍線部の前に「恬退乃爾」とある。「恬退」は〝無欲で謙虚な様子〟の意、「爾」は「しかる」と読む指示語で、前で趙雄が蜀の長官について述べたことを受けている。趙雄は、長官には実は文才がないことを知ったうえで、彼がそれを露呈させないように計らって地方に身を引くことを勧め、長官の文才を信じている皇帝に対しては、長官自らが中央の官職を辞退したかのように話した。皇帝は、長官は文才があるにもかかわらず高官を望まない清廉な人物だと思い込んで、〝とりわけ賞賛に値する〟と判断し、地方での高官位を与えようとしたのである。

解答例

才能がありながら中央政府の役職を辞退した長官は無欲で謙虚な人物だと考えて、このうえない賞賛に値すると判断した。

二〇〇四年度　理科　第三問

出典

蘇軾『**東坡志林**』巻三

宋代の詩人・文章家蘇軾の文章を集めたもの。「東坡」は蘇軾の号である。蘇軾は父の蘇洵・弟の蘇轍と合わせて三蘇と呼ばれた。

書き下し

欧陽文忠公嘗《かつ》て言ふ、「疾《しつ》を患《わづら》ふ者有り。医其の疾を得るの由を問ふ。曰く、『船に乗りて風に遇《あ》ひ、驚して之を得たり』と。医多年の柁牙《だが》の柁工《だこう》の手汗の漬《つ》くる所と為る処《ところ》を取りて、刮《けづ》りて末となし、丹《たん》砂《さ》・茯神《ふくしん》の流《たぐひ》を雑《まじ》ふ。之を飲みて癒《い》ゆ」と。今、『本草注別薬性論』に云ふ、止汗には、麻黄《まわう》の根節及び故《ふる》き竹扇を用ひて末と為し之を服すと。文忠因りて言ふ、「医の意を以て薬を用ふること此の比《たぐひ》多し。初めは児戯《じぎ》に似たれども、然るに或いは験有り、殆《ほとん》ど未だ致詰《ちきつ》し易からざるなり」と。予因りて公に謂ふ、「筆墨を以て焼きて灰となし学ぶ者に飲ますれば、当《まさ》に昏惰《こんだ》を治すべけんや。此を推《お》して之を広むれば、則ち伯夷の盥水《くわんすい》を飲めば、以て貪《どん》を療すべく、樊噲《はんくわい》の盾を舐《な》むれば、以て怯《けふ》を治すべし」と。公遂《つひ》に大笑《たいせう》す。

通釈

欧陽文忠公がかつて言うのは、「病気で苦しむ者がいた。医者は彼が病気になった理由を尋ねた。（患者が）言うには、『船に乗って風に遭い、驚いてこの病気になった』と。医者は長年使われた舵を操作する際に握る部分で舵取りの手の汗が染み込んだものを取り、削って粉末にして、丹砂や茯神の類を混ぜ合わせた。それを飲んで（患者の病気は）治った」と。現に、『本草注別薬性論』に記されているのは、

「汗を止めるには、麻黄の根や節と古い竹扇を用いて粉末にしてそれを飲む」と。文忠公がそこで（さらに）言うのは、「医者が思いつきで薬を用いる場合はこのようなことが多い。一見子供だましのようであるけれども、しかし時には効き目があり、おそらく（治療法とその効果を）見極めることは容易ではないだろう」と。私はそこで文忠公に言ったのは、「筆と墨を焼いて灰にして学問をする者に飲ませると、知識のなさや怠惰さを治すことができるでしょうか、いや、できるはずがありません。これを推し進めて拡大解釈すると、（道徳に反する国の食べ物を口にしないという信念を貫いた）伯夷が手を洗った水を飲むと、貪欲さを治すことができ、（身を挺して主君の命を救った）樊噲の盾を舐めると、臆病さを治すことができます」と。文忠公はとうとう大笑いした。

解法

㈠ **パターン❶―Ⅱ：趣旨**

傍線部を含む一文を直訳すると、〝医者が考えによって薬を用いるのは、この類が多い〟となる。「此比（＝〝この類〟）」とは、欧陽文忠公の初めの発言および『本草注別薬性論』でそれぞれ具体的に挙げられている、船に乗っていて病気になった患者に舵の粉末を飲ませる医者や、汗を止めるために竹扇の粉末を飲む者がいたということなので、㈠ではそのいずれかを簡潔に説明すればよい。船を操作する舵や汗を冷ます扇といった、こじつけとしか思えないような物を薬として用いることがあったというのである。それをふまえて、㈠では「以意（＝〝考えによって〟）」を文意に即して言葉を補って説明する必要がある。前述の通り、病原や病状と関連のある物を薬にしようという短絡的とも言える発想がここでの「意」の意味である。

解答例

(ア)	医者は思いつきやこじつけで薬を処方するということ。
(イ)	乗船中に発病した者に舵の粉末を調合した薬を用いる。 〔別解〕汗を止めるために竹扇の粉末を調合した薬を用いる。

(二)　パターン❶—Ⅰ：現代語訳・パターン❶—Ⅲ：省略の補足

まず、前文をふまえ、傍線部はこじつけで薬を処方することについて述べたものであることを確認しておこう。「初…、然或～」は、「然」が逆接を表す接続詞、「初」「或」は共に副詞で、〝一見…けれども、～場合もある〟と訳すとわかりやすい。「似児戯」の「似」は〝～のようだ〟、「有験」の「験」は〝効果・効き目〟の意。ここまでで、こじつけによる薬の処方は〝一見子供だましのようだけれども、効果がある場合もある〟と訳せる。「殆未易致詰也」は直訳すると〝おそらく見極めることは易しくないだろう〟となる。「殆」は〝おそらく～（だろう）〟、「未」は〝（これまでに）～（ことは）ない〟の意。傍線部前半と併せて「致詰」の具体的な内容を考えると、子供だましに思えるような薬でも時には効果が出ることもあるということから、薬の処方とその効果との関係を見極めることをいったものと判断できる。

解答例

一見子供だましのようであるが、効果が現れる場合もあるので、薬の処方とその効能の関係を見極めることは容易ではないだろう

(三)　パターン❸：因果関係・パターン❹：心情・主題

欧陽文忠公が大笑いしたのは、傍線部直前の筆者の発言を聞いたからであり、その筆者の発言は、文忠公がこじつけとしか思えないような薬の処方の有効性をも認めるかのような意見を述べたことに対して、明らかに無意味だとわかる極端な例を挙げて疑問を呈したものである。具体的には、学問の道具を薬として服用することで学才を上げることや、古代の大人物にまつわる物を服用することでその人物のような人格を得られると考えるような例である。文忠公は、医者が患者の症状に関係のある物を処方した薬がたまたま効果を上げた例を、あながち子供だましとも言い切れない、一考の余地があるものととらえていたが、筆者に示された例によって、それがいかに非常識な考え方であったかに気付かされたのである。解答はあくまでも全体の趣旨をふまえたものとして、個々の具体的な症例や事物はすべて一般化した語句に置き換えて説明する必要がある。

解答例

筆者から極端な例でこじつけの無意味さを指摘され、自分が単なる偶然の事象を拡大解釈していたと気付いたから。

二〇〇三年度　文科　第三問

出典　マテオ=リッチ『**畸人十篇**』君子希言而欲無言　第五

明代に渡来したイタリア人イエズス会宣教師のマテオ=リッチによる説話集。布教のための教義書的な性格を持つ。マテオ=リッチは、中国名を利瑪竇《りまとう》といい、キリスト教中国布教の祖と言われる。科学者でもあり、漢文による初の世界地図『坤輿万国全図《こんよばんこくぜんず》』を出版するなど、ヨーロッパの科学技術を伝えることにも功績があった。

書き下し

敝郷《へいきやう》の東に、大都邑《といふ》有り、名は亜徳那《あとくだ》と曰ふ。其の昔時に在りて、学を興し教を勧め、人文甚だ盛んなり。責煖《さくだん》氏は、当時大学の領袖《りやうしう》なり。其の人徳有り文有り。偶《たまたま》四方の使者、事に因りて廷に来る。国王使者の賢なるを知り、甚だ之を敬ひ、則ち大いに之を饗《もてな》す。是の日に談ずる所、高論に非ざる莫し。雲のごとく雨のごとく、各《おのおの》才智を逞《たくま》しうす。独り責煖のみ終席言はず。将に徹《をは》らんとして、使之に問ひて曰く、「吾が儕《ともがら》帰りて寡君に復命す、子を謂ふこと如何」と。曰く、「他無し、惟《ただ》亜徳那に老者有りて、大饗時に於て能く言ふこと無しと曰へ」と。祇《ただ》此の一語、三奇を蘊《ふく》む。老者は四体衰劣にして、独り舌弥《いよいよ》強毅なり、当に言を好むべし。酒の言に於ける、薪の火に於けるがごとし、即《たと》ひ訥《とつ》者といへども是に於て中変して譁《かまびす》し。亜徳那は、彼の時賢者の出づる所、佞《ねい》者の出づる所なれば、則ち言を售《う》る大市なり。三の一有るも、言を禁じ難し、矧《いは》んや三之《これ》を兼ぬるをや。故に史氏は諸偉人の高論を誌《しる》さずして、特に責煖氏の言はざるを誌すなり。

通釈

私の故郷の東方に、大都市があり、名は亜徳那といった。そこでは昔、学問を興し教育を奨励し、学問文化がたいそう盛んであった。責煖氏は、当時大学の長であった。その人となりは人徳があり学問的教養もあった。ある時諸国の使者が、用があって（亜徳那の）宮廷にやって来た。国王は使者が賢者であるとわかり、十分に敬意を払い、盛大に饗応した。その日（の饗応の宴席で）の談話は、高尚な話ばかりであった。（空を覆う）雲や（降り注ぐ）雨のように、各人が才智を大いに発揮した。ただ責煖だけは宴席が終わるまで何も言わなかった。そろそろ（宴も）終わろうとする時、使者が責煖に尋ねて言うには、「私たちが帰国後我が主君に報告するにあたり、あなたのことをどう報告したものでしょうか」と。（責煖が）言うには、「ほかでもない、ただ亜徳那に老人がいて、大宴会の際に何も言わないでいることができたとだけ伝えてください」と。これだけの一言は、三つのすばらしいことを含んでいる。老人は体が衰えて、弁舌だけがますます盛んで、発言を好むはずのものである（が、責煖は老人にもかかわらず一切発言しなかった）。酒が入っての話は、薪に燃え移った火のようなもので、いかに口下手な者でもそうなったらうって変わって多弁になる（が、責煖は宴席にもかかわらず一切発言しなかった）。亜徳那は、当時賢者を輩出した地、すなわち弁舌巧みな者を輩出した地だったということは、つまり弁舌を売り物にする大市場（のようなもの）であった（が、責煖は亜徳那の地の者でありながら一切発言しなかった）。これら三つのうち一つがあっても、無言でいることは難しいのに、ましてや三つすべてを兼ね備えていればなおさら（無言でいられないもの）である。だから歴史の編纂官は偉人たちの高尚な議論を記録せず、ただ責煖氏が何も言わなかったことだけを記録したのである。

語釈

敝郷――「敝」は自分のことを謙遜して言うために添える接頭語。「弊社」などの「弊」と同じ。

領袖――代表者。頭《かしら》。

復命――命じられて行ったことの結果を報告すること。
佞者――口達者な者。
史氏――史書を作る人。

解法

(一)　**パターン❶―I：現代語訳　《比喩》**

「所」は下の動詞を名詞化するもの、「莫非～」は二重否定で〝～でないものはない・すべて～だ〟の意。「如」は比喩を表し、「如雲如雨」で多く盛んなもののたとえになっている。〝広がる雲や降り注ぐ雨のように盛んに〟とそのまま訳したいところであるが、解答欄の制約から〝盛んに・大いに〟とのみ示すにとどめることになるだろう。「独」は限定を表す副詞。なお、三文を切らずに〝その日の談話は高尚なものばかりで、盛んに各人が才智を発揮したが、責煖だけは宴席が終わるまで無言であった。〟のようにしても許容されようが、解答例では現代語訳の原則通り、句読点は原文に即した形にした。

解答例　その日の談話は、高尚なものばかりだった。盛んに、各人が才智を発揮した。が、責煖だけは宴席が終わるまで無言であった

(二)　**パターン❶―I：現代語訳**

「無他」は〝ほかでもない〟の意。「惟」は限定、「能」は可能を表す。「能無言」で〝言わないでいることができる〟という意味。「無能言」の語順であれば〝うまく言うことができない〟という意味になり、全く異なってしまうので注意しよう。易しい語句でも構文をきちんと分析することが不可欠である。

解答例 ほかでもない、ただ亜徳那にある老人がいて、大宴会の際に何も言わないでいることができたとだけお伝えください

(三)

(ア) パターン❶—Ⅰ：現代語訳

「奇」は〝奇跡〟等としても許容されるだろうが、ここでは〝めったにないほどすばらしいこと〟という意味で解することができる。「祇」は振り仮名の通り限定を表す副詞、「矣」は強い断定を表す置き字。「此一語」はもちろん前の責煖の発言を指すもので、〝少しの言葉〟という意味である。解答例では物主構文を避けて日本語らしく解釈したが、構文の通り〝「祇此一語」が「三奇」を「蘊」む〟と訳してももちろんかまわない。

解答例 ただこれだけの言葉に、三つの類まれなすばらしさが含まれる

(イ) パターン❶—Ⅱ：趣旨・パターン❸：因果関係

傍線部の後の三文で、多弁を助長する条件として、老齢であること・酒席にいること・弁舌を売り物にする土地柄であることの三つが挙げられている。それぞれが責煖の発言中の「老者」「大饗時」「亜徳那」に対応することを確認しよう。責煖がその三条件を満たしているにもかかわらず「無言」でいられたことが、「蘊三奇」と評する理由であるという、因果関係を押さえさせる意図の問題でもある。「三奇」そのものの説明としては、〝責煖が、老齢・飲酒時・弁舌盛んな土地柄にあっても無言

でいることができたこと〟とでもまとめたいところであるが、設問の指示に「それぞれ」述べよとあるので、解答例のように三つを列挙する形をとるべきであろう。

解答例　老人でありながら無言を貫いたこと、酒の席でも沈黙を守ったこと、弁舌を売り物にする土地にあって発言を慎んだこと。

㈣　**パターン❶—Ⅰ：現代語訳　《抑揚》**

「矧《いはンヤ》」による抑揚の構文。省略などを補足して丁寧に訳すと「多弁を助長する三つの条件のうち一つでもあれば、無言でいることは難しいのに、ましてや三つとも兼ね備えていて無言でいることが難しいのは言うまでもない」となるが、解答欄に応じて簡略化する必要がある。

解答例　三条件の一つがあっても、無言を貫くのは難しいのに、まして三つとも満たしていればなおさらだ

二〇〇三年度　理科　第三問

出典　韓非『**韓非子**』外儲説右下第三十五

戦国時代の、韓非による思想書。韓非は法家の思想家で、国力を強化するためには権力による法治政治を徹底するべきだと説いた。

書き下し

秦の襄王《しやうわう》病む。百姓之《これ》が為に禱《いの》る。病愈《い》え、牛を殺して塞禱《さいたう》す。郎中の閻遏《えむあつ》、公孫衍《えん》出《い》でて之を見る。曰く、「社臘《らふ》の時に非ざるに、奚《なん》ぞ自ら牛を殺して社を祠《まつ》るや」と。怪みて之を問ふ。百姓曰く、「人主病み、之が為に禱る。今病愈え、牛を殺して塞禱す」と。閻遏、公孫衍説《よろこ》び、王に見《まみ》え、拝賀して曰く、「尭舜《げうしゆん》に過ぐ」と。王驚きて曰く、「何の謂《い》ひぞや」と。対《こた》へて曰く、「尭舜は其の民未だ之が為に禱るに至らざるなり。今王病みて、民牛を以て禱り、病愈え、牛を殺して塞禱す。故に臣窃《ひそ》かに王を以て尭舜に過ぐと為すなり」と。王因りて人をして之を問はしむ。「何の里か之を為す」と。其の里正と伍老とを訾《し》すること、屯《みな》二甲なり。閻遏、公孫衍媿《は》ぢて敢て言はず。王曰く、「子何の故に此を知らざる。彼の民の我が用を為す所以の者は、吾之を愛するを以て我が用を為す者に非ざるなり。吾之に勢あるを以て我が用を為す者なり。故に遂に愛の道を絶つなり」と。

通釈

秦の襄王が病気になった。人民は王のために祈った。病気が治ると、牛を殺して神の霊験に感謝する祭祀を行った。侍従官の閻遏、公孫衍が（町中に）出てそれを見た。（二人が）言うには、「土地神の祭祀を行う時ではないのに、どうして自分たちで牛を殺して祭祀を行っているのか」と。不審に思ってそのわけを尋ねた。人民が言うには、「わが主君が御病気で、その（快癒の）ために祈りました。今は御病気が快癒なさいましたので、牛を殺して神の霊験に感謝して祭祀を行っているのです」と。閻遏、公孫衍は喜び、王に謁見し、お祝いして言うには、「（王は）尭・舜よりもすぐれていらっしゃる」と。王は驚いて言うには、「どういうことか」と。（二人が）答えて言うには、「尭・舜は下々の人民が彼らのために祈ったことがありません。今王が御病気になり、人民は牛を供えて祈り、御病気が快癒なさると、（人民は）牛を殺して神に感謝する祭祀を行っています。ですから私たちは心中で王を尭・舜よりもすぐれていらっしゃると思ったのです」と。王はそこで人に調べさせた。「どの里（の者）がそれを行っているのか」と。その（里の）里長と伍老（＝五人組の頭）とから、罰として一律によろい二領ずつ取り立てた。閻遏、公孫衍は恥じてものも言えなかった。王が言うには、「おまえたちはどうしてこんなことにも気づかなかったのか。あの人民たちが私のために行動する理由は、私が彼らを愛しているから私のために行動するのではない。私が彼らに対して権勢をもっているから私のために行動するのである。だからこうして（私は）愛をもって（人民を）治める方法をやめてしまったのだ」と。

解法

㈠

㋐　パターン❶―Ⅲ：省略の補足　《主語》

傍線部は、襄王の侍従官である閻遏・公孫衍の発言。その意味について襄王が尋ね、二人が改めて説明する部分に注目すると、「以王為過尭舜」とある。「尭」「舜」は共に古代伝説上の帝王で、徳のある理想の聖天子とされる人物の名。襄王が「尭」「舜」よりもすぐれているともち上げている。

解答例

襄王

(イ)　パターン❸：因果関係

(ア)でも注目したように、闇遏・公孫衍は王の質問に答えて自分たちの発言の真意を説明している。「故臣窃以王為過尭舜也」を受ける二文の内容をまとめればよい。尭・舜でさえ民衆から祭祀を行われたことがないのに、襄王には民衆が病気平癒のために牛を殺してまで祭祀を行ったことが、襄王を尭・舜よりも立派な王であるとする理由だというのである。簡潔に説明するためにやや工夫を要する。

解答例

人民が王のために自分たちの牛を殺してまで祭祀を行うことは、聖王として名高い尭や舜の治世にさえなかったことだから。

(二)　パターン❶—I：現代語訳・パターン❷：指示内容　《使役》《疑問》

「使」は使役、「何」は疑問を表す、いずれもごく基本的な句法である。「為之」の具体的な内容も、前の「以牛禱、病愈、殺牛塞禱」をはじめ、冒頭からの話の流れで明らかにわかるはず。「問之」の「之」は「何里為之」を指しているとみることができるので、直訳すると〝これを調べさせた、「どの里の者が祭祀を行っているのか」と。〟となるが、ごく自然な語順に戻して訳した方がわかりやすいだろう。

解答例

襄王はそこで臣下の者に「どの里で私のために祭祀を行っているのか」ということを調べさせた

㈢

㈠ パターン❸：因果関係

「故遂絶愛道」を受ける部分で、襄王は、人民が王のために尽くすのは、王の愛情を感じてではなく王の権勢を恐れてのことであると述べている。襄王の病気快癒のために祭祀を行ったのも、裏を返せば王の権勢に媚びへつらおうとするゆえであることを、はっきりと見抜いていたのである。そうした人民の行動に対して、感謝の意を表したり、ほめたたえたりして一方的に愛情を示しても無意味だと判断し、「絶愛道」と表明したものと読み取れる。簡潔にまとめるのはかなり難しいが、〝人民が王に尽くすのは愛情への感謝ではなく権勢への恐れからであると見抜いているから。〟、〝人民が愛情ではなく権勢に従う以上、統治する側から一方的に愛情を示しても無駄だから。〟等としてもよいだろう。なお、出典解説にも示した通り、『韓非子』を貫く法家の思想とは、権力によって人民を統制していこうとするものであることも押さえておきたいところである。

解答例　王の愛情ではなく権勢に従う人民を統治するには、王としても愛情ではなく権勢を示すべきだから。

㈡ パターン❶—Ⅱ：趣旨

㈠で確認した通り、襄王は愛情ではなく権勢によって左右されるという人民の実態を見極めている。そのうえで、王自身もまた人民に対して、見せかけの愛情にごまかされはしないということを強権的に見せしめておくためにとった行動は「訾其里正与伍老、屯二甲」である。〔注〕に従い、素直にまとめれば十分であろう。

解答例

祭祀を行った里の里長と五人組の頭たちから、罰としてよろいを二領ずつ取り立てた。

二〇〇二年度　文科　第三問

出典　龔自珍《きょうじちん》「**病梅館記**」

清の思想家、文学者である龔自珍による文章。龔自珍は、学者であった祖父らの影響で若くから文字や詩を学ぶ一方で、公羊学（『春秋』を解明する学問）や仏教にも通じる博学の人であった。多くの詩や文章を残し、近代文学の先駆となった。

書き下し

或ひと曰く、「梅は曲を以て美と為し、直なれば則ち姿無し。欹《かたむ》くを以て美と為し、正なれば則ち景無し」と。此れ文人画士、心に其の意を知るも、未だ明詔大号して以て天下の梅を縄すべからざるなり。又以て天下の民をして直を斫《き》り正を鋤《のぞ》き、梅を殀《えう》し梅を病ましむるを以て業と為して、以て銭を求めしむべからざるなり。文人画士の孤癖の隠を以て、明らかに梅を鬻《ひさ》ぐ者に告ぐるもの有りて、其の正を斫り、其の直を鋤き、其の生気を遏《とど》めて、以て重価を求めしむ。而して天下の梅皆病む。文人画士の禍《わざはひ》の烈なること此に至れるかな。予三百盆を購《あがな》ふに、皆病める者にして、一の完《まつた》き者無し。既に之を泣くこと三日、乃ち之を療せんことを誓ふ。其の盆を毀《こぼ》ち、悉《ことごと》く地に埋め、其の縛《いましめ》を解き、五年を以て期と為し、必ず之を復し之を全くせんとす。予本《もと》より文人画士に非ざれば、甘んじて詬厲《こうれい》を受け、病梅の館を闢《ひら》きて以て之を貯ふ。嗚呼《ああ》。安《いづく》んぞ予をして暇日多く、又閑田多からしめ、以て広く天下の病梅を貯へ、予が生の光陰を窮《きは》めて以て梅を療するを得んや。

通釈

ある人が言うには、「梅は曲がっているものが美しいのであって、まっすぐだと趣がない。傾いているのが美しいのであって、整っていると風情がない」と。これは文人や画家が、心ではその意味を理解してはいても、明らかに告示して天下の梅を一つの基準に当てはめてよいことではない。また天下の人々にまっすぐなものを切ったり整ったものを取り除いたり、梅を若死にさせたり梅を痛めつけたりすることを商売にして、それによって金儲けをさせてはならない。文人や画家の密かな愛好や奇癖を、梅の売り手にはっきりと告げる者がいて、整ったものを切り、まっすぐなものを取り除き、梅の生気を止め、高値になるように努めさせている。こうして天下の梅はすべて病んでしまった。文人や画家による禍の苛烈さは、ここまで及んでいるよ。私が三百鉢（の梅）を購入したところ、すべて病んでいるものばかりで、一つとして健全なものはなかった。三日間泣き悲しんだ後で、それらを癒やしてやろうと誓った。その鉢を壊し、すべて地に埋め、縛っているものをほどき、五年間を期限として、必ずそれらを元に戻し健全なものにしてやろうとした。私はもともと文人や画家ではないので、甘んじて（風情を解さないという）非難を受け入れ、病んだ梅の館を作ってそれらを収集した。ああ。どうにかして私に手すきの時間と空いた田を十分に得させてもらい、広く天下の病んだ梅を集め、私の人生の時間をすべて費やして梅を癒やすことができないものか。

解法

㈠　パターン❶—Ⅰ：現代語訳

次の文と対句的な表現になっていることに注目すれば、「曲」は「欹」とほぼ同意で、梅の木の不自然に曲がり歪んだ状態をいったもの、「直」と「正」は同様に梅の木のまっすぐで整った状態を指しているとわかる。それぞれの状態について、前者は「為美」で高く評価し、後者は「無姿」「無景」でつまらないものと見なしている。「無姿」の訳し方には〝見るべきものがない・見栄えがしない・意匠に欠ける〃など、工夫の余地があるだろう。

解答例　梅の木は曲がったものが美しいのであって、まっすぐだと趣がない

(二)　パターン❸：因果関係

「文人画士孤癖之隠」を含む一文を正しく解釈できることが大前提である。直訳すると使役の文であるが、「鬻梅者」を主体として説明した方がすっきりするだろう。文人画士の嗜好（を告げる者）↓梅の売り手の思惑・作為↓梅の疲弊、という順序を押さえ、梅の売り手が、①文人画士の嗜好に合わせ、②梅の木に作為を加え、③高値をつけようとする、という三点を満たしていることが条件。解答例では、①↓③↓②の順で説明してみた。

解答例　文人や画家に好まれ高く売れるように、売り手がわざと梅を不自然な姿にして生気を奪うから。

(三)　パターン❶—Ⅰ：現代語訳

「予」は第一人称。ここまでの文脈から、「三百盆」「皆病者」「一完者」はすべて梅の木のことをいったものとわかるだろう。

解答例　私が三百鉢の梅の木を購入したところ、病んでいるものばかりで、一つとして健全なものはなかった

(四)　パターン❶―Ⅱ：趣旨

「予本非文人画士」とあるのに注目。文字通り訳すと〝私はもともと文人や画家ではないので〟であるが、ここまでの文章で、筆者は文人や画家（をはじめ、彼らに追随する世間の人々）に批判的であることは明らかなので、彼らに迎合するつもりはないということを表明するためにこう宣言したものと考えられる。文人や画家の嗜好とは、梅は曲がったものこそ趣深いとするもので、梅を自然な姿に戻そうとする筆者の行動は、その嗜好に反するものである。よって、筆者に向けられると想定されるのは、美的感覚に欠け風流を解さないという非難だと考えられる。

解答例　梅を自然な姿に戻そうとするのは、梅の美しさを解さない無風流な態度だという非難。

(五)　パターン❸：因果関係・パターン❹：心情　《反語》

筆者が「病梅」に対して何をしてやりたいかは、ここまでの文章から明らかであろう。さらに、本文の末尾の文にも注目しよう。「安得～哉」は、「安」がここでは送り仮名から反語の用法、全体として不可能を表すととるのが原則であるが、転じて詠嘆的な願望表現とみることもできる。〝どうにかして～できるとよいのだが〟と解すれば、筆者が願望しているのは、時間や土地が十分にあって生涯をかけて世間の病んだ梅を癒してやること、と読み取れる。もちろん、そうすることはとうてい不可能だとわかっているからこそ、このような表現をとったものであるが、「病梅之館」を開くことによって、自分にできる範囲で少しなりとも梅を健全にしてやろうとしたと解釈できるだろう。

解答例

生気を奪われた梅を、できる限り健全な状態に戻してやること。

二〇〇二年度 理科 第三問

出典 応劭『**風俗通義**』 巻九 怪神

後漢の人、応劭の撰による随筆的な文章集で、言語や風俗などについて考察し、俗説の誤りを訂正したもの。「風俗通」とも称される。

書き下し

応郴汲《おうちんきふ》の令たり。夏至の日を以て主簿杜宣《とせん》を見《み》、酒を賜ふ。時に北壁の上に赤弩《ど》を懸くる有り、盃中に照《うつ》り、其の形蛇のごとし。宣畏《おそ》れて之を悪《にく》む。然れども敢《あへ》て飲まずんばあらず。其の日便《すなは》ち胸腹の痛切なるを得て、飲食を妨損し、大いに以て羸露《るいろ》す。攻治すること万端なるも、癒《い》ゆることを為さず。後、郴事に因りて過《よぎ》りて宣の家に至り、窺《うかが》ひ視て、其の変故を問ふに、云ふ、「此の蛇を畏る。蛇腹中に入れり」と。郴聴事に還り、思惟すること良久《やや》しくして、顧みて弩を懸くるを見るに、「必ず是れなり」と。則ち鈴下をして徐《おもむろ》に輦《かご》を扶《かつ》ぎ宣を載せしめ、故処に於て酒を設くれば、盃中に故《もと》より復《ま》た蛇有り。因りて宣に謂ふ、「此れ壁上の弩影なるのみ、他怪有るに非ず」と。宣の意遂に解け、甚だ夷懌《いえき》し、是れ由り瘳《い》え平らぐ。

通釈

応郴は汲県の長官であった。夏至の日に主簿杜宣と会見し、酒を振る舞った。ちょうど北側の壁面に赤いおおゆみが掛かっていて、盃の中に映り、その形は蛇のようであった。宣は恐がってそれを嫌悪した。けれども（その盃の酒を）飲まないわけにはいかなかった。その日すぐに胸や腹に痛みをおぼえ、飲食もできなくなり、たいそう衰弱していった。あれこれと治療したが、回復することはなかった。その後、郴が事のついでに通りかかって宣の家に来て、様子を見て、宣が変調をきたした理由を尋ねると、（宣は）言った、「あの蛇が恐ろしい。蛇が腹の中に入っている」と。郴は役所に戻り、しばらくの間考えていたが、振り返っておおゆみが掛かっているのを見て、「きっとこれだ」と（思った）。そこで護衛兵にゆっくりと輿を担いで宣を載せ（て宣を役所に連れて来）させ、前回と同じ場所で酒の用意をすると、盃の中に前回と同様に蛇が（映って）いた。そこで宣に言った、「これはただの壁に掛かったおおゆみの影で、ほかに怪しいものがいるのではない」と。宣の誤解はついに解け、たいそう喜び、それ以来病気はすっかり治った。

解法

㈠

㈦　**パターン❶—Ⅰ：現代語訳・パターン❷：指示内容**

「之」は前文の「北壁上有懸赤弩、照於盃中、其形如蛇」を指す。実際に盃の中に映っていたのは「弩（＝おおゆみ）」であるが、杜宣はそれを「蛇」だと思い込んで恐れたということなので、現代語訳をするうえでは「蛇」とするのみでよいだろう。「然」は接続詞で、ここでは前文との関係から逆接を表すと考える。「不敢不～」は「敢て～ずんばあらず」と訓読し、〃～しないわけにはいかない〃の意。

解答例

杜宣は盃の中の蛇を恐れ嫌悪した。けれどもその盃の酒を飲まないわけにはいかなかった

(イ) パターン❸：因果関係

〔注〕から、応郴と杜宣とが上司と部下の関係にあることがわかる。杜宣が恐ろしい蛇の姿を盃の中に認め（たと思い込み）ながらも「飲」まないわけにはいかなかったのは、上司から勧められた酒であったというわけである。

解答例　盃の酒は上司である応郴に振る舞われたものであったから。

(二) パターン❸：因果関係

(一)で解答した通り、杜宣は盃に映ったおおゆみを蛇だと思い込み、その酒を飲んだとある。また後日、応郴に不調の原因を尋ねられ、杜宣自身が「畏此蛇。蛇入腹中」と答えている。「蛇」は杜宣の妄想の産物にすぎなかったわけだが、この時点ではその妄想にとらわれるあまり、実際に体の不調をきたしていたと考えられる。

解答例　盃の中の蛇を飲み込んだという思いにとらわれてしまったから。

(三) パターン❶―Ⅲ：省略の補足・パターン❷：指示内容

傍線部を直訳すると〝きっとこれだ〟。何についてこう述べたものか、「是（＝これ）」とは何を指すか、の二点を明らかにすることがポイント。前者については、杜宣が体に不調をきたした原因について、本人が「畏此蛇。蛇入腹中」と答えている。後者は、応郴が役所に戻ってから思惟しつつ目にした壁の「弩」である。この傍線部の後で、応郴が杜宣に「此壁上弩影耳、非有他怪」と言って誤解を解いてやる部分でも同じことが示されている。

解答例

杜宣が飲み込んだというのは、盃に映ったおおゆみを蛇だと思い込んだものに違いないということ。

㈣

パターン❸：因果関係・パターン❹：心情

ここまでの本文および設問から、杜宣の体の変調の原因が彼の思い込みによる恐怖心であったことは明らかであろう。応郴がそれに気付き、杜宣に納得できるように事実を示してやったおかげで、杜宣は恐怖心から解放されたのである。応郴のとった対応と杜宣の心情の変化とを併せて説明することがポイント。

解答例

応郴の判断と実証によって、杜宣は弩を蛇だと誤解してとらわれていた恐怖心から解放されたから。

二〇〇一年度　文科　第三問

出典　李賀「**蘇小小墓**」　曾益『**李賀詩解**』

李賀は中唐の詩人。若くから詩才を評価されていたが、その短い生涯は不遇であった。亡霊などを題材にした幻想的な作品を多くなした。『李賀詩解』は明代の曾益による注釈書。

書き下し

A.　蘇小小の墓

幽蘭《いうらん》の露　啼《な》ける眼のごとし
物として同心を結ぶ無く　煙花は剪《き》るに堪へず
草は茵《いん》のごとく　松は蓋《がい》のごとし
風は裳と為り　水は珮《はい》と為る
油壁車《いうへきしや》　久しく相待つ
冷やかなる翠燭《すいしよく》　光彩を労《つか》らす
西陵の下　風雨晦《くら》し

B.　幽蘭の露とは、是れ墓の蘭の露なり、是れ蘇小の墓なり。生時は同心を解結し、今は物として結ぶべき無し。煙花は已に自ら剪るに堪へざるなり。時に則ち墓草は已に宿《とし》へて茵のごとく、墓松は則ち偃《おほ》ひて蓋のごとし。奚《なに》を以て其の裳を想象せん、則ち風の前に環《めぐ》りて裳と為る有り、奚を以て其の珮を髣髴《はうふつ》せん、則ち水の左右に鳴りて珮と為る有り。壁車故《もと》のごとく久しく相待てども来たらず。翠燭に寒生じ、光彩の自ら照すを労らす。西陵の下、則ち維《こ》れ風雨の相吹き、尚《なほ》何の影響の見るべけんや。

通釈

A.　蘇小小の墓
ひっそりと咲いている蘭に宿る露は
泣き濡れた目のようだ
変わらぬ愛を誓うための贈り物は何もなく
夕もやの中の花を摘みと（って贈り物とす）ることもできない
（墓地に生えている）草は車の座席に敷く敷物のようで
松は車を覆う屋根のようだ
風は身にまとう裳のように見え
水は腰の玉飾りの響きに聞こえる
油や漆で壁を塗った外出用の車が
ずっと待っている
冷ややかで青緑色を帯びた鬼火が
虚しく輝きを放っている
ここ西陵の墓のそばでは
風雨も暗闇の中にある

B.　幽蘭の露とは、墓地に咲く蘭に宿った露のことで、その墓とは蘇小小の墓である。生前には互いに誓った変わらぬ愛も破れ、今は愛を誓うための贈り物にできるものもない。夕もやの中の花をもはや自分で摘むこともできないのだ。今や墓地に茂る草はすでに年月を経て車の座席の敷物のようで、墓地のそばの松は覆い茂って車を覆う屋根のようだ。何によって彼女の裳を想像するかといえば、風が墓前を吹き巡るのがまるで（身にまとった）裳（が翻るか）のように見えるのであり、何によって彼女の腰につける玉飾りを思い浮かべるかといえば、水が墓のそばで音を立てて流れていく様子がその玉飾りの音に聞こえるのである。装飾を施した外出用の車は昔のまま、ずっと待っているのに（それに乗る恋人は）来ない。青緑色を帯びた鬼火に寒気が加わり、虚しく輝きを自ら放つのみである。ここ西陵の墓のそばでは、風雨が吹きつけ、依然として何の気配も感じられはしない。

〔補足〕「煙花」には〝春霞のたなびく美しい景色〟という意味もあり、Aの第四句を〝春霞を（贈り物として）切りとることもできない〟と解することもできる。

解法

㈠　パターン❶―Ⅰ：現代語訳　《比喩》

「如」は比喩を表す。墓の蘭に置く露を、涙に濡れた目になぞらえているのである。詩の題・〔注〕・Bの第一文から、「眼」とは墓に眠る蘇小小の目のことであると容易にわかるだろう。

解答例　ひっそり咲いている蘭に宿る露は、泣き濡れた蘇小小の目のようだ。

㈡　パターン❶―Ⅰ：現代語訳・パターン❸：因果関係

前句「結同心」に付された〔注〕から、「剪」るとは、恋人に変わらぬ愛を誓う贈り物とするために花を切ることだと解釈する。Bの該当部分の説明に「煙花已自不堪剪」とあるので、主語は蘇小小と考えるのが適当であろう。〝死んで墓に眠る今となってはもう花を手折ることもできない〟というのである。

解答例

夕もやの中の花を、恋人への変わらぬ愛を誓う贈り物とするために手折ることもできない。

㈢　パターン❶—Ⅱ：趣旨　《比喩》

Bの文章で該当する部分は「時則…如蓋矣」である。Aの傍線部と対照させると、草について「已宿」、松について「偃」が曾益の解釈として加えられていることがわかる。前者から〝長い年月が経った〟こと、後者から〝(松が) 伸び茂っている〟ことを説明する。

解答例

訪れる人もないまま長い年月が経って荒廃し、草や松が周囲に生い茂っているありさま。

㈣　パターン❶—Ⅰ：現代語訳・パターン❷：指示内容　《疑問》

「其」が蘇小小を指すことは明らかであろう。「其珮」で〝蘇小小の（身につけていた）玉飾り〟となる。「奚以」は〝何によって・どのようにして〟の意で、ここでは疑問の用法。「則」以下にその答えが示されている。直訳すれば〝何によって蘇小小の珮を思い浮かべるのか、それは水がそばで流れていて珮のような音を立てるということによってである〟となるが、解答欄に余裕がないため、簡潔にまとめる工夫が必要である。〝蘇小小がつけていた珮を思い浮かべる手立てとなるのは、そばを流れる川の水音が珮の触れ合う音のように聞こえるさまである。〟としてもよいだろう。

解答例

そばを流れる川の水音が珮の触れ合う音のように聞こえ、蘇小小のつけていた珮を思い出させる

(五)　パターン❶—Ⅱ：趣旨

「翠燭」に付された〔注〕から、蘇小小は鬼火（幽霊などが出る時に燃えると言われる火）を発して魂をさまよわせていると解釈できる。Ｂの該当部分「翠燭寒生、労光彩之自照」も参照し、蘇小小の魂の孤独さや虚しさを説明することがポイントである。

解答例

愛の誓いが破れてしまったことに死後も未練を残し、鬼火となって冷たく光りながら孤独な魂を虚しくさまよわせ続けているありさま。

(六)　表現効果

漢詩の表現効果が問われるのは珍しい。短い句による断片的な表現と、その連続によるたたみかけるような展開を読み取ろう。前者は、説明的な語句を用いないことによって余情を感じさせるものになっており、後者には、切迫した心情を吐露した感じがよく表現されている。

解答例

簡潔な語句を重ねることによって切迫した悲しみを表現しつつ、余情を読者の想像に委ねて詩に奥行きをもたせるという効果。

二〇〇一年度　理科

第三問

出典　韓愈「**対禹問**」（『昌黎先生文集』所収）

唐代の詩人・文章家である韓愈は唐宋八大家の一人で、古文復興運動の中心的人物として活躍した。出題された文章は、夏王朝の創始者である禹が王位を子に譲ったことについて、質疑応答形式で評価を述べたものである。

書き下し

或るひと問ひて曰く、「堯舜は之を賢に伝へ、禹は之を子に伝ふ、信なるか」と。曰く、「然り」と。曰く、「然らば則ち禹の賢は堯と舜とに及ばざるか」と。曰く、「然らず。堯舜の賢に伝ふるは、天下の其の所を得んことを欲すればなり。禹の子に伝ふるは、後世之を争ふの乱を憂ふればなり。堯舜の民を利するや大なり、禹の民を慮《おもんぱか》るや深し」と。曰く、「禹の慮るや則ち深きも、之を子に伝へて淑《よ》からざるに当らば、則ち奈何」と。曰く、「之を人に伝ふれば則ち争ふ、未だ前に定まらざればなり。之を子に伝ふれば則ち争はず、前に定まればなり。前に定まれば賢に当らずと雖も、猶ほ以て法を守るべし。前に定まらずして賢に遇はざれば、則ち争ひ且つ乱る。天の大聖を生ずるや数《しば》しばせず、其の大悪を生ずるも亦た数しばせず。諸を人に伝ふるは、大聖を得て、然して後に人敢て争ふ莫し。諸を子に伝ふるは、大悪を得て、然して後に人其の乱を受く」と。

通釈

ある人が尋ねて言うには、「堯・舜は王位を賢人に譲り、禹は王位を子に譲ったというのは、本当ですか」と。（答えて）言うには、「その通りだ」と。（また尋ねて）言うには、「それならば禹の賢明さは堯と舜とに及ばないのですか」と。（答えて）言うには、「そうではない。堯・舜が賢人に（王位を）譲ったのは、天下（の人々）が分相応の地位を得ることを望んだからである。禹が子に（王位を）譲ったのは、後世に王位を争う動乱が起こることを心配したからである。堯・舜が民衆にもたらした利益は大きく、禹が民衆を思いやった気持ちは深い」と。（また尋ねて）言うには、「禹が（民衆のことを）思いやった気持ちは深いとしても、王位を子に譲った結果善良ではない者が即位することになったら、どうするのですか」と。（答えて）言うには、「王位を人に譲るとなると争いが起こるのは、（継承者が）前もって決まっていないからである。王位を子に譲ると争いにはならないのは、（継承者が）前もって決まっているからである。前もって（継承者が）決まっていれば（その継承者が）賢人ではないとしても、やはり法を守ることができる。前もって決まっていない状態で賢人がいないとなると、争いが起こり（世の中が）乱れる。天が偉大な聖人をもたらすのはそれほどよくあることではないし、大悪人をもたらすのもまたそれほどよくあることではない。王位を人に譲る場合は、（その継承者としての）偉大な聖人がいて初めて、人々は争いを起こそうとはしないのである。王位を子に譲る場合は、（その継承者が）大悪人であればそのとき初めて、人々は王位継承を巡る騒乱を蒙るのである」と。

解法

㈠　パターン❶―Ⅰ：現代語訳

「伝」は〔注〕から〃王位を伝える・譲る〃ことであるとわかる。とすれば「賢」は〃賢人・賢者・優れた人物〃と考えられる。「禹之伝子」の「子」との対応も手がかりになる。「其所」の解釈が難しいが、王位を話題にしており、それにふさわしい賢人にそれを継承させたというのだから、〃天下の人々それぞれにふさわしい地位・立場〃と解する。あるいは、「所」の意味をもう少し広くとらえ、〃望ましい状態・望み〟等としてもよいだろう。

解答例　堯・舜が賢人に王位を譲ったのは、天下の人々が分相応の地位を得ることを望んだからである

㈡　パターン❶―Ⅰ：現代語訳・パターン❷：指示内容　《疑問》

「之」はもちろん王位を指す。「伝之子」は〝世襲させる〟としても可。「当不淑」は〝王位継承者が善良でない者に当たる〟ということだが、解答欄のスペースにあわせて表現を工夫する。〝継承者が善良な者でなかったら〟としても可。「奈何」は手段・方法を問う疑問詞である。

解答例　王位を息子に譲って不適切な者が即位したら、どうするのですか

㈢　空所補充

A　後の文が対句的な内容になっていることから、空欄には「子」と対比的な意味の語が該当するとわかる。末尾の二文が同様の対句的な表現になっていることに注目。王位を実子に譲る場合と他人に譲る場合とを比較しているのである。

B　前の文が対句的な内容であることに注目。王位継承者が前もって決まっている場合と決まっていない場合とを比較して、前者なら法は守られるが、後者なら騒乱が起こるというのである。その前提としての「不当賢」「不遇□」はほぼ同内容であると考えられる。

解答例

A	B
人	賢

㈣ パターン❶―Ⅰ：現代語訳

「前定」は〝前もって王位継承者が決まっている〟ということ。前後の文にも繰り返し見られるので、解釈は容易であろう。「雖」は逆接を表す。「猶」はここでは〝やはり〟の意。

解答例

前もって王位継承者が決まっていれば、その人物が賢人ではなくても、やはり法を守ることができる

㈤ パターン❹：主張

最後の発言部分で「伝之人（空欄Aに『人』を充当）…」と「伝之子…」、「前定…」と「不前定…」、「伝諸人…」と「伝諸子…」がそれぞれ対句的な表現になっていることから、両者の違いは後継者が前もって決まっているかどうかであり、それによる長短の違いは争乱の有無にあることがわかる。丁寧に説明すれば〝他人に王位を継承させる場合はふさわしい賢人が出現しない限り王位を巡って争いが起こり国が混乱するが、実子に継承させる場合はその子が大悪人でもない限り騒乱は起こらないという点〟となるが、解答欄が二・五行しか設けられていないので、後者の長所を中心にうまくまとめる工夫が必要となるだろう。

解答例

他人に王位を継承させると、王位を巡る争乱がしばしば起こると考えられるが、実子に継承させると、その子が大悪人でもない限り、争乱は起こらないという点。

二〇〇〇年度　文科　第三問

出典　何喬遠『**閩書**』巻之四十六　文蒞志

明代の人何喬遠による史書。福建省に関する地方史をまとめたものである。

書き下し

閩《びん》藩司の庫蔵《こざう》飭《ととの》はず、大順左使に語《つ》げて之を治めしむ。聴かず。已に果たして大いに庫銀を亡《うしな》ひ、悉《ことごと》く官吏邏《ら》卒五十人を獄に逮《とら》ふ。大順曰く、「盗多きも三人に過ぎず、而るに五十人を繋ぐ。即《も》し盗在るも、是れ亦た四十七人は冤《ゑん》なり」と。代はりて獄を治むるを請ふ。左使喜びて大順に属《しよく》す。大順悉く之を遣《や》り、戒めて曰く、「第《ただ》往《ゆ》きて盗を跡づけ、旬日《じゆんじつ》にして来り言へ」と。

福寧の人鉄工と隣居す。夜銷《せう》声を聞き、之を窺ふに、銷《と》かす所は銀の元宝なり。以て官に詣《いた》る。工曰く、「諸《これ》を某家に貸る」と。某家之を証して曰く、「然り」と。首《はじめ》なる者誣《ぶ》を以て坐す。大順曰く、「鉄工は貧人游食《いうしよく》、誰か五十金を以て貸す者有らん。此れは是れ盗ならん」と。令して索《もと》めて之を得、一訊《じん》するに輒《すなは》ち輸《つ》げて曰く、「盗は、吏舎の奴なり。某《それがし》をして庫鐍《けつ》を開けしめ、我に酬《むく》ゆるのみ」と。捜して奴を捕へ、具《つぶさ》に贓《ざう》を得て、五十人皆釈《と》かる。

通釈

福建の役所の金庫はきちんとした安全管理がなされておらず、大順は管理者の左使に言いつけてきちんと整備するように命じた。（しかし左使は言いつけを）聞かなかった。やはり収められていた銀を大量に失う結果となり、（左使は）役人や警備の兵士たち五十人全員を監獄に入れた。大順が言うには、「盗賊は多くても三人以上ではないだろうに、五十人を逮捕しましたね。もし（この五十人の中に）盗賊がいたとしても、四十七人は冤罪です」と。（そして左使に）代わって裁判を担当したいと願い出た。左使は喜んで大順に任せた。大順は全員を釈放し、諭して言うには、「ひたすら盗賊を探し、十日後に戻って報告せよ」と。

（その中の）福寧の人は鍛冶屋と隣り合って住んでいた。夜に金属をとかす音を聞き、様子をうかがうと、とかしているのは官製の銀塊であった。それを役所に報告した。鍛冶屋が言うには、「（この銀塊は）ある人から借りたのです」と。そのある人が証言して言うには、「そうです」と。初めに報告した者は誣告罪に問われた。大順が言うには、「鍛冶屋は貧乏でぶらぶら遊んで暮らしているのに、（そんな奴に）誰が五十金もの銀塊を貸したりするというのか。これは盗品だろう」と。捜索させて鍛冶屋を捕らえ、少し尋問するとすぐに白状して言うには、「盗人は官舎の使用人です。私に倉庫の錠を開けさせ、（あの銀塊を）褒美として私にくれただけです」と。捜査して使用人を捕らえ、隠していた盗品をすべて取り戻し、五十人全員が釈放された。

解法

㈠　**パターン❶―Ⅱ：趣旨・パターン❸：因果関係**

前の「盗多…五十人」から、盗賊の数を多くても三人と見積もっていることを明らかにする。

解答例

盗賊は多くても三人だろうから、逮捕した五十人の中に盗賊がいたとしても、残りの四十七人は無実だということ。

(二)　パターン❶—Ⅰ：現代語訳・Ⅲ：省略の補充

「旬日」は〝十日〟。前の「跡盗」の結果を、命じている大順自身に報告せよというのである。

解答例

十日経ったら役所に戻って来て、おまえたちが盗賊を追跡した結果

わかったことを私大順に報告せよ

(三)　パターン❶—Ⅰ：現代語訳

訓読すると「諸を某家に貸る」となる。「諸〜」は「之於〜」と同じで「これ（を〜に）」と読む指示語。ここは「銀元宝」を指す。

解答例

私がとかしていた銀塊はある人から借りたものです

(四)　パターン❶—Ⅱ：趣旨

ここまでで、「福寧人」「鉄工」「某家」の三人が役所で証言している。「首者」すなわち〝初めに証言した人〟はもちろん「福寧人」である。「以誣坐」の主体は誰か、と考えてもよい。

解答例

福寧人

(五)　パターン❸：因果関係

まず、前文に判断の根拠が示されていることは容易にわかるであろう。よって、①貧乏で怠け者の鍛

冶屋に大金を貸す者などいるはずがない、という説明は必須。さらにそのことから、実際に鍛冶屋が銀塊を所有している以上、②銀塊を鍛冶屋に渡した者とその理由に疑惑が生じ、陶大順はそれを「盜」だと判断したのである。①のみでも許容の範囲内だが、②を含めるか否かで差がつくであろう。

解答例　貧乏で怠け者の鍛冶屋に大金を貸す者などいるはずもないため、銀塊の取引には公にできない経緯があると考えられるから。

(六)　パターン❹：結論

末尾の文から、主犯は「吏舍奴」、共犯は「鉄工」であるとわかる。

解答例　吏舍奴

二〇〇〇年度　理科

第三問

出典

司馬遷『**史記**』巻一二二　酷吏列伝

前漢の歴史家、司馬遷による史伝。黄帝から前漢の武帝までの歴史を紀伝体で記している。

書き下し

孔子曰く、「之を導くに政を以てし、之を斉《ととの》ふるに刑を以てすれば、民免れて恥無し。之を導くに徳を以てし、之を斉ふるに礼を以てすれば、恥有りて且つ格《ただ》し」と。老氏称《いは》く、「法令滋《ますます》章《あきら》かにして盗賊多く有り」と。太史公曰く、信なるかな是の言や。法令なる者は、治《ち》の具にして清濁を制治《せいち》するの源に非ざるなり。昔天下の網嘗て密たり。然るに姦偽萌起《かんぎぼうき》して、其の極るや、上下相ひ遁《のが》れ、振《すく》はざるに至る。是の時に当り、吏治《りち》は火を救ふに沸くを揚ぐるがごとし。武健厳酷《ぶけんげんこく》に非ざれば、悪んぞ能く其の任に勝《た》へて愉快ならんや。道徳を言ふ者は其の職に溺る。漢興り、觚《こ》を破りて圜《ゑん》と為し、雕《てう》を斲《けづ》りて朴と為し、網は呑舟《どんしう》の魚を漏らす。而して吏治は烝《しよう》烝として姦に至らず、黎《れい》民艾《がい》安す。是に由りて之を観れば、彼に在りて此に在らず。

通釈

孔子が言うには、「民衆を法律によって導き、刑罰によって統制すると、民衆は（法や刑罰から）逃げようとして恥知らずな行動をする。徳によって導き、礼節によって統制すると、恥を知る心を持ち正しく行動する」と。老子が言うには、「法令がはっきりと整備されるにつれて盗賊が増える」と。私太史公が言うには、何と信じるに値する言葉であろうか、と。法令というものは、（民衆を）治める手段なのであって、善悪を定める根源ではないのである。昔、天下の（法律の）網は細かく隙がなかった。

それなのに邪悪や偽りが芽生え、最後には、人々は身分にかかわらず（法の網の目から）逃れようとして、救いようのない状態になってしまった。その時、官僚政治は沸騰した湯をかけて火を消すほどの切迫ぶりだった。勇猛厳格でなければ、どうしてその任務に耐えて心穏やかでいられるだろうか。道徳を説く者はその務めに溺れて抜け出せなくなってしまった。漢が興り、四角いものを円くし、余分なものを削ぎ落として素朴なものとし、（法の）網の目は、舟を飲み込むほどの大魚でも通り抜けられるほど（粗いもの）となった。そして官僚政治は純良になり、邪悪さはなくなり、人民はうまく統治された。このような事例から政治というものを考えてみると、（民衆を治めるにあたって必要なものは）道徳にあるのであって厳しい法律にあるのではないのである。

解法

㈠ パターン❶―Ⅰ：現代語訳

前の孔子の言葉には、政治の方法によって民衆が恥の心を持つか否かが左右されるということが述べられている。老子の言葉の「盗賊多有」も、恥知らずな心からくる行動だと言える。よって「清濁」は〝心の善悪〟と考えられる。

解答例　法令とは、民衆を治める手段であって、人心の善悪を定める根源ではないのである

㈡ パターン❶―Ⅰ：現代語訳　《反語》

主語は前文から「吏」すなわち官僚であるとわかる。「悪～乎」は反語、「能」は可能。反語は〝どう

して～だろうか、いや～ない〟としても可。「愉快」はそのまま〝愉快だ・楽しい〟としたのではやや不自然。〝満足している・心穏やかでいる〟など、表現に工夫がほしい。

解答例　勇猛厳格な者でなければ、切迫した事態に対処する官僚としての任務に耐えて心穏やかでいることなどできるはずがない

(三)　パターン❶—Ⅱ：趣旨

「呑舟之魚」は〝舟をも一飲みにするほど大きな魚〟。網の目がそれほどの大魚を漏らすほど粗いという極端な比喩である。本文中ほどに「天下之網」とあるのに注目し、要するに天下の法律の網が緩くなったということを読み取ろう。

解答例　法が非常に緩やかになったこと。

(四)　パターン❷：指示内容・パターン❹：主張

「彼」は筆者が肯定しているものだから〝道徳や礼節〟、「此」は一貫して否定している〝厳しい法律〟を指す。本文全体をふまえ、民衆の統治法についての主張であることを明確にすること。

解答例　厳格な法律によってではなく、道徳や礼節によって民衆を治めるべきであるという主張。

一九九九年度　文科

第四問

出典　李奎報『**東国李相国集**』　巻二十一　舟賂説

高麗の人李奎報の詩文集。李奎報は科挙の試験に合格したものの、官途に就けず長く不遇の時代を過ごす。四十歳からは文才を認められ栄達した。

書き下し

李子南のかた一江を渡るに、与に舟を方《なら》べて済《わた》る者有り。両舟の大小同じく、榜人《ばうじん》の多少均しく、人馬の衆寡《しゆうくわ》幾ど相ひ類す。而るに俄に其の舟の離れ去ること飛ぶがごとくして、已に彼の岸に泊まるを見る。予の舟猶ほ邅廻《てんくわい》して進まず。其の所以を問へば、則ち舟中の人曰く、「彼《かしこ》に酒有り以て榜人に飲ましめ、榜人力を極めて槳を蕩《うご》かすが故のみ」と。予愧色《きしよく》無き能はず、因りて嘆じて曰く、「嗟乎《ああ》。此の区区たる一葦《ゐ》の如《ゆ》く所の間すら、猶ほ賂《まひなひ》の有無を以て、其の進むや疾徐《しつじよ》先後有り。況《ま》して宦《くわん》海競渡《きやうと》の中、吾が手に金無きを顧れば、宜《むべ》なるかな今に至るも未だ一命に霑《うるほ》はざるや」と。書して以て異日の観と為す。

通釈

私が南方である川を渡っていると、一緒に舟を並べて渡る者がいた。二つの舟は大きさも同じで、漕ぎ手の人数も等しく、乗っている人馬の数も似たようなものであった。それなのに突然あちらの舟は飛ぶように離れて行ったかと思うと、もう向こう岸に着いてしまった。私の舟は依然遅々として進まない。そのわけを尋ねると、乗り合いの人が言うには、「あちらは酒を漕ぎ手にふるまっているので、漕ぎ手は力の限り櫂を動かすからにすぎません」と。私は恥ずかしさを隠せず、溜め息をついて言うには、「ああ、このちっぽけな舟が向こう岸に着くまでの間でさえ、賄賂があるかないかによって、進む速さや到着順に違いが出るのか。ましてや官界での出世競争においては、私に資金のないことを考えれば、今になってもまだ官吏に任命されないのは当然だなあ」と。このことを書き留めておいて将来の戒めとする。

解法

㈠ **パターン❶—Ⅱ：趣旨**

訓読すると「人馬の衆寡幾ど相ひ類す」。「衆寡」は〝多いか少ないか〟つまり〝数量〟。「幾」はここでは副詞で〝ほとんど〟の意である。前の「両舟…均」もほぼ同様のことを述べている。

解答例　二つの舟に乗っている人馬の数がほとんど同じだということ。

㈡ **パターン❶—Ⅰ：現代語訳**　《比喩》

「如」は比喩。「其舟」「彼岸」は筆者の視点からの表現として〝あちらの舟・向こうの舟〟〝向こう岸・対岸〟と訳すこと。「見」とはもちろん筆者が見たということであるが、〝私は…見た〟とするよりも、あえて訳出せず、筆者の目に映った情景としてまとめるにとどめた方が自然であろう。

解答例　ところが突然あちらの舟は飛ぶように進み、もう対岸に着いていた

㈢ **パターン❶—Ⅱ：趣旨・パターン❷：指示内容**　《抑揚》

「此」は前のエピソードを指す。「一葦」は〔注〕の通りであるが、ここではごく小さな舟のたとえで

あると理解し、具体的に〝小さな舟が川を渡る〟と説明することが眼目である。後の文と併せて抑揚の句形をとっており、傍線部は「宦海競渡」と対応する部分である点にも注意しよう。

解答例　小さな舟が川を渡るようなささいなこと。

(四)　**パターン❶—Ⅱ：趣旨**

「異日」は〝後日・将来〟、「観」は〝見てとれるもの・示すもの〟。本文のエピソードとそれに対する筆者の感想から、賄賂が横行している現状を後世に示して戒めにしようとしたものだとわかる。

解答例　あらゆることにわたって賄賂が横行していたことを将来に示す戒め。

一九九九年度　文科　第七問

出典　杜甫「**百憂集行**」

盛唐の詩人杜甫の詩。杜甫は青年時代に各地を放浪し、長安に戻ってからも不遇であった。ようやく官職を得たものの、安禄山の乱に遭い、捕らわれの身となる（「春望」で有名）。やがて賊の手から逃れて官職に就くが、朝廷の不評を買って左遷され、貧苦に苦しむ。放浪の後に成都に移り、束の間の平安を得るが、再び世が乱れ流浪の身となり、失意のまま没する。詩には世の動乱に翻弄されることへの悲憤・悲哀が吐露されている。

書き下し

百憂の集まる行《うた》

憶ふ年十五心尚ほ孩《がい》にして　健なること黄犢《くわうとく》のごとく走りて復た来る
庭前八月梨棗《りさう》熟すれば　一日樹に上ること能く千廻《くわい》なりき
即今倏忽《そくこんしゆくこつ》として已に五十　坐臥《ざぐわ》只だ多くして行立少し
強ひて笑語を将て主人に供す　悲しみ見る生涯百憂の集まるを
門に入れば旧に依りて四壁空し　老妻我を睹《み》る顔色同じ
痴児は知らず父子の礼　叫怒して飯を索《もと》めて門東に啼《な》く

通釈

憂いばかりの詩

思い出せば十五歳の頃はまだ気持ちが幼児そのもので

あめ色の子牛のように元気いっぱいに走り回っていたものだ
庭先で秋になって梨やなつめが熟すと
一日に千回も木に登ることができた
今はあっという間にもう五十歳だ
座っていたり寝転んでいたりするばかりで動き回ることも少なくなった
世話になっている友人には無理に愛想良くしているが
悲しい気持ちで生涯に百もの憂いが我が身に集中する有様を思う
家に入ると相変わらず（家財道具もなく）部屋の四方の壁が剝き出しで
年老いた妻と顔を合わせても表情は同じように虚ろである
無知な子供は父子の礼も弁えておらず
大声を上げて食事をせがんで門の東で泣いている

解法

㈠　**パターン❶—Ⅰ：現代語訳　《比喩》**

「如」は比喩で、「健」の様子を説明しているので、「〜のように健やか」のように自然な語順にするとよい。「憶」を後にもってきて「〜を思い出す」としても可。

解答例

思いおこしてみれば、十五歳だった頃の私はまだ気持ちが幼児そのもので、まるであめ色の子牛のように元気いっぱいに、あちこちを走り回っていたものだ。

(二)　パターン❶―Ⅱ：趣旨

「四壁空」は〝四方の壁が剝き出しの状態〟、つまり、家財道具なども置かれていないがらんとした室内の様子をいっている。そこから〝貧しい・困窮した〟状態がうかがわれる。「依旧」は〝元のまま・依然として〟の意であるから、そうした状態がずっと続いていることを「暮しぶり」として説明せよというのである。

解答例　家具もそろえることができないほど貧しい暮しぶり。

(三)　パターン❹：心情

第十一・十二句は礼儀知らずでしつけのできていない我が子を客観的に描写したものである。そこから杜甫の自分自身に対する思いを考えると〝情けない・ふがいない〟等になろう。子に対して〝かわいそう・気の毒・申し訳ない〟という説明では、「自分自身に対する」思いを述べよという設問の要求に外れるので注意。

解答例　子供に満足な教育や食事も与えてやることができないことを、父親として情けなく思う気持ち。

第四問

一九九九年度　理科

出典　姚思廉・魏徴『梁書』巻四十四　世祖二子伝

『梁書』は南北朝時代の梁王朝の史書。

書き下し

人生処世、白駒の隙《げき》を過ぐるがごときのみ。一壺《こ》の酒、以て性を養ふに足り、一箪《たん》の食《し》、以て形を怡《よろこ》ばしむるに足る。生きては蓬蒿《ほうかう》に在り、死しては溝壑《がく》に葬むらる。瓦棺《ぐわ》石槨《くわく》、何を以てか茲《これ》に異なる。吾嘗て夢みて魚と為り、化に因りて鳥と為る。其の夢みるに当りてや、何の楽しみか之に如かん。乃ち其の覚むるや、何の憂ひか斯《これ》に類せん。良《まこと》に吾の魚鳥に及ばざる者の遠きに由る。故に魚鳥の飛浮は、其の志性に任す。吾の進退は、恒に掌握に存す。手を挙ぐるに触るるを懼《おそ》れ、足を搖《うご》かすに堕つるを恐る。若《も》し吾をして終《つひ》に魚鳥と同遊するを得しめば、則ち人間《じんかん》を去ること屣《くつ》を脱ぐがごときのみ。

通釈

人間が生き世を渡っていくことは、白馬が隙間を駆け抜けて行くような（短くはかない）ものにすぎない。一瓶の酒で、心を満足させるには十分だし、一杯の食べ物で、身を養うには十分である。生きているうちは蓬の生えた草むらにいて、死んだら谷間に葬られる。瓦の棺や石の墓（に葬られたとして）も、同じことである。私はかつて夢の中で魚になったり、鳥に変身したりした。そのような夢を見ている時は、このうえなく楽しかった。そしてその夢が覚めると、たとえようもないほど悲しかった。それはまさに私が魚や鳥には遠く及ばないからである。つまるところ魚が泳いだり鳥が飛んだりするのは、それらの本性が赴くところに任せているのである。（一方、）私の行動は、いつも掌の中にとどまっているようなものだ。手を挙げるにしても何かに触れることを恐れ、足を動かすにしてもどこかに落ちることを恐れる有様だ。もし私を魚や鳥と一緒に自由に生きられるようにしてくれるというのであれば、（窮屈な）靴を脱ぐかのように人間世界から逃げ出すばかりだ。

解法

㈠　**パターン❶―Ⅱ：趣旨　《比喩》**

「如」は比喩を表す。「白駒過隙」は『荘子』にある有名な比喩で、時間や人生が速く過ぎ去ることを、足の速い白馬が隙間をあっと言う間に通り過ぎる様子にたとえたものである。

解答例

白馬が隙間を一瞬で通り過ぎるようにはかないものだということ。

㈡　**パターン❶―Ⅰ：現代語訳　《反語》《比較》**

訓読すると「其の夢みるに当りてや、何の楽しみか之に如かん」となる。「当」はここでは〝～にあたっては・～の時には〟の意。「何」は文脈から反語で意味上は否定を表すので、「如」は前に否定詞を伴った比較の用法（＝「不如」と同意）とみる。後の文と対句になっていることが大きなヒントである。

解答例

そのような夢を見ている時は、このうえなく楽しかった

㈢　**パターン❶―Ⅱ：趣旨**

「魚鳥」を主語にするとまとめやすい。「志性」の説明は〝天性・気・心〟等でも可。「飛浮」をまと

めて〝行動〟としても可。

解答例　鳥や魚は本能のまま自由に飛んだり泳いだりするということ。

(四)　パターン❶―Ⅱ：趣旨

(三)で説明した鳥や魚とは対照的な生き方である。〝不自由・窮屈・制約がある〟なども可。

解答例　常に失敗や災難を恐れ、気疲れしながら生きているということ。

(五)　パターン❹：心情

本文内容を要約すると、①人生とは短くはかないものだという認識、②鳥や魚と自分との比較、③鳥や魚への憧れ、となる。筆者の望みはもちろん③に結論づけられるが、説明の際は①にも言及するとよりわかりやすい。

解答例　短くはかない人生を、せめて自由に生きていきたいということ。

一九九八年度　文科　第四問

出典

清代の人である方苞は古文をよくし、韓愈・欧陽脩を学んで自らも多数の著作を残した。『方望渓先生全集』から漏れた遺稿を別にまとめたものが本作である。

方苞『**方望渓遺集**』

書き下し

僕聞く、足下比日《ちかごろ》復た疾《やま》ひに臥せりと。凡そ疾ひは、必ず微なるに慎む。体既に羸《おとろ》ふれば、則ち療すことを為し難し。足下書を読むこと鋭敏にして、事に応じて人の与《ため》に言ふに、精気を嗇《をし》まず。或ひと曰く、「冬日の閉凍《へいとう》するや固からざれば、則ち春夏の草木を長ずるや茂らず」と。天地も常に有し常に費やす能はず、而るを況んや人をや。身は吾が有に非ざるなり。子と為れば、則ち当に父母の為に其の養ひを顧みるべし。人と為れば、則ち当に天地の為に其の生を貴ぶべし。人生最も遇ひ難き者は、共に学ぶの友なり。僕病み且つ衰へて、賢者に於て重く望むこと有り。故に覚えずして、之《これ》が危苦を言へり。惟《た》だ時に之を思ひて、異日の悔い無ければ、則ち幸甚なり。

通釈

聞くところによると、あなたは最近また病気で臥せっていらっしゃるとか。だいたい病気というものは、必ず軽いうちに注意しておかなければなりません。衰弱してしまってからでは、治すのが難しいものです。あなたは書物を鋭く読解し、何かにつけて人に対して何かを言う時でも精気を惜しみません。ある人が言うには、「冬の日の凍結が厳しくなかったら、春夏になっても草木は十分に生育しない」とのことです。天地でさえ（精気を）いつも保ちいつも出し切ることはできないのですから、ましてや人間がそうできないのは当然です。体は自分だけのものではありません。子としては、父母に対して彼らが自分を養育してくれたことを思い出さなければなりません。人間としては、天地に対してそれが自分を生み出してくれたことを貴ばなければなりません。人生で最もめぐり遭うことが難しいのは、共に学ぶ友達です。私は病み衰えているので、賢者（であるあなた）に対して大いに期待を寄せているのです。だからついこのような厳しい忠告をしてしまいました。ただたまにはこれを思い出してくれて、いつの日にか後悔することがなくて済めば、このうえない幸いです。

解法

(一)　パターン❶—Ⅰ：現代語訳

「慎於微」が少々訳しにくい程度で、特に難解な部分はない。「疾」が話題であるから、「微」は〝病状が軽い〟、「慎」は〝用心する・気をつける〟などの解釈が思い当たるだろう。

解答例　病気というものは、必ず軽いうちに用心しなければならない。衰弱してからでは、治すのが難しい

(二)　パターン❶—Ⅱ：趣旨

「不能」が後の「有」「費」両方にかかっていることに注意。「有」「費」の目的語は「精気」。前に「冬日之閉凍也…」とあるように、自然も、精気を発揮せずにいる時期があるからこそ、精気盛んな季節を迎えることができるというのである。〝自然でさえ、精気を発揮するべき時に備え、精気を使わずに貯めておく時期があるということ〟としても可。

解答例

天地でさえ、精気をいつも保ち、かつ発揮し続けていることはできないということ。

(三)　パターン❶―Ⅰ：現代語訳

「則」は順接、「当」は当然を表す。「其」は「養」に係り、〝養育する〟という動作の主語であるから父母を指すとみるのが妥当である。前の「身非吾有也」にも注目しよう。「為父母」「其養」は〝父母に対して彼らが自分を養育してくれたことを〟が直訳であるが、解答欄に収めるために簡潔に整えざるを得ない。

解答例

子であるなら、父母に育ててもらったことを思い出さねばならない

(四)　パターン❸：因果関係

前文に理由が述べられている。①筆者自身が病身であること、②賢者として認める友人沈立夫に期待していること、の二点が必要。

解答例

筆者は自分が病み衰えているため、大切な学友である沈立夫の活躍に大きな期待を寄せているから。

一九九八年度　文科　第七問

出典　元稹「**遣**《やル》二**悲**《ひ》**懐**《くわい》ヲ一**三首**」　其一

中唐の詩人元稹は通俗で平明な詩風を主とする。官吏としては政争の波にもまれて浮沈の激しい人生を送った。白居易との親交は有名。不遇の時代を共に過ごした妻が亡くなり、元稹はその悲しみを数十首にのぼる詩にうたったと言われる。

書き下し

謝公の最小偏憐《へんりん》の女《むすめ》　黔婁《けんる》に嫁してより百事乖《たが》ふ
我の衣無きを顧みて藎篋《じんけふ》を捜し　他に酒を沽《か》ふを泥《ねだ》りて金釵《きんさ》を抜かしむ
野蔬《やそ》膳を充たして長藿《ちやうくわく》を甘しとし　落葉薪に添へんとして古槐《こくわい》を仰ぐ
今日俸銭十万を過ぐ　君が与《ため》に奠《てん》を営み復た斎を営む

〔補足〕偏憐・金釵―出題者のルビでは「へんりん」「きんさ」とあるが、通常はそれぞれ「へんれん」「きんさい」と読む。

通釈

謝公のかわいい姪のようにたいそうかわいがられていた（名門出身の）彼女は黔婁のように貧しい私に嫁いで以来さまざまなことが意にまかせなくなった
（彼女は）私の着物がないのを見ては（自分の）衣裳箱を探し（て質草となるものを出してくれたし）
（私は）彼女に酒を買うようにねだって（彼女の）金のかんざしを抜いて金に換えさせたこともあ

る
（彼女は）野菜ばかりの食事を作り伸びた豆の葉をもおいしいと言ってくれた
落ち葉を薪の足しにしようとしてえんじゅの古木を見上げてくれたりもした
（しかし）今では給料が十万を越えたのだよ
彼女のために供え物をし法事の参会者に食事をふるまってせめてもの供養としよう

解法

㈠　パターン❶—Ⅰ：現代語訳・パターン❷：指示内容

「我」はもちろん作者元稹自身のこと。通常の現代語訳の際は第一人称のままでよいが、設問の指示に従って「元稹」と明記しておいた方が無難であろう。「他」は第三人称であるが、その知識がなくても、元稹の妻以外に該当する人物は考えられない。「捜藎篋」は、元稹に着物がないのを見ての妻の行為なので、妻自身の衣装箱から金に換えられそうなものを探したということだと判断する。

解答例　妻は私元稹の着物がないのを見て自分の衣裳箱から質草となるものを探し、私は妻に酒をねだって妻の金のかんざしを金に換えさせた。

㈡　パターン❶—Ⅱ：趣旨・パターン❹：心情

リード文および第一～四句から、主語が妻であることは明らか。第五句は食事について、第六句は炊事のための燃料について、共に非常に質素で切り詰めた生活ぶりであったということ。その心情は「甘」「仰」から自ら進んで協力し夫に尽くそうとするものであったことがうかがえる。

解答例

(ア) 妻が
(イ) 貧しい暮らしで食事や燃料を切り詰めるという行為を
(ウ) 少しも厭わず夫に協力したいという心持ちで行った。

(三) パターン❹：心情

第七句「今日」は妻の生前の貧しい暮らしとの比較、第八句はせめて手厚い供養をしようとの思いが述べられている。それぞれに関連して、①妻の生前の貧しい生活を申し訳なく思う気持ち、②今手厚く供養することでせめてもの償いとしたいという気持ち、の二点を押さえる。

解答例

生前貧しい生活を強いたことを済まなく思い、今さらながら感謝の気持ちを示したいという感慨。

一九九八年度　理科　第四問

出典蘇軾『**東坡題跋**』巻下　書李伯時山荘図

蘇軾は宋代の人。号は東坡。経史に通じ、優秀な成績で科挙に合格するが、国内制度の改変や新旧勢力の盛衰によって翻弄され、浮沈の激しい人生を送った。潑剌とした奔放な詩風が特徴的である。

書き下し

或ひと曰く、「龍眠居士山荘図を作る。後来山に入る者をして、足に信《まか》せて行くに、自ら道路を得しむること、夢みる所を見るがごとく、前世を悟るがごとし。山中の泉石草木を見るに、問はずして其の名を知り、山中の漁樵《ぎょせう》隠逸に遇ふに、名いはずして其の人を識る。此れ豈に強記して忘れざる者か」と。曰く、「非なり。日を画く者は常に餅を疑はるるも、日を忘るるに非ざるなり。酔中にも鼻を以て飲まず、夢中にも足を以て捉へず。天機の合する所、強ひずして自ら記するなり。居士の山に在るや、一物をも留めず、故に其の神は万物と交はり、其の智は百工と通ず。然りと雖も道有り芸有り、道有りて芸あらざれば、則ち物心に形《あらは》ると雖も、手に形れず」と。

通釈

ある人が言うには、「龍眠居士が山荘の絵を描いた。（その山荘図を見た）後で山に登る者に、足の向くままに歩いていれば、自然と道がわかるようにさせるのは、まるで夢に見たことがあるかのようであり、前世の記憶があるかのようであった。山中の泉や石や草木を見ると、尋ねなくてもその名がわかり、山に住む漁師や木こりや隠者に会うと、名乗らなくてもそれが誰だかわかる。これは何とすばらしい記憶力であろうか」と。（私が）言うには、「そうではない。太陽を描くととかくまるい餅を描いたようになってしまうが、太陽を忘れているわけではない。酔っ払っても鼻から飲んだりしないし、夢の中でも足で物をつかんだりはしない。人間の心に自然に備わっている能力が一つになると、無理なく自然と記憶できるのだ。居士は山での暮らしぶりは、何一つ物に執着しないもので、だから精神は万物と交わり、智恵はあらゆる才芸に通じているのだ。しかしながら（物事には）本質と技術とがあり、本質がわかっていても技術が備わっていないと、物が心に浮かびはしても、絵に描くことはできないのだ」と。

解法

㈠　パターン❶—Ⅰ：現代語訳《使役》

「使」は使役。主語は龍眠居士の描いた山荘図だが、「入山者」を主語として〝山荘図を見た後で山に登った者が…自然とわかるのは〟としてもよいだろう。

解答例　山荘図を見た後で山に登った者に、足の向くままに歩けば、自然と道がわかるようにさせるのは

㈡　パターン❸：因果関係

「強記不忘」の主語は龍眠居士。㈠をふまえ、龍眠居士の絵が非常に正確なものであったことを直接説明すればよい。

解答例　龍眠居士の描いた山荘図が現実そっくりに描かれていたから。

㈢　パターン❶―Ⅱ：趣旨・パターン❸：因果関係

筆者の発言部分で画家が正確な絵を描く過程を説明している部分は、餅等の具体例を除くと「天機…与百工通」である。「天機」「神」に付された〔注〕も参考になる。①人の心に自然に備わっている能力によるものであること、が必須。〝人間の…能力〟を〝純粋な精神〟としても可。さらに、②それによってとらえたものを技術によって表現すること、を加えて説明する。

解答例

人間の心に自然に備わっている能力によって万物を理解し、技芸によって表現すること。

㈣　パターン❶―Ⅰ：現代語訳

「形於心」と「形於手」との対照的な内容を明らかにすることが必須条件。前者は〝心で理解できていても・心中でわかっていても〟、後者は〝絵画化する・表現する・描写する〟などとしても可。

解答例

物の姿が心に浮かびはしても、それを絵に描くことはできない

一九九七年度　文理共通

第四問

出典　趙翼「**後園居詩十首**」其五

趙翼は清代の人で、史学に通じ、歴史書を多く著す。また詩もよくし、詩集や詩評も残している。出題された詩は、真実からかけ離れた墓誌の諛言などが資料となる可能性と、そうしてできた史書の記述の疑わしさを、筆者の経験から述べた作品である。

書き下し

客有り忽《たちま》ち門を叩き　来りて潤筆《じゅんぴつ》の需を送る
我に乞ひて墓誌を作らしめ　我に要《もと》めて工《たくみ》に諛《へつら》ひを為さしむ
政を言へば必ず龔《きょう》黄　学を言へば必ず程朱
吾聊《いささ》か以て戯れを為し　其の意の須《もと》むる所のごとくす
補綴《てい》して一篇を成せば　居然として君子の徒たり
諸を其の素行に核《ただ》すに　十鈞《きん》に一銖《しゅ》も無し
此の文倘《も》し後に伝はらば　誰か復た賢愚を知らん
或いは且《も》し引きて拠と為し　竟《つひ》に史冊に入れて摹《うつ》さば
乃ち知る青史の上　大半亦た誣《いつは》りに属するを

通釈

客が突然我が家の門をたたき
やって来て原稿料を差し出した

私に墓誌を作るよう依頼し
（自分の生前の業績を）言葉巧みにほめたたえよと言うのだ
政治家でいえばぜひ龔遂や黄霸のように
学者でいえばぜひ程顥・程頤や朱熹のように（立派な人物に書けと言う）
私は少々いたずら心を起こし
彼の望み通りに書いてやった
つなぎ合わせて一つの文章にまとめると
意外にも（彼が）君子のように思えてくる
（しかし）文章を本人の生前の行動に照らし合わせてみると
少しもあてはまらない
この文章がもし後世に伝わったなら
（読んだ者の）誰が実際の賢愚を区別することができようか
あるいはもしもこれを引用して典拠とし
しまいには歴史書に書き写して入れたりしたら（どうなるであろう）
そこで気付いたのだ、歴史書に書かれていることは
ほとんどがそのような作りごとにあたるのだろうと

解法

㈠　パターン❸：因果関係

第三～六句で客の用件が述べられているが、設問に「具体的な」とあるので、原稿料の代償となる墓

誌作成のみを答えておけばよいだろう。

解答例　乞我作墓誌

(二)　パターン❶—Ⅱ：趣旨

「其」は墓誌執筆を依頼してきた客、「所須」は第四句「工為諛」を指す。「工為諛」をさらに例を挙げて説明したのが第五・六句であるが、あくまでも例示であるから、そのまま固有名詞を出して答える必要はない。〝すぐれた人物としてほめる・立派な業績をあげたとして称える〟などとしてもよい。

解答例　客が、自分の生前の業績を極端に美化してほめたたえる墓誌を書いてほしいと要求してきたこと。

(三)　パターン❶—Ⅱ：趣旨

第十二句は〝少しもない〟ということ。何について、どうであることが少しもないのかを、前の第九～十一句からまとめる。①大人物然と書いた墓誌の内容、②本人の実際の行い、をそれぞれ説明し、それが全くかけ離れていることを明確にする。

解答例　極端に美化して書いた墓誌の内容と、故人の実際の業績とが、少しも一致していないということ。

㈣　パターン❶—Ⅰ：現代語訳・Ⅲ：省略の補足　《反語》

「倘」は仮定、「誰」は反語。設問の「必要な言葉を補いつつ」との指示には、①「此文」の具体的な説明、②「賢愚」とは〝墓誌にとりあげられた人物が実際に賢者であったか愚者であったか〟ということの二点を加えることで対応する。

解答例

事実を曲げて書いたこの墓誌がもし後世に伝わったならば、読んだ者は皆、書かれている人物の実際の賢愚の判断ができないだろう。

㈤　パターン❸：因果関係

①筆者自身が書いた偽りの墓誌のような資料が多くあるだろうということ、②それらを典拠として歴史書が作られていること、の二点が必須。

解答例

歴史書が史実の典拠として引用する記録には、事実の美化や歪曲が多く施されていると考えられるから。

一九九七年度　文科　第七問

出典　伊藤仁斎『**古学先生文集**』巻の五　同志会筆記　（引用―『**孟子**』離婁章句下）

江戸時代の儒学者伊藤仁斎による日本漢文。仁斎の死後、長男の東涯によって刊行された。仁斎の思想の発展過程や文学観などがうかがえる。出題部分は、教育の基本は愛であることを説いた文章である。

書き下し

之を罰して人をして悪に懲りしむるは、之を賞して人をして能く善に勧ましむるに若かず。之を威《おど》して人をして刑を畏れしむるは、之を恩して人をして能く徳に懐かしむるに若かず。之を悪《にく》みて人をして悪に遠ざからしむるは、之を愛して人をして能く心に感ぜしむるに若かず。孟子曰はく、「中や不中を養ひ、才や不才を養ふ。故に人賢父兄有るを楽しむなり。如《も》し中や不中を棄て、才や不才を棄つれば、則ち賢不肖の相去ること、其の間寸を以てする能はず」と。世に兄賢にして弟不肖、之を悪むこと過ぎて甚しく、反つて其の悪を激成する者有り。豈に孟子の所謂賢不肖の相去ること、寸を以てする能はざる者に非ずや。故に不肖の子弟を養ふは、善く処するを以て要と為す。善く処するは能く愛するを以て本と為す。

通釈

人に罰を与えることで悪事をするまいと思わせるよりは、ほめたたえることで善行に励むことができるようにさせる方がよい。人を脅して刑罰を恐れさせるよりは、恩恵を与えることで徳に親しむことができるようにさせる方がよい。人を憎んで悪から遠ざけるよりは、愛して感動することができるようにさせる方がよい。孟子が言うには、「中庸の徳を持った人が徳のない人を育て、才能ある人が才能のない人を育てる。したがって人はすぐれた父兄がいることを喜ぶ。もし中庸の徳を持った人が徳のない人を見捨て、才能ある人が才能のない人を見放したら、賢人と愚か者との距離が、『寸』というわずかな単位ですら計れないくらいに接近する（＝少しもその区別がつかなくなってしまう）」と。世の中には兄が賢者、弟が愚か者で、（兄が）弟の愚かさを度が過ぎるほどひどく憎み、逆に弟の悪をひどく助長するようなことがある。まさに孟子の言う賢者と愚か者との距離に、少しも区別がつかなくなる例そのものである。したがって愚かな子弟を育てる場合は、うまく対処することが肝要である。うまく対処するには愛情を注ぐことができるのが基本である。

解法

(一)　パターン❶―Ⅰ：現代語訳　《使役》《比較》

「使」は使役、「不若」は比較、「能」は可能でいずれも基本的な句法である。「之」はすぐ後の「人」のことなので、無理に繰り返して訳出しない方がすっきりする。

解答例　罰することで人に悪事をするまいと思わせるよりは、ほめることで人を善行に励むことができるよう仕向ける方がよい

(二)　パターン❸：因果関係

〝賢人と不肖の者との区別がなくなる〟とは、賢人が不肖に堕し、愚か者だらけになってしまうということである。そのようになる条件としては、前の「中也…養不才」から①愚者を導くのが賢人たる者の役割であること、「如中也…棄不才」から②賢人が①に反する場合を想定していること、以上二点の

説明が必須。

なお、孟子の文章は、〝愚者がますます愚かになり、賢愚の間が「寸」というわずかな単位ではとても計りきれないくらいに大きくなる〟という逆の解釈も成り立つ。しかし、直後の「世有兄…其悪者」のような「賢」のあり方を筆者が批判しているのは明らかなので、少なくとも〈筆者（＝伊藤仁斎）の考え〉としては前者の解釈に立つのがよいと思われる。

解答例

賢者が愚者を見捨てるなら、賢者は賢者としての責任を放棄したことになり、愚者と同列に堕してしまうから。

㈢　パターン❶―Ⅰ：現代語訳

「者」はここでは主題を提示しており〝～場合は・～にあたっては〟などと訳す。「善処」は〝親身になって対応する〟などとしても可。

解答例

愚かな子弟を育てる場合は、うまく対処することが肝要である。うまく対処するには、愛情を注ぐことができるのが基本である

一九九六年度　文理共通　第四問

出典　紀昀『**閲微草堂筆記**』巻四　陽消夏録

清代の人紀昀による短編説話集。紀昀は儒学に通じた清代一流の学者であった。

書き下し

女巫《ふ》郝媼《かくあう》は、村婦の狡黠《かうかつ》なる者なり。自ら狐神の其の体に付くと言ひ、人の休咎《きうきう》を言ふ。凡そ人家の細務、一一周知す。故に之を信ずる者甚だ衆《おほ》し。嘗《かつ》て孕《よう》婦の生む所の男女を問ふ有り。郝は許すに男を以てす。後に乃ち女を生む。婦は詰《せ》むるに神語の験無きを以てす。郝は目を瞋《いか》らせて曰く、「汝は本より応に男を生むべし。某月某日汝の母家餅《もち》二十を饋《おく》るに、汝は其の六を以て翁姑《をうこ》に供し、其の十四を匿《かく》して自ら食ふ。冥司汝の不孝を責め、男を転じて女と為す。汝尚ほ悟らざるや」と。婦は此の事の先に偵《さぐ》る所と為るを知らず、遂に惶駭《くわうがい》して罪に伏す。

一日方に香を焚き神を召すに、忽ち端座朗言して曰く、「吾は乃ち真の狐神なり。此の媼は陰謀百出し、妖妄を以て財を斂《あつ》め、乃ち其の名を吾輩に託す。故に今日真に其の体に付き、共に其の姦を知らしめんとす」と。語訖《をは》りて、郝は霍然《くわくぜん》として夢から醒むるがごとし。狼狽《らうばい》して遁去し、後終る所を知る莫し。

通釈

女占い師の郝ばあさんは、ずるがしこい女であった。狐神が自分の体に乗り移るのだと自称し、人の幸不幸を占った。他人の家の細かい事情はすべて、何から何まで知っていた。だから彼女を信じる者がたいそう大勢いた。かつてある妊婦が、産まれてくる子の性別を尋ねた。郝は男であると保証した。後に（妊婦は）女の子を産んだ。その婦人は、神のお告げの効験がなかったことを責め立てた。郝が怒りに目をむいて言うには、「おまえは本来男の子を産むはずだった。某月某日おまえの実家から餅が二十個贈られてきて、おまえはそのうちの六個を舅と姑に与え、残りの十四個を隠しておいて自分で食べてしまった。冥界のお役人がおまえの親不孝を責め、男の子を女の子に変えたのだ。おまえにはまだわからないのか」と。婦人はそのことが（郝に）前もって調べられていたとは知らず、恐れおののいてとうとう罪を認めた。

ある日（郝が）香をたいて神を呼ぼうとしていたところ、急に正座して声高らかに言うには、「私は本物の狐神だ。この老婆は悪だくみを数知れず重ね、怪しげな嘘をついて金を儲け、あろうことか私の名をかたっている。だから今日は本当にこいつの体にとりつき、皆にその悪事をばらしてやる」と。語り終わると、郝ははっとして夢から覚めたかのようであった。（そして）あわてて逃げ去り、その後どうなったかはわからない。

語釈

許——ここでは〝請け合う・保証する〟の意で用いられている。

解法

(一) **パターン❶—Ⅱ：趣旨**

「験」は〝効き目・効験〟の意。「しるし」と訓読し、古文単語でもよく見られるものである。

解答例　婦人が、神のお告げが外れたといって郝を責めたということ。

(二)　パターン❶―Ⅰ：現代語訳・パターン❷：指示内容　《受身》

「為所」は受身を表す。「此事」は郝によってあらかじめ調べられていたことだから、前の郝の会話文から「某月某日…自食」となる。

解答例　婦人は、実家から送られてきた餅を舅と姑には六個しか与えず残りを全部自分で食べたことを、郝に事前に調べられていたとは知らず

(三)　パターン❶―Ⅰ：現代語訳・パターン❷：指示内容

「此嫗」は郝、「吾輩」は狐神。動詞「出」「斂」「託」を中心に三点を素直にまとめればよい。

解答例　この郝ばあさんは悪だくみを数知れず重ね、怪しげな嘘をついて金を儲け、あろうことか本物の狐神である私の名をかたっている

(四)　パターン❶―Ⅱ：趣旨　《使役》

①本物の狐神が郝に乗り移った、②郝の口を借りて悪事を暴露した、の二点を押さえていることが必要。

解答例　狐神が郝の体にとりつき、郝自身の口から真実を語るという方法。

一九九六年度　文科　第七問

出典

曹植「**雑詩六首**」其二

曹植は三国時代の魏の武帝（曹操）の第三子で文帝（曹丕）の弟。文才があり、父の武帝に愛されたが、父の死後は兄の文帝に疎まれ不遇であった。病に倒れて四十一歳で没した。本題の詩にも人生への憂愁があらわれている。

書き下し

転蓬《てんぽう》本根より離れ　飄颻《へうえう》として長風に随ふ
何ぞ意《おも》はん迴飆《くわいへう》の挙がり　我を吹きて雲中に入れんとは
高く高く上がりて極まり無く　天路安んぞ窮むべけん
此れに類す遊客の子　軀《み》を捐《す》てて遠く戎《じゆう》に従ふ
毛褐《まうかつ》形を掩《おほ》はず　薇藿《びくわく》常に充たず
去り去りて復た道《い》ふ莫し　沈憂人をして老いしむ

通釈

転がる蓬は根から離れ
遠くまで吹き渡る風に乗ってひらひらと漂う
（その蓬は）どうして予想できただろうか、つむじ風が起こり
自分を雲の中まで飛ばし入れようとは
高くどこまでも上がって行き

大空には果てなどあるはずがない
それと同じように、旅人（のような兵士）は
身を捨てて遠方まで従軍する
粗末な衣服は体を覆わないほどに破れ
ワラビや豆の葉でさえいつも十分に食べられない
こんなに遠くまで来てしまって、もはや言葉もない
深い憂愁は人を老け込ませていくものだ

語釈

転蓬——飛蓬とも言う。流転するはかない人生のたとえとしてよく用いられる言葉。

老——この詩は五言排律で、排律の押韻は律詩の規則に準ずるのが基本であるため、ここでは本来、前の偶数句末と同じ押韻の字が入るはずである。しかし、この詩は古楽府の手法に倣って、最後の二句の韻が踏み替えられている。

解法

㈠　パターン❷：指示内容

第三・四句は擬人法。〔注〕の〝つむじ風〟が第二句の「長風」に相当することは明らかである。「蓬」も許容されるかもしれないが、〔注〕から「転蓬」が一語と扱われていることがわかるので、やはり「転蓬」としたい。

解答例

転蓬

㈡　パターン❶—Ⅰ：現代語訳　《反語》

第三句「何」、第六句「安」は共に反語。それぞれ〝～だろうか、いや、～ない〟としても可。第三・四句の倒置はそのままの語順で訳しても可。

解答例

つむじ風が起こり、自分を雲の中に吹き入れようなどと、蓬は予想もしなかっただろう。どこまでも高く上がり、大空には果てがない。

㈢　パターン❶—Ⅱ：趣旨

第七句「遊客子」は、第八句の〔注〕から具体的には従軍兵のことであるとわかる。それが衣食においてさえ貧しい状況にあると述べられている。〝苦しい生活を強いられている・厳しい生活状況にある〟等も可。

解答例

従軍する兵士の、衣食も満足に得ることができない状態。

㈣　パターン❹：主題

主題が後半の従軍兵のつらさにあることは明らか。兵士が遠方に従軍し、運命に翻弄され苦しむさまを、前半の転蓬と関連付けながら説明する。

解答例

従軍する兵士を風に吹かれ飛ぶ蓬になぞらえ、あてどなくさまよう人間のつらさをうたっている。

一九九五年度　文科

第四問

出典　班固『漢書』

後漢時代に成立した歴史書。前漢の儒学者班固の著。『史記』に倣った紀伝体で、前漢一代が記録されている。儒教思想を基盤とする国政の基礎となった書である。

書き下し

夫れ天は分け予《あた》ふる所有り、之に歯を予ふる者は其の角を去り、其の翼を附くる者は其の足を両《ふたつ》にす。是れ大を受くる者は小を取るを得ざるなり。古の禄を予へらるる者は、力に食《は》まず、末に動かず。是れ亦た大を受くる者の小を取るを得ざることにして、天と意を同じくする者なり。夫れ已に大を受け、又た小を取れば、天も足らしむる能はず、而るを況んや人をや。此れ民の囂囂《がうがう》として足らざるに苦しむ所以なり。身寵せられて高位を戴き、家温かにして厚禄を食み、因りて富貴の資力に乗じて、以て民と利を下に争はば、民安んぞ能く之に当たらんや。故に禄を受くるの家は、禄を食むのみ、民と業を争はず。然る後利は均しく布《し》くべく、民は家足るべし。此れ天の理にして、亦た古の道なり。

通釈

天は（万物に何かを）分け与えるにあたって考えがあり、（たとえば）歯を与えたものには角を与えず、翼を付けたものには足を二本にした。大きな利益を与えられたものは小さな利益を得ることができないのである。昔は給料を与えられていた者は、肉体労働を生活の糧とはしなかったし、商工業に就くこともなかった。これもまた大きな利益を得た者が小さな利益を得ることはできないということであって、天の意思に沿うものである。そもそもすでに大きな利益を与えられ、さらに小さな利益をも得るとなると、天もそれをかなえることはできないのだから、ましてや人間にはとうてい不可能である。民衆が声を張り上げて満たされないことを嘆き苦しむのはこういうわけである。自分自身は（主君に）気に入られて高い位を授けられ、家は裕福で多額の給料を受け取り、そのうえで豊かな財力に任せて、民衆と少しの利益を争ったりしたら、民衆はどうしてそれに対抗できるだろうか。だから給料で生活している家の者は、給料だけで食べていき、民衆の職を侵してはならない。そうすれば利益は平等に行き渡ることができ、民衆も家が豊かになることができるだろう。これは天の道理であり、また昔からの正しい道である。

解法

㈠　パターン❶—Ⅰ：現代語訳　《受身》

「所」は受身を表す。「末」に〃工業や商業〃との〔注〕があることと対応して、「力」は農作業などの肉体労働を表すと見当がつく。

解答例	昔は給料をもらい受けていた者は、農業などの肉体労働で生活の糧を得ることはなかったし、工業や商業に就くこともなかった

㈡　パターン❶—Ⅰ：現代語訳　《抑揚》

「況～乎」は抑揚を表すので、「天」に対する述語「不能足」を「人」に対しても補って解釈する。〃天の力をもってしても不可能なことが人間にできるわけがない〃ということを明確に訳出していることがポイント。

解答例

そもそもすでに大きな利益を得、さらに小さな利益を求めても、天もそれをかなえてやれないのだから、ましてや人間には不可能だ

(三)　パターン❶—Ⅱ：趣旨・パターン❷：指示内容　《反語》

「安」は反語、「能」は可能なので、併せて不可能の意となる。「之」は前の「身寵…争利於下」を指す。①裕福な高官が財力に物を言わせて民衆と利を争おうとすること、②民衆はそれに対処できないということ、の二点が明確になっていればよい。

解答例

裕福な高官が豊かな財力に任せて民衆と利を争うなら、民衆にはとうてい勝ち目はないということ。

(四)　パターン❶—Ⅱ：趣旨

具体的な立場に即して説明している部分を除けば、自ずと原理を述べた部分が残る。解答例は文中からそのまま抜き出したものとしたが、設問には「本文中の言葉で」とあるので、該当部分を書き下し文にしたものや現代語訳したものも認められるであろう。

解答例

受大者不得取小

一九九五年度　文科　第七問

出典　李賀「**題帰夢**」（『李賀歌詩篇』所収）

李賀は中唐の詩人。本問の詩には家族の期待を受けて試験勉強に励んでいるとあるが、心ない人々から横槍を入れられて失望し、試験を受けることなく故郷の昌谷に戻ったとされる。詩才を高く評価されていたが二十代半ばという若さで没した。

書き下し

帰夢に題す　　李賀

長安風雨の夜　　書客昌谷を夢む
怡怡《いい》たる中堂の笑ひ　　少弟澗菉《かんろく》を裁つ
家門厚重の意　　我が飢腹を飽かしむるを望む
労労たり一寸の心　　灯花魚目を照らす

通釈

故郷に帰る夢を見て　　李賀

長安で風雨の夜に
科挙の試験に備える私は故郷昌谷を夢に見た
なごやかに居間で笑い
弟は谷川のこぶなぐさを摘んでいる
家族は大いに期待し

私が（科挙に合格し）家族を飢えから救うのを望んでいる
（その責任の重さで）私の小さな心は疲れきっている
燃えかすが花のように溜まった灯心が眠れない目を照らしている

解法

㈠　パターン❶―Ⅱ：趣旨
〔注〕を参考にすれば易しい。〝故郷〟の情景であることを明記することがポイント。

解答例　作者の故郷、昌谷の生家の居間で、家族がなごやかに楽しいひとときを過ごしている情景。

㈡　パターン❶―Ⅰ：現代語訳
第五句の具体的な内容が第六句に述べられている。後の第七句とのつながりもヒント。〝家族は、私が出世して一家の飢えを救えるようになることを大いに期待している〟としても可。

解答例　家族は私に大きな期待を寄せ、私が家族を飢えから救えるまでに出世するよう望んでいる。

㈢　パターン❶―Ⅱ：趣旨・パターン❹：心情
境遇について①科挙の受験生であること、②故郷を離れていること、心境について③家族を懐かしく思う気持ち、④家族の期待に重圧を感じている気持ち、以上四点に言及していることが条件。

解答例

故郷を離れて科挙の受験勉強に励む境遇で、故郷を懐かしみながらも家族の期待に重圧を感じ夜も眠れない心境になっている。

一九九五年度　理科　第四問

出典　兪正燮『**癸巳存稿**』

兪正燮は清代の人。書物に通じ、博学であった。『癸巳存稿』は経史を考訂した『癸巳類稿』の続刊。

書き下し

白居易の「婦人苦」の詩に云ふ、「婦人一たび夫を喪《うしな》へば、終身孤孑《こげつ》を守る。林中の竹のごとく、忽《たちま》ち風に吹き折らるる有り。一たび折るれば重ねては生ぜず、枯死して猶ほ節を抱く。男児若し婦を喪へば、能く暫《しばら》くも情を傷ましめず。応に門前の柳に似て、春に逢へば発栄すること易しかるべし。風吹きて一枝折るるも、還《ま》た一枝の生ずる有り。君が為に委曲に言はん、願はくば君再三聴け。須《すべか》らく婦人の苦を知るべし、此れより相ひ軽んずる莫かれ」と。其の言尤も藹然《あいぜん》たり。『荘子』天道篇に云ふ、尭舜に告げて曰く、「吾れ無告を虐げず、窮民を廃《す》てず。死者を苦しみ、孺子《じゅし》を嘉《よみ》して婦人を哀しむ。此れ吾が以て心を用ふる所なり」と。此れ聖人の言なり。『天方典礼』に謨罕墨特を引きて云ふ、「妻と僕とは、民の二弱なり。之に衣《き》せ之に食はせ、命ずるに能くせざる所を以てする勿かれ」と。蓋《けだ》し世を持するの人未だ計りて此れに及ばざる者あらず。

通釈

白居易の「婦人の苦しみ」という詩で言うには、「婦人は一度夫を失うと、一生独身を通す。林中の竹のように、急に風に吹き折られてしまうものもある。一旦折れると再び芽生えることはなく、枯れ死んでもなお節を残す。男はもし妻を失っても、ほんのしばらく悲しむことさえなく平気でいることができる。門前の柳のようなもので、春になれば容易に青々と茂るだろう。風が吹いて一本の枝が折れても、また別の一枝が芽生えてくる。あなたのために詳しく言おう。よく聞いてほしい。婦人の苦しみを理解すべきだ、今後は婦人を軽視してはならない」と。その言葉はこのうえなく思いやりに満ちている。『荘子』の天道篇によると、堯が舜に告げて言うことには、「私は身寄りのない人を苦しめたり、苦しんでいる民衆を見捨てたりはしません。死者を哀悼し、子供をいつくしみ、婦人をいたわります。それが私の心がけていることです」と。これは聖人の言葉である。『天方典礼』にマホメット（の言葉）を引用して言うには、「妻と下僕とは、民衆の二大弱者である。彼らの衣食を満たしてやらねばならず、無理なことを命じたりしてはならない」と。思うに、世の中を治めるほどの人でそう配慮し実行できない者はいたためしがない。

解法

㈠ パターン❶—Ⅱ：趣旨

傍線部の主語は「竹」。「折」「不重生」「抱節」をそれぞれ「婦人」の行動にあてはめ、①夫に先立たれた場合であること、②独身を通すこと、③貞操を守ること、の三点を押さえること。なお、「節」には竹の節《ふし》と女性の貞節・貞操とが掛けられている。

解答例　婦人は夫に先立たれると生涯独身を通し貞操を守るということ。

㈡ パターン❶—Ⅰ：現代語訳

婦人とは対照的な男性の有様が述べられている。「能」は可能。「暫」の位置に注意。男性は妻を亡くしても少しの間悲しむことさえなくていられるということである。

解答例　ほんのしばらく悲しむことさえなく平気でいることができる

㈢　パターン❶―Ⅰ：現代語訳・パターン❷：指示内容

「之」は前の「妻曁僕」を指す。「所不能」は〝不可能であること〟。「衣」「食」は肯定し、「命」は否定していることがはっきりわかるように注意すること。

解答例　妻や下僕の衣食を満たすべきで、無理なことを命じてはならない

㈣　パターン❶―Ⅱ：趣旨・パターン❷：指示内容

「持世之人」は具体的には尭やマホメット（ムハンマド）を指す。前の『荘子』『天方典礼』からの引用をふまえ、「此」の指示内容は〝弱者を思いやり手厚く扱うこと〟とまとめる。「未」「不」の二重否定は強い肯定として簡潔にまとめた方がよいだろう。

解答例　世の中を治めるほどの度量を持つ人は、必ず弱者を思いやり手厚く扱うことができるものだ。

一九九四年度　文理共通　第四問

出典　胡震亭『**唐詩談叢**』

明代の人、胡震亭による随筆。

書き下し

唐に殷《いん》安なる者有り。嘗て其の子堪《かん》の宰相と為るを謔《わら》ひて曰はく、「汝は肥頭大面にして、今古《きんこ》を識らず、噇《たう》食して意智無し。宰相と作《な》らずして何ぞや」と。我謂《おも》へらく、肥頭大面にして、能く噇食するは、猶ほ盛時には福気有るの宰相なり。末世のごときは、只だ「無意智不識今古」の七字のみ、宰相と作るに足ると。記すあり、僖《き》・昭の時、白衫《さん》の挙子有り、乞ひて市に歌ひて云ふ、

板《ばん》を執り高歌して箇《こ》の銭を乞ふ　　塵中に流浪して且《まさ》に縁に随はんとす
直饒《たとひ》老に到るまで長く此くのごときも　　猶ほ勝る危時に化権を弄《ろう》するに

嗟呼、白衫の挙子をして寧ろ乞丐《きっかい》と為るとも、宰相と為る無からんとせしめば、天下安んぞ亡びざるを得んや。

通釈

唐に殷安という者がいた。かつて自分の子である堪が宰相となったのを笑って言うには、「おまえは肉付きのよい大きな顔をしているが、何もものを知らないし、食い意地だけは張っていて知恵はない。宰相にでもならないとどうしようもない」と。私が思うに、肉付きのよい大きな顔をして、大食いができるのは、やはり（国力が）盛んな時代の幸福な宰相である。人の道が衰えた末世では、ただ「無意智不識今古」という七字だけで、宰相となるには十分だということだ。記録によると、僖宗と昭宗の時、白

い服を着た書生がいて、物乞いをして市中で歌を歌って言うのは、
粗末な楽器を持ち高らかに歌ってわずかなお金を乞う
ごみごみした世間を放浪して見知らぬ人にすがろうとしている
たとえ老齢に至るまでこのような状態であっても
やはり危難の際に政治権力を濫用する（役人たち）よりはましだ
ああ、この白い服を着た書生に、乞食となるのはいいとしても、むしろ宰相にはならないようにしようと思わせるならば、天下はどうして滅びないでいることができようか、いや、必ず滅びるであろう。

〔補足〕　第二文の「其子堪為宰相」は「其の子の宰相と為るに堪へんを」と訓読し、〝自分の子が宰相になることができるということを〟という意味にとることも可能だが、「堪」を息子の名とする問題文の訓点に従って解釈しておく。

解法

㈠　パターン❶―Ⅰ：現代語訳　《反語》

文字通り訳すと〝宰相にならないでどうする〟。「何」は後に述語がなく、送り仮名による疑問・反語の判断ができないが、前の「肥頭…無意智」から反語〝どうするというのか、いや、どうしようもない〟と考える。前に「詎」とあるのもヒントになる。

解答例　宰相にでもなるしかない

(二)　パターン❶―Ⅱ：趣旨

前の「無意智不識今古」をわかりやすく訳せばよい。訓読すると「意智無く今古を識らず」となる。「今古」は単に〝過去や現在の事跡〟としても可。

解答例　意欲も智恵もなく、古今の政治に関する知識もない人。

(三)　パターン❷：指示内容　《比況》

第一・二句をまとめる。必要なポイントは、①放浪の身であること、②見知らぬ人の施しを受けること、の二点である。

解答例　物乞いをしながら世間を放浪し、人の情けにすがって生きること。

(四)　パターン❸：因果関係　《反語》

「安」は反語なので、傍線部は〝天下が滅びるだろう〟ということ。前の「使白衫挙子…宰相」がそのように判断するにあたっての条件となっている。①書生でさえ宰相になりたがらない状態であること、②それは世の衰退の現れであること、の二点を押さえていることがポイント。

解答例　役人を志し科挙の勉強をしている書生でさえ宰相になりたがらないような世の中には希望がないから。

一九九四年度　文科　第七問

出典　慧皎『**高僧伝**』

南北朝時代の梁の僧慧皎が編集した、高徳の僧の伝記。四百五十年間、四百人に及ぶ記録で、仏教史研究の貴重な資料となるものである。

書き下し

数歳の後、道安方《はじ》めて師に啓《まう》して経を求む。師『弁意経』一巻五千言ばかりを与ふ。安経を齎《たづさ》へ田に入り、息《いこ》ふに因りて就《すなは》ち覧《み》る。暮に帰りて経を以て師に還し、更に余者を求む。師曰はく、「昨の経未だ読まざるに、今復た求むるか」と。答へて曰はく、「即ち已に闇誦せり」と。師之を異とすと雖も、而も未だ信ぜざるなり。復た『成具光明経』一巻一万言に減《たらざ》るを与ふ。之を齎ふること初めのごとく、暮に復た師に還す。師経を執りて之を復せしむるに、一字も差《たが》はず。師大いに驚《きやう》嗟《さ》して之を異とす。後、為に具戒を授け、其の遊学するを恣《ゆる》す。鄴《げふ》に至り中寺に入り、仏《ぶつ》図《と》澄《ちよう》に遇ふ。澄見て嗟《さ》嘆《たん》し、与《とも》に語ること終日なり。衆形貌《けいばう》の称《かな》はざるを見て、咸《みな》共に軽怪す。澄曰はく、「此の人の遠識、爾《なんぢ》の儔《ともがら》には非ざるなり」と。因りて澄に事《つか》へ師と為す。

通釈

数年の後、道安は初めて師匠に経典を読みたいと願い出た。師匠は『弁意経』一巻五千語ほどのものを与えた。安はその経典を持って田に入り、休憩時になるとすぐに読んだ。夕方寺に帰って経典を師匠に返し、また別のものを読みたいと頼んだ。師匠が言うには、「昨日の経典をまだ読んでいないのに、今日また（別の経典を）欲しがるのか」と。（安が）答えて言うには、「（昨日いただいた経典は）もう暗誦してしまいました」と。師匠はそれをすばらしいことだと思ったが、まだ信じなかった。また『成具光明経』一巻一万語足らずのものを与えた。（安は）前回と同じようにそれを持って行き、夕方また師匠に返した。師匠が経典を手に取ってそれを（安に）暗誦させてみると、一字として間違うことはなかった。師匠は大いに驚きすばらしいと思った。後に、安のために戒律を授け、他国で学問することを許した。（安は）鄴に着いて中寺に入り、仏図澄に会った。澄は（安に）会って感嘆し、一日中二人で語り合った。他の僧たちは（安の）容貌が秀才の名に相応しくないのを見て、皆で軽んじ気味悪がった。澄が言うには、「この人の深い見識は、おまえたちの比ではない」と。そういうわけで（安は）澄に師事した。

解法

(一) **パターン❶―Ⅰ：現代語訳**

「雖」は逆接、「未」は否定。「異」を〝きわだってすばらしい〟と訳せるかどうかがポイント。

解答例　師匠はそれをすばらしいことだとは思ったが、まだ信じなかった

(二) **パターン❶―Ⅱ：趣旨《比況》**

「之」は『成具光明経』を指す。「如」は比況。初めと同じ行動をしたというのだから、「齎」から、前の「安齎経…就覧」を要約すればよい。

解答例　道安の、経典を田へ持って行き休憩時間に読むという行為。

(三) **パターン❶―Ⅱ：趣旨**

「此人」は道安を指す。道安の才能のほども知らず容貌の醜さを嘲った「衆」を諫めているのである。

〝容貌（美醜・外見）で人を判断してはならない〟なども可。

解答例

人間の評価は容貌ではなく内面的な見識によって決まるということ。

一九九三年度　文科

第四問

出典　蘇軾「與㆓王郎昆仲《わうらうこんちゆう》及《ビ》兒子《じし》邁《まい》㆒、遶《めぐリテ》㆑城《ヲ》観《み》㆓荷花《かくわヲ》㆒、登《リ》㆓峴山亭《けんざんていニ》㆒、晩《ニ》入《リテ》㆓飛英寺《ニ》㆒、分韻《ぶんゐんシテ》得《タリ》㆓月明星稀《げつめいせいきヲ》㆒四首」其二

蘇軾は宋代の人。号は東坡。経史に通じ、優秀な成績で科挙に合格するが、国内制度の改変や新旧勢力の盛衰によって翻弄され、浮沈の激しい人生を送った。潑剌とした奔放な詩風が特徴的である。出題された詩は、湖州で友人らと詩の競作をして遊んだ際のものである。

書き下し

清風定めて何物ぞ　　愛すべくして名づくべからず
至る所君子のごとく　　草木嘉声有り
我が行《かう》本より事無し　　孤舟斜横するに任す
中流に自ら偃《えん》仰し　　適《まさ》に風と相迎ふ
杯を挙げて浩渺《べう》に属し　　此の両《ふたつ》ながら情無きを楽しむ
帰り来たる両渓の間　　雲と水と夜自ら明らかなり

通釈

清らかな風とはいったいどういうものなのだろうか
愛すべきものであって名付けることができない
吹き至る所では（どこでもよい評判の立つ）君子のように
（清風を迎える）草木が喜び称えるよい音を立てる

私の旅などもともと何の目的もない
舟は流れに任せて進んで行く
川の流れの中で（船中に）身を横たえ
ちょうどよく吹いて来る風を身に受けている
盃を挙げて大空に向かって一杯どうかねと言ってみたりして
大自然と自分とが共に何の物思いもないものであることを楽しむ
崖の間を流れる川を舟で漕いで帰って来たが
空の雲と川の水とが夜でも明るくはっきりと見分けられる

解法

㈠　**パターン❶―Ⅱ：趣旨・パターン❸：因果関係　《比喩》**

「嘉声」の〔注〕に着目。風による「よい音」と、君子による「よい評判」とが掛けられ、風が君子にたとえられている。

解答例

(ア)	清風
(イ)	君子は、関わったすべての人々の間でよい評判を立てるから。

㈡　**パターン❶―Ⅱ：趣旨**

①舟の中で、②寝転んでいる、の二点が必須。それぞれに、第六句から流れのままにあてもなく行く舟であること、第五・八句から用事もない気楽な身で風に吹かれていることを添えると、要求にかなっ

た分量にまとめられるはずである。

解答例　川の流れに任せて進む小舟の中で、心地よい風を身に受けながら身を横たえ、気楽な時間を一人楽しんでいる。

㈢　パターン❹：心情

第十句の「楽」が心情の中心であることは明らか。「此両」に付された〔注〕から、自然も自分も共に煩わしい気持ちなど持たないことを楽しんでいるとわかる。自然が無情のものであるのは当然なので、人間である作者が自然の境地にあるかのようなおおらかな心境にあるということであろう。

解答例　人の世の煩わしさを忘れ、大自然と一体化したような悠然とした気分を楽しもうとする心境。

一九九三年度　文科　第七問

出典　趙南星『笑賛』

明代の人である趙南星が笑話を集めて編んだもの。

書き下し

卜者の子本業を習はざれば、父之を譴《けん》怒す。子曰く、「此甚だ易きのみ」と。次日風雨の中より卜を求むる者有り、父子に命じて試みに之を為さしむ。子即ち問ひて曰く、「汝東方より来たるか」と。曰く、「然り」と。復た問ふ、「汝妻が為に卜するか」と。亦た曰く、「然り」と。其の人卜畢《をは》りて去る。父驚きて問ひて曰く、「爾《なんぢ》何ぞ前に知ること此のごときか」と。子答へて曰く、「今日は乃ち東風なり、其の人西に向ひて来たり、肩背尽《ことごと》く湿れり。是を以て之を知る。且つ風雨にすら是のごとし。妻の為ならずして誰か肯《あへ》て父母の為に出来《しゆつらい》せんや」と。

或ひと曰く、「卜者の子甚だ聡明なれども、惜むべきは曾て孟子を読まざりき。若し孟子を読了せし時には、便ち人の性皆善なるを知る。豈に父母を視ること反りて妻よりも軽きの理有らんや」と。

通釈

占い師の子が家業（の占い）を習わないので、父はそれを責め叱った。子が言うには、「占いなどとても簡単なものにすぎない」と。次の日風雨の中を占ってくれと言ってやって来た者がいた。父は子に命じて試しに占わせてみた。子はすぐに（占いをしてもらいに来た人に）尋ねて言うには、「あなたは東の方から来たのですか」と。（その人が）言うには、「そうです」と。また（子が）尋ねるのは、「あなたは妻のために占いをするのですか」と。また（その人が）言うには、「そうです」と。その人は占いが終わって帰って行った。父は驚いて（子に）尋ねて言うには、「おまえはどうして前もってそんなふうに知っていたのか」と。子が答えて言うには、「今日は東風で、あの人は西に向かってやって来たので、肩や背中がびっしょり濡れていました。だから東方の人だとわかったのです。さらにまた風雨の中でさえこのように濡れ鼠になってやって来たのです。妻のためでなければ誰が父母ごときのためにやって来たりするでしょうか」と。

ある人が言うには、「占い師の子は非常に聡明だが、惜しむべきは今まで『孟子』を読まなかったことだ。もし『孟子』を読了したら、すぐに人の性質はすべて善であることを悟るだろう。どうして父母を思う気持ちが妻よりも軽いという道理があるだろうか、いや、そんなことはないのだ」と。

解法

㈠　**パターン❶—I：現代語訳・パターン❷：指示内容　《使役》**

訓読すると「父子に命じて試みに之を為さしむ」。「之」は占うこと。「命じて」の後なので「為」には使役の意が加わる。

解答例　父は息子に命じて試しに占いをさせてみた

㈡　**パターン❸：因果関係**

後で父の問いに答えて理由を説明している部分に注目。「為妻卜」とわかった理由は「風雨如是」である。

解答例　ひどい風雨の中をわざわざ占ってもらいに来たから。

㈢　空所補充

「東風」は東から吹いて来る風。背中が濡れるということは、風に背を向けていた、つまり西を向いていたということである。

解答例　西

㈣　パターン❶—Ⅰ：現代語訳　《反語》《比較》

「豈」は反語、「於」はここでは比較。「反」はここでは副詞で〝逆に・それに反して〟の意。詳しく言えば、〝孟子の性善説では当然のこととされている父母への礼に反して〟ということである。

解答例　父母を思う気持ちが逆に妻よりも軽いという道理はあるはずがない

一九九三年度 理科

第四問

出典 崔述『**考信録**』前録 提要

清代の歴史家崔述による、古代の儒教史を研究した書物で、前録四巻、正録二十巻、後録十二巻から成っている。

書き下し

宋より以前は、士の書を読む者多し。故に貴ぶ所は博に在らずして、考弁の精に在るなり。明に至りて、学者多く書を束ねて読まず、挙業より外は、茫《ぼう》として知る所無し。是に於いて才智の士務めて新異を捜覧し、雑家の小説と、近世の贋書とに論無く、凡そ昔人の鄙《いや》しみて道《い》ふを屑《いさぎよ》しとせざる所の者は、咸《みな》之を居《お》きて奇貨と為し、以て当世の書を読まざるの人に傲《おご》る。曰く、「吾陰符《いんぷ》・山海経《せんがいきやう》を誦し得たり」と。曰く、「吾呂氏春秋・韓詩外伝を誦し得たり」と。公然と自ら人に詑《ほこ》り、人も亦た公然と之を詑《ほこり》として以て博しと為す。六経を藜藿《れいくわく》と為して、此の書を熊掌《いうしやう》と為す者のごときは、良《まこと》に慨《なげ》くべきなり。

通釈

宋代以前は、読書をする者が多かった。だから重視されたのは博識さではなく、考証や弁論の精密さであった。明代になって、学者の多くは本を束ねたままで読もうとせず、科挙のための学問以外は、蒙昧で何も知らない。それで才気走った者は目新しい書物を探して読むのに精を出し、雑文家の小説や、近世の贋作も関係なく、およそ昔の人であれば軽蔑しわざわざ論じるに足りないとした書物を、ことごとく取り上げて珍しくすばらしいものだと言い、昨今の読書をしない人たちに自慢する。「私は『陰符』・『山海経』を暗誦した」と言ったり、「私は『呂氏春秋』・『韓詩外伝』を暗誦した」と言ったりして堂々と人に自慢し、人もまた公然とそれを立派なことだと認め博識だともてはやしている。儒教の六つの経典をアカザや豆の葉のように軽視し、それら（＝『陰符』や『山海経』など）の書物を熊の掌のように高級なものだと思っているのは、本当に嘆かわしいことだ。

解法

㈠　**パターン❶―Ⅱ：趣旨**

「博」と「考弁之精」との比較を明らかにすることが必須条件。そのうえで、「所貴」を述語に持ってきて〝～を重視した〟とすると自然な説明ができるであろう。

解答例　単なる博識さよりも、精密な考証や弁論を重視したということ。

㈡　**パターン❶―Ⅰ：現代語訳**

「自」は「より」と読み、起点や限度を表す。「茫」は「茫然」「茫漠」等の熟語から〝はっきりしない・ぼんやりしている〟の意であることがわかるだろう。ここでは学問知識について述べているので、後の「無所知」とほぼ同意である。

解答例　科挙のための学問以外は、蒙昧で何も知らない

㈢

(ア)　**パターン❶―Ⅲ：省略の補充　《主語》**

前文を整理すれば、「才智之士」が主語、「捜覧」「居」「為」「傲」が動詞である。それに続く文だから主語はもちろん同じく「才智之士」。会話文の内容および後の「自詫於人」も前文と対応している。

解答例　才智之士

(イ)　パターン❸：因果関係

「人」について、①読書量が少ない（科挙に関する本しか読まない）、②書物に対する判断力がない、の二点を説明すれば、それが「才智之士」がつまらない書物を暗誦したにすぎなくても公然と自慢できたことの理由となる。

解答例　多くの人は読書の習慣がなく、書物の価値もわかっていないから。

(四)　パターン❹：主張　《比喩》

「藜藿」が〝取るに足りないもの〟、「熊掌」が〝価値あるもの〟の比喩になっていることは明らか。傍線部は筆者が嘆かわしく思っている現状であるから、本来の筆者の主張はそれぞれ逆の扱いをすべきものとしてまとめる。

解答例　「六経」を価値あるものとしてしっかり読み、「此書」はつまらない書物として扱うべきである。

難関校過去問シリーズ

東大の古典

27カ年［第10版］

別冊 問題編

教学社

東大の古典27カ年［第10版］

別冊　問題編

古文篇

二〇一九年度……2
二〇一八年度……5
二〇一七年度……8
二〇一六年度……11
二〇一五年度……14
二〇一四年度……17
二〇一三年度……20
二〇一二年度……23
二〇一一年度……25
二〇一〇年度……27
二〇〇九年度……29
二〇〇八年度……32
二〇〇七年度……35
二〇〇六年度……38
二〇〇五年度……40
二〇〇四年度……43
二〇〇三年度……45
二〇〇二年度……47
二〇〇一年度……49
二〇〇〇年度……53
一九九九年度……55
一九九八年度……59
一九九七年度……63
一九九六年度……67
一九九五年度……71
一九九四年度……75
一九九三年度……79

漢文篇

二〇一九年度……83
二〇一八年度……85
二〇一七年度……87
二〇一六年度……89
二〇一五年度……92
二〇一四年度……95
二〇一三年度……98
二〇一二年度……101
二〇一一年度……103
二〇一〇年度……105
二〇〇九年度……107
二〇〇八年度……109
二〇〇七年度……111
二〇〇六年度……113
二〇〇五年度……115
二〇〇四年度……119
二〇〇三年度……123
二〇〇二年度……127
二〇〇一年度……131
二〇〇〇年度……136
一九九九年度……140
一九九八年度……146
一九九七年度……152
一九九六年度……156
一九九五年度……160
一九九四年度……166
一九九三年度……170

巻末付録

出典一覧……176
解答欄の例……180

古文篇

二〇一九年度　文理共通

第二問

次の文章は、闌更《らんこう》編『誹諧世説《はいかいせせつ》』の「嵐雪《らんせつ》が妻、猫を愛する説」である。これを読んで、後の設問に答えよ。

嵐雪が妻、唐猫《からねこ》のかたちよきを愛して、美しきふとんをしかせ、食ひ物も常ならぬ器に入れて、朝夕ひざもとをはなさざりけるに、門人・友どちなどにもうるさく思ふ人もあらんと、嵐雪、折々は、「獣《けもの》を愛するにも、程あるべき事なり。人にもまさりたる敷き物・器、食ひ物とても、忌むべき日にも、猫には生《なま》ざかなを食はするなど、よからぬ事」とつぶやきけれども、妻しのびてもこれを改めざりけり。

さてある日、妻の里へ行きけるに、留守《るす》の内、外へ出でざるやうに、かの猫をつなぎて、例のふとんの上に寝させて、さかなど多く食はせて、くれぐれ綱ゆるさざるやうに頼みおきて出で行きぬ。嵐雪、かの猫をいづくへなりとも遣はし、妻をたばかりて猫を飼ふ事をやめんと思ひ、かねて約しおける所ありければ、遠き道を隔て、人して遣はしける。妻、日暮れて帰り、まづ猫を尋ぬるに見えず。「猫はいづくへ行き侍る」と尋ねければ、「されば、そこのあとを追ひけるにや、しきりに鳴き、綱を切るばかりに騒ぎ、毛も抜け、首もしまるほどなりけるゆゑ、あまり苦しからんと思ひ、綱をゆるしてさかななどあてけれども、食ひ物も食はで、ただうろうろと尋ぬるけしきにて、門口《かどぐち》・背戸口《せどぐち》・二階など行きつ戻りつしけるが、それより外へ出で侍るにや、近隣を尋ぬれども今に見えず」と言ふ。妻、泣き叫びて、行くまじき方までも尋ねけれども、帰らずして、三日、四日過ぎければ、妻、袂《たもと》をしぼりながら、

猫の妻いかなる君のうばひ行く　妻

かく言ひて、ここちあしくなり侍りければ、妻の友とする隣家の内室、これも猫を好きけるが、嵐雪がはかりて他所へ遣はしける事を聞き出だし、ひそかに妻に告げ、「無事にて居侍るなり。必ず心を痛め給ふ事なかれ。エ我が知らせしとなく、何町、何方へ取り返しに遣はし給へ」と語りければ、妻、「かかる事のあるべきや。我が夫、猫を愛する事を憎み申されけるが、オさては我をはかりてのわざなるか」と、さまざま恨みいどみ合ひける。嵐雪もカあらはれたる上は是非なく、「実に汝《なんぢ》をはかりて遣はしたるなり。常々言ふごとく、キ余り他《た》に異なる愛し様《やう》なり。はなはだ悪しき事なり。重ねて我が言ふごとくなさずば、取り返すまじ」と、さまざま争ひけるに、隣家・門人などいろいろ言ひて、妻にわびさせて、嵐雪が心をやはらげ、猫も取り返し、何事なくなりけるに、

睦月《むつき》はじめの夫婦《めをと》いさかひを人々に笑はれて

喜ぶを見よや初ねの玉《たま》ばは木《き》　嵐雪

〔注〕○嵐雪――俳人。芭蕉の門人。

○唐猫――猫。もともと中国から渡来したためこう言う。

○門口・背戸口――家の表側の出入り口と裏側の出入り口。

○内室――奥様。

○玉ばは木――正月の初子《はつね》の日に、蚕《かいこ》部屋を掃《は》くために使う、玉のついた小さな箒《ほうき》。

設問

㈠ 傍線部ア・イ・カを現代語訳せよ。

解答欄：各一二・七㎝×一行

㈡ 「行くまじき方までも尋ねけれども」（傍線部ウ）を、誰が何をどうしたのかわかるように、言葉を補い現代語訳せよ。

解答欄：一三・四㎝×一行

㈢ 「我が知らせしとなく、何町、何方へ取り返しに遣はし給へ」（傍線部エ）とあるが、隣家の内室は、どうせよといっているのか、説明せよ。

解答欄：一三・四㎝×一行

㈣ 「さては我をはかりてのわざなるか」（傍線部オ）とあるが、嵐雪は妻をどうだましたのか、説明せよ。

解答欄：一三・四㎝×一行

㈤ 「余り他に異なる愛し様」（傍線部キ）とあるが、どのような「愛し様」か、具体的に説明せよ。

解答欄：一三・四㎝×一行

※ ㈢・㈤は文科のみの出題。

二〇一八年度　文理共通

第二問

次の文章は『太平記』の一節である。美しい女房の評判を聞いた武蔵守高師直《こうのもろなお》は、侍従の局《つぼね》に仲立ちを依頼したが、すでに人妻となっている女房は困惑するばかりであった。これを読んで、後の設問に答えよ。

侍従帰りて、「かくこそ」と語りければ、武蔵守いと心を空に成して、「たび重ならば情けに弱ることもこそあれ、文をやりてみばや」とて、兼好と言ひける能書の遁世者をよび寄せて、紅葉襲《もみぢがさね》の薄様《うすやう》の、取る手も燻《く》ゆるばかりに焦がれたるに、言葉を尽くしてぞ聞こえける。返事遅しと待つところに、使ひ帰り来て、「御文をば手に取りながら、アあけてだに見たまはず、庭に捨てられたるを、人目にかけじと、懐《ふところ》に入れ帰りまゐつて候ひぬる」と語りければ、師直大きに気を損じて、「いやいや物の用に立たぬものは手書きなりけり。今日よりその兼好法師、これへ寄すべからず」とぞ怒りける。

かかるところに薬師寺次郎左衛門公義《きんよし》、所用の事有りて、ふとさし出でたり。師直かたはらへ招いて、「ここに、文をやれども取つても見ず、けしからぬ程に気色《けしき》つれなき女房のありけるをば、いかがすべき」とうち笑ひければ、公義「人皆岩《いは》木《き》ならねば、いかなる女房も、慕ふに靡《なび》かぬ者や候ふべき。今一度御文を遣はされて御覧候へ」とて、師直に代はつて文を書きけるが、イなかなか言葉はなくて、

　返すさへ手や触れけんと思ふにぞウわが文ながらうちも置かれず

押し返して、仲立ちこの文を持ちて行きたるに、女房いかが思ひけん、歌を見て顔うちあかめ、袖に入れて立ちけるを、仲立ちさてはエたよりあしからずと、袖をひかへて、「さて御返事はいかに」と申しければ、「重きが上の小夜衣《さよごろも》」とばかり言ひ捨てて、内へ紛れ入りぬ。暫《しばら》くあれば、使ひ急ぎ帰つて、「かくこそ候ひつれ」と語るに、師直うれしげにうち案じて、やがて薬師寺をよび寄せ、「この女房の返事に、『重きが上の小夜衣』と言ひ捨てて立たれけると仲立ちの申すは、衣・小袖

をととのへて送れとにや。その事ならば、いかなる装束なりとも仕立てんずるに、いと安かるべし。これは何と言ふ心ぞ」と問はれければ、公義「いやこれはさやうの心にては候はず、新古今の十戒《じっかい》の歌に、

　さなきだに重きが上の小夜衣わがつまならぬつまな重ねそ

と言ふ歌の心を以つて、人目ばかりを憚《はばか》り候ふものぞとこそ覚えて候へ」と歌の心を釈しければ、師直大きに悦《よろこ》んで、「ああ御辺《ごへん》は弓箭《ゆみや》の道のみならず、歌道にさへ無双の達者なりけり。いで引出物せん」とて、金作《こがねづく》りの丸鞘《まるざや》の太刀《たち》一振り、手づから取り出だして薬師寺にこそ引かれけれ。兼好が不祥、公義が高運、栄枯一時に地をかへたり。

〔注〕
○兼好――兼好法師。『徒然草』の作者。
○紅葉襲の薄様――表は紅、裏は青の薄手の紙。
○薬師寺次郎左衛門公義――師直の家来で歌人。
○仲立ち――仲介役の侍従。
○小夜衣――着物の形をした寝具。普通の着物よりも大きく重い。
○十戒の歌――僧が守るべき十種の戒律について詠んだ歌。
○丸鞘――丸く削った鞘。

設　問

㈠　傍線部ア・イ・エを現代語訳せよ。　解答欄：各一二・七㎝×一行

㈡　「わが文ながらうちも置かれず」（傍線部ウ）とあるが、どうして自分が出した手紙なのに捨て置けないのか、説明せよ。　解答欄：一三・四㎝×一行

㈢　「さやうの心」（傍線部オ）とは、何を指しているか、説明せよ。　解答欄：一三・四㎝×一行

㈣　「わがつまならぬつまな重ねそ」（傍線部カ）とはどういうことか、掛詞に注意して女房の立場から説明せよ。　解答欄：一三・四㎝×一行

㈤　「人目ばかりを憚り候ふものぞ」（傍線部キ）とあるが、公義は女房の言葉をどう解釈しているか、説明せよ。　解答欄：一三・四㎝×一行

※　㈡・㈣は文科のみの出題。

二〇一七年度　文理共通

第二問

次の文章は、『源氏物語』真木柱巻の一節である。玉鬘《たまかずら》は、光源氏（大殿）のかつての愛人であった亡き夕顔と内大臣との娘だが、両親と別れて筑紫国で育った。玉鬘は、光源氏の娘として引き取られ多くの貴公子達の求婚を受けるかたわら、光源氏にも思慕の情を寄せられ困惑する。しかし意外にも、求婚者の中でも無粋な鬚黒《ひげくろ》大将の妻となって、その邸に引き取られてしまった。以下は、光源氏が結婚後の玉鬘に手紙を贈る場面である。これを読んで、後の設問に答えよ。

二月にもなりぬ。大殿は、さてもつれなきわざなりや、いとかう際々《きはぎは》しうとしも思はでたゆめられたる妬《ねた》さを、人わろく、すべて御心にかからぬをりなく、恋しう思ひ出でられたまふ。宿世《すくせ》などいふもの(ア)おろかならぬことなれど、わがあまりなる心にて、かく人やりならぬものは思ふぞかしと起き臥《ふ》し面影にぞ見えたまふ。大将の、をかしやかにわららかなる気《け》もなき人に添ひゐたらむに、はかなき戯《たはぶ》れ言《ごと》もつつましうあいなく思《おぼ》されて、念じたまふを、雨いたう降りていとのどやかなるころ、かやうのつれづれも紛らはし所に渡りたまひて、語らひたまひしさまなどの、いみじう恋しければ、御文奉りたまふ。右近がもとに忍びて遣はすも、かつは思はむことを思すに、何ごともえつづけたまはで、ただ思はせたることどもぞありける。

「かきたれてのどけきころの春雨にふるさと人をいかにしのぶや

つれづれに添へても、恨めしう思ひ出でらるること多うはべるを、(イ)いかでかは聞こゆべからむ」などあり。

隙《ひま》に忍びて見せたてまつれば、うち泣きて、わが心にもほど経るままに思ひ出でられたまふ御さまを、まほに、「恋しや、いかで見たてまつらむ」などはえのたまはぬ親にて、(ウ)げに、いかでかは対面もあらむとあはれなり。時々むつかしかりし御気色《けしき》を、心づきなう思ひきこえしなどは、この人にも知らせたまはぬことなれば、心ひとつに思しつづくれど、右近はほの気色見けり。エいかなりけることならむとは、今に心得がたく思ひける。御返り、「聞こゆるも恥づかしけれど、おぼつかなくやは」とて書きたまふ。

「ながめする軒《のき》のしづくに袖ぬれてうたかた人をしのばざらめや

ほどふるころは、げにことなるつれづれもまさりはべりけり。あなかしこ」とカゐやゐやしく書きなしたまへり。

ひきひろげて、玉水のこぼるるやうに思さるるを、人も見ばうたてあるべしとつれなくもてなしたまへど、胸に満つ心地して、かの昔の、尚侍《かむ》の君を朱雀院《すざくゐん》の后の切《せち》にとり籠《こ》めたまひしをりなど思し出づれど、さし当たりたることなればにや、これは世づかずぞあはれなりける。キ好いたる人は、心からやすかるまじきわざなりけり、今は何につけてか心をも乱らまし、似げなき恋のつまなりや、とさましわびたまひて、御琴掻《か》き鳴らして、なつかしう弾きなしたまひし爪音《つまおと》思ひ出でられたまふ。

〔注〕　○つれなきわざ――鬚黒が玉鬘を、光源氏に無断で自分の邸に引き取ったこと。
○紛らはし所――光源氏が立ち寄っていた玉鬘の居所。
○右近――亡き夕顔の女房。玉鬘を光源氏の邸に連れてきた。
○隙に忍びて――鬚黒が不在の折にこっそりと。
○うたかた――泡がはかなく消えるような少しの間も。
○尚侍の君を朱雀院の后の切にとり籠めたまひしをり――当時の尚侍の君であった朧月夜《おぼろづきよ》を、朱雀院の母后である弘徽殿《こきでん》大后が強引に光源氏に逢えないようになさった時のこと。現在の尚侍の君は、玉鬘。

設問

㈠　傍線部ア・イ・オを現代語訳せよ。　解答欄：各一二・七㎝×一行

㈡　「げに、いかでかは対面もあらむとあはれなり」（傍線部ウ）とは誰のどのような気持ちか、説明せよ。　解答欄：一三・四㎝×一行

㈢　「いかなりけることならむ」（傍線部エ）とは、誰が何についてどのように思っているのか、説明せよ。　解答欄：一三・四㎝×一行

㈣　「ゐやゐやしく書きなしたまへり」（傍線部カ）とあるが、誰がどのようにしたのか、説明せよ。　解答欄：一三・四㎝×一行

㈤　「好いたる人」（傍線部キ）とは、ここではどういう人のことか、説明せよ。　解答欄：一三・四㎝×一行

※　㈡・㈣は文科のみの出題。

二〇一六年度　文理共通

第二問

次の文章は、鎌倉時代成立とされる物語『あきぎり』の一節である。これを読んで、後の設問に答えよ。なお、本文中の「宰相」は姫君の「御乳母《めのと》」と同一人物であり、「少将」はその娘で、姫君の侍女である。

（尼上八）まことに限りとおぼえ給へば、御乳母を召して、「今は限りとおぼゆるに、この姫君のことのみ思ふを、なからむあとにも、かまへて軽々しからずもてなし奉れ。今は宰相よりほかは、誰をか頼み給はむ。我なくなるとも、父君生きてましまさば、さりともと心安かるべきに、誰に見譲《ゆづ》るともなくて、消えなむのちのうしろめたさ」を返す返すも続けやり給はず、御涙もとどめがたし。

まして宰相はせきかねたる気色にて、しばしはものも申さず。ややためらひて、「いかでかおろかなるべき。おはします時こそ、おのづから立ち去ることも侍らめ、誰を頼みてか、かたときも世にながらへさせ給ふべき」とて、袖を顔に押し当てて、たへがたげなり。姫君は、ましてただ同じさまなるにも、かく嘆きをほのかに聞くにも、なほもののおぼゆるにやと、悲しさやらむかたなし。げにただ今は限りと思《おぼ》して、念仏高声に申し給ひて、眠り給ふにやと見るに、はや御息も絶えにけり。

姫君は、ただ同じさまにと、こがれ給へども、かひなし。誰も心も心ならずながら、さてもあるべきことならねば、その御出《い》で立ちし給ふにも、われさきにと絶え入り絶え入りし給ふを、「何事もしかるべき御ことこそましますらめ。消え果て給ひぬるは、いかがせむ」とて、またこの君の御ありさまを嘆きゐたり。大殿もやうやうに申し慰め給へども、生きたる人とも見え給はず。

その夜、やがて阿弥陀《あみだ》の峰といふ所にをさめ奉る。むなしき煙と立ちのぼり給ひぬ。悲しとも、世の常なり。大殿は、こまごまものなどのたまへること、夢のやうにおぼえて、姫君の御心地、さこそとおしはかられて、御乳母を召して、「かまへて申し慰め奉れ。御忌み離れなば、オやがて迎へ奉るべし。心ぼそからでおはしませ」など、頼もしげにのたまひおき、帰り給ひぬ。

中将は、かくと聞き給ひて、姫君の御嘆き思ひやり、心苦しくて、鳥辺野《とりべの》の草とも、さこそ思し嘆くらめと、あはれなり。夜な夜なの通ひ路も、今はあるまじきにやと思すぞ、いづれの御嘆きにも劣らざりける。少将のもとまで、

　カ鳥辺野の夜半《よは》の煙に立ちおくれさこそは君が悲しかるらめ

とあれども、キ御覧じだに入れねば、かひなくてうち置きたり。

〔注〕　○御出で立ち――葬送の準備。

○しかるべき御こと――前世からの因縁。

○阿弥陀の峰――現在の京都市東山区にある阿弥陀ヶ峰。古くは、広くこの一帯を鳥辺野と呼び、葬送の地であった。

○御忌み離れなば――喪が明けたら。

○中将――姫君のもとにひそかに通っている男性。

【人物関係図】

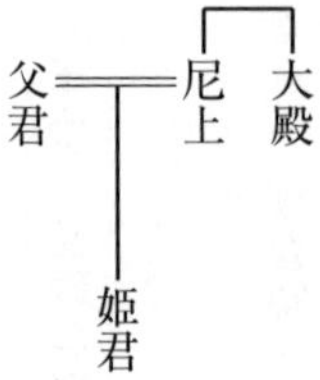

設問

㈠ 傍線部エ・オ・キを現代語訳せよ。

解答欄：各一二・七㎝×一行

㈡ 「なからむあとにも、かまへて軽々しからずもてなし奉れ」（傍線部ア）とはどういうことか、説明せよ。

解答欄：一三・四㎝×一行

㈢ 「おはします時こそ、おのづから立ち去ることも侍らめ」（傍線部イ）を、主語を補って現代語訳せよ。

解答欄：一三・四㎝×一行

㈣ 「ただ同じさまにと」（傍線部ウ）とはどういうことか、説明せよ。

解答欄：一三・四㎝×一行

㈤ 「鳥辺野の夜半の煙に立ちおくれさこそは君が悲しかるらめ」（傍線部カ）の和歌の大意をわかりやすく説明せよ。

解答欄：一三・四㎝×一行

※ ㈢・㈣は文科のみの出題。

第二問

二〇一五年度　文理共通

次の文章は、平安後期の物語『夜の寝覚』の一節である。女君は、不本意にも男君（大納言）と一夜の契りを結んで懐妊したが、男君は女君の素性を誤解したまま、女君の姉（大納言の上）と結婚してしまった。その後、女君は出産し、妹が夫の子を生んだことを知った姉との間に深刻な溝が生じてしまう。いたたまれなくなった女君は、広沢の地（平安京の西で、嵐山にも近い）に隠棲《いんせい》する父入道のもとに身を寄せ、何とか連絡を取ろうとする男君をかたくなに拒絶し、ひっそりと暮らしている。以下を読んで、後の設問に答えよ。

さすがに姨捨山《をばすてやま》の月は、夜更《ふ》くるままに澄みまさるを、めづらしく、つくづく見いだしたまひて、ながめいりたまふ。

ア ありしにもあらずうき世にすむ月の影こそ見しにかはらざりけれ

そのままに手ふれたまはざりける箏《さう》の琴《こと》ひきよせたまひて、かき鳴らしたまふに、所からあはれまさり、松風もいと吹きあはせたるに、そそのかされて、ものあはれに思《おぼ》さるるままに、聞く人あらじと思せば心やすく、手のかぎり弾《ひ》きたまひたるに、入道殿の、仏の御前におはしけるに、聞きたまひて、「あはれに、言ふにもあまる御琴の音《ね》かな」と、うつくしきに、聞きあまりて、イ行ひさしてわたりたまひたれば、弾きやみたまひぬるを、「なほあそばせ。念仏しはべるに、『極楽の迎へちかきか』と、心ときめきせられて、たづねまうで来つるぞや」とて、少将に和琴《わごん》たまはせ、琴かき合はせなどしたまひて遊びたまふ程に、はかなく夜もあけぬ。かやうに心なぐさめつつ、あかし暮らしたまふ。

つねよりも時雨《しぐれ》あかしたるつとめて、大納言殿より、

ウ つらけれど思ひやるかな山里の夜半《よは》のしぐれの音《おと》はいかにと

雪かき暮らしたる日、思ひいでなきふるさとの空さへ、とぢたる心地して、さすがに心ぼそければ、端《はし》ちかくゐざりいで

て、白き御衣《ぞ》どもあまた、なかなかいろいろならむよりもをかしく、なつかしげに着なしたまひて、ながめ暮らしたまふ。ひととせ、かやうなりしに、大納言の上と端ちかくて、雪山つくらせて見しほどなど、思しいづるに、つねよりも落つる涙を、らうたげに拭《のご》ひかくして、

「思ひいではあらしの山になぐさまで雪ふるさとはなほぞこひしき

我をば、かくも思しいでじかし」と、推《お》しはかりごとにさへ止《とど》めがたきを、対《たい》の君いと心ぐるしく見たてまつりて、「くるしく、いままでながめさせたまふかな。御前に人々参りたまへ」など、よろづ思ひいれず顔にもてなし、なぐさめたてまつる。

〔注〕○姨捨山――俗世を離れた広沢の地を、月の名所である長野県の姨捨山にたとえた表現。「我が心なぐさめかねつ更級《さらしな》や姨捨山に照る月を見て」（古今和歌集）を踏まえる。

○そのままに――久しく、そのままで。

○少将――女君の乳母の娘。

○対の君――女君の母親代わりの女性。

設問

㈠　傍線部ア・イ・カを現代語訳せよ。　解答欄：各一二・七㎝×一行

㈡　「つらけれど思ひやるかな」（傍線部ウ）を、必要な言葉を補って現代語訳せよ。　解答欄：一三・四㎝×一行

㈢　「なかなかいろいろならむよりもをかしく」（傍線部エ）とはどういうことか、説明せよ。　解答欄：一三・四㎝×一行

㈣　「雪ふるさとはなほぞこひしき」（傍線部オ）とあるが、それはなぜか、説明せよ。　解答欄：一三・四㎝×一行

㈤　「よろづ思ひいれず顔にもてなし」（傍線部キ）とは対の君のどのような態度か、説明せよ。　解答欄：一三・四㎝×一行

※　㈡・㈤は文科のみの出題。

二〇一四年度　文理共通

第二問

次の文章は、井原西鶴の『世間胸算用』の一節である。これを読んで、後の設問に答えよ。

分限《ぶんげん》になりける者は、その生まれつき格別なり。ある人の息子《むすこ》、九歳より十二の歳の暮れまで、手習《てならひ》につかはしけるに、その間《あひだ》の筆の軸《ぢく》を集め、そのほか人の捨てたるをも取りためて、ほどなく十三の春、我が手細工《てざいく》にして軸簾《ぢくすだれ》をこしらへ、一つを一匁《もんめ》五分《ふん》づつの、三つまで売り払ひ、はじめて銀四匁五分まうけしこと、我が子ながらただものにあらずと、親の身にしては嬉《うれ》しさのあまりに、手習の師匠に語りければ、師の坊、このことをよしとは誉《ほ》めたまはず。「我《われ》、この年まで、数百人《すひやくにん》子供を預かりて、指南《しなん》いたして見およびしに、その方《はう》の一子《いつし》のごとく、ア気のはたらき過ぎたる子供の、末に分限に世を暮らしたるためしなし。また、乞食《こじき》するほどの身代《しんだい》にもならぬもの、中分《ちうぶん》より下の渡世《とせい》をするものなり。かかることには、さまざまの子細あることなり。そなたの子ばかりを、かしこきやうに思《おぼ》しめすな。それよりは、イ手まはしのかしこき子供あり。我が当番の日はいふにおよばず、人の番の日も、箒《はうき》取りどり座敷掃《は》きて、あまたの子供が毎日つかひ捨てたる反《ほう》古《ぐ》のまろめたるを、一枚一枚皺《しわ》のばして、日ごとに屛風屋《びやうぶや》へ売りて帰るもあり。これは、筆の軸を簾の思ひつきよりは、当分《たうぶん》の用に立つことながら、これもよろしからず。またある子は、紙の余慶持ち来たりて、紙つかひ過ごして不自由なる子供に、一日一倍ましの利にてこれを貸し、年中に積もりての徳、何ほどといふ限りもなし。ウこれらは皆、それぞれの親のせちがしこき気を見習ひ、自然と出《いづ》るおのれおのれが知恵にはあらず。その中にもひとりの子は、父母の朝夕《てうせき》仰《おほ》せられしは、『ほかのことなく、手習を精に入れよ。成人してのその身のためになること』との言葉、エ反古にはなりがたしと、明け暮れ読み書きに油断なく、後には兄弟子《あにでし》どもにすぐれて能書になりぬ。オこの心からは、ゆくすゑ分限になる所見えたり。その子細は、一筋《ひとすぢ》に家業かせぐ故《ゆゑ》なり。惣《そう》じて親よりし続きたる家職のほかに、商売を替へてし続きたるはまれなり。手習子《てならひご》どもも、カおのれが役目の手を書くことはほかになし、若年《じやくねん》の時よりすすどく、無用の欲心なり。それゆゑ、第一の、手は書かざることのあさまし。その子なれども、さやうの心入れ、よき事とはいひがたし。キとかく少年の時は、花をむしり、紙鳥《いか》をのぼし、知恵付時《ちゑづきどき》に身を持ちかためたるこそ、道の常なれ。七十になる者の申せしこと、ゆくすゑを見給へ」と言ひ置かれし。

〔注〕
○分限——裕福なこと。金持ち。
○一匁五分——一匁は約三・七五グラム。五分はその半分。ここは銀貨の重さを表している。
○屏風屋へ売りて——屏風の下張り用の紙として売る。
○当分の用に立つ——すぐに役に立つ。
○紙の余慶——余分の紙。
○すすどく——鋭く抜け目がなく。
○紙鳥——凧《たこ》。

設　問

㈠　傍線部ア・エ・カを現代語訳せよ。　解答欄：各一二・七㎝×一行

㈡　「手まはしのかしこき子供」（傍線部イ）とは、どのような子供のことか。　解答欄：一三・四㎝×一行

㈢　手習の師匠は、「これらは皆、それぞれの親のせちがしこき気を見習ひ、自然と出るおのれおのれが知恵にはあらず」（傍線部ウ）と言っているが、これは軸簾を思いついた子の父親のどのような考えを戒めたものか。　解答欄：一三・四㎝×一行

㈣　手習の師匠が、手習に専念した子供について、「この心からは、ゆくすゑ分限になる所見えたり」（傍線部オ）と評したのはなぜか。　解答欄：一三・四㎝×一行

㈤　「とかく少年の時は、花をむしり、紙鳥をのぼし、知恵付時に身を持ちかためたるこそ、道の常なれ」（傍線部キ）という手習の師匠の言葉の要点を簡約にのべよ。　解答欄：一三・四㎝×一行

※　㈢・㈤は文科のみの出題。

二〇一三年度　文理共通

第二問

次の文章は、近世に成立した平仮名本『吾妻鏡』の一節である。源平の合戦の後、源頼朝《よりとも》（二位殿）は、異母弟の義経《よしつね》（九郎殿）に謀反の疑いを掛け、討伐の命を出す。義経は、郎党や愛妾《あいしょう》の静《しずか》御前を引き連れて各地を転々としたが、静とは大和国吉野で別れる。その後、静は捕らえられ、鎌倉に送られる。義経の行方も分からないまま、文治二年（一一八六）四月八日、鎌倉・鶴岡八幡宮《つるがおかはちまんぐう》に参詣した頼朝とその妻・北条政子（御台所《みだいどころ》）は、歌舞の名手であった静に神前で舞を披露するよう求める。静は再三固辞したが、遂に扇を手に取って舞い始める。以下を読んで、後の設問に答えよ。

静《しづか》、まづ歌を吟じていはく、

　吉野山みねのしら雪踏み分けて入りにし人の跡ぞこひしき

また別に曲を歌うて後、和歌を吟ず。その歌に、

　しづやしづしづのをだまき繰り返し昔を今になすよしもがな

かやうに歌ひしかば、社壇《しやだん》も鳴り動くばかりに、ア上下いづれも興をもよほしけるところに、二位殿のたまふは、「今、八幡の宝前にて我が芸をいたすに、もつとも関東の万歳《ばんぜい》を祝《いは》ふべきに、人の聞きをもはばからず、反逆《ほんぎやく》の義経を慕《した》ひ、別の曲を歌ふ事、はなはだもつて奇怪《きくわい》なり」とて、イ御気色《きしよく》かはらせ給《たま》へば、御台所はきこしめし、「あまりに御怒《いか》りをうつさせ給ふな。我が身において思ひあたる事あり。君すでに流人とならせ給ひて、伊豆の国におはしまししころ、われらと御ちぎりあさからずといへども、平家繁昌《はんじやう》の折ふしなれば、父《ちち》北条殿も、さすが時をおそれ給ひて、ウひそかにこれを、とどめ給ふ。しかれどもなほ君に心をかよはして、エくらき夜すがら降る雨をだにいとはず、かかぐる裳裾《もすそ》も露ばかりの隙《ひま》より、君のおはします御閨《ねや》のうちにしのび入り候《さぶら》ひしが、その後君は石橋山の戦場におもむかせ給ふ時、ひとり伊豆の山にのこりゐて、

オ御命いかがあらんことを思ひくらせば、日になに程か、夜にいく度《たび》か、たましひを消し候ひし。そのなげきにくらべ候へば、今の静が心もさぞあるらむと思はれ、いたはしく候ふ。かれもし多年《たねん》九郎殿に相《あひ》なれしよしみをわすれ候ふ程ならば、カ貞女のこころざしにてあるべからず。今の静が歌の体《てい》、外には露ばかりの思ひをよせて、内には霧ふかき憤《いきどほ》りをふくむ。もつとも御あはれみありて、まげて御賞翫《しやうくわん》候へ」と、のたまへば、二位殿きこしめされ、ともに御涙《なみだ》をもよほしたる有様にて、キ御腹立《ふくりふ》をやめられける。しばらくして、簾中《れんちう》より卯の花がさねの御衣を静にこそは下されけれ。

〔注〕○吉野山〜――「み吉野の山のしら雪踏み分けて入りにし人のおとづれもせぬ」（古今和歌集）を本歌とする。

○しづやしづ〜――「いにしへのしづのをだまき繰り返し昔を今になすよしもがな」（伊勢物語）を本歌とする。

「しづ（倭文）」は古代の織物の一種で、ここでは静の名を掛ける。「をだまき（苧環）」は、紡いだ麻糸を中を空洞にして玉状に巻いたもの。

○社壇――神を祭ってある建物。社殿。

○怒りをうつす――怒りの感情を顔に出す。

○流人――平治の乱の後、頼朝の父義朝《よしとも》は処刑、頼朝は十四歳で伊豆国に配流された。

○石橋山――神奈川県小田原市。治承四年（一一八〇）の石橋山の合戦の地。頼朝は平家方に大敗する。

○伊豆の山――静岡県熱海市の伊豆山《いずさん》神社。流人であった頼朝と政子の逢瀬の場。

○卯の花がさね――襲《かさね》の色目の名。表は白で、裏は青。初夏（四月）に着用する。

設問

㈠　傍線部ア・エ・オを現代語訳せよ。　解答欄：各一二・七㎝×一行

㈡　「御気色かはらせ給へば」（傍線部イ）とあるが、なぜそうなったのか、説明せよ。　解答欄：一三・四㎝×一行

㈢　「ひそかにこれを、とどめ給ふ」（傍線部ウ）とあるが、具体的には何をとどめたのか、説明せよ。　解答欄：一三・四㎝×一行

㈣　「貞女のこころざし」（傍線部カ）とは、ここではどのような心のさまをいうのか、説明せよ。　解答欄：一三・四㎝×一行

㈤　「御腹立をやめられける」（傍線部キ）とあるが、政子の話のどのような所に心が動かされたのか、説明せよ。　解答欄：一三・四㎝×一行

※　㈡・㈣は文科のみの出題。

二〇一二年度　文理共通　第二問

次の文章は、『俊頼髄脳』の一節で、冒頭の「岩橋《いはばし》の」という和歌についての解説である。これを読んで、後の設問に答えよ。

岩橋《いはばし》の夜の契《ちぎ》りも絶えぬべし明くるわびしき葛城《かづらき》の神

この歌は、葛城の山、吉野山とのはざまの、はるかなる程をめぐれば、ア事のわづらひのあれば、役《えん》の行者《ぎやうじや》といへる修行者の、この山の峰よりかの吉野山の峰に橋を渡したらば、事のわづらひなく人は通ひなむとて、その所におはする一言主《ひとことぬし》と申す神に祈り申しけるやうは、「神の神通《じんづう》は、仏に劣ることなし。イ凡夫《ぼんぶ》のえせぬ事をするを、神力《じんりき》とせり。願はくは、この葛城の山のいただきより、かの吉野山のいただきまで、岩をもちて橋を渡し給へ。この願ひをかたじけなくも受け給はば、ウたふるにしたがひて法施《ほふせ》をたてまつらむ」と申しければ、空《そら》に声ありて、「我この事を受けつ。あひかまへて渡すべし。ただし、エ我がかたち醜くして、見る人おぢ恐《おそ》りをなす。夜な夜な渡さむ」とのたまへり。「願はくは、すみやかに渡し給へ」とて、心経《しんぎやう》をよみて祈り申ししに、オその夜のうちに少し渡して、昼渡さず。役の行者それを見ておほきに怒《いか》りて、「しからば護法《ごほふ》、この神を縛《しば》り給へ」と申す。護法たちまちに、葛《かづら》をもちて神を縛りつ。その神はおほきなる巌《いはほ》にて見え給へば、葛のまつはれて、掛け袋などに物を入れたるやうに、カひまはざまもなくまつはれて、今におはすなり。

〔注〕○葛城の山――大阪府と奈良県との境にある金剛山。
○吉野山――奈良県中部の山系。
○役の行者――奈良時代の山岳呪術者。葛城山に住んで修行し、吉野の金峰山・大峰などを開いた。
○一言主と申す神――葛城山に住む女神。

○法施——仏や神などに対し経を読み法文を唱えること。
○心経——般若心経。
○護法——仏法守護のために使役される鬼神。
○掛け袋——紐をつけて首に掛ける袋。

設　問

㈠ 傍線部ア・イ・ウを現代語訳せよ。　解答欄：各一二・七㎝×一行

㈡ 「我がかたち醜くして、見る人おぢ恐りをなす」（傍線部エ）とあるが、どういうことか、わかりやすく説明せよ。　解答欄：一三・四㎝×一行

㈢ 「その夜のうちに少し渡して、昼渡さず」（傍線部オ）とあるが、一言主の神はなぜそのようにしたのか、説明せよ。　解答欄：一三・四㎝×一行

㈣ 「ひまはざまもなくまつはれて、今におはすなり」（傍線部カ）とあるが、どのような状況を示しているのか、主語を補って簡潔に説明せよ。　解答欄：一三・四㎝×一行

㈤ 冒頭の和歌は、ある女房が詠んだものだが、この和歌は、通ってきた男性に対して、どういうことを告げようとしているか、わかりやすく説明せよ。　解答欄：一三・四㎝×一行

※　㈢・㈣は文科のみの出題。

第二問

二〇一一年度　文理共通

次の文章は『十訓抄』第六「忠直を存すべき事」の序文の一節である。これを読んで、後の設問に答えよ。

孔子のたまへることあり、ア「ひとへに君に随《したが》ひ奉る、忠にあらず。ひとへに親に随ふ、孝にあらず。あらそふべき時あらそひ、随ふべき時随ふ、これを忠とす、これを孝とす」。

しかれば、主君にてもあれ、父母、親類にてもあれ、知音、朋友にてもあれ、悪しからむことをば、必ずいさむべきと思へども、イ世の末にこのことかなはず。人の習ひにて、ウ思ひ立ちぬることをいさむるは、心づきなくて、言ひあはする人の、心にかなふやうにもおぼゆれば、天道はあはれとも思《おぼ》すらめども、主人の悪しきことをいさむるものは、顧みを蒙《かうむ》ること、ありがたし。さて、することの悪しきさまにもなりて、しづかに思ひ出づる時は、エその人のよく言ひつるものをと思ひあはすれども、また心の引くかたにつきて、思ひたることのある時は、むつかしく、またいさめむずらむとて、オこのことを聞かせじと思ふなり。これはいみじく愚かなることなれども、みな人の習ひなれば、腹黒からず、また心づきなからぬほどにはからふべきなり。

すべて、人の腹立ちたる時、強《こは》く制すればいよいよ怒る。さかりなる火に少水をかけむは、その益なかるべし。しかれば、カ機嫌をはばかつて、やはらかにいさむべし。君もし愚かなりとも、賢臣あひ助けば、その国乱るべからず。親もしおごれりとも、孝子つつしんで随はば、その家全くあるべし。重き物なれども、船に乗せつれば、沈まざるがごとし。上下はかはれども、ほどほどにつけて、キ頼めらむ人のためには、ゆめゆめうしろめたなく、腹黒き心のあるまじきなり。陰《かげ》にては、また冥《みやう》加《が》を思ふべきゆゑなり。

〔注〕○冥加――神仏が人知れず加護を与えること。

設　問

㈠　傍線部ア・ウ・カを現代語訳せよ。　解答欄：各一二・九㎝×一行

㈡　「世の末にこのことかなはず」（傍線部イ）を「このこと」の内容がよくわかるように現代語訳せよ。　解答欄：一三・六㎝×一行

㈢　「その人のよく言ひつるものをと思ひあはすれども」（傍線部エ）を、内容がよくわかるように言葉を補って現代語訳せよ。　解答欄：一三・六㎝×一行

㈣　「このことを聞かせじと思ふなり」（傍線部オ）とあるが、それはなぜか、説明せよ。　解答欄：一三・六㎝×一行

㈤　「頼めらむ人のためには、ゆめゆめうしろめたなく、腹黒き心のあるまじきなり」（傍線部キ）とは、どういうことか説明せよ。　解答欄：一三・六㎝×一行

※　㈡・㈤は文科のみの出題。

二〇一〇年度　文理共通

第二問

次の文章を読んで、後の設問に答えよ。

白河院の御時、天下殺生禁断せられければ、国土に魚鳥のたぐひ絶えにけり。そのころ、貧しかりける僧の、年老いたる母を持ちたるありけり。その母、魚なければ物を食はざりけり。たまたま求め得たる食ひ物も食はずして、やや日数ふるままに、老いの力いよいよ弱りて、今は頼むかたなく見えけり。

僧、悲しみの心深くして、尋ね求むれども得がたし。思ひあまりて、つやつや魚捕る術《すべ》も知らねども、みづから川の辺にのぞみて、衣に玉襷《たまだすき》して、魚をうかがひて、はえといふ小さき魚を一つ、二つ捕りて持ちたりけり。禁制重きころなりければ、官人《くわんにん》見あひて、からめ捕りて、院の御所へゐて参りぬ。

まづ子細を問はる。「殺生禁制、世に隠れなし。いかでかそのよしを知らざらん。いはんや、法師のかたちとして、その衣を着ながらこの犯しをなすこと、ひとかたならぬ科《とが》、逃るるところなし」と仰せ含めらるるに、僧、涙を流して申すやう、「天下にこの制重きこと、皆うけたまはるところなり。たとひ制なくとも、法師の身にてこの振る舞ひ、さらにあるべきにあらず。ただし、我、年老いたる母を持てり。ただ我一人のほか、頼める者なし。齢《よはひ》たけ身衰へて、朝夕の食ひ物たやすからず。我また家貧しく財《たから》持たねば、心のごとくに養ふに力堪へず。中にも、魚なければ物を食はず。このごろ、天下の制によりて、魚鳥のたぐひ、いよいよ得がたきによりて、身の力すでに弱りたり。これを助けんために、心のおきどころなくて、魚捕る術も知らざれども、思ひのあまりに川の端にのぞめり。罪をおこなはれんこと、案のうちにはべり。ただし、この捕るところの魚、今は放つとも生きがたし。身のいとまを聴《ゆ》りがたくは、この魚を母のもとへ遣はして、今一度あざやかなる味を進めて、心やすくうけたまはりおきて、いかにもまかりならん」と申す。これを聞く人々、涙を流さずといふことなし。

院聞こしめして、孝養《けうやう》の志あさからぬをあはれみ感ぜさせたまひて、さまざまの物どもを馬車に積みて賜はせて、許されにけり。乏《とも》しきことあらば、かさねて申すべきよしをぞ仰せられける。

（『古今著聞集』）

〔注〕○白河院――白河上皇（一〇五三～一一二九）。譲位後、堀河・鳥羽天皇の二代にわたり院政を行う。
○殺生禁断――仏教の五戒の一つである不殺生戒を徹底するため、法令で漁や狩りを禁止すること。
○はえ――コイ科の淡水魚。

設　問

㈠　傍線部エ・オ・カを現代語訳せよ。

解答欄：各一二・七㎝×一行

㈡　「頼むかたなく見えけり」（傍線部ア）とあるが、どういうことか説明せよ。

解答欄：一三・四㎝×一行

㈢　「いかでかそのよしを知らざらん」（傍線部イ）を、「そのよし」の内容がわかるように現代語訳せよ。

解答欄：一三・四㎝×一行

㈣　「ひとかたならぬ科」（傍線部ウ）とは、どういうことか説明せよ。

解答欄：一三・四㎝×一行

㈤　「心やすくうけたまはりおきて、いかにもまかりならん」（傍線部キ）を、内容がよくわかるように現代語訳せよ。

解答欄：一三・四㎝×一行

※　㈢・㈤は文科のみの出題。

二〇〇九年度　文理共通

第二問

次の文章は、左大将邸で催された饗宴《きょうえん》で、源仲頼（少将）が、左大将の愛娘《まなむすめ》、あて宮（九の君）をかいま見た場面である。これを読んで後の設問に答えよ。

かくて、いとおもしろくア遊びののしる。仲頼、屏風《びやうぶ》ふたつがはさまより、御簾《みす》のうちを見入るれば、母屋《もや》の東面《ひむがしおもて》に、こなたかなたの君たち、数を尽くしておはしまさふ。いづれとなく、あたりさへ輝くやうに見ゆるに、魂《たましひ》も消え惑ひてものおぼえず、あやしくきよらなる顔かたちかなと、ここちそらなり。なほ見れば、あるよりもいみじくめでたく、あたり光り輝くやうなる中に、天女くだりたるやうなる人あり。仲頼、これはこの世の中に名立《なだ》たる九の君なるべし、と思ひよりて見るに、せむ方なし。限りなくめでたく見えし君たち、このいま見ゆるにあはすれば、イこよなく見ゆ。仲頼、いかにせむと思ひ惑ふに、今宮ともろともに母宮の御方へおはする御うしろで、姿つき、たとへむ方なし。火影《ほかげ》にさへこれはかく見ゆるぞ。少将思ふにねたきこと限りなし。ウわれ何せむにこの御簾のうちを見つらむ。かかる人を見て、ただにてやみなむや。いかさまにせむ。生けるにも死ぬるにもあらぬここちして、例の遊び、はたまして心に入れてしゐたり。夜ふけて、上達部《かむだちめ》、親王《みこ》たちもものかづき給《たま》ひて、いちの舎人《とねり》までものかづき、禄《ろく》なんどしてみな立ち給ひぬ。

仲頼、帰るそらもなくて、家に帰りて五六日、エかしらももたげで思ひふせるに、いとせむ方なくわびしきこと限りなし。になくめでたしと思ひし妻《め》も、ものともおぼえず、かたときも見ねば恋ひしく悲しく思ひしも、前に向かひゐたれども、目にも立たず。身のならむことも、すべて何ごとも何ごとも、よろづのこと、さらに思ほえであるときに、「などか常に似ず、まめだちたる御けしきなる」といふ。少将、「御ためにはかくまめにこそ。オあだなれとやおぼす」などいふけしき、常に似ぬときに、女、「いでや、あだごとはあだにぞ聞きし松山や目に見す見すも越ゆる波かな」

といふときに、少将思ひ乱るる心にも、なほあはれにおぼえければ、

「浦風の藻《も》を吹きかくる松山もあだし波こそ名をば立つらし

あがほとけ」といひて泣くをも、われによりて泣くにはあらずと思ひて、親の方へ往《い》ぬ。

（『うつほ物語』）

〔注〕○こなたかなたの君たち――左大将家の女君たち。

○今宮――仁寿殿の女御（あて宮の姉）腹の皇女。左大将の孫にあたる。

○母宮――あて宮の母。

○あだごとはあだにぞ聞きし――あなたの浮気心は、いい加減な噂《うわさ》と聞いていました。

○松山――陸奥国《みちのくに》の歌枕《うたまくら》。本文の二首の歌は、ともに、『古今和歌集』の「君をおきてあだし心をわが持たば末の松山波も越えなむ（もし、あなた以外の人に、私が浮気心を持ったとしたら、あの末の松山を波も越えてしまうでしょう。そんなことは決してありません）」を踏まえる。

○あだし波こそ名をば立つらし――いい加減な波が、根も葉もない評判を立てているようです。

設　問

㈠　傍線部ア・ウ・オを現代語訳せよ。　解答欄：各一二・六㎝×一行

㈡　「こよなく見ゆ」（傍線部イ）について、必要な言葉を補って現代語訳せよ。　解答欄：一三・三㎝×一行

㈢　「かしらももたげで思ひふせる」（傍線部エ）とあるが、どのような様子を述べたものか説明せよ。　解答欄：一三・三㎝×一行

㈣　「思ひ乱るる心にも、なほあはれにおぼえければ」（傍線部カ）を、状況がわかるように現代語訳せよ。　解答欄：一三・三㎝×一行

㈤　「われによりて泣くにはあらずと思ひて」（傍線部キ）を、必要な言葉を補って現代語訳せよ。　解答欄：一三・三㎝×一行

※　㈡・㈣は文科のみの出題。

二〇〇八年度　文理共通

第二問

次の文章を読んで、後の設問に答えよ。

今は昔、たよりなかりける女の、清水《きよみづ》にあながちに参るありけり。参りたる年月積りたりけれど、アつゆばかりその験《しるし》とおぼゆることなく、いとどたよりなくなりまさりて、果ては、年来《としごろ》ありけるところをも、そのことなくあくがれて、寄りつく所もなかりけるままには、泣く泣く観音を恨みたてまつりて、「いみじき前《さき》の世の報いなりといふとも、ただ少しのたより賜《たま》はり候《さぶら》はん」といりもみ申して、御前《まへ》にうつぶしたりける夜《よ》の夢に、「御前より」とて、「かくあながちに申すは、いとほしくおぼしめせど、少しにても、あるべきたよりのなければ、その事をおぼしめし嘆くなり。これを賜はれ」とて、御《み》帳《ちやう》の帷《かたびら》をいとよくうちたたみて、前に打ち置かると見て、夢さめて、御燈明《みあかし》の光に見れば、夢に賜はると見つる御帳の帷、ただ見つるさまにたたまれてあるを見るに、「さは、これよりほかに、賜《た》ぶべき物なきにこそあんなれ」と思ふに、イ身のほど思ひ知られて、悲しくて申すやう、ウ「これ、さらに賜はらじ。少しのたよりも候はば、錦《にしき》をも、御帳の帷には、縫ひてまゐらせんとこそ思ひ候ふに、この御帳ばかりを賜はりて、まかり出づべきやう候はず。返しまゐらせ候ひなん」と口説《くど》き申して、犬防《いぬふせ》ぎの内にさし入れて置きつ。さて、またまどろみ入《い》りたるに、また夢に、「など、さかしうはあるぞ。ただ賜《た》ばん物をば賜《たま》はらで、かく返しまゐらするは、エあやしき事なり」とて、また賜はると見る。さて、醒《さ》めたるに、また同じやうに、なほ前にあれば、泣く泣く、また返しまゐらせつ。かやうにしつつ、三度《みたび》返してたてまつるに、三度ながら返し賜びて、はての度は、この度返したてまつらば、無礼《むらい》なるべきよしを戒められければ、オ「かかりとも知らざらん僧は、御帳の帷を放ちたるとや疑はんずらん」と思ふも苦しければ、まだ夜深《よぶか》く、懐にさし入れて、まかり出でにけり。「これをば、如何《いか》にすべきならん」と思ひて、引き広げて見て、「着るべき衣《きぬ》もなし。さは、これを衣にして着ん」と思ふ心つきぬ。それを衣や袴《はかま》にして着てける後、見と見る男にまれ、女にまれ、あはれにいとほしきものに思はれて、すずろなる人の手より物を多く得てけり。大事なる人の愁《うれ》へをも、その衣を着て、知らぬやんごとなき所にも、まゐりて申させければ、カ<u>かならず成りけり</u>。かやうにしつつ、人の手より物を得、よき男にも思はれて、キ<u>楽しくてぞありける</u>。さればその衣をば収めて、かならずせんと思ふ事の折りにぞ、取り出でて着てける。かならず叶《かな》ひけり。

（『古本説話集』）

〔注〕○清水——京都の清水寺。本尊は十一面観音。
○いりもみ申して——執拗《しつよう》にお願い申し上げて。
○御帳の帷——本尊を納めた厨子《ずし》の前に隔てとして垂らす絹製の布。
○犬防ぎ——仏堂の内陣と外陣を仕切る低い格子のついたて。
○人の愁へ——訴訟。

設問

㈠　傍線部ア・ウ・エを現代語訳せよ。　解答欄：各一二・六㎝×一行

㈡　「身のほど思ひ知られて」（傍線部イ）を、「身のほど」の内容がわかるように現代語訳せよ。　解答欄：一三・三㎝×一行

㈢　「かかりとも知らざらん僧」（傍線部オ）を、「かかり」の内容がわかるように現代語訳せよ。　解答欄：一三・三㎝×一行

㈣　「かならず成りけり」（傍線部カ）とあるが、何がどうであったというのか、簡潔に説明せよ。　解答欄：一三・三㎝×一行

㈤　「楽しくてぞありける」（傍線部キ）とあるが、「楽しくて」とはどのような状態のことか、簡潔に説明せよ。　解答欄：一三・三㎝×一行

※　㈡・㈣は文科のみの出題。

二〇〇七年度　文理共通

第二問

次の文章は、堀河院をめぐる二つの説話である。これを読んで後の設問に答えよ。

堀河院は、末代の賢王なり。なかにも、天下の雑務を、ことに御意に入れさせ給ひたりけり。職事《しきじ》の奏したる申し文をみな召し取りて、御夜居《よゐ》に、文こまかに御覧じて、所々に挿《はさ》み紙をして、「このこと尋ぬべし」、「このこと重ねて問ふべし」など、御手づから書きつけて、次の日、職事の参りたるに賜《たま》はせけり。ア一遍こまかに聞こしめすことだにありがたきに、重ねて御覧じて、イさまでの御沙汰ありけん、いとやんごとなきことなり。すべて、人の公事《くじ》つとむるほどなどをも、ウ御意に入れて御覧じ定めけるにや、追儺《ついな》の出仕に故障申したる公卿《くぎやう》、元三《ぐわんさん》の小朝拝《こてうはい》に参りたるをば、ことごとく追ひ入れられけり。「去夜《きぞ》まで所労あらんものの、いかでか一夜のうちになほるべき。いつはれることなり」と仰せられけり。白河院はこれを聞こしめして、エ「聞くとも聞かじ」とぞ仰せられける。あまりのことなりと思《おぼ》しめしけるにや。

堀河院、位の御時、坊門左大弁為隆《ためたか》、職事にて、大神宮《だいじんぐう》の訴へを申し入れけるに、主上御笛を吹かせ給ひて、御返事もなかりければ、為隆、白河院に参りて、「内裏《うち》には御物《もの》の気《け》おこらせおはしましたり。御祈りはじまるべし」と申しけり。院おどろかせ給ひて、内侍《ないし》に問はせ給ひければ、オ「さること、夢にも侍らず」と申しけり。あやしみて為隆に御尋ねありければ、「そのことに侍り。一日、大神宮の訴へを奏聞し侍りしに、御笛をあそばして勅答なかりき。これ御物の気などにあらずは、あるべきことにあらずと思ひて、申し侍りしなり」と申しければ、院より内裏へそのよし申させ給ひけり。御返事には、カ「さること侍りき。ただのことにはあらず。笛に秘曲を伝へて、その曲を千遍吹きし時、為隆参りてことを奏しき。今二、三遍になりたれば、吹き果てて言はんと思ひしほどに、キ尋ねしかば、まかり出《い》でにき。それをさ申しける、いとはづかしきことなり」とぞ申させ給ひける。

（『続古事談』）

〔注〕○堀河院――堀河天皇（一〇七九～一一〇七）。白河天皇の皇子。
○職事――蔵人。天皇に近侍し、政務にかかわる雑事をつとめる。
○公事――朝廷の儀式。
○追儺――大晦日の夜、悪鬼を追い払う宮中の行事。
○小朝拝――元日、公卿・殿上人が天皇に拝礼する儀式。
○白河院――白河上皇（一〇五三～一一二九）。堀河天皇に譲位した後も、政務に深くかかわった。
○為隆――藤原為隆（一〇七〇～一一三〇）。
○大神宮――伊勢神宮。
○内侍――天皇に近侍する女官。

設　問

㈠　傍線部ア・ウを現代語訳せよ。　解答欄：各一二・七㎝×一行

㈡　「さまでの御沙汰ありけん」（傍線部イ）について、必要なことばを補って現代語訳せよ。　解答欄：一三・四㎝×一行

㈢　「『聞くとも聞かじ』とぞ仰せられける」（傍線部エ）とあるが、ここには白河院の、だれに対する、どのような気持ちが表れているか、説明せよ。　解答欄：一三・四㎝×一行

㈣　傍線部オ「さること」、傍線部カ「さること」は、それぞれ何を指すか、説明せよ。　解答欄：各一二・七㎝×一行

㈤　「尋ねしかば、まかり出でにき」（傍線部キ）を、だれの行為かがわかるように、ことばを補って現代語訳せよ。　解答欄：一三・四㎝×一行

※　㈡・㈣カは文科のみの出題。

第二問

二〇〇六年度　文理共通

次の文章は、物語の一節である。「男」には、同居する「女」(もとからの妻)があったが、よそに新しい妻をもうけた。その新しい妻を家に迎えることになり、「男」は「女」に、しばらくどこかに居てほしいと頼んだ。以下は、「女」が家を出て行く場面である。これを読んで後の設問に答えよ。

「今宵《こよひ》なむものへ渡らむと思ふに、車しばし」

となむ言ひやりたれば、男、「あはれ、いづちとか思ふらむ。行かむさまをだに見む」と思ひて、いまここへ忍びて来ぬ。女、待つとて端《はし》にゐたり。月のあかきに、ア泣くことかぎりなし。

我が身かくかけはなれむと思ひきや月だに宿をすみはつる世に

と言ひて泣くほどに来れば、さりげなくて、イうちそばむきてゐたり。

「ウ車は、牛たがひて、馬なむはべる」

と言へば、

「ただ近き所なれば、車は所せし。さらば、その馬にても。夜のふけぬさきに」

と急げば、いとあはれと思へど、かしこ(注)には皆、あしたにと思ひためれば、のがるべうもなければ、エ心ぐるしう思ひ思ひ、馬引き出《い》ださせて、簀子《すのこ》に寄せたれば、乗らむとて立ち出でたるを見れば、月のいとあかきかげに、ありさまいとささやかにて、髪はつややかにて、いとうつくしげにて、丈《たけ》ばかりなり。

男、手づから乗せて、ここかしこひきつくろふに、オいみじく心憂けれど、念じてものも言はず。馬に乗りたる姿、かしらつきいみじくをかしげなるを、あはれと思ひて、

「カ送りに我も参らむ」と言ふ。

「キただここもとなる所なれば、あへなむ。馬はただいま返したてまつらむ。そのほどはここにおはせ。見ぐるしき所なれば、人に見すべき所にもはべらず」

と言へば、「さもあらむ」と思ひて、とまりて、尻《しり》うちかけてゐたり。

この人は、供に人多くはなくて、昔より見なれたる小舎人童《ことねりわらは》ひとりを具して往《い》ぬ。男の見つるほどこそ隠して念じつれ、門《かど》引き出づるより、いみじく泣きて行く。

（『堤中納言物語』）

〔注〕○かしこには――新しい妻のところでは。

設　問

㈠　傍線部イ・ウ・キを現代語訳せよ。　解答欄：各一二・九㎝×一行

㈡　「泣くことかぎりなし」（傍線部ア）とあるが、「女」の気持ちについて、和歌を参考にして簡潔に説明せよ。　解答欄：一三・六㎝×二行

㈢　「心ぐるしう思ひ思ひ」（傍線部エ）について、だれの、どのような気持ちを言うのか、簡潔に説明せよ。　解答欄：一三・六㎝×一行

㈣　「いみじく心憂けれど、念じてものも言はず」（傍線部オ）を、必要なことばを補って現代語訳せよ。　解答欄：一三・六㎝×一行

㈤　「送りに我も参らむ」（傍線部カ）には、「男」のどういう気持ちがこめられているか、説明せよ。　解答欄：一三・六㎝×一行

※　㈡・㈤は文科のみの出題。

第二問

二〇〇五年度　文理共通

次の文章は、ある事情で身を隠して行方知れずになった姫君の一行（姫君・侍従・尼君）を、長谷寺の観音の霊夢に導かれた男君（中将）が、住吉社で捜しあてる場面である。これを読んで後の設問に答えよ。

さらぬだにも、旅の空は悲しきに、夕波千鳥、あはれに鳴きわたり、岸の松風、ものさびしき空にたぐひて琴の音《ね》ほのかに聞こえけり。この声、律に調べて、盤渉調《ばんしきでう》に澄みわたり、これを聞き給《たま》ひけん心、いへばおろかなり。「あな、ゆゆし。ア人のしわざには、よも」など思ひながら、その音に誘はれて、何となく立ち寄りて聞き給へば、釣殿の西面《にしおもて》に、若き声、ひとり、ふたりが程、聞こえてけり。琴かき鳴らす人あり。「冬は、をさをさしくも侍《はべ》りき。このごろは、松風、波の音もなつかしくぞ。都にては、かかる所も見ざりしものを。あはれあはれ、イ心ありし人々に見せまほしきよ」とうち語らひて、「秋の夕《ゆふべ》は常よりも、旅の空こそあはれなれ」など、をかしき声してうちながむるを、侍従に聞きなして、「あな、あさまし」と胸うち騒ぎて、「ウ聞きなしにや」とて聞き給へば、

エ尋ぬべき人もなぎさの住の江にたれまつ風の絶えず吹くらん

と、うちながむるを聞けば、姫君なり。

「あな、ゆゆし。仏の御験《しるし》は、あらたにこそ」とうれしくて、簀《す》の子に立ち寄りて、うち叩《たた》けば、「いかなる人にや」とて、侍従、透垣《すいがい》の隙《ひま》よりのぞけば、簀の子に寄り掛かり居給へる御姿、夜目にもしるしの見えければ、「あな、あさましや、少将殿のおはします。いかが申すべき」と言へば、姫君も、「あはれにも、オおぼしたるにこそ。さりながら、人聞き見苦しかりなん。我はなしと聞こえよ」とあれば、侍従、出《い》であひて、「いかに、あやしき所までおはしたるぞ。あな、ゆゆし。その後、姫君うしなひ奉りて、慰めがたさに、かくまで迷ひありき侍るになん。見奉るに、いよいよ古《いにしへ》の恋しく」など言ひすさ

びて、あはれなるままに、涙のかきくれて、物もおぼえぬに、中将も、いとどもよほすここちぞし給ふ。「侍従の、君のことをばしのび来しものを、うらめしくも、のたまふものかな」と、「御声まで聞きつるものを」とて、浄衣《じやうえ》の御袖《そで》を顔に押しあて給ひて、「うれしさもつらさも、なかばにこそ」とのたまへば、侍従、ことわりにおぼえて、「さるにても、御休みさぶらへ。都のこともゆかしきに」とて、尼君に言ひあはすれば、「ありがたきことにこそ。たれもたれも、もののあはれを知り給へかし。まづ、これへ入《い》らせ給ふべきよし、聞こえ奉れ」と言へば、侍従、「なれなれしく、なめげに侍れども、そのゆかりなる声に。旅は、さのみこそさぶらへ。立ち入らせ給へ」とて、袖をひかへて入れけり。

（『住吉物語』）

〔注〕○律——邦楽の旋法の一つ。秋の調べとされる。
○盤渉調——律の調子の一種。
○をさをさし——ここでは「ろくになじめない」の意。
○少将殿——姫君たちは、この年の正月に、男君が少将から中将に昇進したことをまだ知らないため、こう呼んだ。
○浄衣——潔斎のために男君が着用していた白い装束。
○そのゆかりなる声に——「姫君のゆかりである私の声をお尋ね下さったのですから」の意。

設　問

㈠　傍線部ア・イ・オを、必要な言葉を補って現代語訳せよ。　解答欄：各一二・七㎝×一行

㈡　傍線部ウについて、何を何と「聞きなし」たと思ったのか、簡潔に記せ。　解答欄：一三・四㎝×一行

㈢　傍線部エの歌「尋ぬべき人もなぎさの住の江にたれまつ風の絶えず吹くらん」を、掛詞に注意して現代語訳せよ。　解答欄：一三・四㎝×二行

㈣　傍線部カ「うれしさもつらさも、なかばにこそ」とあるが、なぜそのように感じたのか、簡潔に説明せよ。　解答欄：一三・四㎝×一行

㈤　傍線部キについて、「さのみ」の「さ」の内容がわかるように言葉を補って現代語訳せよ。　解答欄：一三・四㎝×一行

※　㈠オ・㈢は文科のみの出題。

二〇〇四年度　文理共通

第二問

次の文章は、尾張藩名古屋城内に仕える女性が、七年ぶりに江戸の実家に帰る場面である。これを読んで後の設問に答えよ。

こゆるぎの磯《いそ》ちかき苫屋《とまや》の内にも、雛《ひひな》遊びするをとめどもは、桃、山吹の花など、アこちたきまで瓶《かめ》にさし、けふの日の暮るるを惜しと思へるさまなり。野に出《い》でてはこなど摘むもあるは、けふの餅《もちひ》のためなるべし。

七とせのむかし、この所を過ぎけるは九月九日にて、別れ来し親はらからのことなど思ひ出でて悲しかりしに、けふは一《ひと》二日《ふたひ》のうちに逢《あ》ひみんことを思へば、うれしきあまり、心さへときめきして、それとなくイうち笑みがちなるを、かたへなる人らは、ものぐるほしきにやなども思ふらんよ。明日は府にまゐれば、公私《おほやけわたくし》の用意ありとて、男のかぎり、みな戸塚の宿にといそぐままに、ひとりのどかにも行きがたくて、同じさまにやどりにつきぬ。

三日の夜より雨ふりいでて、つとめてもなほやまず。金川《かながは》、河崎、品川などいふ駅々《うまやうまや》もただ過ぎに過ぎきて、芝にまゐる。ここより大路のさま、ウたかき賤《いや》しき袖《そで》をつらね、馬、車たてぬきに行きかひ、はえばえしく賑《にぎ》はへるけしき、七とせのねぶり一ときにさめし心地して、エうれしさいはんかたなし。その夜は御館《みたち》にありて、三月五日といふに、ふるき家居にはかへりぬ。

いふかひなけれど、親族《しぞく》のかぎり、近きはをば、いとこなど待ちあつまりて、とりどりに何事をいふも、まづおぼえず。をさなき妹のひとりありしも、オいつかねびまさりて、髪などあげたれば、わが方には見わすれたるを、カかれよりうち出でんもつつましくやありけん、をばの後ろにかくれて、なま恨めしと思へるけしきに見おこせたるまま、キなほ心得ずして、「そこにものし給《たま》ふは、いづれよりの客人《まらうど》にかおはす。ゆゆしげなることには侍《はべ》れど、ク過ぎ行き侍りし母のおもかげに、あさましきまで似かよひ給ふめるは」と問へば、かれはうつぶしになりて、つらももたげず。をばも鼻せまりてものいひやらず。

みな「は」と笑ふにぞ、はじめて心づきぬ。

（『庚子道の記』）

〔注〕○こゆるぎの磯――神奈川県大磯町付近の海辺。歌枕。
○ははこ――ゴギョウのこと。まぜて草餅を作る。
○府――江戸。
○戸塚の宿――東海道五番目の宿場。日本橋より一日分の行程。
○金川・河崎・品川――それぞれ東海道三番目・二番目・一番目の宿場。
○芝――現東京都港区。飯倉神明宮・増上寺などがある。
○御館――尾張藩の江戸藩邸。

設　問

㈠ 傍線部ア・オ・カ・クを現代語訳せよ。　解答欄：各一・九㎝×一行

㈡ 傍線部イについて、「うち笑みがち」なのはなぜか、簡潔に説明せよ。　解答欄：一三・六㎝×一行

㈢ 傍線部ウは、どういう光景を述べたものか、簡潔に説明せよ。　解答欄：一三・六㎝×二行

㈣ 傍線部エ「うれしさいはんかたなし」とあるが、なぜうれしいのか、簡潔に説明せよ。　解答欄：一三・六㎝×一行

㈤ 傍線部キ「なほ心得ずして」とあるが、何を「心得」なかったのか、説明せよ。　解答欄：一三・六㎝×一行

※ ㈠ク・㈢は文科のみの出題。

二〇〇三年度　文理共通　第二問

次の文章は、北国の山寺に一人籠《こ》もって修行する法師が、雪に閉じこめられ、飢えに苦しんで観音菩薩に救いを求めている場面から始まっている。これを読んで、後の設問に答えよ。

「などか助け給はざらん。高き位を求め、重き宝を求めばこそあらめ、ただ今日食べて、命生くばかりの物を求めて賜《た》べ」と申すほどに、乾《いぬゐ》の隅の荒《あば》れたるに、狼《おほかみ》に追はれたる鹿入り来て、倒れて死ぬ。ここにこの法師、ア「観音の賜びたるなんめり」と、「食ひやせまし」と思へども、「年ごろ仏を頼みて行ふこと、やうやう年積もりにたり。イいかでかこれをにはかに食はん。聞けば、生き物みな前《さき》の世の父母なり。われ物欲《ほ》しといひながら、親の肉《しし》を屠《ほふ》りて食らはん。物の肉を食ふ人は、仏(注)の種《たね》を絶ちて、地獄に入る道なり。よろづの鳥獣《けだもの》も、見ては逃げ走り、怖《お》ぢ騒ぐ。菩薩も遠ざかり給ふべし」と思へども、この世の人の悲しきことは、後の罪もおぼえず、ただ今生きたるほどの堪へがたさに堪へかねて、刀を抜きて、左右の股《もも》の肉を切り取りて、鍋《なべ》に入れて煮《に》食ひつ。その味はひの甘《うま》きこと限りなし。

さて、物の欲しさも失《う》せぬ。力も付きて人心地おぼゆ。ウ「あさましきわざをもしつるかな」と思ひて、泣く泣くゐたるほどに、人々あまた来る音す。聞けば、「この寺に籠もりたりし聖《ひじり》はいかになり給ひにけん。人通ひたる跡もなし。エ参り物もあらじ。人気《け》なきは、もし死に給ひにけるか」と、口々に言ふ音す。「この肉を食ひたる跡をいかでひき隠さん」など思へど、すべき方なし。「まだ食ひ残して鍋にあるも見苦し」など思ふほどに、人々入り来ぬ。

「オいかにしてか日ごろおはしつる」など、廻《めぐ》りを見れば、鍋に檜《ひのき》の切れを入れて煮食ひたり。「これは、食ひ物なしといひながら、木をいかなる人か食ふ」と言ひて、いみじくあはれがるに、人々仏(注)を見奉れば、左右の股を新しく彫《ゑ》り取りたり。「これは、この聖の食ひたるなり」とて、「カいとあさましきわざし給へる聖かな。同じ木を切り食ふものならば、キ柱をも割り食ひてんものを。など仏を損《そこ》なひ給ひけん」と言ふ。驚きて、この聖見奉れば、人々言ふがごとし。「さは、ありつる鹿は仏の験じ給へるにこそありけれ」と思ひて、ありつるやうを人々に語れば、あはれがり悲しみあひたりけるほどに、法師、泣く泣く仏の御前に参りて申す。「もし仏のし給へることならば、もとの様にならせ給ひね」と返す返す申しければ、人々見る前に、もとの様になり満ちにけり。

(『古本説話集』)

〔注〕○仏の種を絶ちて――成仏する可能性を絶って。
○仏――ここでは観音菩薩像のこと。

設問

(一) 傍線部ア・イ・エ・オ・キを現代語訳せよ。
解答欄：各一二・七㎝×一行

(二) 傍線部ウおよびカの「あさましきわざ」は、それぞれどのような内容を指すか、簡潔に記せ。
解答欄：各一二・七㎝×一行

(三) 傍線部クについて、具体的な内容がわかるように現代語訳せよ。
解答欄：一三・四㎝×一・五行

※ (一)ア・エ・キは文科のみの出題。

二〇〇二年度　文理共通

第二問

次の文章は、千人の后をもつ大王が、一人の后（菩薩女御）に愛情を傾け、その后が懐妊したという話に続く場面である。これを読んで、後の設問に答えよ。

九百九十九人の后たち、第一より第七に当たる宮に集まり、いかがせんとぞ歎《なげ》き合はせられける。ただこの(注1)王子の果報のほどを知らんとて、ある相人《さうにん》を召して、この王子のことを問はれけり。「菩薩女御の孕《はら》みたまへるは、王子か姫宮か。またア果報のほどを相し申せ。不審におぼゆる」とありければ、相人、文書を開き申しけるは、「孕みたまへる御子は王子にておはしますが、御命は八千五百歳なり。国土安穏にして、この時、万民みな自在快楽《けらく》の王者にあるべし」とぞ占ひ申しける。后たち相人に仰せられけるは、「この王子の御事をば、大王の御前にて我らが言ふままに相し申せ。禄《ろく》は望みにしたがふべし。この王子は、生じたまひては七箇日といはば、九足八面の鬼となりて、身より火を出《い》だし、都をはじめとして、一天をみな焼失すべし。この鬼は三色にして、身長は六十丈に倍すべし。大王食はれたまふべし」。また言はく、「鬼波国《きばこく》より九十九億の鬼王来りて、大風起こし、大水出だして、一天をばみな海と成すべしと申せ」とて、おのおのの分々にしたがひて、禄を相人に賜ふ。あるいは金五百両、あるいは千両なり。しかのみならず、綾錦《あやにしき》の類は莫大なり。相人は喜びて、「承りぬ」とて答へ申しける。后たちは、「あなかしこ、あなかしこ」とぞ口秘《ひ》しめしたまひける。相人、イ「いかでか違へたてまつるべき」と申し立つ。

中一日ありて、后たち、大王の御前に参りて、申し合はせられけるは、「后の御懐妊のこと、王子とも姫宮ともいぶかし。早く承らん。ウ相人を召して聞こしめすべし。余りにおぼゆるものかな」。時にしかるべしとおぼしめして、件《くだん》の相人を召す。后たち、仰せられける菩薩女御の御産のことを、何の子ぞと申せと言ひながら、エ約束を違へんずらんと、おのおのの心内はひとへに鬼のごとし。相人は雑書（注2）を開きて目録を見たてまつるに、王子の御果報めでたきこと申すに及ばず、この后の御年齢はいかばかりと申すに、三百六十歳とおぼえたり。やがて相人は目録にまかせて見れば、涙もさらに留まらず。オこれほどめでたくおはします君を、あらぬ様に申さんことの心憂さよとは思へども、前の約束のごとく占ひ申しけり。大王はこのことを聞こしめし、「親となり、子となること、カたまたまもありがたし。この世一つならぬこと（注3）。今日までに子といふ者いまだ見ず。いかなる鬼とも生まれ来らば来れ。親と子と知られ、キ一日も見て後にともかくもならんことは苦しからじ」とて、御用ゐもなかりけり。

（『神道集《しんとうしゅう》』）

〔注〕（1）この王子――これから生まれてくる子のこと。
（2）雑書――運勢・吉凶などを記した書。
（3）この世一つならぬこと――この世だけではない、深い因縁があることなのだ。

設　問

㈠　傍線部ア・イを現代語訳せよ。

解答欄：各一二・七㎝×一行

㈡　傍線部ウ「相人を召して聞こしめすべし」について、何を「聞こしめす」というのか、内容がわかるように現代語訳せよ。

解答欄：一三・四㎝×一・五行

㈢　傍線部エ「約束」の内容を簡潔に記せ。

解答欄：一三・四㎝×一行

㈣　傍線部オ・カ・キを現代語訳せよ。

※　㈢・㈣オは文科のみの出題。

解答欄オ：一二・七㎝×一・五行
カ：六・〇㎝×一行
キ：一二・七㎝×一行

二〇〇一年度　文科　第二問

次の文章を読んで、後の設問に答えよ。

かくて四条の大納言殿は、内《うち》の大殿《おほとの》の上の御事の後《のち》は、よろづ倦《うん》じはて給ひて、つくづくと御おこなひにて過ぐさせ給ふ。法師と同じさまなる御有様なれど、ア「これ思へばあいなきことなり。一日《ひとひ》にても出家の功徳、世にイ勝《すぐ》れめでたかんなるものを、今しばしあらば、御匣殿《みくしげどの》の御事など出《い》で来て、いとど見捨てがたく、わりなき御絆《ほだし》にこそおはせめ。さらば、このほどこそよきほどなれ」と思《おぼ》しとりて、人知れずさるべき文《ふみ》ども見したため、御庄《みしやう》の司《つかさ》ども召して、ウあるべき事どものたまはせなどして、なほ今年と思すに、女御の、なほ人知れずあはれに心細く思されて、「人の心はいみじういふかひなきものにこそあれ。などておぼゆべからむ」と、エいと我ながらもくちをしう思さるべし。何ごとかはあると思しまはしつつ、人知れず御心ひとつを思しまどはすも、いみじうあはれなり。この御本意《ほい》ありといふことは、女御殿も知らせ給へれど、オいつといふことは知らせ給はず。

かかるほどに、椎《しひ》を人の持てまゐりたれば、女御殿の御方へ奉らせ給ひける。御箱の蓋《ふた》を返し奉らせ給ふとて、女御殿、

カありながら別れむよりはなかなかになくなりにたるこの身ともがな

と聞こえ給ひければ、大納言殿の御返し、

奥山の椎が本《もと》をし尋ね来《こ》ばとまるこの身を知らざらめやは

女御殿、いとあはれと思さる。

（『栄花物語』）

〔注〕　○四条の大納言殿——藤原公任《きんとう》（九六六〜一〇四一）。

○内の大殿の上の御事――藤原教通《のりみち》の室であった公任の娘の死を指す。
○御匣殿の御事――公任の孫娘生子が東宮妃となる事。
○さるべき文ども見したため――出家を決意して領地の地券などの処置をして。
○御庄の司――公任の所有する荘園の管理人。
○女御・女御殿――公任の姉妹で、花山院女御の諟子。
○椎――シイの木の実。

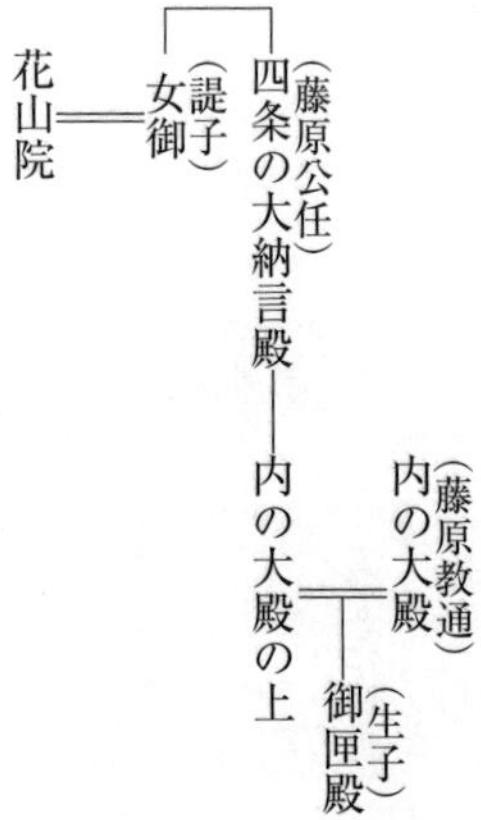

設　問

㈠　「これ」（傍線部ア）はどういうことを指しているか、説明せよ。
解答欄：一三・六㎝×一行

㈡　傍線部イ・ウを現代語訳せよ。
解答欄：各一二・九㎝×一行

㈢　「いと我ながらもくちをしう」（傍線部エ）とあるが、何が「くちをし」いのか、簡潔に説明せよ。
解答欄：一三・六㎝×一・五行

㈣　傍線部オについて、具体的な内容がよくわかるように現代語訳せよ。
解答欄：一三・六㎝×一行

㈤　傍線部カの歌について、一首の大意を述べよ。
解答欄：一三・六㎝×一・五行

二〇〇一年度　理科

第二問

次の文章を読んで、後の設問に答えよ。

九条民部卿顕頼《あきより》のもとに、あるなま公達《きんだち》、年は高くて、近衛司《このゑづかさ》を心がけ給ひて、ある者して、「よきさまに奏し給へ」など言ひ入れ給へるを、主《あるじ》うち聞きて、「年は高く、今はあるらむ。アなんでふ、近衛司望まるるやらむ。出家うちして、かたかたに居給ひたれかし」とうちつぶやきながら、「細かに承りぬ。イついで侍るに、奏し侍るべし。このほど、いたはることありてなむ。かくて聞き侍る、いと便《びん》なく侍りと聞こえよ」とあるを、この侍《さぶらひ》、さし出づるままに、「申せと候ふ。年高くなり給ひぬらむ。なんでふ、近衛司望み給ふ。かたかたに出家うちして、居給ひたれかし。さりながら、細かに承りぬ。ついで侍るに奏すべしと候ふ」と言ふ。

この人、「しかしかさま侍り。思ひ知らぬにはなけれども、前世の宿執《しゆくしふ》にや、ウこのことさりがたく心にかかり侍れば、本《ほ》意《い》遂《と》げてのちは、エやがて出家して、籠《こも》り侍るべきなり。隔てなく仰せ給ふ、いとど本意に侍り」とあるを、そのままにまた聞こゆ。主、手をはたと打ち、「いかに聞こえつるぞ」と言へば、「しかしか、仰せのままになむ」といふに、すべていふはかりなし。

この使《つかひ》にて、「いかなる国王、大臣の御事をも、内々おろかなる心の及ぶところ、さこそうち申すことなれ。それを、オこの不覚人、ことごとくに申し侍りける。カあさましと聞こゆるもおろかに侍り。すみやかに参りて、御所望のこと申して、聞かせ奉らむ」とて、そののち少将になり給ひにけり。まことに、言はれけるやうに、出家していまそかりける。

（『十訓抄』）

〔注〕○九条民部卿顕頼——藤原顕頼（一〇九四～一一四八）。

○近衛司――近衛府の武官。長官は大将、次官は中将・少将。
○かたかたに――片隅に。　○しかしかさま侍り――おっしゃる通りです。

設問

㈠ 傍線部ア・イ・エ・カを現代語訳せよ。
解答欄：各一二・九㎝×一行

㈡ 傍線部ウを、具体的な内容がよくわかるように現代語訳せよ。
解答欄：一三・六㎝×一行

㈢ 傍線部オについて、顕頼がこの侍を「不覚人」と呼んだのはどういう理由からか、簡潔に説明せよ。
解答欄：一三・六㎝×一行

二〇〇〇年度　文理共通

第二問

次の文章は、唐土へ出立する息子成尋《じょうじん》阿闍梨《あじゃり》を思う母のものである。作者は成尋のもとにいたが、門出の直前にそこから仁和寺へと移された。そのことを嘆き、作者は成尋に別れを悲しむ歌を送った。その翌朝、成尋から手紙をもらったところから、この文章は始まる。結局成尋は、母に会わずに出発してしまった。これを読んで、後の設問に答えよ。

その朝《あした》、文《ふみ》おこせ給へる。つらけれど急ぎ見れば、「夜のほど何事か。昨日の御文見て、よもすがら涙もとまらず侍りつる」とあり。見るに、文字もたしかに見えず。涙のひまもなく過ぎ暮らす。

からうじて起き上がりて見れば、仁和寺の前に、梅の木にこぼるるばかり咲きたり。居る所など、みなし置かれたり。ア心もなきやうにて、いづ方《かた》なども覚えず。目も霧《き》りわたり、夢の心地《ここち》して暮らしたるまたの朝、京より人来て、「今宵《こよひ》の夜中ばかり出《い》で給ひぬ」と言ふ。起き上がられで、言はん方なく悲し。

またの朝に文あり。目も見あけられねど、見れば、「参らんと思ひ侍れど、イ夜中ばかりに詣《ま》で来つれば、返す返す静心《しづこころ》なく」とあり。目もくれて心地も惑《まど》ふやうなるに、送りの人々集まりて慰むるに、ゆゆしう覚ゆ。「やがて八幡《やはた》と申す所にて船に乗り給ひぬ」と聞くにも、おぼつかなさ言ふ方なき。

　船出する淀《よど》の御神《みかみ》もウ浅からぬ心を汲《く》みて守りやらなむ

と泣く泣く覚ゆる。

エ「あさましう、見じと思ひ給ひける心かな。あさましう」と、心憂きことのみ思ひ過ぐししかば、また「オこの人のまことにせんと思ひ給はんことたがへじ」など思ひしことの、阿闍梨《あざり》に従ひて、カかかることもいみじげに泣き妨げずなりにし、この日ごろの過ぐるままにくやしく、「手を控《ひか》へても、居てぞあるべかりける」とくやしく、涙のみ目に満ちて物も見えねば、

しひて行く船路《ふなぢ》を惜しむ別れ路《ぢ》に涙もえこそとどめざりけれ

（『成尋阿闍梨母集』）

〔注〕○八幡――京都府南西部の地名。淀川に面し、石清水《いわしみず》（男山《おとこやま》）八幡宮《はちまんぐう》がある。

設問

㈠　傍線部ア・ウ・エ・オを、わかりやすく現代語訳せよ。

解答欄：各一三㎝×一行

㈡　傍線部イを、事情がよくわかるように現代語訳せよ。

解答欄：一三・七㎝×一・五行

㈢　傍線部カはどのような作者の心情を述べたものか、説明せよ。

解答欄：一三・七㎝×一・五行

※　㈠オ・㈡は文科のみの出題。

一九九九年度　文理共通

第三問

次の文章を読んで、後の設問に答えよ。

ある夜、雪いたう降りて、表の人音ふけゆくままに、衾《ふすま》引きかづきて臥《ふ》したり。あかつき近うなつて、障子ひそまりあけ、盗人の入り来る。娘おどろいて、「助けよや人々。よや、よや」とうち泣く。野坡《やば》起き上がりて、盗人に向かひ、「わが庵《いほ》は青氈《せいせん》だもなし。されど、飯《めし》一釜、よき茶一斤《きん》は持ち得たり。柴《しば》折りくべ、暖まりて、ア人の知らざるを宝にかへ、明け方を待たでいなば、我にも罪なかるべし」と、談話常のごとくなれば、盗人もうちやはらいで、「イまことに表より見つるとは、貧福、金と瓦《かはら》のごとし。さらばもてなしにあづからん」と、覆面《ふくめん》のまま並びゐて、数々の物語す。中に年老いたる盗人、机の上をかきさがし、句の書けるものをうち広げたるに、

草庵の急火をのがれ出《い》でて

わが庵の桜もわびし煙《けぶ》りさき　　野坡

といふ句を見つけ、「この火いつのことぞや」。野坡がいはく、「しかじかのころなり」。盗人手を打ちて、「ウ御坊にこの発句させたるくせものは、近きころ刑せられし。火につけ水につけ発句して遊び給《たま》はば、今宵《こよひ》のあらましも句にならん。願はくは今聞かん」。野坡がいはく、「エ苦楽をなぐさむを風人といふ。今宵のこと、ことにをかし。されど、オありのままに句に作らば、我は盗人の中宿なり。ただ何ごとも知らぬなめり」と、かくいふことを書きて与ふ。

カ垣くぐる雀《すずめ》ならなく雪のあと

（『芭蕉翁頭陀物語』）

〔注〕○野坡――芭蕉の門人の志太《しだ》野坡。　○青氈――家の宝物。　○一斤――「斤」はお茶などの重量の単位。

設　問

㈠　傍線部ア・イ・ウ・エを、わかりやすく現代語訳せよ。　解答欄：各一二・九㎝×一行

㈡　「ありのままに句に作らば、我は盗人の中宿なり」（傍線部オ）とあるが、野坡はどういうことを心配しているのか、説明せよ。　解答欄：一三・七㎝×一行

㈢　傍線部カは何をぼかして言ったものか、簡潔に答えよ。　解答欄：六・八㎝×一行

一九九九年度　文科

第六問

次の文章を読んで、後の設問に答えよ。

右大将道綱の母

嘆きつつひとり寝《ぬ》る夜のあくる間はいかに久しきものとかは知る

『拾遺集』恋四、「入道摂政まかりたりけるに、門をおそく開けければ、立ちわづらひぬと言ひ入れて侍《はべ》りければ、詠みて出《い》だしける」とあり。今宵もやとわびながら、独りうち寝る夜な夜なの明けゆくほどは、いかばかり久しきものとか知り給《たま》へる、となり。ア門開くる間をだに、しかのたまふ御心にひきあてておぼしやり給へと、イこのごろ夜がれがちなる下の恨みを、ことのついでにうち出でたるなり。『蜻蛉《かげろふ》日記』に、この門たたき給へることを、つひに開けずして帰しまゐらせて、明くるあした、こなたより詠みてつかはせしやうに書けるは、ひがごとなり。ウ「ひとり寝る夜のあくる間は」といひ、「いかに久しき」といへるは、門開くるあひだのおそきを、わび給ひしにくらべたるなり。つひに開けずしてやみたらんには、何にあたりてか、「あくる間は」とも、「久しき」とも詠み出づべき。

（『百首異見』）

〔注〕○入道摂政――藤原兼家（九二九―九九〇）。道綱の母の夫。

○『蜻蛉日記』――道綱の母の日記。

設問

㈠「門開くる間をだに、しかのたまふ」（傍線部ア）を、「しか」の内容が明らかになるように現代語訳せよ。
解答欄：一三・六㎝×一行

㈡「このごろ……うち出でたるなり」（傍線部イ）とはどういうことか、簡潔に説明せよ。
解答欄：一三・六㎝×一行

㈢「『ひとり寝る夜のあくる間は』といひ……くらべたるなり」（傍線部ウ）とあるが、この解釈にしたがって、「嘆きつつ……」の歌を現代語訳せよ。
解答欄：一三・六㎝×二行

一九九八年度　文理共通

第三問

次の文章を読んで、あとの設問に答えよ。

今は昔、丹後国《たんごのくに》に老尼ありけり。地蔵菩薩《ぢざうぼさつ》は暁ごとに歩《あり》き給《たま》ふといふ事をほのかに聞きて、暁ごとに地蔵見奉らんとて、ひと世界惑ひ歩くに、博打《ばくうち》の打ちほうけてゐたるが見て、「尼君は寒きに何わざし給ふぞ」と言へば、「地蔵菩薩の暁に歩き給ふなるに、あひ参らせんとて、かく歩くなり」と言へば、「地蔵の歩かせ給ふ道は我こそ知りたれば、（ア）いざ給へ、あはせ参らせん」と言へば、「あはれ、うれしき事かな。地蔵の歩かせ給はん所へ我を率《ゐ》ておはせよ」と言へば、「我に物を得させ給へ。（イ）やがて率て奉らん」と言ひければ、「この着たる衣《きぬ》奉らん」と言へば、「いざ給へ」とて隣なる所へ率て行く。

尼よろこびて急ぎ行くに、そこの子にぢざうといふ童《わらは》ありけるを、それが親を知りたりけるによりて、「ぢざうは」と問ひければ、親、「遊びに往《い》ぬ。（ウ）今来なん」と言へば、「くは、ここなり。ぢざうのおはします所は」と言へば、尼、うれしくて紬《つむぎ》の衣を脱ぎて取らすれば、（エ）博打は急ぎて取りて往ぬ。

尼は「地蔵見参らせん」とてゐたれば、親どもは心得ず、「などこの童を見んと思ふらん」と思ふほどに、十ばかりなる童の来たるを、「くは、ぢざう」と言へば、尼、見るままに是非も知らず臥《ふ》し転《まろ》びて拝み入りて、土にうつぶしたり。童、楉《すはえ》を持て遊びけるままに来たりけるが、その楉して手すさびのやうに額をかけば、額より顔の上まで裂けぬ。裂けたる中より（オ）えもいはずめでたき地蔵の御顔見え給ふ。尼拝み入りてうち見あげたれば、かくて立ち給へれば、涙を流して拝み入り参らせて、やがて極楽へ参りけり。されば心にだにも深く念じつれば、仏も見え給ふなりけりと信ずべし。

（『宇治拾遺物語』）

〔注〕　○博打——ばくうち。　○楉——木の細い若枝。

設　問

㈠　傍線部ア・イ・オを現代語訳せよ。

解答欄：各一三㎝×一行

㈡　「来」（傍線部ウ）の読みを記せ。

㈢　「博打は急ぎて取りて往ぬ」（傍線部エ）とあるが、「博打」はなぜこのような行動を取ったのか、説明せよ。

解答欄：一三・七㎝×一行

㈣　この話の語り手は老尼に生じた奇跡をどのように意義づけているのか、説明せよ。

解答欄：一三・七㎝×一・五行

一九九八年度　文科

第六問

次の文章は、姫君たちの父が、七日の予定で、阿闍梨《あじゃり》のいる山寺に籠《こ》もって念仏修行をすることになり、その父の帰りを待つ姫君たちの様子と、山寺の様子を語る一節である。これを読んで、後の設問に答えよ。

かの行ひたまふ三昧《さんまい》、今日はてぬらむと、いつしかと待ちきこえたまふ夕暮に、人参りて、「今朝よりなやましくてなむ、え参らぬ。風邪《かぜ》かとて、とかくつくろふとものするほどになむ。さるは、例よりもア対面心もとなきを」と聞こえたまへり。胸つぶれて、いかなるにかと思《おぼ》し嘆き、御衣《ぞ》ども綿厚くて急ぎせさせたまひて、奉れなどしたまふ。二三日はおりたまはず。イいかにいかにと人奉りたまへど、「ことにおどろおどろしくはあらず、そこはかとなく苦しうなむ。すこしもよろしくならば、いま、念じて」など、言葉にて聞こえたまふ。

阿闍梨つとさぶらひて、仕うまつりけり。「はかなき御なやみと見ゆれど、ウ限りのたびにもおはしますらむ。君たちの御事、何か思し嘆くべき。人はみな御宿世といふもの異々《ことごと》なれば、御心にかかるべきにもおはしまさず」と、いよいよエ思し離るべきことを聞こえ知らせつつ、「いまさらにな出《い》でたまひそ」と諫《いさ》め申すなりけり。

（『源氏物語』）

〔注〕○三昧——心に仏を念じて経文などを唱《とな》えること。
○阿闍梨——僧の称号。

設　問

㈠　傍線ア・ウを現代語訳せよ。

解答欄：各八・八㎝×一行

㈡　「いかにいかにと人奉りたまへど」（傍線部イ）とあるが、誰《だれ》のどんな気持から出た、どのような行為か、説明せよ。

解答欄：一三・七㎝×一行

㈢　「思し離るべきこと」（傍線部エ）とはどんなことか、説明せよ。

解答欄：一三・七㎝×一行

一九九七年度　文理共通

第三問

次の文章は、親・兄を殺した「樊噲《はんかい》」というあだ名の盗賊が、小猿・月夜という手下とともに那須野《なすの》の殺生石《せっしょうせき》に到り、通りすがりの一人の僧と出会う場面である。これを読んで、後の設問に答えよ。

下野《しもつけ》の那須野の原に日入りたり。小猿・月夜いふ。「この野は道ちまたにて、暗き夜には迷ふこと、すでにありき。ここにしばらく休みたまへ。ア あない見てこむ」とて、走りゆく。殺生石とて、毒ありといふ石の垣のくづれたるに、火切りてたきほこらしをる。僧一人来たる。目も落とさで過ぐるさまにくし。「法師よ、物あらばくはせよ。旅費あらばおきてゆけ。イ むなしくは通さじ」といふ。法師立ちとどまりて、「ここに金一分《いちぶ》あり。とらせむ。くふ物は持たず」とて、はだか金を樊噲が手に渡して、返り見もせずゆく。「ゆく先にて若き者ら二人立つべし。ウ『樊噲に会ひて物おくりし』というて過ぎよ」といふ。「応《お》」と答へて、足しづかに歩みたり。片時にはまだならじと思ふに、僧立ち帰りて、「樊噲おはすか。我、発心のはじめより偽りいはざるに、ふと物をしくて、いま一分残したる、心清からず。これをも与ふぞ」とて、取り与ふ。手にすゑしかば、エ ただ心さむくなりて、「かく直き法師あり。我、親・兄を殺し、多くの人を損ひ、盗みして世にあること、あさましあさまし」と、しきりに思ひなりて、法師に向ひ、「御徳に心あらたまり、今は御弟子となり、行ひの道に入らむ」といふ。法師感じて、「いとよし。来よ」とて、つれだちゆく。小猿・月夜、出できたる。「おのれらいづこにも去り、いかにもなれ。我はこの法師の弟子となりて修行せむ。オ 襟《えり》もとの虱《しらみ》、身につくまじ。また会ふまじきぞ」とて、目おこせて別れゆく。「無益の子供らは捨てよかし。懺悔《ざんげ》ゆくゆく聞かむ」とて、先に立ちたり。

（『春雨物語』）

設問

㈠　傍線部ア・イを現代語訳せよ。　解答欄：各一三・二㎝×一行

㈡　「『樊噲に会ひて物おくりし』といふて過ぎよ」（傍線部ウ）を、人物関係が明らかになるように現代語訳せよ。　解答欄：一三・八㎝×二行

㈢　「ただ心さむくなりて」（傍線部エ）について、なぜ樊噲はそう感じたのか、説明せよ。　解答欄：一三・八㎝×二行

㈣　「襟もとの虱、身につくまじ」（傍線部オ）とはどういう意味か、説明せよ。　解答欄：一三・八㎝×二行

一九九七年度　文科

第六問

次の文章は、一条天皇の中宮藤原彰子の生んだ若宮（第二皇子の敦成《あつひら》親王）が東宮に決定した後の、中宮とその父藤原道長（殿の御前）との対話を記したものである。若宮には、皇后藤原定子の生んだ兄宮（第一皇子の敦康《あつやす》親王）がいる。兄宮は、自分が東宮になれるものとの期待をもっていた。これを読んで、後の設問に答えよ。

中宮は若宮の御事の定まりぬるを、ア例の人におはしまさば、ぜひなくうれしうこそは思《おぼ》しめすべきを、「上は道理のままにとこそは思しつらめ、かの宮も、『さりともさやうにこそはあらめ』と思しつらむに、『かく世の響きにより、引き違《たが》へ思し掟《おき》つるにこそあらめ、さりとも』と御心の中《うち》の嘆かしうやすからぬことには、これをこそ思しめすらむに、いみじう心苦しういとほしう、若宮はまだいと幼くおはしませば、おのづから御宿世《すくせ》にまかせてありなむものを」など思しめいて、殿の御前にも、「イなほこのこといかでさらでありにしかなとなむ思ひはべる。かの御心の中には、年ごろ思しめしつらむことの違《たが》ふをなむ、いと心苦しうわりなき」など、泣く泣くといふばかりに申させたまへば、殿の御前、「げにウいとありがたきことにもおはしますかな。またさるべきことなれば、げにと思ひたまへてなむ掟て仕うまつるべきを、上おはしまして、あべいことどもをつぶつぶと仰せらるるに、『いな、なほ悪《あ》しう仰せらるることなり。次第にこそ』と奏し返すべきことにもはべらず。世の中いとはかなうはべれば、かくて世にはべるをり、エさやうならむ御有様も見たてまつりはべりなば、後の世も思ひなく心やすくてこそはべらめとなむ思ひたまふる」と申させたまへば、またこれもことわりの御事なれば、返しきこえさせたまはず。

（『栄花物語』）

〔注〕　○上——一条天皇。

設問

㈠　傍線部アを現代語訳せよ。

解答欄：一三・八㎝×一行

㈡　「このこといかでさらでありにしかな」（傍線部イ）を「このこと」「さらで」の内容が明らかになるように現代語訳せよ。

解答欄：一三・八㎝×一行

㈢　傍線部ウで、何が「いとありがたきこと」なのか、わかりやすく説明せよ。

解答欄：一三・八㎝×一行

㈣　「さやうならむ御有様」（傍線部エ）とはどういうことか、わかりやすく説明せよ。

解答欄：一三・八㎝×一行

一九九六年度　文理共通

第　三　問

次の文章を読んで、後の設問に答えよ。

初秋風けしきだちて、艶ある夕暮に、大臣渡り給ひて見給へば、姫君、薄色に女郎花《をみなへし》などひき重ねて、几帳《きちやう》に少しはづれてゐ給へるさまかたち、常よりもいふよしなく(ア)あてに匂ひみちて、らうたく見え給ふ。御髪いとこちたく、五重《いつへ》の扇とかやを広げたらむさまして、少し色なる方にぞ見え給へど、筋こまやかに、額より裾までまよふ筋なく美し。ただ人にはげに惜しかりぬべき人がらにぞおはする。几帳おしやりて、わざとなく拍子《ひやうし》うちならして、御箏《こと》ひかせたてまつり給ふ。折しも中納言まゐり給へり。「こち」とのたまへば、うちかしこまりて、御簾《みす》の内にさぶらひ給ふさまかたち、この君しもぞまたいとめでたく、あくまでしめやかに、心の底ゆかしう、(イ)そぞろに心づかひせらるるやうにて、こまやかになまめかしう、すみたるさまして、あてに美し。いとどもてしづめて、騒ぐ御胸を念じつつ、用意を加へ給へり。笛少し吹きならし給へば、雲ゐにすみのぼりて、いとおもしろし。御箏の音ほのかにらうたげなる、かきあはせのほど、(ウ)なかなか聞きもとめられず、涙うきぬべきを、(エ)つれなくもてなし給ふ。撫子《なでしこ》の露もさながらきらめきたる小袿《こうちき》に、御髪はこぼれかかりて、少しかたぶきかかり給へるかたはら目、まめやかに光を放つとはかかるをやと見え給ふ。(オ)よろしきをだに、人の親はいかがは見なす。ましてかくたぐひなき御ありさまどもなめれば、よにしらぬ心の闇にまどひ給ふも、ことわりなるべし。

（『増鏡』）

〔注〕○大臣――右大臣山階《やましな》実雄。　○姫君――実雄の娘、佶子《きつし》。　○中納言――佶子の兄、公宗《きんむね》。
○心の闇――「人の親の心は闇にあらねども子を思ふ道にまどひぬるかな」（『後撰集』・藤原兼輔）による。

設問

㈠　傍線部ア・ウを、だれのことか明らかになるように現代語訳せよ。　解答欄：各一三・一㎝×一行

㈡　「そぞろに心づかひせらるるやうにて」（傍線部イ）とはどういうことか、説明せよ。　解答欄：一三・八㎝×一行

㈢　「つれなくもてなし給ふ」（傍線部エ）とあるが、だれがどのような気持で、どのようにしたのか、わかりやすく説明せよ。　解答欄：一三・八㎝×二行

㈣　「よろしきをだに、人の親はいかがは見なす」（傍線部オ）とはどういうことか、説明せよ。　解答欄：一三・八㎝×二行

一九九六年度　文科

第六問

次の文章を読んで、後の設問に答えよ。

むかし相如《しやうじよ》といふ人ありけり。世にたぐひなきほどに貧しくてアわりなかりけれど、よろづのことを知り、才学ならびなうして、琴をぞめでたくひきける。卓王孫といふ人のもとに行きて、月の明かき夜もすがら琴をしらべてゐたるに、この家あるじの娘に卓文君と聞こゆる人、あはれにいみじくおぼえて、常はこれをのみめで興じけるを、この文君が父母、相如に近づくことをいとひ憎みけれど、琴の音をやあはれと思ひしみにけむ、この男にあひにけり。女方の父、よろづのたからに飽きみちて、世のわびしきことを知らざりけり。かかれども、このわび人にあひ具したることを、イいと心づきなきさまに思ひとりて、いかにも娘のゆくへを知らざりけれど、ウつゆちり苦しと思はでなむ、年月を過ぐしける。この夫、蜀《しよく》といふ国へ行きける道に、昇仙橋《しようせんけう》といふ橋ありけり。それを歩み渡るとて、橋柱に物を書きつけけり。エ我、大車肥馬に乗らずは、またこの橋を帰り渡らじと誓ひて、蜀の国にこもりにけり。そののち思ひのごとくめでたくなりてなむ、橋を帰り渡りたりける。女、年ごろ貧しくてあひ具したるかひありて、親しき、うとき世の中の人々にも、たぐひなくうらやまれける。

沈みつつわが書きつけしことの葉はオ雲ゐにのぼるはしにぞありける

心長くて身をもてけたぬは、今もむかしもなほいみじくこそ聞こゆれ。

（『唐物語』）

〔注〕○相如――司馬相如。前漢の人。

設問

㈠　傍線部ア・イ・ウを現代語訳せよ。　解答欄：各一三・一㎝×一行

㈡　「我、大車肥馬に乗らずは、またこの橋を帰り渡らじ」（傍線部エ）とはどういうことか、説明せよ。　解答欄：一三・八㎝×二行

㈢　「雲ゐにのぼるはし」（傍線部オ）とは何をいおうとしているのか、説明せよ。　解答欄：一三・八㎝×二行

一九九五年度　文理共通

第三問

次の文章を読んで、後の設問に答えよ。

世の物知り人の、人の説《ときごと》のあしきをとがめず、ア一《ひと》むきにかたよらず、これをもかれをも捨てぬさまにイあげつらひをなすは、多くはおのが思ひとりたる趣をまげて、世の人の心に、あまねくかなへむとするものにて、まことにあらず、心ぎたなし。たとひ世の人は、いかにそしるとも、わが思ふすぢをまげて、したがふべきことにはあらず。人のほめそしりにはかかはるまじきわざぞ。大かた一むきにかたよりて、他説《あだしときごと》をば、わろしとがむるをば、心せばくよからぬこととし、一むきにはかたよらず、他説をも、わろしとは言はぬを、ウ心広くおいらかにて、よしとするは、エなべての人の心なめれど、かならずそれさしもよき事にもあらず。よるところ定まりて、そを深く信ずる心ならば、かならず一むきにこそよるべけれ。オそれに違へるすぢをば、とるべきにあらず。よしとしてよるところに異なるは、みなあしきなり。これよければ、かれはかならずあしきことわりぞかし。しかるを、これもよし、またかれもあしからずと言ふは、よるところ定まらず、信ずべきところを、深く信ぜざるものなり。よるところ定まりて、そを信ずる心の深ければ、それに異なるすぢのあしきことをば、カおのづからとがめざることあたはず。これ信ずるところを信ずるまめごころなり。人はいかに思ふらむ、われは一むきにかたよりて、他説をばわろしととがむるも、キかならずわろしとは思はずなむ。

（『玉勝間』）

設問

㈠　傍線部イ・ウ・エ・カを現代語に訳せ。

解答欄：各一三・二㎝×一行

㈡　「一むきにかたよらず」（傍線部ア）とはどういうことか、説明せよ。

解答欄：一三・八㎝×一行

㈢　「それ」（傍線部オ）は、どのような内容を指すか。

解答欄：一三・八㎝×一行

㈣　「かならずわろしとは思はずなむ」（傍線部キ）について、なぜそのように言えるのか、説明せよ。

解答欄：一三・八㎝×一・五行

一九九五年度　文科

第六問

次の文章は、都から九州に渡った姫君が、土地の豪族に結婚を迫られ、取るものも取りあえず、その地から逃れて帰京するという話の一節である。文中の豊後介《ぶんごのすけ》は、姫君の乳母《めのと》の長男である。これを読んで、後の設問に答えよ。

かく逃げぬるよし、おのづから言ひ出《い》で伝へば、ア負けじ魂にて追ひて来なむと思ふに心もまどひて、早舟といひて、さまことになむ構へたりければ、思ふ方の風さへ進みて、危きまで走り上りぬ。ひびきの灘《なだ》もなだらかに過ぎぬ。「海賊の舟にやあらむ、小さき舟の飛ぶやうにて来る」など言ふ者あり。海賊のひたぶるならむよりも、かの恐ろしき人の追ひ来たるにやと思ふにせむ方なし。

うきことに胸のみ騒ぐひびきにはイひびきの灘もさはらざりけり

川尻といふ所近づきぬと言ふにぞ、すこし生き出づる心地する。例の、舟子《ふなこ》ども、「唐泊《からどまり》より川尻おすほどは」と、うたふ声のなさけなきもあはれに聞こゆ。豊後介、あはれになつかしううたひすさびて、「いとかなしき妻子《めこ》も忘れぬ」とて、思へば、「げにぞ、みなうち捨ててける。ウいかがなりぬらむ。はかばかしく身の助けと思ふ郎等どもは、みな率《ゐ》て来にけり。我をあしと思ひて、追ひまどはして、いかがしなすらむ」と思ふに、心幼くもかへりみせで出でにけるかなと、すこし心のどまりてぞ、エあさましきことを思ひつづくるに、心弱くうち泣かれぬ。

（『源氏物語』）

〔注〕○ひびきの灘——播磨《はりま》灘。航行の難所であった。　○川尻——淀川の河口の地名。
○唐泊——播磨国の港の名。　○おす——舟の櫓《ろ》を押す。

設問

(一) 傍線部ア・ウを、内容が明らかになるように現代語訳せよ。

解答欄：各一三・二㎝×一行

(二) 「ひびきの灘もさはらざりけり」（傍線部イ）にはどのような気持ちがこめられているか、説明せよ。

解答欄：一三・八㎝×一行

(三) 「あさましきこと」（傍線部エ）とはどういうことか、具体的に説明せよ。

解答欄：一三・八㎝×一・五行

一九九四年度　文理共通

第三問

次の文章を読んで、後の設問に答えよ。

ある人いはく、もとよりその道々の家に生まれぬるは、さることなり。さなきたぐひも、ほどほどにつけては、能は必ずあるべきなり。中にも氏をうけたる者、芸おろかにして氏を継がぬたぐひあり、道にあらざるたぐひ、能によりて道に至る徳もあれば、氏を継がむがため、道に至らむがために、アかれもこれもともにはげむべし。何となくゐ交はりたる折はそのけぢめ見えざれども、芸能につけて召し出だされ、イただうちあるわれどちの遊び、かたへに抜き出でて何事をもしたらむは、雲泥の心地して、人目いみじく覚えぬべし。すべてみめよく品高けれども、あやしくいやしきが能あるに立ち並ぶ折は、ウその品そのみめも必ず思ひけたるるものなり。たとへば、花のあたりの常磐木《ときはぎ》は、うち見るにたとへなくエさめたれども、春の日数暮れ、峰のあらし過ぎぬるのちに、緑ばかり残りて、仮のにほひとどまらざるがごとし。されば、「オ桃李は一旦の栄花なり。松樹は千年の貞木なり」といへり。いみじくありて身の能なきが一人あるを見るだに、能あるを思ひ出づるならひなり。いはむや、能に並ぶ折のけぢめをや。いかにいはむや、同じ様なるが一人は能ありて、一人は能なきをや。中にも世の中の変りゆくさま、昔よりは次第に衰へもてゆくにつけつつ、道々の才芸もまた父祖には及びがたき習ひなれば、カ藍よりも青からむことはまことに希なりといへども、形のごとくなりとも箕裘《ききう》の業を継がざらむ、くちをしかりぬべし。

（『十訓抄』）

〔注〕○箕裘の業——父祖の遺業。

設問

㈠「かれもこれも」（傍線部ア）は、それぞれ何を指しているか。 解答欄：一三・八㎝×一行

㈡ 傍線部イ・ウ・エを現代語訳せよ。 解答欄イ：一三・八㎝×一行、ウ：一三・八㎝×二行、エ：一三・八㎝×一行

㈢「桃李は一旦の栄花なり。松樹は千年の貞木なり」（傍線部オ）について、「桃李」と「松樹」はそれぞれ何をたとえているか。

㈣「藍よりも青からむこと」（傍線部カ）は、ここではどういうことを指すか、説明せよ。 解答欄：一三・八㎝×一行

一九九四年度　文科

第六問

次の文章を読んで、後の設問に答えよ。

よろづのこと心細く覚え給《たま》ふままに、アただこのことのみ御心にいそがれ給ひつつ、出で給ふたびごとには、女君に、「法師になりに山へまかるぞ」ときこえ給ひければ、イ「例のこと」と、たはぶれにおぼしてなむ、きこえ給ひける。「まことにこのたびは」ときこえ給ひければ、「例の夜さりは帰り給へらむをこそは、法師かへるとは見め」ときこえて笑ひ給ひければ、「まことぞや」ときこえて出で給ひければ、女君、「法師にならむと侍るは、われをいとひ給ふなめり」とて、

　あはれとも思はぬ山に君し入らば麓《ふもと》の草の露とけぬべし

ときこえ給へば、高光の少将の君、

　わが入らむ山の端になほかかりたれウ思ひな入れそつゆも忘れじ

と申し給ひて、愛宮《あいみや》の御もとにまうで給ひて、立ちながら出で給へば、「物きこえむ」とのたまひければ、エ「などえのぼり給はぬ」ときこえ給ひけれど、涙も出で給ひければ、「いそぎ物へまかる」ときこえ給ひて、ことなることもきこえ給はで出で給ひて、比叡《ひえ》にのぼり給ひて、御弟のおはしける室におはして、とう禅師の君を召して、「かしら剃れ」とのたまひければ、いとあさましくて、禅師の君、「などかくはのたまふ。御心変りやし給へる」とて、のたまふままに泣き給ふ。

（『多武峰少将物語』）

〔注〕○女君——高光の妻。　○愛宮——高光の妹。　○禅師の君——高光の弟。

設問

㈠ 「ただこのことのみ御心にいそがれ給ひつつ」（傍線部ア）を、「このこと」の内容が明らかになるように現代語に訳せ。

解答欄：一三・八㎝×一行

㈡ 傍線部イ・ウを現代語に訳せ。

解答欄：各一三・二㎝×一行

㈢ 「などえのぼり給はぬ」（傍線部エ）を、「のぼる」の内容が明らかになるように現代語に訳せ。

解答欄：一三・八㎝×一行

一九九三年度　文理共通

第三問

次の文章を読んで、後の設問に答えよ。

下《しも》わたりに、品いやしからぬ人の、こともかなはぬ人をにくからず思ひて、年ごろふるほどに、親しき人のもとへ行き通ひけるほどに、むすめを思ひかけて、アみそかに通ひありきけり。めづらしければにや、はじめの人よりは心ざし深くおぼえて、人目もつつまず通ひければ、親聞きつけて、イ「年ごろの人を持ちたまへれども、いかがはせむ」とて、許して住ます。もとの人聞きて、「今はかぎりなめり。通はせてなども、よもあらせじ」と思ひわたる。「行くべき所もがな。つらくなりはてぬさきに、離れなむ」と思ふ。されど、さるべき所もなし。

今の人の親などは、おしたちて言ふやう、「妻《め》などもなき人の、せちに言ひしにあはすべきものを、かく本意《ほい》にもあらでおはしそめてしを、くちをしけれど、いふかひなければ、かくてあらせたてまつるを、世の人々は、『妻すゑたまへる人を。思ふと、さ言ふとも、家にすゑたる人こそ、やごとなく思ふにあらめ』など言ふも、やすからず。ウげに、さることにはべる」など言ひければ、男、「人数《ひとかず》にこそはべらねど、心ざしばかりはまさる人はべらじと思ふ。かしこには渡したてまつらぬを、おろかにおぼさば、ただ今も渡したてまつらむ。いと異《こと》やうになむはべる」と言へば、親、エ「さだにあらせたまへ」と、おしたちて言へば、男、「あはれ、オかれもいづちやらまし」とおぼえて、心のうち悲しけれども、今のがやごとなければ、「かくなど言ひて、気色《けしき》も見む」と思ひて、もとの人のがり往《い》ぬ。

（『はいずみ』）

〔注〕　○妻すゑたまへる人を——「妻すゑたまへる人を」通わすとは、の意。

○やごとなく——「やんごとなく」に同じ。

設　問

㈠　傍線部ア・イを現代語に訳せ。

解答欄ア：一三・二㎝×一行、イ：一三・二㎝×二行

㈡　「げに、さることにはべる」（傍線部ウ）とはどういうことか、具体的に説明せよ。

解答欄：一三・七㎝×二行

㈢　「さだにあらせたまへ」（傍線部エ）とあるが、どうしてほしいというのか、具体的に説明せよ。

解答欄：一三・七㎝×二行

㈣　傍線部オを、「かれ」がだれを指すかがわかるように、現代語に訳せ。

解答欄：一三・七㎝×一行

一九九三年度　文科

第六問

次の文章は音楽に関する教訓を述べたものである。これを読んで、後の設問に答えよ。

古きやんごとなき人の仰せられしは、「諸道には地獄あり、その価《あたひ》あるがゆゑに。ア管絃《くわんげん》には地獄なし、料物《れうもつ》なきがゆゑに」。

うれしくも罪なきことをしけるかな数ならぬ身はこれぞかなしき

かやうのことなりとも、人の心に随《したが》ひて、罪あるさまにもしなしつべし。イあなかしこあなかしこ、その有様は永く思ひ寄るべからず。好まん人には隠すべからず。ウその器物かなひたらん人には惜しむべからず。月の明《あか》からん夜、よもすがらあそびては、腹立たしからんことをも忘れて、「極楽浄土の鳥の声も、風の音も、池の波も、鳥のさへづりも、これがやうにこそはめでたからめ。とくとくまゐりてこれを聞かばや」と思ふべし。エかやうならば、功徳は得《う》とも、罪にはなるべからず。また、これをあながちに隠して、オ人にはわろうせさせて、心の内には言ひそしり笑ひて、「われひとりは人にすぐれん。さてよにいみじきものに言はれて、これをせうとくにせん」と思はば、などか罪もなからん。されば、心によるべしとは思ふなり。

（『竜鳴抄』）

〔注〕○せうとく――所得。儲《まう》け。

設問

㈠ 傍線部イ・ウ・オを現代語に訳せ。

解答欄：各一三・二㎝×一行

㈡ 「管絃には地獄なし、料物なきがゆゑに」（傍線部ア）とはどういうことか、説明せよ。

解答欄：一三・八㎝×二行

㈢ 「かやうならば」（傍線部エ）とはどういうことか、説明せよ。

解答欄：一三・八㎝×一行

漢文篇

二〇一九年度　文理共通

第三問

次の文章を読んで、後の設問に答えよ。ただし、設問の都合で送り仮名を省いたところがある。

学校《ハ》所二以養《フ》レ士《ヲ》也。然《レドモ》古之聖王、其《ノ》意[a]不二僅此一也。必《ズ》使《メ》下治《ムル》二天下《ヲ》一之具《ヲシテ》皆出《デ》中於学校《ヨリ》上、而《ル》後《ニ》設《クル》二学校《ヲ》一之意始《メテ》備《ハル》。天子之所レ是《トスル》未《ダ》二必《ズシモ》是《ナラ》一、天子之所レ非《トスル》未《ダ》二必《ズシモ》非《ナラ》一。天子亦遂《ニ》[b]不三敢自為二非是一、而《シテ》公《ニス》二其《ノ》非是《ヲ》於学校《ニ》一。是《ノ》故《ニ》養《フハ》レ士《ヲ》為《ルモ》二学校之一事一、而学校不二僅為レ養レ士而設一也。

三代以下、天下之是非一《ニ》出《ヅ》二於朝廷《ヨリ》一。天子栄《トスレバ》レ之《ヲ》則《チ》群趨《はしリテ》以《テ》為《シ》レ是《ト》、天子辱《トスレバ》レ之《ヲ》則《チ》群擿《なげうチテ》以《テ》為《ス》レ非《ト》。而《シテ》其《ノ》所謂学校《ナル》者《ハ》、科挙《モテ》囂《がう》争《さうシ》、富貴《モテ》熏《くん》心《しんス》。亦遂《ニ》[c]以《テ》二朝廷之勢利《ヲ》一一二変《ス》其《ノ》本領《ヲ》一。而《シテ》士之有《ル》二才能学術一者、且《ツ》往往《ニシテ》自《ラ》抜《キンデ》二於[d]草野之間一、於《イテ》二学校《ニ》一初《メヨリ》[e]無レ与也。究《きう》竟《きやう》養《フノ》レ士《ヲ》一事[f]亦失レ之矣。

〔注〕○三代以下——夏・殷・周という理想の治世が終わった後の時代。
○囂争——騒ぎ争う。
○熏心——心をこがす。

（黄宗羲『明夷待訪録』による）

設問

㈠ 傍線部a・d・eの意味を現代語で記せ。

解答欄：各六・〇㎝×一行

㈡ 「不㆔敢自為㆓非是㆒」（傍線部b）を平易な現代語に訳せ。

解答欄：一三・四㎝×一行

㈢ 「以㆓朝廷之勢利㆒一‐㆓変其本領㆒」（傍線部c）とはどういうことか、わかりやすく説明せよ。

解答欄：一三・四㎝×一行

㈣ 「亦失㆑之矣」（傍線部f）とあるが、なぜ「亦」と言っているのか、本文の趣旨を踏まえて説明せよ。

解答欄：一三・四㎝×一・五行

※ ㈢は文科のみの出題。

二〇一八年度　文理共通

第三問

次の文章は、宋の王安石が人材登用などについて皇帝に進言した上書の一節である。これを読んで、後の設問に答えよ。ただし、設問の都合で送り仮名を省いたところがある。

先王之為《をさムルヤ》二天下《ヲ》一、不《シテ》レ患《ヘ》二人之不《ルヲ》一レ為《なサ》而患《ヘ》二人之不《ルヲ》一レ能《ハ》、不《シテ》レ患《ヘ》二人之不《ルヲ》一レ能《ハ》而[a]患《フ》二己之不《ルヲ》一レ勉《メ》。

何《ヲカ》謂《フ》下不《シテ》レ患《ヘ》二人之不《ルヲ》一レ為《サ》而患《フト》中人之不《ルヲ》上レ能《ハ》。人之情《ノ》所《ノ》レ願《フ》レ得《ルヲ》者《ハ》、善行・美名・[b]尊爵・厚利也。而《シテ》先王能《ク》操《とリ》レ之《ヲ》以《テ》臨《ム》二天下之士《ニ》一。天下之士、有《レバ》二能《ク》遵《したがヒテ》レ之《ニ》以《テ》治《ムル》者一、則《チ》悉《ク》以《テ》二其《ノ》所《ノ》レ願《フ》レ得《ルヲ》者《ヲ》一以《テ》与《フ》レ之《ニ》。士不《レバ》レ能《ハ》則《チ》[c]已《ム》矣。苟《シクモ》能《クスレバ》、則《チ》[d]孰《たれカ》肯《ヘテ》舎《すテテ》二其《ノ》所《ヲ》一レ願《フ》レ得《ルヲ》而不《ランヤ》二自《ラ》勉《メテ》以《テ》為《ラ》一レ才《ト》。故《ニ》曰《ハク》、不《シテ》レ患《ヘ》二人之不《ルヲ》一レ為《サ》、患《フト》二人之不《ルヲ》一レ能《ハ》。

何《ヲカ》謂《フ》下不《シテ》レ患《ヘ》二人之不《ルヲ》一レ能《ハ》而患《フト》中己之不《ルヲ》上レ勉《メ》。先王之法、[e]所二以待一レ人者尽矣。自《リハ》レ非《ザル》二下愚《ニシテ》不《ル》レ可《カラ》レ移《ル》之才《ニ》一、未《ダ》《ル》レ有《ラ》二不《ル》レ能《ハ》レ赴《ク》者一也。然《リ》而《シテ》[f]不《レバ》下謀《ルニ》レ之《ヲ》以《テ》二至誠惻《そく》怛《だつ》之心《ヲ》一力行《シテ》而先《ンゼ》上レ之《ニ》、未《ダ》《ル》レ有《ラ》下能《ク》以《テ》二至誠惻怛之心《ヲ》一力行《シテ》而応《ズル》レ之《ニ》者上也。故《ニ》曰《ハク》、不《シテ》レ患《ヘ》二人之不《ルヲ》一レ能《ハ》而患《フト》㆓己之不《ルヲ》㆑勉《メ》。

（『新刻臨川王介甫先生文集』による）

〔注〕○先王――古代の帝王。
○下愚不㆑可㆑移之才――『論語』陽貨篇に「上知と下愚とは移らず（きわめて賢明な者ときわめて愚かな者は、何によっても変わらない）」とあるのにもとづく。
○惻怛――あわれむ、同情する。

設問

(一) 傍線部a・b・cの意味を現代語で記せ。

解答欄：各六・〇㎝×一行

(二) 「孰肯舎㆓其所㆑願得而不㆓自勉以為㆑才」（傍線部d）とは、誰がどうするはずだということか、わかりやすく説明せよ。

解答欄：一三・四㎝×一・五行

(三) 「所㆓以待㆑人者尽矣」（傍線部e）を平易な現代語に訳せ。

解答欄：一三・四㎝×一行

(四) 「不㆘謀㆑之以㆓至誠惻怛之心㆒力行而先㆖之、未㆑有㆘能以㆓至誠惻怛之心㆒力行而応㆑之者㆖也」（傍線部f）とは、誰がどうすべきだということか、わかりやすく説明せよ。

解答欄：一三・四㎝×一・五行

※(二)は文科のみの出題。

二〇一七年度　文理共通

第三問

次の文章を読んで、後の設問に答えよ。ただし、設問の都合で送り仮名を省いたところがある。

斉奄家《ニ》畜《やしなヒ》二一猫《ヲ》一、自《ラ》奇《トシ》レ之《ヲ》、号《シテ》二於人《ニ》一曰《フ》二虎猫《ト》一。客説《とキテ》レ之《ニ》曰《ハク》、「虎《ハ》誠《ニ》猛《ナルモ》、不《ル》レ如《カ》二龍之神《ナルニ》一也。請《フ》更《ヘ》レ名《ヲ》曰《ハンコトヲト》二龍猫《ト》一」。又客説《キテ》レ之《ニ》曰《ハク》、「龍《ハ》固《もとヨリ》[a]神二於虎一也。龍昇《ルニ》レ天《ニ》[b]須二浮雲一、雲其《レ》尚《キ》二於龍《ヨリ》一乎。[c]不《ト》レ如《カ》二名《ヅケテ》曰《フニ》レ雲《ト》一」。又客説《キテ》レ之《ニ》曰《ハク》、「雲《うん》靄《あい》蔽《おほフモ》レ天《ヲ》、風倏《たちまチニシテ》散《ズ》レ之《ヲ》。雲固《ヨリ》不《ル》レ敵《かなハ》レ風《ニ》也。請《フ》更《ヘ》レ名《ヲ》曰《ハンコトヲト》レ風《ト》」。又客説《キテ》レ之《ニ》曰《ハク》、「大風飆《へう》起《きスルモ》、維《たダ》屏《ふせグニ》以《テセバ》レ牆《しやうヲ》、斯《すなはチ》足《レリ》レ蔽《フニ》矣。風其《レ》如レ牆《ヲ》何《セン》。[d]名《ヅケテ》レ之《ニ》曰《ハバ》二牆猫《ト》一可《ナリト》」。又客説《キテ》レ之《ニ》曰《ハク》、「維《これ》牆雖《モ》レ固《ナリト》、維《レ》鼠穴《うがタバ》レ之《ニ》、牆斯《チ》圮《くづル》矣。[e]牆又如レ鼠《ヲ》何《セン》。即《チ》名《ヅケテ》曰《ハバ》二鼠猫《ト》一可也《ト》」。[f]東里《ノ》丈人嗤《わらヒテ》レ之《ヲ》曰《ハク》、「噫《あ》嘻《あ》、捕《フル》レ鼠《ヲ》者《ハ》故《もとヨリ》猫也。猫《ハ》即《チ》猫《ナル》耳。胡為《ゾ》自《ラ》失《ハン》二本真《ヲ》一哉《ト》」。

（劉元卿『賢奕編』による）

〔注〕○斉奄――人名。　○靄――もや。　○飆起――風が猛威をふるうこと。
○牆――塀。　○圮――くずれること。　○東里――地名。

○丈人——老人の尊称。　○嗤——嘲笑すること。

設問

㈠　傍線部a・b・cを現代語訳せよ。

解答欄：各六・〇㎝×一行

㈡　「名レ之曰二牆猫一可」（傍線部d）と客が言ったのはなぜか、簡潔に説明せよ。

解答欄：一三・四㎝×一行

㈢　「牆又如レ鼠何」（傍線部e）を平易な現代語に訳せ。

解答欄：一三・四㎝×一行

㈣　「東里丈人」（傍線部f）の主張をわかりやすく説明せよ。

解答欄：一三・四㎝×一行

※　㈡は文科のみの出題。

二〇一六年度　文理共通

第　三　問

次の詩は、北宋の蘇軾（一〇三七～一一〇一）が朝廷を誹謗《ひぼう》した罪で黄州（湖北省）に流されていた時期に作ったものである。これを読んで、後の設問に答えよ。

寓居定《ぢやう》恵《ゑ》院《ゐん》之東、雑花満ツ㆑山ニ、有リ㆓海《かい》棠《だう》一株㆒、土人ハ不ル㆑知ラ㆑貴キヲ也

江城地ハ瘴《しやう》ニシテ蕃《しげ》シ㆓草木㆒　只ダ有リ㆓名花ノ苦《はなは》ダ幽独ナル㆒

嫣《えん》然《ぜん》トシテ一笑ス竹籬《り》ノ間　桃李漫《み》ツルモ㆑山ニ総《すべ》テ粗俗

也《ま》タ知ル造物有ルヲ㆓深意㆒　故《ことさら》ニ遣ム㆔佳人ヲシテ在ラ㆓[a]<u>空谷</u>㆒ニ

自然ノ富貴出ヅ㆓天姿㆒ヨリ　不㆑待タ㆔金盤モテ薦ムルヲ㆓華屋ニ㆒

[b]<u>朱唇得テ㆑酒ヲ暈《うん》生ズ㆑臉《ほほ》ニ</u>　翠《すい》袖《しう》巻キテ㆑紗《さ》ヲ紅映ズ㆑肉ニ

林深ク霧暗クシテ暁光遅ク　日暖カク風軽クシテ春睡足ル

雨中有リ㆑涙亦タ凄惨　月下無ク㆑人更ニ清淑

先生食飽キテ[c]<u>無シ㆓一事㆒</u>　散歩逍《せう》遥《えう》シテ自ラ捫《な》ヅ㆑腹ヲ

不レ問ハ三人家ト与《と》ヲ二僧舎一　拄《つ》キレ杖ヲ敲《たた》キレ門ヲ看ル二修竹ヲ一
忽チ逢ヒ三絶艶《えん》ノ照ラスニ二衰朽ヲ一　嘆息無言揩《ぬぐ》フ二病目ヲ一
[d]陋《ろう》邦何《いづ》レノ処ニカ得タル二此ノ花ヲ一　無乃《むしろ》好事《かうず》ノ移セルカ二西蜀《しよく》ヨリ一
寸根千里不レ易カラレ致シ　銜《ふく》ミテレ子ヲ飛来セルハ定メシ鴻《こう》鵠《こく》ナラン
天涯流落倶ニ可レシ念《おも》フ　[e]為《ため》ニ飲ミ二一樽《そん》ヲ一歌フ二此ノ曲ヲ一
明朝酒醒《さ》メテ還《ま》タ独リ来ラバ　雪落チテ紛紛[f]那ゾ忍ビンレ触ルルニ

〔注〕○定恵院――黄州にあった寺。○海棠――バラ科の木。春に濃淡のある紅色の花を咲かせる。
○土人――土地の人。○江城――黄州が長江に面した町であることを言う。○瘴――湿気が多いこと。
○嫣然――にっこりするさま。○華屋――きらびやかな宮殿。○紗――薄絹。
○西蜀――現在の四川省。海棠の原産地とされていた。○鴻鵠――大きな渡り鳥。
○紛紛――乱れ落ちるさま。

設問

㈠　傍線部a・c・fを現代語訳せよ。

解答欄：a・c各六・〇cm×一行、f一二・七cm×一行

㈡　「朱唇得レ酒暈生レ臉」（傍線部b）とあるが、何をどのように表現したものか、説明せよ。

解答欄：一三・四cm×一行

㈢　「陋邦何処得二此花一」（傍線部d）について、作者はどのような考えに至ったか、説明せよ。

解答欄：一三・四cm×一行

㈣　「為飲二一樽一歌二此曲一」（傍線部e）とあるが、なぜそうするのか、説明せよ。

解答欄：一三・四cm×一・五行

※　㈠a・㈢は文科のみの出題。

二〇一五年度 文理共通

第三問

次の文章は、清代の文人書画家、高鳳翰（一六八三〜一七四九）についての逸話である。これを読んで、後の設問に答えよ。ただし、設問の都合で訓点を省いたところがある。

高西園嘗《テ》夢《ム》三一客《ノ》来《リ》謁《シ》、名刺《ニ》為《スヲ》二司馬相如《ト》一。驚《キ》怪《ミテ》而寤《さムルモ》、a莫《シ》レ悟《ル》二何《ノ》祥《ナルカヲ》一。越《ユルコト》数日、無《クシテ》レ意得《タリ》二司馬相如《ノ》一玉印《ヲ》一。古沢斑駁《ばく》、篆《てん》法精妙、真《ニ》昆吾刀《ノ》刻也。恒《ニ》佩《おビテ》レ之《ヲ》不レ去《ラ》レ身《ヨリ》、非《ザレバ》二至《ツテ》親昵《ぢつナル》者《ニ》一、[b]能一見。官《タリシ》二塩場《ニ》一時、徳州《ノ》盧丈為《リ》二両淮運使《ト》一、聞《キ》レ有《ルヲ》二是《ノ》印一、燕見《セシ》時、偶索《もとム》レ観《ンコトヲ》レ之《ヲ》。西園離《レ》レ席《ヲ》半跪《バひざまづキ》、正《シ》レ色《ヲ》啓《シテ》曰《ハク》、「鳳翰一生結《ビ》レ客《ヲ》、所《ハ》レ有《スル》皆可《シ》下与二朋友一共《ニス》上、c其《ノ》不《ル》レ可《カラ》レ共《ニス》者《ハ》、惟《ダ》二物《ノミ》、此《ノ》印及《ビ》山妻也《ト》」。盧丈笑《ヒ》遣《リテ》レ之《ヲ》曰《ハク》、d「誰《カ》奪《フ》二爾《ノ》物《ヲ》一者《ゾ》、何《ノ》痴《カ》乃《チ》爾《セント》耶」。

西園画品絶高、晩《ニ》得《テ》二末疾《ヲ》一、右臂《ひ》偏枯《スルモ》、乃《チ》以《テ》二左臂《ヲ》一揮毫《がうス》。雖《モ》二生硬倔《くつ》強《ナリト》一、乃《チ》弥《いよいよ》有《リ》二別趣一。詩格《モ》亦《タ》脱灑《しやタリ》。雖《モ》レ托《スト》二跡《ヲ》微官《ニ》一、蹉《さ》跎《たトシテ》以《テ》歿《ぼつス》。在《リテモ》二近時士大夫《ノ》間《ニ》一、e猶《ホ》能《ク》追《フ》二前輩《ノ》風流《ヲ》一也。

（『閲微草堂筆記』による）

〔注〕　○高西園――高鳳翰のこと。　○司馬相如――前漢の文章家（前一七九〜前一一七）。
○昆吾刀――昆吾国で作られたという古代の名刀。　○塩場――製塩場。
○徳州盧丈――徳州は今の山東省済南の州名。盧丈は人名。
○両淮運使――両淮は今の江蘇省北部のこと。運使は官名、ここでは塩運使のこと。
○燕――宴。　○山妻――自分の妻を謙遜した呼称。　○末疾――四肢の疾患。
○揮毫――毛筆で文字や画を描くこと。　○蹉跎――志を得ないこと。

設問

(一)「莫レ悟二何祥一」（傍線部ａ）について、その直前に高西園が経験したことを明らかにしてわかりやすく説明せよ。

解答欄：一三・四㎝×一・五行

(二)空欄[b]にあてはまる文字を文中から抜き出せ。

(三)「其不レ可レ共者」（傍線部ｃ）とあるが、具体的には何を指すか述べよ。

解答欄：一三・四㎝×一行

(四)「誰奪二爾物一者、何痴乃爾耶」（傍線部ｄ）をわかりやすく現代語訳せよ。

解答欄：一三・四㎝×一・五行

(五)「猶能追二前輩風流一也」（傍線部ｅ）を主語を補ってわかりやすく現代語訳せよ。

解答欄：一三・四㎝×一・五行

※　第二段落（「西園画…風流也。」）は文科のみの出題。
(五)は文科のみの出題。

二〇一四年度　文理共通

第三問

次の文章は、唐の太宗と長孫皇后についての逸話である。これを読んで、後の設問に答えよ。ただし、設問の都合で返り点および送り仮名を省いたところがある。

長楽《ちやうらく》公主将出降。上以公主皇后所生、特愛之、勅有司資送倍於永嘉《えいか》長公主。魏徴諫曰、「昔漢明帝欲封皇子曰、『我子豈得与先帝子比』。皆令半《なかばせ》楚・淮《わい》陽《やう》。今資送公主倍於長主、[a]得無異於明帝之意乎」。上然其言、入告皇后。后嘆曰、「妾亟《しばしば》聞陛下称重魏徴、不知其故。[b]今観其引礼義以抑人主之情、乃知真社稷之臣也。妾与陛下結髪為夫婦、曲承恩礼、毎《ごとニ》言必先候《うかがヒ》顔色、不敢軽犯威厳。[c]況《まシテ》以人臣之疎遠、乃能抗言如是。陛下不可不従」。因請遣中使齎《もたらシテ》銭絹以賜徴。上嘗罷《かへり》朝、怒曰、「[d]会須《かならズ》殺此田舎翁」。后問為誰。上曰、「魏徴毎廷辱《はづかしム》我」。后退、具《つぶさニ》朝服立于庭。上驚問其故。后曰、「妾聞主明臣直。今魏徴直、由陛下之明《ナルニ》一故也。e妾敢不賀」。上乃《チ》悦《ブ》。

（『資治通鑑』による）

〔注〕○長楽公主——太宗李世民（在位六二六〜六四九）の娘。　○出降——降嫁すること。
○有司——官吏、役人。　○資送——送別のとき金銭や財貨を与えること。
○永嘉長公主——高祖李淵（在位六一八〜六二六）の娘。　○魏徴——唐初の政治家（五八〇〜六四三）。
○楚・淮陽——楚王劉英と淮陽王劉延のこと。いずれも後漢の光武帝の子、明帝の異母兄弟。
○結髪——結婚すること。　○中使——天子が派遣した使者。
○朝服——儀式の際に身につける礼服。

設問

㈠「得レ無レ異二於明帝之意一乎」（傍線部a）を、明帝の意が明らかになるように平易な現代語に訳せ。

解答欄：一三・四㎝×二行

㈡「今観下其引二礼義一以抑中人主之情上、乃知二真社稷之臣一也」（傍線部b）を平易な現代語に訳せ。

解答欄：一三・四㎝×二行

㈢「況以二人臣之疎遠一、乃能抗言如レ是」（傍線部c）を平易な現代語に訳せ。

解答欄：一三・四㎝×一・五行

㈣太宗が怒って「会須レ殺二此田舎翁一」（傍線部d）と言ったのはなぜか、簡潔に説明せよ。

解答欄：一三・四㎝×一行

㈤長孫皇后はどのようなことについて「妾敢不賀」（傍線部e）と言ったのか、簡潔に説明せよ。

解答欄：一三・四㎝×一・五行

※㈡は文科のみの出題。

二〇一三年度　文理共通

第三問

次の文章を読んで後の設問に答えよ。ただし、設問の都合で送り仮名を省いたところがある。

温達、高句麗平岡王時人也。破衫《さむ》弊履、往来於市井間。時人目之為愚温達。平岡王少女児好啼《なく》。王戯曰、「汝常啼聒《かまびすシ》我耳、当帰《とつガシム》之愚温達」。王毎言之。及女年二八、王欲下嫁於高氏。公主対曰、「大王常語《つグ》汝必為温達之婦。今何故改前言乎。(a)匹夫猶不欲食言、況至尊乎。故曰『王者無戯言』。今大王之命謬《あやまレリ》矣。妾不敢祗《つつしミテ》承」。王怒曰、「(b)宜従汝所適矣」。於是公主出宮独行、至温達之家。見《まみエ》盲老母、拝問其子所在。老母対曰、「惟我息不忍飢、取楡《ゆ》皮於山林。久而未還」。公主出行至山下、見温達負楡皮而来。(c)公主与之言懐。温達悖《ぼつ》然曰、「此非幼女子所宜行、必非人也」。遂行不顧。公主明朝更入、与母子備《つぶさニ》言之。温達依違未決。其母曰、「(d)吾息至陋、不足為貴人匹。吾家至窶《まづシク》、固不宜貴人居」。公主対曰、「古人言『一斗粟猶《ホ》可《ク》レ春《つク》、一尺《ノ》布猶《ホ》可《シト》レ縫《フ》』、則《チ》苟《クモ》為《レバ》二同心一、何《ゾ》必《ズシモ》富貴《ニシテ》然《ル》後《ニ》可《ケン》レ共《ニスト》乎」。乃《チ》売《リテ》二金釧《せん》《ヲ》一、買二得《ス》田宅牛馬器物《ヲ》一。

（『三国史記』による）

〔注〕○温達――？～五九〇年。後に高句麗の将軍となる。

○平岡王――別名、平原王。高句麗第二十五代の王。在位は五五九～五九〇年。　○破衫――破れた上着。

○公主――王の娘。　○楡皮――ニレの樹皮。　○悖然――怒って急に顔色を変えるさま。

○依違――ぐずぐずすること。　○一斗粟猶可舂、一尺布猶可縫――出典は『史記』淮南衡山列伝。

○釧――うでわ。

設問

㈠ 「匹夫猶不レ欲二食言一、況至尊乎」（傍線部ａ）を平易な現代語に訳せ。 解答欄：一三・四㎝×二行

㈡ 「宜レ従二汝所一レ適矣」（傍線部ｂ）とはどういうことか、簡潔に説明せよ。 解答欄：一三・四㎝×一行

㈢ 「公主与レ之言レ懐」（傍線部ｃ）とはどういうことか、具体的に説明せよ。 解答欄：一三・四㎝×一行

㈣ 「吾息至陋、不レ足レ為二貴人匹一」（傍線部ｄ）を平易な現代語に訳せ。 解答欄：一三・四㎝×一・五行

㈤ 「苟為二同心一、何必富貴然後可レ共乎」（傍線部ｅ）とはどういうことか、わかりやすく説明せよ。 解答欄：一三・四㎝×一・五行

※ ㈣は文科のみの出題。

二〇一二年度　文理共通

第三問

次の文章は、斉の君主景公と、それに仕えた晏嬰《あんえい》との対話である。これを読んで後の設問に答えよ。

公曰《ハク》、「唯《ダ》拠《ト》与《と》レ我和《スル》夫《かなト》」。晏子対《ヘテ》曰《ハク》、「拠《モ》亦同《スル》也。焉《クンゾ》得《ンヤト》レ為《スヲト》レ和」。公曰《ハク》、「和《ト》与レ同異《ナルカト》乎」。対《ヘテ》曰《ハク》、「異《ナリ》。和《ハ》如《シ》レ羹《かうノ》焉。水火醯《けい》醢《かい》塩梅以《テ》烹《にテ》二魚肉《ヲ》一、燀《たくニ》レ之《ヲ》以《テス》レ薪《ヲ》。宰夫和《シ》レ之《ヲ》、斉《ととのフルニ》レ之《ヲ》以《テシ》レ味《ヲ》、a済《まシテ》二其《ノ》不《ルヲ》レ及《バ》、以《テ》洩《ヘラス》二其《ノ》過《グルヲ》一。君子食《ラヒテ》レ之《ヲ》、以《テ》平《ラカニス》二其《ノ》心《ヲ》一。君臣《モ》亦然《リ》。b君《ノ》所《ニシテ》レ謂《フ》レ可《ト》而有《ラバ》レ否焉、臣献《ジテ》二其《ノ》否《ヲ》一、以《テ》成《ス》二其《ノ》可《ヲ》一。君《ノ》所《ニシテ》レ謂《フ》レ否《ト》而有《ラバ》レ可焉、臣献《ジテ》二其《ノ》可《ヲ》一、以《テ》去《ル》二其《ノ》否《ヲ》一。是《ヲ》以《テ》、政平《ラカニシテ》而不《ル》レ干《をかサ》、民無《シ》二争《フ》心一。先王之済《ととのへ》二五味《ヲ》一、和《スルヤ》二五声《ヲ》一也、以《テ》平《ラカニシテ》二其《ノ》心《ヲ》一、成《ス》二其《ノ》政《ヲ》一也。声《モ》亦如《シ》レ味《ノ》。君子聴《キ》レ之《ヲ》、以《テ》平《ラカニス》二其《ノ》心《ヲ》一。今拠《ハ》不《ラ》レ然。君《ノ》所《ハ》レ謂《フ》レ可《ト》、拠《モ》亦曰《ヒ》レ可《ト》、君《ノ》所《ハ》レ謂《フ》レ否《ト》、拠《モ》亦曰《フ》レ否《ト》。c若《シ》二以《テ》レ水《ヲ》済《まスガ》レ水《ヲ》。誰《カ》能《ク》食《ラハン》レ之《ヲ》。若《シ》二琴《きん》瑟《しつ》之専《ナルガ》一一。誰《カ》能《ク》聴《カン》レ之《ヲ》。d同之不《ル》レ可《ナラ》也如《シト》レ是《クノ》」。

（『春秋左氏伝』昭公二十年による）

〔注〕　○拠——梁《りょう》丘拠。景公に仕えた。　○羹——あつもの。具の多い吸い物。
○醯醢塩梅——酢・塩辛・塩・梅などの調味料。　○宰夫——料理人。　○献——提起・進言する。

○不干――道理にそむかない。　○先王――上古の優れた君主。
○五味――酸・苦・甘・辛・鹹《かん》（しおからい）の五種の味覚。　○五声――宮《きゅう》・商《しょう》・角《かく》・徴《ち》・羽《う》の五種の音階。
○琴瑟之専一――琴と瑟の音色に違いがないこと。

設問

㈠ 「済二其不一レ及、以洩二其過一」（傍線部a）とはどういうことか。簡潔に説明せよ。

解答欄：一三・四㎝×一行

㈡ 「君所レ謂可而有レ否焉、臣献二其否一、以成二其可一」（傍線部b）は君臣関係を述べたものである。

(ア) これを、わかりやすく現代語訳せよ。「可」「否」も訳すこと。

解答欄：一二・七㎝×一・五行

(イ) この君臣関係からどのような政治が期待されているか。これについて述べた箇所を文中から抜き出せ。訓点・送り仮名は省いてよい。

解答欄：六・〇㎝×一行

㈢ 「若二以レ水済一レ水。誰能食レ之」（傍線部c）をわかりやすく現代語訳せよ。

解答欄：一三・四㎝×一行

㈣ 「同之不レ可」（傍線部d）とあるが、晏子は拠のどのような態度をとらえてこう述べているか。簡潔に説明せよ。

解答欄：一三・四㎝×一行

※　㈢は文科のみの出題。

二〇一一年度　文理共通

第三問

次の詩は白居易の七言古詩である。これを読んで、後の設問に答えよ。ただし、設問の都合で送り仮名を省いたところがある。

放ツ二旅雁《がん》ヲ一

元和十年冬ノ作

九江十年冬大イニ雪フリ　江水ハ生ジレ氷ヲ樹枝ハ折ル
百鳥無クシテレ食東西ニ飛ビ　中ニ有リテ二旅雁一声最モ飢エタリ
[a]中ニ啄《ついば》ミテレ草ヲ[b]上ニ宿リ　翅《はね》ハ冷エテ騰《のぼ》レドモレ空ニ飛動スルコト遅シ
江童持シテレ網ヲ捕《とら》ヘ将《もち》チ去リ　手携入レ市[c]生売レ之
我ハ本《もと》北人ニシテ今ハ譴《けん》謫《たく》セラル　人ト鳥ト雖モ殊ナルト[d]同ジクレ是レ客ナリ
見ルハ二此ノ客鳥ヲ一傷マシム二客人ヲ一　[e]贖《あがな》ヒテレ汝ヲ放チテレ汝ヲ飛ビテ入ラシムレ雲ニ
雁ヨ雁ヨ汝ハ飛ビテ向カフ二何処ニカ一　第一ニ莫カレ二飛ビテ西北ニ去ルコト一
淮《わい》西ニ有リレ賊討ツモ未ダレ平ラカナラ　百万ノ甲兵久シク屯《とん》聚《しゅう》ス

官軍ト賊軍ト相ヒ守リテ老《つか》レ　食尽キ兵窮マリテ将ニレ及バントレ汝ニ(f)

健児ハ飢餓シテ射テレ汝ヲ喫《くら》ヒ　抜キテ二汝ノ翅《し》翎《れい》ヲ一為サン二箭《せん》羽ト一

〔注〕○元和十年――西暦八一五年。この年、白居易は江州司馬の職に左遷された。
○九江――江州のこと。今の江西省九江市。　○江童――川べりの土地に住む子ども。
○讁謫――罪をとがめて左遷すること。　○第一――禁止の意を強める語。決して。
○淮西――今の河南省南部。淮河の上流域。　○賊――国家に反逆する者。
○兵窮――兵器が底をつくこと。　○健児――兵士。　○箭羽――矢につける羽。

設問

(一) 空欄[a]と空欄[b]にあてはまる文字を、第一句から第四句の中から選んで記せ。なお「[a]中啄レ草[b]上宿」の句は、「花有二清香一月有レ陰」の句のように、前四字と後三字が対応関係にある。

(二) 「生売レ之」（傍線部c）を、「之」が指すものを明らかにして、平易な現代語に訳せ。

解答欄：一三・六㎝×一行

(三) 「同是客」（傍線部d）とは作者のどのような心情を表しているか、わかりやすく説明せよ。

解答欄：一三・六㎝×一行

(四) 「贖レ汝放レ汝飛入レ雲」（傍線部e）とはどういうことか、簡潔に説明せよ。

解答欄：一三・六㎝×一行

(五) 「将レ及レ汝」（傍線部f）とはどういうことか、具体的に説明せよ。

解答欄：一三・六㎝×一・五行

※　(一)は文科のみの出題。

二〇一〇年度　文理共通

第三問

次の文章を読んで、後の設問に答えよ。ただし、設問の都合で送り仮名を省いたところがある。

一巨商姓段者、蓄《やしなフ》一鸚《あう》鵡《む》甚慧。能誦李白宮詞、毎《ごと》客至則呼茶、問客人安否寒暄《くわん》。主人惜之、加意籠《ろう》豢《くわん》。一旦段生以事繋《つなガル》獄。半年方《はじメテ》釈《ゆるサレテ》到家、就籠与語曰、「鸚《あう》哥《か》、我自獄中半年不能出、日夕惟只《ただ》憶汝。家人餧飲、無失時否」。鸚哥語曰、「汝在禁数月不堪、不異鸚哥籠閉歳《とし》久」。其商大感泣、乃特具車馬、携至秦隴《ろう》、掲籠泣放。其鸚哥整羽徘《はい》徊《くわい》、似不忍去。後聞止巣於官道隴樹之末、凡呉商駆車入秦者、鳴於巣外曰、「客還《また》見我段二郎安否。若見《まみユル》時、為我道鸚哥甚憶二郎」。

（『玉壺清話』による）

〔注〕○宮詞――宮女の愁いをうたう詩。　○安否寒暄――日常の様子や天候の寒暖。　○豢――餌《えさ》。
○段生――生は男性の姓につける呼称。　○鸚哥――鸚鵡。　○餧《ゐ》――餌をやること。　○禁――監獄。
○秦隴――秦も隴も中国西部の地名。現在の陝《せん》西省および甘粛省周辺。

○隴樹――丘の上の木。この隴は丘の意。
○呉――中国東南部の地名。現在の江蘇省周辺。段という姓の商人はこの地方に住んでいた。
○段二郎――二郎は排行（兄弟および従兄弟《いとこ》の中での長幼の序）にもとづいた呼称。

設問

㈠「主人惜レ之、加二意籠豢一」（傍線部a）とはどういうことか。わかりやすく説明せよ。
解答欄：一三・四㎝×一行

㈡「家人餧飲、無レ失レ時否」（傍線部b）を、平易な現代語に訳せ。
解答欄：一三・四㎝×一行

㈢「其商大感泣」（傍線部c）とあるが、なぜか。わかりやすく説明せよ。
解答欄：一三・四㎝×一・五行

㈣「若見時」（傍線部d）とは、誰《だれ》が誰に会う時か。具体的に説明せよ。
解答欄：一三・四㎝×一行

㈤「為レ我道三鸚哥甚憶二二郎一」（傍線部e）を、平易な現代語に訳せ。
解答欄：一三・四㎝×一行

※　㈡は文科のみの出題。

二〇〇九年度　文理共通

第三問

次の文章は、室町時代の禅僧、万里集九《ばんりしゅうく》が作った七言絶句と自作の説明文である。これを読んであとの問いに答えよ。

宋《そう》之神廟《しんべう》謂《ヒテ》趙《てう》鉄面《ニ》曰《ク》、「卿《けいノ》入《リタルトキ》蜀《しよくニ》、以《テ》一琴一亀《ヲ》自《ラ》随《ヘ》、為《スコト》政《ヲ》簡易也《ト》」。一日余《ノ》友人、袖《しうシテ》小画軸《ヲ》来《リ》、見《らル》需《メ》賛語《ヲ》。不知《ラ》為《ルカヲ》何《ノ》図。a掛《クルコト》壁間《ニ》逾《こエ》月《ヲ》、坐臥《ニ》質《ただス》焉《ヲ》。梅《ハ》則《チ》花中《ノ》御史、表《ス》趙抃《べん》之為《ルヲ》鉄面御史《ニ》。屋頭《ニ》長松之屈蟠《ばんシテ》、而有《ル》大雅《ノ》風声者《は》、b豈非《ズ》一張《ノ》琴《ニ》邪。一亀《モ》亦《タ》浮游《ス》水上《ニ》。c神廟之片言、頗《ル》与《と》絵事《ノ》合《ス》符《ヲ》。名《なづケテ》之《ヲ》曰《ヘバ》「趙抃一亀図《ト》」、則《チ》可《ナラン》乎。

莫怪《ム》床頭《ニ》不《ルヲ》置《カ》[d]《ヲ》　長松毎日送《ル》遺音《ヲ》

主人《ノ》鉄面《ニ》有《リヤ》何《ノ》楽《シミ》　唯《ダ》使《ムルノミ》一亀《ヲシテ》知《ラ》e此《ノ》心《ヲ》

（『梅花無尽蔵』）

〔注〕○神廟——北宋の神宗皇帝（在位一〇六七〜一〇八五）。○趙鉄面——趙抃が剛直だったためについたあだな。
○蜀——地名。今の四川省のあたり。○余——筆者である万里集九。
○賛語——画面に書きそえる詩やことば。

○御史——官僚の不正行為を糾《ただ》す官職。　○屈蟠——くねくねと曲がる。
○張——弓・琴など弦を張った物を数えることば。　○遺音——音が消えたあとで残る響き。

設問

㈠「掛㆓壁間㆒踰㆑月、坐臥質㆑焉」（傍線部a）とあるが、なぜそうしたのか、説明せよ。

解答欄：一三・三㎝×一行

㈡「豈非㆓一張琴㆒邪」（傍線部b）をわかりやすく現代語訳せよ。

解答欄：一三・三㎝×一行

㈢「神廟之片言、頗与㆓絵事㆒合㆑符」（傍線部c）とあるが、ここで「絵事ノ」が指しているものを文中から抜き出して三つあげよ。

解答欄：各一・四㎝

㈣空欄[d]にあてはまる文字を、文中から抜き出せ。

㈤「此心」（傍線部e）とは誰《だれ》のどのような心か。この詩の趣旨をふまえて簡潔に説明せよ。

解答欄：一三・三㎝×一・五行

※　㈤は文科のみの出題。

二〇〇八年度　文理共通

第三問

次の文章を読んで、後の設問に答えよ。

周《しう》鉄《てつ》厓《がい》屢《しばしば》試《う》秋闈《ゐ》不售《う》。一日自他処帰、夜泊船村落間。望見臨水一家、楼窓外有碧火如環。舟人見而駭《おどろ》曰、「縊《い》鬼求代、多作《な》此状。此家必有将縊《くびくく》死者。慎勿声、鬼為人所覚、且移禍於人。」周奮然曰、「見人死而不救、非夫也。」登岸、叩門大呼。其家出問、告以故、大驚。蓋姑婦方勃谿《けい》、婦泣涕登楼。聞周言、亟《すみや》共登楼、排《ひら》闥《たつ》而入、婦手持帯立牀前、神已痴矣。呼之踰《ゆ》時始覚、挙家共勧慰之、乃已。周次日抵《いた》家。夢一老人謂之曰、「子勇於為善、宜食其報。」周曰、「他不敢望、敢問我於科名何如。」老人笑而示以掌。掌中有「何可成」三字。寤《めざ》而歎曰、「科名無望矣。」其明年、竟登賢書。是科主試者為《た》何公、始悟夢語之巧合也。

（兪樾『右台仙館筆記』による）

〔注〕○秋闈——秋に各省で行われる科挙。 ○求レ代——亡魂が冥界から人間界へ戻るため、交代する者を求める。
○姑婦——しゅうとめと嫁。 ○勃谿——けんか。 ○闔——小門。 ○踰時——ほどなくして。
○科名——科挙に合格すること。 ○登二賢書一——秋闈に合格する。 ○主試者——試験の総責任者。
○何公——「何」という姓の人物に対する敬称。

設問

(一) 「慎勿レ声」(傍線部a)とあるが、なぜか、わかりやすく説明せよ。 解答欄：一三・三㎝×一・五行

(二) 「大驚」(傍線部b)とあるが、なぜか、わかりやすく説明せよ。 解答欄：一三・三㎝×一・五行

(三) 「挙家共勧二慰之一、乃已」(傍線部c)を、必要な言葉を補って、平易な現代語に訳せ。 解答欄：一三・三㎝×一行

(四) 「何可成」(傍線部d)を、周鉄厓の最初の解釈に沿って、平仮名のみで書き下せ。 解答欄：六・六㎝×一行

(五) 「始悟二夢語之巧合一」(傍線部e)とあるが、どういうことか、具体的に説明せよ。 解答欄：一三・三㎝×二行

※ (二)は文科のみの出題。

二〇〇七年度　文理共通

第三問

次の文章を読んで、後の設問に答えよ。

木《ぼく》八《はつ》剌《らつ》、字ハ西瑛《えい》、西域ノ人ナリ。一日、[a]方《あた》リテ下与レ妻対シ飯、妻以テ二小金鎞《へい》ヲ一刺シ二臠《れん》肉ヲ一、将ニ入レントルニ上口ニ、門外ニ有リ二客ノ至ル一。西瑛出テ粛《すす》ムレ客ヲ。妻不レ及バレ啖《くら》フニ、且ク置キ二器中ニ一起チテ去《ゆ》キ治ムレ茶ヲ。比《およ》ビレ回ルニ、無シ下覓《もと》ムル二金鎞ヲ一処上。時ニ一小婢在リテレ側ニ執作ス。[b]意《おも》ヒ二其ノ窃《ひそ》カニ取ルヲ一、拷問スルコト万端ナレドモ、終ニ無ク二認ムルノ辞一、竟ニ至ルレ隕《おと》スニレ命ヲ。歳余アリテ、召キテ二匠者ヲ一整ヘレ屋ヲ掃フ二瓦瓴《れい》ノ積垢《こう》ヲ一、忽チ一物落チテ二石上ニ一有リレ声。取リテ視ルニレ之ヲ、乃チ向《さき》ニ所レ失ヒシ金鎞也。与二朽骨一塊一同《とも》ニ墜ツ。[c]原《たづ》ヌルニ二其ノ所以ヲ一、必ズ是レ猫来リテ偸《ぬす》ミレ肉ヲ、故ニ帯ビテ而去ル。[d]偶《たまたま》不レ及バレ見ルニ、而シテ含ミテ冤《ゑん》ヲ以テ死ス。哀シイ哉。世之事如キレ此ノ者甚ダ多シ。姑《しばら》ク書シレ焉ニ、以テ為ス二後人ノ鑑ト一也。

（『輟耕録』による）

〔注〕○鎞——かんざし。　○臠肉——小さく切った肉。　○粛レ客——客を家の中へ迎え入れる。
○執作——家事の雑用をする。　○匠者——大工。　○瓦瓴——かわら。　○垢——ちり。

設問

㈠　「方下与レ妻対飯、妻以二小金鎞一刺二臠肉一、将ト入レ口、門外有二客至一」（傍線部ａ）を、平易な現代語に訳せ。

解答欄：一三・四㎝×二行

㈡　「意二其窃取一」（傍線部ｂ）とあるが、誰がどのようなことを思ったのか、具体的に説明せよ。

解答欄：一三・四㎝×一行

㈢　「原二其所以一、必是猫来偸レ肉、故帯而去」（傍線部ｃ）を、「其」の内容を補って、平易な現代語に訳せ。

解答欄：一三・四㎝×二行

㈣　空欄［d］にあてはまる「含レ冤以死」の主語を、本文中より抜き出して記せ。

㈤　筆者がこの文章を記した意図をわかりやすく説明せよ。

解答欄：一三・四㎝×一・五行

※　㈡は文科のみの出題。

二〇〇六年度　文理共通

第三問

次の文章を読んで、後の設問に答えよ。ただし、設問の都合で送り仮名を省いたところがある。

余《ガ》友劉伯時、嘗《テ》見《ユ》二淮西《ノ》士人楊勔《べんニ》一。自《ラ》言《ヘラク》中年《ニシテ》得二異疾《ヲ》一、a毎《ニ》二発言応答《スル》一、腹中輒《チ》有《リ》二小声《ノ》効《ならフ》レ之《ニ》。数年《ノ》間、其《ノ》声浸《やうやく》大《ナリ》。有《リテ》二道士一見《テ》而驚《キテ》曰《ク》、「此《レ》応声虫也。久《シク》不《レバ》レ治《セ》、延《ひキテ》及《バン》二妻子《ニ》一。b宜《シク》《シ》レ読《ム》二本草《ヲ》一。遇《ハバ》二虫《ノ》所《ノ》レ不《ル》レ応《ゼ》者《ニ》一当《ニ》《シト》二取《リテ》服《ス》レ之《ヲ》。」［c］如《クス》レ言《ノ》。読《ミテ》至《レバ》二雷丸《ニ》一、虫忽《チ》無《シ》レ声。乃《チ》頓《ニ》餌《セバ》二数粒《ヲ》一遂《ニ》愈《ユ》。余始《メ》未《ダ》二以《テ》為《サ》レ信《ト》。其《ノ》後至《リ》二長汀《ニ》一、遇《フ》二一丐《かい》者《ニ》一。亦《タ》有《リ》二是《ノ》疾一。d環而観者甚衆。因《リテ》教《ヘテ》レ之《ニ》使《メントス》レ服《セ》二雷丸《ヲ》一。e丐者謝《シテ》曰《ク》、「某貧《ニシテ》無《シ》二他技一。所三以《ノ》求《ムル》二衣食《ヲ》於人《ニ》一者《ハ》、唯《ダ》借《ル》レ此《ヲ》耳《ト》。」

（『続墨客揮犀』による）

〔注〕○淮西——淮水の西方。いまの河南省南部。　○本草——薬材の名称・効能などを記した書物。

○長汀——いまの福建省長汀県。　○丐者——ものごい。

設問

㈠　「毎二発言応答一、腹中輒有二小声効レ之」（傍線部a）を、平易な現代語に訳せ。

解答欄：一三・六㎝×二行

㈡　「宜レ読二本草一。遇二虫所レ不レ応者一当二取服レ之」（傍線部b）とは、どういうことを言っているのか、わかりやすく説明せよ。

解答欄：一三・六㎝×二行

㈢　空欄[c]にあてはまる、「如レ言」の主語を、文中から抜き出せ。

㈣　「環而観者甚衆」（傍線部d）とは、どのような様子か、そうなったわけも含めて、具体的に説明せよ。

解答欄：一三・六㎝×二行

㈤　「丐者謝」（傍線部e）とあるが、「丐者」はなぜ「謝」したのか、「謝」の意味を明らかにして、わかりやすく説明せよ。

解答欄：一三・六㎝×二・五行

※　㈣は文科のみの出題。

二〇〇五年度　文科

第三問

次の文章を読んで、後の設問に答えよ。ただし、設問の都合で送り仮名を省いたところがある。

「好《ム》レ名《ヲ》之人、能《ク》譲《ルモ》二千乗之国《ヲ》一、a苟《クモ》非《レバ》二其《ノ》人《ニ》一、簞《たん》食《し》豆《とう》羹《かうモ》見《ルト》二於色《ニ》一。」此《レ》真《ニ》孟子《ノ》通二‐達《スル》世故《ニ》一語也。余嘗《テ》見《ルニかう》下慷慨《がい》之士《ノ》揮二‐斥《シテ》千金《ヲ》一、毫《モ》不《ルニ》二吝《りん》惜《せきセ》一、於《テ》二一二金《ノ》出納《ニ》一、或《イハ》不《ル》レ免《レ》二断《ぎん》断《ぎんタルヲ》一者《ヲ》上、事過《グル》之後、在《リテ》レ己《ニ》未《ダ》三嘗《テ》不《ンバアラ》二失笑《セ》一也。五《ご》茸《じようノ》葉桐山為《たり》二河間《ノ》通判一、治《ち》二‐餉《しやうス》宣府《ニ》一。当《タリ》二更代《ノ》日《ニ》一、積資余《ス》二三千金《ヲ》一。桐山悉《ことごとク》置《キテ》不レ問《ハ》。主《つかさどル》者遣《メ》三一吏《ヲシテ》持《シテ》至《ラ》二中途《ニ》一、b以《テ》二成例《ヲ》一請《フ》。桐山曰《ク》、「不《ルハ》レ受《ケ》レ羨《ヲ》、即《チ》吾《ガ》例也《ト》。」命《ジテ》c帰レ之。d晩《ニ》居《ルニ》二春申《ノ》故里《ニ》一、饘《せん》粥《じゆく》不レ継《ガ》。一日梅雨《ノ》中、童子張《リテ》レ網《ヲ》失《ス》二一大魚《ヲ》一。桐山為《ためニ》呀《が》嘆《たんス》。其《ノ》妻聞《キテ》レ之《ヲ》曰《ク》、「三千金《スラ》e却レ之、一魚能《ク》値《ヒセント》二幾何《ニ》一。」桐山《モ》亦《タ》撫《ぶシテ》レ掌《ヲ》大笑《ス》。雖《モ》レ然《リト》、f居《レバ》二今之世《ニ》一、桐山可《ケン》レ不《ル》レ謂《ハ》レ賢《ト》乎。

（『庸間斎筆記』による）

〔注〕　○千乗之国——兵車千台を出すことのできる国。大国のこと。

○簞食豆羹——竹の器に盛った飯と木の器に容れた汁。わずかな食物のこと。　○断断——言い争うさま。

○五茸――地名。今の上海市松江付近。　○葉桐山――人名。
○河間――地名。河間府のこと。今の河北省河間県。　○通判――府の副長官。
○治餉――軍用の資金や物資を管轄すること。
○宣府――地名。北方の軍事拠点であった宣府鎮のこと。今の河北省宣化県。
○羨――余剰金。地方官が官費から蓄財したもの。　○春申――地名。今の上海市付近。　○饘粥――かゆ。

設問

㈠ 「苟非二其人一、簞食豆羹見二於色一」（傍線部a）とあるが、どういうことか、わかりやすく説明せよ。　解答欄：一三・四㎝×二行

㈡ 「以二成例一請」（傍線部b）を、「請」の内容がわかるように、平易な現代語に訳せ。　解答欄：一三・四㎝×一行

㈢ 「帰レ之」（傍線部c）および「却レ之」（傍線部e）について、「之」はそれぞれ何を指すか、文中の語で答えよ。

㈣ 「晩居二春申故里一、饘粥不レ継」（傍線部d）を、「饘粥不レ継」がどういうありさまを示すのかがわかるように、平易な現代語に訳せ。　解答欄：一三・四㎝×一・五行

㈤ 「居二今之世一、桐山可レ不レ謂レ賢乎」（傍線部f）とあるが、なぜそう思ったのか、全文の趣旨をふまえて、説明せよ。　解答欄：一三・四㎝×二行

二〇〇五年度　理科

第三問

次の文章を読んで、後の設問に答えよ。ただし、設問の都合で送り仮名を省いたところがある。

君能《ク》納《ルトモ》レ諫《かんヲ》、不《ンバ》レ能《ハ》レ使《ムル》二臣《ヲシテ》必《ズ》諫《いさメ》一、非《ズ》二真《ニ》能《ク》納《ルル》レ諫《ヲ》之君《ニ》一。夫《レ》君之大《ハ》、天也、其《ノ》尊《ハ》、神也、其《ノ》威《ハ》、雷《らい》霆《てい》也。人之不《ルハ》レ能《ハ》三抗《シ》レ天《ニ》触《レ》レ神《ニ》忤《さからフ》二雷霆《ニ》一、亦《タ》明《ラカナリ》矣。聖人知《ル》二其《ノ》然《ルヲ》一。故《ニ》立《テテ》レ賞《ヲ》以《テ》勧《ム》レ之《ヲ》。伝《ニ》曰《ク》、「興王《ハ》賞《スト》二諫臣《ヲ》一。」是也。猶《ホ》a懼《おそル》三其《ノ》選《せん》耎《ぜん》阿《あ》諛《ゆシテ》使《ムルヲ》二一日《モ》不《ラ》一レ得レ聞《クヲ》二其《ノ》過《ヲ》一。故《ニ》制《シテ》レ刑《ヲ》以《テ》威《おどス》レ之《ヲ》。b書曰、「臣下不レ正、其刑墨。」是也。人之情、非《ズンバ》二病《ミ》レ風《ヲ》喪《うしなフニ》一レ心《ヲ》、未レ有二避レ[A]而就レ[B]者一。何《ヲ》苦《シンデ》而不《ラン》レ諫《メ》哉。賞《ト》与《ヲ》レ刑不《ンバ》レ設《ケ》、則《チ》人之情、又何《ヲ》苦《シンデ》而抗《シ》レ天《ニ》触《レ》レ神《ニ》忤《ハン》二雷霆《ニ》一哉。c自《リハ》レ非《ザル》二性忠義《ニシテ》一不レ悦《バ》レ賞《ヲ》不《ルニ》一レ畏《レ》レ罪《ヲ》、誰《カ》欲《スル》二以《テ》レ言《ヲ》博《セント》一レ死《ヲ》者《アラン》。人君又安《ンゾ》能《ク》尽《ことごとク》得《テ》二性忠義《ナル》者《ヲ》一而任《ゼン》レ之《ニ》。

（『嘉祐集』による）

〔注〕○雷霆――かみなり。　○忤――逆らう。　○伝――『国語』のこと。　○興王――国を興隆させた王。
○選耎――びくびくと恐れるさま。　○阿諛――おもねる。　○書――『書経』のこと。　○墨――入れ墨。
○病レ風――精神を病んでいること。

設問

㈠　「懼㆔其選耎阿諛使㆓一日不㆑得㆑聞㆓其過㆒」（傍線部ａ）とあるが、どういうことか、二つの「其」がそれぞれ何を指すかわかるように、説明せよ。

解答欄：一三・五㎝×二行

㈡　「書曰、『臣下不㆑正、其刑墨。』是也」（傍線部ｂ）を、平易な現代語に訳せ。

解答欄：一三・五㎝×一・五行

㈢　本文中の空欄［A］・空欄［B］に入る最も適当な一字を、それぞれ文中から抜き出せ。

㈣　「自㆑非㆓性忠義不㆑悦㆑賞不㆑畏㆑罪、誰欲㆓以㆑言博㆑死者㆒」（傍線部ｃ）を、平易な現代語に訳せ。

解答欄：一三・五㎝×二行

二〇〇四年度　文科

第三問

次の文章を読んで、後の設問に答えよ。

孝宗《ノ》時辞《スルノ》レ朝《ニ》法甚《ダ》厳《ニシテ》、雖《モ》三蜀《しよく》人《ノ》守《ルト》二蜀《ノ》郡《ヲ》一、不レ遠《シトセ》二万里《ヲ》一来見《ス》。有《リ》三蜀守《ノ》当《ニ》《キモノ》二朝辞《ス》一、素《もとヨリ》不レ能《よくセ》レ文《ヲ》、以《テ》為《ス》レ憂《ヒト》。其《ノ》家素《ヨリ》事《つかフ》二梓《し》潼《とう》神《しんニ》一。夜夢《ゆめムルニ》神謂《ヒテ》レ之《ニ》曰《ク》、「両辺山木合《シ》、終日子規啼《なクト》。」覚《メテ》莫《シ》レ暁《さとル》二其《ノ》故《ヲ》一。会《シテ》レ朝《ニ》対《こたフルニ》、上《しやう》問《フラク》、「卿《けいハ》従《より》二峡中一来《タルか》乎、風景如何《ト》。」守即《チ》以《テ》二前《さきノ》両語《ヲ》一対《フ》。上首肯《スルコト》再三《ナリ》。翌日謂《ヒテ》二宰相《ノ》趙雄《ニ》一曰《ク》、「昨《きのふ》有《リ》二蜀人《ノ》対《フル》者一。朕問《フニ》二峡中《ノ》風景《ヲ》一、彼誦《シテ》二杜詩《ヲ》一以《テ》対《フ》。三峡之景、宛《あたかモ》在《リ》二目中《ニ》一。可《キ》レ謂《フ》二善《ク》言《フモノト》一レ詩《ヲ》也。可《シト》レ与《フ》二寺《じ》丞《じよう》・寺簿《ヲ》一。」雄退《キテ》レ朝《ヲ》召《シテ》問《ヒテ》レ之《ニ》曰《ク》、「君何《ヲ》以《テ》能《ク》爾《ルト》。」守不二敢《ヘテ》隠《サ》一。雄曰《ク》、「吾固《ヨリ》疑《ヘリ》二君《ノ》不《ルヲ》一レ能《ハ》レ及《ブ》レ此《ニ》。若《シ》留《マレバ》レ中《ニ》、上再《ビ》問《ヒ》、敗《やぶレン》矣。不《ト》レ若《カ》二帰《リ》レ蜀《ニ》赴《クニ》一レ郡《ニ》。」他日上復《タ》問《フニ》二其《ノ》人《ヲ》一、雄対《ヘテ》曰《ク》、「臣嘗《テ》以《テ》二聖意《ヲ》一語《つグルモ》レ之《ニ》、彼不《ト》レ願《ハ》レ留《マルヲ》。」上嘆《ジテ》曰《ク》、「恬《てん》退《たいナルコト》乃《チ》爾《ル》、尤《モ》可《シ》レ嘉《よみス》。可《シト》レ予《あたフ》二憲節使《ヲ》一。」

（『西湖遊覧志余』による）

〔注〕○孝宗——南宋の皇帝（在位一一六三―一一八九）。

○辞レ朝——地方官が任地に赴任するときに、皇帝に拝謁して辞令を受けること。「朝辞」も同じ。

○梓潼神——蜀（今の四川省）を中心に信仰されていた神。　○子規——ほととぎす。
○杜詩——杜甫の詩。　○三峡——長江上流の峡谷。四川省と湖北省の境に位置する。
○寺丞・寺簿——中央政府の役職。　○趙雄——孝宗治世下の宰相。
○憲節使——皇帝の命を受けて地方行政の監察をおこなう官職。

設問

㈠「君何以能爾」を、「爾」の内容がわかるように、平易な現代語に訳せ。
解答欄：一三・六㎝×一・五行

㈡「守不二敢隠一」とあるが、何を隠さなかったのか。簡潔に述べよ。
解答欄：一三・六㎝×一行

㈢「不レ若二帰レ蜀赴一レ郡」とあるが、なぜか。その理由をわかりやすく述べよ。
解答欄：一三・六㎝×二行

㈣「聖意」の内容にあたる部分を文中から抜き出して答えよ。返り点・送り仮名・句読点は省くこと。

㈤「尤可レ嘉」とあるが、孝宗はどのように考えてそう判断したのか。わかりやすく説明せよ。
解答欄：一三・六㎝×二行

二〇〇四年度　理科

第三問

次の文章は、北宋の蘇軾（一〇三六―一一〇一）が書いたものである。これを読んで、後の設問に答えよ。

欧陽文忠公嘗《テ》言《フ》、「有《リ》二患《フ》レ疾《ヲ》者一。医問《フ》二其《ノ》得《ル》レ疾《ヲ》之由《ヲ》一。曰《ク》、『乗《リテ》レ船《ニ》遇《ヒ》レ風《ニ》、驚《シテ》而得《タリト》レ之《ヲ》。』医取《リテ》下多年《ノ》柁《だ》牙《がノ》為《ル》二柁工《ノ》手汗《ノ》所《ト》一レ漬《つクル》処《ヲ》上、刮《けづリテ》末《トナシ》、雑《まじフ》二丹《たん》砂《さ》・茯《ふく》神《しん》之流《たぐひヲ》一。飲《ミテ》レ之《ヲ》而癒《ユト》。」今、『本草注別薬性論』《ニ》云《フ》、止汗《ニハ》、用《ヒテ》二麻黄《ノ》根節及《ビ》故《キ》竹扇《ヲ》一為《シ》レ末《ト》服《スト》レ之《ヲ》。文忠因《リテ》言《フ》、「医《ノ》以《テ》レ意《ヲ》用《フルコト》レ薬《ヲ》多《シ》二此《ノ》比《たぐひ》一。初《メハ》似《タレドモ》二児戯《ニ》一、然《ルニ》或《イハ》有《リ》レ験、殆《ド》未《ダ》《ル》レ易《カラ》二致《ち》詰《きつシト》一也。」予因《リテ》謂《フ》レ公《ニ》、「以《テ》二筆墨《ヲ》一焼《キテ》灰《トナシ》飲《マスレバ》二学者《ニ》一、当《ニ》《ケン》レ治《ス》二昏惰《ヲ》一耶《や》。推《シテ》レ此《ヲ》而広《ムレバ》レ之《ヲ》、則《チ》飲《メバ》二伯夷之盥水《くわんすいヲ》一、可《ク》二以《テ》療《ス》一レ貪《ヲ》、舐《なムレバ》二樊《はん》噲《くわい》之盾《ヲ》一、可《シト》二以《テ》治《ス》一レ怯《ヲ》矣。」公遂《ニ》大笑《ス》。

（『東坡志林』による）

〔注〕○欧陽文忠公――宋の文人・欧陽脩（一〇〇七―七二）のこと。
○柁牙――柁は舵のこと。柁牙は舵を操作する際に握る部分。
○丹砂・茯神・麻黄――いずれも中国医学で用いられる薬材の名。
○『本草注別薬性論』――唐の甄権《しんけん》が著した中国医薬の書。　○致詰――物事を見極めること。

○伯夷——周の武王による殷の討伐を道徳に反するとして、周の食べ物を口にせず、餓死したといわれる人物。

○盥水——手を洗った水。　○樊噲——項羽が劉邦の暗殺を謀った鴻門の会で、劉邦の命を救った武将。

設問

(一)「医以レ意用レ薬」とあるが、

(ア) これはどういうことか。わかりやすく説明せよ。

(イ) 文中に挙げられている「医以レ意用レ薬」の例から一つを選び、簡潔に要約して述べよ。

解答欄：各一二・九cm×一行

(二)「初似二児戯一、然或有レ験、殆未レ易二致詰一也」を、何を「致詰」するかを明らかにして、平易な現代語に訳せ。

解答欄：一三・六cm×二行

(三)「公遂大笑」とあるが、「公」はなぜ「大笑」したのか。全文の趣旨をふまえて、簡潔に述べよ。

解答欄：一三・六cm×二行

二〇〇三年度　文科

第三問

次の文章は、ある地方（亜徳那）の名士（責煖氏）に関するエピソードである。これを読んで、後の設問に答えよ。

敝郷之東ニ、有リ二大都邑一、名ハ曰フ二亜《あ》徳《とく》那《だ》ト一。其ノ在リテ二昔時ニ一、興シレ学ヲ勧メレ教ヲ、人文甚ダ盛ンナリ。責《さく》煖《だん》氏者《は》、当時大学之領《りやう》袖《しう》也。其ノ人有リレ徳有リレ文。偶《たまたま》四方ノ使者、因リテレ事ニ来ルレ廷ニ。国王知リ二使者ノ賢ナルヲ一、甚ダ敬ヒレ之ヲ、則チ大イニ饗《もてな》スレ之ヲ。是ノ日所レ談ズル、莫シレ非ザル二高論ニ一。如クレ雲ノ如クレ雨ノ、各逞《たくま》シウス二才智ヲ一。独リ責煖ノミ終席不レ言ハ。将ニテレ徹《をは》ラント、使問ヒテレ之ニ曰ク、「吾ガ儕《ともがら》帰リテ復二‐命ス乎寡君ニ一、謂フコトヲレ子ヲ如何ト。」曰ク、「無シレ他、惟《ただ》曰ヘト下亜徳那ニ有リテ二老者一、於テ二大饗時ニ一能ク無シト上レ言フコト也。」祇《ただ》此ノ一語、蘊《ふく》ム二三奇ヲ一矣。老者ハ四体衰劣ニシテ、独リ舌弥《いよいよ》強毅ナリ、当ニシレ好ムレ言ヲ也。酒ノ於ケルレ言ニ、如シ二薪ノ於ケルガ一レ火ニ、即《たとひ》訥者トイヘドモ於テレ是ニ中変シテ而譁《かまびす》シ也。亜徳那ハ、彼ノ時賢者ノ所レ出ヅル、佞者ノ所レ出ヅルナレバ、則チ售《う》ルレ言ヲ大市也。有ルモ二三之一一、難シレ禁ジレ言ヲ、矧《いは》ンヤ三兼ヌルヲヤレ之ヲ乎。故ニ史氏ハ不シテレ誌サ二諸偉人ノ高論ヲ一、而特ニ誌ス二責煖氏之不ルヲレ言ハ一也。

（『崎人十篇』による）

設問

㈠　「是日所レ談、莫レ非二高論一。如レ雲如レ雨、各逞二才智一。独責煖終席不レ言」を平易な現代語に訳せ。

解答欄：一三・四㎝×二行

㈡　「無レ他、惟曰下亜徳那有二老者一、於二大饗時一能無上レ言也」を平易な現代語に訳せ。

解答欄：一三・四㎝×二行

㈢　「祇此一語、蘊二三奇一矣」とあるが、

(ア)　これを平易な現代語に訳せ。

解答欄：一二・七㎝×一行

(イ)　「三奇」とはどういうことか。それぞれ簡潔に述べよ。

解答欄：一二・七㎝×二行

㈣　「有二三之一一、難レ禁レ言、矧三兼レ之乎」を平易な現代語に訳せ。

解答欄：一三・四㎝×一・五行

二〇〇三年度　理科

第三問

次の文章を読んで、後の設問に答えよ。

秦ノ襄《しやう》王《わう》病ム。百姓為ニレ之ガ禱《いの》ル。病愈《い》エ、殺シテレ牛ヲ塞《さい》禱《たう》ス。郎中ノ閻《えん》遏《あつ》、公孫衍《えん》出《い》デテ見ルレ之ヲ。曰ク、「非ザルニ二社臘《らふ》之時一也、奚《なん》ゾ自ラ殺シテレ牛ヲ而祠《まつ》ルヤトレ社ヲ。」怪ミテ而問フレ之ヲ。百姓曰ク、「人主病ミ、為ニレ之ガ禱ル。今病愈エ、殺シテレ牛ヲ塞禱ス。」閻遏、公孫衍説《よろこ》ビ、見《まみ》エレ王ニ、拝賀シテ曰ク、「過グト二堯《げう》舜《しゆん》一ニ矣。」王驚キテ曰ク、「何ノ謂《いひ》ゾヤト也。」対《こた》ヘテ曰ク、「堯舜ハ其ノ民未ダルレ至ラ二為ニレ之ガ禱ルニ一也。今王病ミテ、而民以テレ牛ヲ禱リ、病愈エ、殺シテレ牛ヲ塞禱ス。故ニ臣窃《ひそ》カニ以テレ王ヲ為スレ過グト二堯舜一ニ也ト。」王因リテ使ム二人ヲシテ問ハ一レ之ヲ。「何ノ里カ為ストレ之ヲ。」訾《し》スルコト三其ノ里正ト与ヲ二伍老一、屯《みな》二甲ナリ。閻遏、公孫衍媿《は》ヂテ不二敢ヘテ言ハ一。王曰ク、「子何ノ故ニ不ルレ知ラ二於此一ヲ。彼ノ民之所三以ノ為スガ二我ガ用ヲ一者ハ、非ザル下以テ二吾愛スルヲ一レ之ヲ為スガ二我ガ用ヲ一者ニ上也。以テ二吾勢アルヲ一レ之ニ為スガ二我ガ用ヲ一者也。故ニ遂ニ絶ツ二愛ノ道一ヲ也ト。」

（『韓非子』外儲説右下による）

〔注〕　○塞禱——神の霊験に感謝する祭祀。　○郎中——侍従官。　○閻遏、公孫衍——ともに人名。
○社——土地神。　○臘——陰暦十二月に行う祭祀。　○訾——罰として金品を取り立てる。

○里正――里長。　○伍老――五人組の頭。　○甲――よろい。　○勢――権勢。

設問

㈠「過㆓尭舜㆒矣」とあるが、

(ア)　この文の主語に当たる人名を記せ。

(イ)　話者はなぜそのように考えたのか。簡潔に説明せよ。

解答欄：一二・九㎝×二行

㈡「王因使㆓人問㆒㆑之。『何里為㆑之』」を、「為㆑之」の内容を明らかにして、平易な現代語に訳せ。

解答欄：一三・六㎝×一・五行

㈢「絶㆓愛道㆒」とあるが、

(ア)　王がそうしたのはなぜか。簡潔に説明せよ。

解答欄：一二・九㎝×一・五行

(イ)　王は具体的には何をしたのか。簡潔に説明せよ。

解答欄：一二・九㎝×一・五行

二〇〇二年度　文科

第三問

次の文章を読んで、後の設問に答えよ。

或ヒト曰ク、「梅ハ以テレ曲ヲ為シレ美ト、直ナレバ則チ無シレ姿。以テレ欹《かたむ》クヲ為シレ美ト、正ナレバ則チ無シレ景。」此レ文人画士、心ニ知ルモノ二其ノ意ヲ一、未ダレ可カラ三明詔大号シテ以テ縄スニ天下之梅ヲ一也。又不ルレ可カラ下以テ使ム中天下之民ヲシテ斫《きり》レ直ヲ鋤《のぞ》キレ正ヲ、以テ二殀《えう》シレ梅ヲ病マシムルヲレ梅ヲ為シテレ業ト、以テ求メレ銭ヲ也。有リテ下以テ二文人画士ノ孤癖之隠ヲ一、明ラカニ告グルモノ中鬻《ひさ》グレ梅ヲ者上、斫リ二其ノ正ヲ一、鋤キ二其ノ直ヲ一、遏《とど》メテ二其ノ生気ヲ一、以テ求メシム二重価ヲ一。而シテ天下之梅皆病ム。文人画士之禍《わざはひ》之烈ナルコト至レルレ此ニ哉。予購《あがな》フニ二三百盆ヲ一、皆病メル者ニシテ、無シ二一ノ完《まつた》キ者一。既ニ泣クコトレ之ヲ三日、乃チ誓フレ療センコトヲレ之ヲ。毀《こぼ》チ二其ノ盆ヲ一、悉《ことごと》ク埋メ二於地ニ一、解キ二其ノ縛《いまし》めヲ一、以テ二五年ヲ一為シレ期ト、必ズ復シレ之ヲ全クセントスレ之ヲ。予本《もと》ヨリ非ザレバ二文人画士ニ一、甘ンジテ受ケ二詬《こう》厲《れい》ヲ一、闢《ひら》キテ二病梅之館ヲ一以テ貯フレ之ヲ。嗚《あ》呼《あ》。安ンゾ得ン乙使メ下予ヲシテ多ク二暇日一、又多カラ中閑田上、以テ広ク貯ヘ二天下之病梅ヲ一、窮メテ二予ガ生之光陰ヲ一以テ療スルヲ甲レ梅ヲ也《や》哉。

（龔自珍「病梅館記」による）

〔注〕○明詔大号——明らかに告示する。　○縄——一つの基準に当てはめる。　○殀レ梅——梅を若死にさせる。

○孤癖之隠——ひそかな愛好・奇癖。　○詬厲——非難。

設問

㈠「梅以レ曲為レ美、直則無レ姿」を、平易な現代語に訳せ。

解答欄：一三・四㎝×一行

㈡「文人画士孤癖之隠」が「天下之梅皆病」という結果をもたらすのはなぜか。簡潔に説明せよ。

解答欄：一三・四㎝×一・五行

㈢「予購二三百盆一、皆病者、無二一完者一」を、平易な現代語に訳せ。

解答欄：一三・四㎝×一・五行

㈣「予本非二文人画士一、甘受二詬厲一」とあるが、筆者が甘受する「詬厲」とはどのようなものか。具体的に説明せよ。

解答欄：一三・四㎝×一・五行

㈤筆者が「病梅之館」を開く目的は何か。簡潔に説明せよ。

解答欄：一三・四㎝×一行

二〇〇二年度　理科

第三問

次の文章を読んで、後の設問に答えよ。ただし、設問の都合で送り仮名を省いたところがある。

応《おう》郴《ちん》為《リ》二汲《きふ》令《ノ》一。以《テ》二夏至《ノ》日《ヲ》一見《み》二主簿杜《と》宣《せんヲ》一、賜《フ》レ酒《ヲ》。時《ニ》北壁《ノ》上《ニ》有《リ》レ懸《クル》二赤弩《どヲ》一、照《うつリ》二於盃中《ニ》一、其《ノ》形如《シ》レ蛇《ノ》。宣畏《おそレテ》悪《にくム》レ之《ヲ》。然不二敢不一レ飲。其《ノ》日便《すなはチ》得《テ》二胸腹《ノ》痛切《ナルヲ》一、妨二‐損《シ》飲食《ヲ》一、大《イニ》以《テ》羸《るい》露《ろス》。攻治《スルコト》万端《ナルモ》、不レ為《サ》レ癒《いユルコトヲ》。後、郴因《リテ》レ事《ニ》過《よぎリテ》至《リ》二宣《ノ》家《ニ》一、窺《うかがヒ》視《テ》、問《フ》二其《ノ》変故《ヲ》一、云《フ》、「畏《ル》二此《ノ》蛇《ヲ》一。蛇入《レリト》二腹中《ニ》一。」郴還《リ》二聴事《ニ》一、思惟《スルコトやや》良久《シクシテ》、顧《ミテ》見《ルニ》レ懸《クルヲ》レ弩《ヲ》、「必《ズ》是《レ》也《ト》。」則《チ》使《メ》二鈴下《ヲシテ》徐《おもむろニ》扶《かつギ》レ輦《かごヲ》載《セ》レ宣《ヲ》、於《テ》二故処《ニ》一設《クレバ》レ酒《ヲ》、盃中《ニ》故《もとヨリ》復《まタ》有《リ》レ蛇。因《リテ》謂《フ》レ宣《ニ》、「此《レ》壁上《ノ》弩影《ナルのみ》耳、非《ズト》レ有《ルニ》二他怪一。」宣《ノ》意遂《ニ》解《ケ》、甚《ダ》夷《い》懌《えきシ》、由《リ》レ是《レ》瘳《いエ》平《ラグ》。

（応劭『風俗通義』による）

〔注〕○応郴――後漢の人。　○汲令――汲県（河南省）の長官。
○主簿杜宣――主簿は県の長官の部下。杜宣は人名。　○弩――おおゆみ。　○羸露――衰弱。
○聴事――役所。　○鈴下――県の長官の護衛兵。　○夷懌――よろこぶ。

設問

㈠「宣畏悪レ之。然不二敢不レ飲」とあるが、

(ア) これを平易な現代語に訳せ。

解答欄：一二・九㎝×一・五行

(イ) 杜宣はなぜ「然不二敢不レ飲」だったのか。簡潔に説明せよ。

解答欄：一二・九㎝×一行

㈡「得二胸腹痛切一、妨二損飲食一、大以羸露」とあるが、そうなったのはなぜか。簡潔に説明せよ。

解答欄：一三・六㎝×一行

㈢「必是也」とはどういうことか。具体的に説明せよ。

解答欄：一三・六㎝×一・五行

㈣「由レ是瘳平」とあるが、それはなぜか。わかりやすく説明せよ。

解答欄：一三・六㎝×一・五行

二〇〇一年度　文科

第三問

次のAは唐の詩人李賀（七九一―八一七）の詩、Bはこの詩について明の曾益が書いた文章である。A、Bを合わせて読み、後の設問に答えよ。

A.　蘇小小ノ墓

幽蘭ノ露　如シ二啼《な》ケル眼ノ一

無ク三物トシテ結ブ二同心ヲ一　煙花ハ不レ堪ヘレ剪《き》ルニ

草ハ如ク レ茵《いん》ノ　松ハ如シレ蓋《がい》ノ

風ハ為リレ裳ト　水ハ為ルレ珮《はい》ト

油《いう》壁《へき》車《しや》　久シク相待ツ

冷ヤカナル翠《すい》燭《しよく》　労《つか》ラス二光彩ヲ一

西陵ノ下　風雨晦《くら》シ

B.

幽蘭《ノ》露《トハ》、是《レ》墓《ノ》蘭《ノ》露《ナリ》、是《レ》蘇小《ノ》墓《ナリ》。生時《ハ》解二結《シ》同心《ヲ》一、今《ハ》無《シ》二物《トシテ》可《キ》レ結《ブ》矣。煙花《ハ》已《ニ》自《ラ》不《ルナリ》レ堪《ヘ》レ剪《ルニ》也。時《ニ》則《チ》墓草《ハ》已《ニ》宿《としへテ》而如《ク》レ茵《ノ》矣、墓松《ハ》則《チ》偃《おほヒテ》而如《シ》レ蓋《ノ》矣。奚《なにヲ》以《テ》想二象《セン》其《ノ》裳《ヲ》一、則《チ》有《リ》下風《ノ》環《リテ》二於前《ニ》一而為《ル》上裳《ト》、奚《ヲ》以《テ》髣二髴《セン》其《ノ》珮《ヲ》一、則《チ》有《リ》下水《ノ》鳴《リテ》二於左右《ニ》一而為《ル》上珮《ト》。壁車如《ク》レ故《ノ》、久《シク》相待《テドモ》而不レ来《タラ》。翠燭《ニ》寒生《ジ》、労《ラス》二光彩之自《ラ》照《スヲ》一。西陵之下、則《チ》維《こレ》風雨之相吹《キ》、尚《なほ》何《ノ》影響之可《ケン》レ見《ル》哉。

（『李賀詩解』による）

〔注〕○幽――奥深くほのかなさま。　○蘇小小――五世紀の末頃、銭塘《せんとう》（今の浙江省杭州市）にいたという有名な歌姫。
○結同心――互いに変わらぬ愛情を誓うこと。物を贈って誓うこともある。解結同心は、その誓いが破れること。
○煙花――夕もやの中の花。　○茵――車の座席の敷物。　○蓋――車を覆う屋根。
○裳――スカート状の衣服。　○珮――腰につける玉飾り。触れ合って美しい音がする。
○油壁車――油や漆で壁を塗り装飾した車。蘇小小は外出するとき、これに乗ったといわれる。
○翠燭――青緑色を帯びたともしび。ここでは鬼火を指す。
○西陵――ここでは蘇小小の墓を指す。　○影響――影や物音、気配。

設問

㈠「幽蘭露、如啼眼」という二句を、「眼」は誰の眼かを明らかにして、平易な現代語に訳せ。
解答欄：一三・七㎝×一行

㈡「煙花不堪剪」とあるが、何のために「剪」るのかを明らかにして、平易な現代語に訳せ。
解答欄：一三・七㎝×一・五行

㈢「草如茵、松如蓋」という二句から、曾益は墓地のどんなありさまを読み取っているか。簡潔に述べよ。
解答欄：一三・七㎝×一・五行

㈣「奚以髣髴其珮、則有水鳴於左右而為珮」とあるが、「其」が何を指すかを明らかにして、平易な現代語に訳せ。
解答欄：一三・七㎝×一・五行

㈤「冷翠燭、労光彩」は、蘇小小のどんなありさまを暗示しているか。簡潔に述べよ。
解答欄：一三・七㎝×二行

㈥Aの詩は、三言の句を多用している。この形式はこの詩の中で、どのような効果を上げているか。簡潔に述べよ。
解答欄：一三・七㎝×二行

二〇〇一年度　理科

第三問

次の問答体の文章を読んで、後の設問に答えよ。

或《ルヒト》問《ヒテ》曰《ク》、「堯舜《ハ》伝《ヘ》二之《ヲ》賢《ニ》一、禹《ハ》伝《フ》二之《ヲ》子《ニ》一、信《まことナル》乎《ト》。」曰《ク》、「然《リト》。」曰《ク》、「然《ラバ》則《チ》禹之賢《ハ》不《ル》レ及《バ》二於堯《ト》与《ニ》レ舜也歟《ト》。」曰《ク》、「不レ然《ラ》。堯舜之伝《フルハ》レ賢《ニ》也、欲《スレバ》三天下之得《ンコトヲ》二其《ノ》所《ヲ》一也。禹之伝《フルハ》レ子《ニ》也、憂《フレバ》二後世争《フ》レ之《ヲ》之乱《ヲ》一也。堯舜之利《スルヤ》レ民《ヲ》也大《ナリ》、禹之慮《おもんぱかルヤ》レ民《ヲ》也深《シト》。」曰《ク》、「禹之慮《ルヤ》也則《チ》深《キモ》矣、伝《ヘテ》二之《ヲ》子《ニ》一而当《ラバ》レ不《ルニ》レ淑《よカラ》、則《チ》奈何《ト》。」曰《ク》、「伝《フレバ》二之《ヲ》[A]《ニ》一則《チ》争《フ》、未《ダ》《レバ》二前《ニ》定《マラ》一也。伝《フレバ》二之《ヲ》子《ニ》一則《チ》不レ争《ハ》、前《ニ》定《マレバ》也。前《ニ》定《マレバ》雖《モ》レ不《ト》レ当《ラ》レ賢《ニ》、猶《ホ》可《シ》二以《テ》守《ル》レ法《ヲ》。不《シテ》二前《ニ》定《マラ》一而不《レバ》レ遇《ハ》レ[B]《ニ》、則《チ》争《ヒ》且《ツ》乱《ル》。天之生《ズルヤ》二大聖《ヲ》一也不レ数《しばシバセ》、其《ノ》生《ズルモ》二大悪《ヲ》一也亦《タ》不レ数《シバセ》。伝《フルハ》二諸人《ニ》一、得《テ》二大聖《ヲ》一、然《シテ》後《ニ》人莫《シ》二敢《テ》争《フ》一。伝《フルハ》二諸子《ニ》一、得《テ》二大悪《ヲ》一、然《シテ》後《ニ》人受《クトノ》二其《ノ》乱《ヲ》一。」

（韓愈「対禹問」による）

〔注〕
○堯——中国古代の聖人君主で、王位を舜に禅譲したといわれる。
○舜——中国古代の聖人君主で、王位を禹に禅譲したといわれる。
○禹——中国古代の聖人君主で、夏王朝の創始者といわれる。

設問

㈠「堯舜之伝賢也、欲天下之得其所也」を、「伝賢」の内容を明らかにしつつ、平易な現代語に訳せ。

解答欄：一三・六㎝×一・五行

㈡「伝之子而当不淑、則奈何」を、「伝之子」の内容を明らかにしつつ、平易な現代語に訳せ。

解答欄：一三・六㎝×一行

㈢ A と B に、それぞれ文章の趣旨に照らして最も適当と思われる漢字一字を入れよ。

㈣「前定雖不当賢、猶可以守法」を、「前定」の意味を明らかにしつつ、平易な現代語に訳せ。

解答欄：一三・六㎝×一・五行

㈤ この文章の作者は、「伝人」と比べて「伝子」の長所がどこにあると考えているか。簡潔に説明せよ。

解答欄：一三・六㎝×二・五行

二〇〇〇年度 文科

第三問

次の文章を読んで、後の設問に答えよ。ただし、設問の都合で送り仮名を省いたところがある。

閩《びん》藩司《ノ》庫蔵弗レ飭《ととのハ》、大順語《つゲテ》二左使《ニ》一治《メシム》レ之《ヲ》。不レ聴《カ》。已《ニ》果《タシテ》大《イニ》亡《うしなヒ》二庫銀《ヲ》一、悉《ことごとク》逮《とらフ》二官吏邏《ら》卒五十人《ヲ》於獄《ニ》一。大順曰《ク》、「盗多《キモ》不レ過《ギ》二三人《ニ》一、而《ルニ》繋《つなグ》二五十人《ヲ》一。即《もシ》盗在《ルモ》、是《レ》亦《タ》四十七人《ハ》冤《ゑんナリト》矣。」請《フ》二代《ハリテ》治《ムルヲ》レ獄《ヲ》。左使喜《ビテ》属《しよくス》二大順《ニ》一。大順悉《ク》遣《やリ》レ之《ヲ》、戒《メテ》曰《ク》、「第《ただ》往《ゆキテ》跡《ヅケ》レ盗《ヲ》、旬日《ニシテ》来《リ》言《ヘト》。」

福寧《ノ》人与二鉄工一隣居《ス》。夜聞《キ》二銷《せう》声《ヲ》一、窺《うかがフニ》レ之《ヲ》、所《ハ》レ銷《とカス》銀《ノ》元宝也。以《テ》詣《いたル》レ官《ニ》。工曰《ク》、「貸二諸某家一。」某家証《シテ》レ之《ヲ》曰《ク》、「然《リト》。」首《はじめナル》者以《テ》レ誣《ぶヲ》坐《ス》矣。大順曰《ク》、「鉄工《ハ》貧人游食、誰《カ》有《ラン》下以《テ》二五十金《ヲ》一貸《ス》者上。此《レハ》是《レ》盗《ナラント》也。」令《シテ》索《もとメテ》得レ之《ヲ》、一訊《じんスルニ》輒《すなはチ》輸《つゲテ》曰《ク》、「盗者《は》、吏舎《ノ》奴也。使《メ》三某《それがしヲシテ》開《ケ》二庫鐍《けつヲ》一、酬《むくユル》レ我《ニ》耳《ト》。」捜《シテ》捕《ヘ》レ奴《ヲ》、具《つぶさニ》得《テ》レ贓《ざうヲ》、五十人皆釈《とカル》。

（何喬遠『閩書』による）

〔注〕○閩藩司——福建（閩）の民政をつかさどる役所。長官は左右二名の布政使。

○弗飭——きちんとした安全管理がなされていない。　○大順——右布政使の陶大順。
○左使——左布政使。この時、蔵の管理を担当。　○邏卒——警備の兵士。　○繫——逮捕する。
○属——ゆだねる。　○福寧——福建省にある地名。　○銷——金属をとかす。　○銀元宝——官製の銀塊。
○誣——ありもしないことを事実のように言うこと。　○坐——罪に問われる。
○游食——ぶらぶらと遊んで暮らす。　○鐍——錠。　○贓——隠していた盗品。

設問

(一) 「即盗在、是亦四十七人冤矣」とはどういうことか。なぜ四十七人なのかがわかるように、簡潔に説明せよ。

解答欄：一三・七㎝×二行

(二) 「旬日来言」を、誰に何を言うのかを明らかにして、平易な現代語に訳せ。

解答欄：一三・七㎝×一・五行

(三) 「貸㆓諸某家㆒」を、平易な現代語に訳せ。

解答欄：一三・七㎝×一行

(四) 「首者」とは誰か。文中の語で答えよ。

(五) 「此是盗也」と陶大順が判断した理由を、簡潔に説明せよ。

解答欄：一三・七㎝×二行

(六) この事件の主犯は誰か。文中の語で答えよ。

二〇〇〇年度　理科

第三問

次の文章を読んで、後の設問に答えよ。

孔子曰ク、「導レクニ之ヲ以レテシ政ヲ、斉《ととの》レフルニ之ヲ以レテスレバ刑ヲ、民免レテ而無レシ恥。導レクニ之ヲ以レテシ徳ヲ、斉レフルニ之ヲ以レテスレバ礼ヲ、有レリテ恥且ツ格《ただ》シト。」老氏称《いは》ク、「法令滋《ますます》章《あきら》カニシテ　盗賊多ク有リト。」太史公曰ク、信ナル哉是ノ言ヤ也。法令ナル者ハ、治之具ニシテ　而非下ザル制二‐治スル清濁ヲ一之源上ニ也。昔天下之網嘗テ密タリ矣。然ルニ姦《かん》偽萌《ばう》起シテ、其ノ極ルヤ也、上下相ヒ遁《のが》レ、至二ル於不一レルニ振《すく》ハ。当二リ是之時一ニ、吏治ハ若二シ救レフニ火ヲ揚レグルガ沸クヲ。非二ザレバ武健厳酷一ニ、悪ンゾ能ク勝二ヘテ其ノ任一ニ而愉快ナラン乎。言二フ道徳ヲ一者ハ溺二ル其ノ職一ニ矣。漢興リ、破レリテ觚《こ》ヲ而為レシ圜《ゑん》ト、斲《けづ》レリテ雕《てう》ヲ而為レシ朴ト、網ハ漏二ラス於呑舟之魚一ヲ。而シテ吏治ハ烝烝《しようしよう》トシテ　不レ至二ラ於姦一ニ、黎《れい》民艾《がい》安ス。由レリテ是ニ観レバ之ヲ、在レリテ彼ニ不レ在ラ此ニ。

（司馬遷『史記』酷吏列伝による）

〔注〕　○政――法律。　○老氏――老子。　○太史公――司馬遷。　○制治――定める。　○姦――邪悪。
○萌起――芽生える。　○救火揚沸――沸騰した湯をかけて火を消す。事態が切迫していることのたとえ。

○武健——勇猛な。　○破觚而為圜——四角いものを円くする。　○雕——彫刻。　○烝烝——純良なさま。
○黎民——人民。　○艾安——よく治まる。

設問

(一)「法令者、治之具而非下制二治清濁一之源上也」を、「清濁」が何を意味するか明らかにして、平易な現代語に訳せ。

解答欄：一三・七㎝×一・五行

(二)「非二武健厳酷一、悪能勝二其任一而愉快乎」を、平易な現代語に訳せ。

解答欄：一三・七㎝×二行

(三)「網漏二於呑舟之魚一」は、どのようなことをたとえているか。簡潔に説明せよ。

解答欄：一三・七㎝×一行

(四)「在レ彼不レ在レ此」には、筆者のどのような主張が込められているか。簡潔に説明せよ。

解答欄：一三・七㎝×一・五行

一九九九年度　文科

第四問

次の文を読んで、後の設問に答えよ（設問の都合で送り仮名を省いたところがある）。

李子南《ノカタ》渡《ルニ》二一江《ヲ》一、有《リ》二与《ニ》方《ならベテ》レ舟《ヲ》而済《ル》者一。両舟之大小同《ジク》、榜《ばう》人《じん》之多少均《シク》、人馬之衆寡幾相類。而《しかルニ》俄《にはかニ》見《ル》三其《ノ》舟《ノ》離《レ》去《ルコト》如《クシテ》レ飛《ブガ》、已《ニ》泊《マルヲ》二彼岸《ニ》一。予《ノ》舟猶《ホ》邅《てん》廻《くわいシテ》不レ進《マ》。問《ヘバ》二其《ノ》所以《ヲ》一、則《チ》舟中《ノ》人曰《ク》、「彼《かしこニ》有《リ》レ酒、以《テ》飲《マシメ》二榜人《ニ》一、榜人極《メテ》レ力《ヲ》蕩《うごカスガ》レ槳《かいヲ》故爾《のみト》。」予不レ能《ハ》レ無《キ》二愧《き》色《しょく》一、因《リテ》嘆《ジテ》曰《ク》、「嗟《あ》乎《あ》。此《ノ》区区《タル》一葦《ゐノ》所レ如《ゆク》之間、猶《ホ》以《テ》二賂《まひなひ》之有無《ヲ》一、其《ノ》進《ム》也《や》有《リ》二疾徐先後一。況《まシテ》宦《くわん》海《かい》競渡《ノ》中、顧《レバ》二吾《ガ》手《ニ》無《キヲ》レ金、宜《むベナルかな》乎至《ルモ》レ今《ニ》未《ダ》《ル》レ霑《うるほハ》二一命《ニ》一也《やト》。」書《シテ》以《テ》為《ス》二異日《ノ》観《ト》一。

（李奎報『東国李相国集』より）

〔注〕○榜人——舟のこぎ手。　○邅廻——行きなやむこと。　○愧色——恥じる顔色。　○区区——小さいさま。
○一葦——一枚のあしの葉。　○宦海——官界。　○一命——初めて官吏に任命されること。

設　問

(一)「人馬之衆寡幾相類」とは、どのようなことか。具体的に説明せよ。

解答欄：一三・六cm×一行

(二)「而俄見二其舟離去如レ飛、已泊二彼岸一」を、平易な現代語に訳せ。

解答欄：一三・六cm×一行

(三)「此区区一葦所レ如」とあるが、これはどのようなことを指しているか。具体的に説明せよ。

解答欄：一三・六cm×一行

(四)「書以為二異日観一」の異日観とは、どのようなことか。簡潔に説明せよ。

解答欄：一三・六cm×一行

一九九九年度　文科

第七問

次の詩は、唐の杜甫（七一二―七七〇）の作品である。これを読んで、後の設問に答えよ。

百憂《ノ》集《マル》行《うた》

憶《フ》年十五心尚《ホ》孩《がいニシテ》　健《ナルコト》如《ク》黄犢《くわうとくノ》走《リテ》復《タ》来《きたル》

庭前八月梨《り》棗《さう》熟《スレバ》　一日上《ルコト》樹《ニ》能《ク》千廻《くわいナリキ》

即《そく》今《こん》倏《しゆく》忽《こつトシテ》已《ニ》五十　坐《ざ》臥《ぐわ》只《ダ》多《クシテ》少《シ》行立

強《しヒテ》将《もつテ》笑語《ヲ》供《ス》主人《ニ》　悲《シミ》見《ル》生涯百憂《ノ》集《マルヲ》

入《レバ》門《ニ》依《リテ》旧《ニ》四壁空《シ》　老妻睹《みル》我《ヲ》顔色同《ジ》

痴児《ハ》不《レ》知《ラ》父子《ノ》礼　叫怒《シテ》索《もとメテ》飯《ヲ》啼《なク》門東《ニ》

〔注〕○孩――幼児。　○黄犢――あめ色の子牛。　○棗――なつめ。　○廻――回。　○倏忽――たちまち。

○主人――この詩が作られた時、杜甫の一家は成都（四川省）の友人のもとに身を寄せていた。

設問

㈠ 第一・二句「憶年十五心尚孩　健如二黄犢一走復来」を平易な現代語に訳せ。

解答欄：一三・七㎝×二・五行

㈡ 第九句「入レ門依レ旧四壁空」からは、杜甫のどのような暮しぶりがうかがわれるか。簡潔に記せ。

解答欄：一三・七㎝×一行

㈢ 第十一・十二句「痴児不レ知父子礼　叫怒索レ飯啼二門東一」には、杜甫の自分自身に対するどのような思いが込められているか。簡潔に述べよ。

解答欄：一三・七㎝×一・五行

一九九九年度 理科

第四問

次の文章を読んで、後の設問に答えよ（設問の都合で送り仮名を省いたところがある）。

人生処世、如《キ》㆓白駒《ノ》過《グルガ》㆒㆑隙《げきヲ》耳《のみ》。一壺《こ》之酒、足《リ》㆓以《テ》養《フニ》㆒㆑性《ヲ》、一簞《たん》之食《し》、足《ル》㆓以《テ》怡《よろこバシムルニ》㆒㆑形《ヲ》。生《キテハ》在《リ》㆓蓬《ほう》蒿《かうニ》㆒、死《シテハ》葬《ムラル》㆓溝壑《がくニ》㆒。瓦《ぐわ》棺石槨《くわく》、何《ヲ》以《テカ》異《ナル》㆑茲《これニ》。吾嘗《テ》夢《ミテ》為《リ》㆑魚《ト》、因《リテ》㆑化《ニ》為《ル》㆑鳥《ト》。当㆓其夢㆒也、何楽如㆑之。乃《チ》其《ノ》覚《ムルや》也、何《ノ》憂《ヒカ》斯《これニ》類《セン》。良《まことニ》由《ル》㆘吾之不《ル》㆑及《バ》㆓魚鳥《ニ》㆒者《ノ》遠《キニ》㆖矣。故《ニ》魚鳥《ノ》飛浮《ハ》、任《まかス》㆓其《ノ》志性《ニ》㆒。吾之進退《ハ》、恒《ニ》存《ス》㆓掌握《ニ》㆒。挙《グルニ》㆑手《ヲ》懼《おそレ》㆑触《ルルヲ》、搖《うごカスニ》㆑足《ヲ》恐《ル》㆑堕《ツルヲ》。若《シ》使《メバ》㆔吾《ヲシテ》終《つひニ》得㆓魚鳥《ト》同遊《スルヲ》㆒、則《チ》去《ルコト》㆓人間《かんヲ》㆒如《キ》㆑脱《グガ》㆑屣《くつヲ》耳。

（『梁書』世祖二子伝より）

〔注〕 ○隙——すきま。 ○蓬蒿——よもぎの生えたくさむら。 ○溝壑——谷間。
○石槨——棺を入れる外側の石のひつぎ。

設問

㈠「如二白駒過レ隙耳」とは、どういうことか。簡潔に説明せよ。

解答欄：一三・六㎝×一行

㈡「当二其夢一也、何楽如レ之」を平易な現代語に訳せ。

解答欄：一三・六㎝×一行

㈢「魚鳥飛浮、任二其志性一」とは、どういうことか。簡潔に説明せよ。

解答欄：一三・六㎝×一行

㈣「挙レ手懼レ触、搖レ足恐レ堕」とは、どういうことか。簡潔に述べよ。

解答欄：一三・六㎝×一行

㈤この一文で作者の望んでいることを簡潔に述べよ。

解答欄：一三・六㎝×一行

一九九八年度 文科

第四問

次の文章は、清の文人方苞が友人の沈立夫に送った手紙である。これを読んで、後の設問に答えよ。

僕聞《ク》、足下比日《ちかごろ》復《タ》臥《ふせリト》レ疾《やまヒニ》。凡《ソ》疾《ヒハ》、必《ズ》慎《ム》二於微《ナルニ》一。体既《ニ》羸《おとろフレバ》、則《チ》難《シ》レ為《シ》レ療《いやスコトヲ》矣。足下読《ムコトヲ》レ書鋭敏《ニシテ》、応《ジテ》レ事《ニ》与《ためニ》レ人《ノ》言《フニ》、不レ嗇《をしマ》二精気《ヲ》一。或《ヒト》曰《ク》、「冬日之閉凍《スルヤ》也不《レバ》レ固《カラ》、則《チ》春夏之長《ズルヤ》二草木《ヲ》一也不《ト》レ茂《ラ》。」天地《モ》不レ能《ハ》二常《ニ》有《シ》常《ニ》費《ヤスルヲ》一、而況《ンヤ》人《ヲヤ》乎。身《ハ》非《ザル》二吾《ガ》有《ニ》一也。為《レバ》レ子《ト》、則《チ》当《ニ》《シ》下為《ためニ》二父母《ノ》一顧《ミル》中其《ノ》養《ヒヲ》上。為《レバ》レ人《ト》、則《チ》当《ニ》《シ》下為《ニ》二天地《ノ》一貴《ブ》中其《ノ》生《ヲ》上。人生最《モ》難《キ》レ遇《ヒ》者《ハ》、共《ニ》学《ブ》之友《ナリ》。僕病《ミ》且《ツ》衰《ヘテ》、於《テ》二賢者《ニ》一重《ク》有《リ》レ望《ムコト》焉。故《ニ》不《シテ》レ覚《エ》、言《ヘリ》二之《これガ》危苦《ヲ》一。惟《たダ》時《ニ》思《ヒテ》レ之《ヲ》、而無《ケレバ》二異日之悔《イ》一、則《チ》幸甚《ナリ》矣。

（『方望渓遺集』による）

〔注〕 ○危苦——きびしい忠告。

設問

(一)「凡疾、必慎二於微一。体既羸、則難レ為レ療矣」を平易な現代語に訳せ。　解答欄：一三・七㎝×一・五行

(二)「天地不レ能三常有二常費一」とはどういうことか。簡潔に説明せよ。　解答欄：一三・七㎝×一・五行

(三)「為レ子、則当下為二父母一顧中其養上」を平易な現代語に訳せ。　解答欄：一三・七㎝×一行

(四)「不レ覚、言二之危苦一」とあるが、筆者が沈立夫の病気を気づかうのはなぜか。両者の間柄を考えながら、その理由を簡潔に述べよ。　解答欄：一三・七㎝×一・五行

一九九八年度　文科

第七問

次の詩は、唐の詩人元稹《げんじん》が亡き妻をしのんで詠んだものである。これを読んで、後の設問に答えよ。

謝公ノ最小偏《へん》憐《りん》ノ女《むすめ》　自《より》レ嫁シテ二黔《けん》婁ニ一百事乖《たが》フ

顧ミテ二我ノ無キヲ一レ衣　搜シ二藎《じん》篋《けふ》ヲ一　泥《ねだ》リテ二他ニ沽《か》フヲ一レ酒ヲ　抜カシム二金《きん》釵《さ》ヲ一

野《や》蔬《そ》充タシテレ膳ヲ　甘シトシ二長《ちやう》藿《くわく》ヲ一　落葉添ヘントシテレ薪ニ　仰グ二古《こ》槐《くわい》ヲ一

今日俸銭過グ二十万ヲ一　与《ため》ニレ君ガ営ミレ奠《てん》ヲ　復タ営ムレ斎ヲ

〔注〕○謝公最小——晋の貴族謝安の姪謝道韞《しゃどううん》のこと。元稹の妻は名門の末娘なので謝道韞になぞらえた。
○偏憐——特にかわいがること。
○黔婁——春秋時代の隠士。貧しいが高潔な志をもつことで知られる。元稹自身をなぞらえた。
○藎篋——衣裳箱。　○金釵——金のかんざし。　○長藿——伸びた豆の葉。
○古槐——えんじゅの古木。　○俸銭——給料。　○営奠——霊前にものを供えて死者をまつること。
○営斎——参会者に食事をふるまうこと。

設　問

㈠　第三・四句「顧二我無レ衣捜二藎篋一　泥二他沽レ酒抜二金釵二」を、「我」と「他」がそれぞれだれを指すかを明確にして、平易な現代語に訳せ。

解答欄：一三・七㎝×二行

㈡　第五・六句「野蔬充レ膳甘二長藿一　落葉添レ薪仰二古槐二」には、(ア)だれが、(イ)どのような行為を、(ウ)どのような心持ちで行ったことが描かれているか。簡潔に述べよ。

解答欄：(ア)六・一㎝×一行、(イ)(ウ)各一三㎝×一行

㈢　第七・八句「今日俸銭過二十万一　与レ君営レ奠復営レ斎」には、作者の妻に対するどのような感慨がこめられているか。簡潔に説明せよ。

解答欄：一三・七㎝×一・五行

第四問

一九九八年度 理科

次の文章は、宋の蘇軾が龍眠居士の絵について述べたものである。これを読んで、後の設問に答えよ。

或《ヒト》曰《ク》、「龍眠居士作《ル》二山荘図《ヲ》一。使《ムルコト》三後来入《ル》レ山《ニ》者《ヲシテ》、信《まかセテ》レ足《ニ》而行《クニ》、自《ラ》得二道路《ヲ》一、如《ク》レ見《ルガ》レ所《ヲ》レ夢《ミル》、如《シ》レ悟《ルガ》二前世《ヲ》一。見《ルニ》二山中《ノ》泉石草木《ヲ》一、不《シテ》レ問《ハ》而知《リ》二其《ノ》名《ヲ》一、遇《フニ》二山中《ノ》漁《ぎよ》樵《せう》隠逸《ニ》一、不《シテ》レ名《イハ》而識《ル》二其《ノ》人《ヲ》一。此《レ》豈《ニ》強記《シテ》不《ル》レ忘《レ》者《カト》乎。」曰《ク》、「非也。画《ク》レ日《ヲ》者《ハ》常《ニ》疑《ハルルモ》レ餅《ヲ》、非《ザル》レ忘《ルルニ》レ日《ヲ》也。酔中《ニモ》不二以《テ》レ鼻《ヲ》飲《マ》一、夢中《ニモ》不二以《テ》レ足《ヲ》捉《とらへ》一。天機之所レ合《スル》、不《シテ》レ強《ヒ》而自《ラ》記《スル》也。居士之在《ルヤ》レ山《ニ》也、不レ留《メ》二於一物《ヲモ》一、故《ニ》其《ノ》神《ハ》与二万物一交《ハリ》、其《ノ》智《ハ》与二百工一通《ズ》。雖《モ》レ然《リト》有《リ》レ道有《リ》レ芸、有《リテ》レ道而不《レバ》レ芸《アラ》、則《チ》物雖《モ》レ形《あらはルト》二於心《ニ》一、不《ト》レ形《レ》二於手《ニ》一。」

（『東坡題跋』による）

〔注〕○龍眠居士――北宋の画家。　○魚樵隠逸――漁師と木こり、隠者。　○豈――なんと。　○記――記憶する。

○常疑餅――とかく、まるい餅を画いたように見られる。　○天機――人の心に自然にそなわっている能力。

○神――精神。　○百工――もろもろの技芸。　○芸――絵を画く技術。

設問

㈠「使三後来入レ山者、信レ足而行、自得二道路一」を、平易な現代語に訳せ。

解答欄：一三・六㎝×一・五行

㈡或ひとが「強記不レ忘」と考えた理由は何か。簡潔に述べよ。

解答欄：一三・六㎝×一行

㈢筆者は「強記不レ忘」という見方を否定しているが、それならば、画家が絵を画いたのはどのようなことだと考えているのか。簡潔に説明せよ。

解答欄：一三・六㎝×一・五行

㈣「物雖レ形二於心一、不レ形二於手一」を、平易な現代語に訳せ。

解答欄：一三・六㎝×一行

一九九七年度　文理共通

第四問

次の詩は、清の趙翼（一七二七—一八一四）の作品である。これを読んで、後の設問に答えよ。

有リレ客忽《たちま》チ叩《たた》キレ門ヲ　来リテ送ル二潤筆ノ需ヲ一

乞《こ》ヒテレ我ニ作ラシメ二墓誌ヲ一　要《もと》メテレ我ニ工《たくみ》ニ為サシムレ諛《へつら》ヒヲ

言ヘバレ政ヲ必ズ龔《きよう》黄　言ヘバレ学ヲ必ズ程朱

吾聊《いささ》カ以テ為シレ戯レヲ　如クス二其ノ意ノ所ノ一レ須《もと》ムル

補綴《てい》シテ成セバ二一篇ヲ一　居然トシテ君子ノ徒タリ

核《ただ》スニ二諸ヲ其ノ素行ニ一　十鈞《きん》ニ無シ二一銖《しゆ》モ一

此ノ文倘《も》シ伝ハラバレ後ニ　誰カ復タ知ラン二賢愚ヲ一

或イハ且《も》シ引キテ為シレ拠ト　竟《つひ》ニ入レテ二史冊ニ一摹《うつ》サバ

乃チ知ル青史ノ上　大半亦タ属スルヲレ誣《いつは》リニ

〔注〕　○潤筆需——原稿料。　○墓誌——死者の生前の行いをたたえた文章。

○龔黄——漢代の優れた政治家龔遂と黄霸。　○程朱——宋代の著名な学者程顥《こう》・程頤《い》と朱熹《き》。
○居然——意外にも。　○鈞・銖——重量単位。一鈞は一一五二〇銖。　○青史——歴史書。

設問

(一) 第一句「有レ客忽叩レ門」とあるが、客の具体的な用件は何か。詩中の表現を抜き出して答えよ。
解答欄：六・九㎝×一行

(二) 第八句の「其意所レ須」とは、どのようなことか。具体的に説明せよ。
解答欄：一三・八㎝×二行

(三) 第十二句「十鈞無二一銖一」は、どのようなことをたとえているか。簡潔に説明せよ。
解答欄：一三・八㎝×一・五行

(四) 第十三・十四句「此文倘伝レ後　誰復知二賢愚一」を、必要な言葉を補いつつ、平易な現代語に訳せ。
解答欄：一三・八㎝×二行

(五) 第十七・十八句「乃知青史上　大半亦属レ誣」とあるが、作者がそのように考える理由を説明せよ。
解答欄：一三・八㎝×二行

一九九七年度　文科

第七問

次の文章を読んで、後の設問に答えよ。

罰《シテ》レ之《ヲ》使《ムルハ》二人《ヲシテ》懲《リ》㆑悪《ニ》、不レ若《カ》三賞《シテ》レ之《ヲ》使《ムルニ》二人《ヲシテ》能《ク》勧《マ》㆑善《ニ》。威《おどシテ》レ之《ヲ》使《ムルハ》二人《ヲシテ》畏《レ》㆑刑《ヲ》、不レ若《カ》三恩《シテ》レ之《ヲ》使《ムルニ》二人《ヲシテ》能《ク》懐《カ》㆑徳《ニ》。悪《にくミテ》レ之《ヲ》使《ムルハ》二人《ヲシテ》遠《ザカラ》㆑悪《ニ》、不レ若《カ》三愛《シテ》レ之《ヲ》使《ムルニ》二人《ヲシテ》能《ク》感《ぜ》㆑心《ニ》。孟子曰《ハク》、「中《や》也養《ヒ》二不中《ヲ》一、才也養《フ》二不才《ヲ》一。故《ニ》人楽《シム》レ有《ルヲ》二賢父兄一也。如《もシ》中也棄《テ》二不中《ヲ》一、才也棄《ツレバ》二不才《ヲ》一、則《チ》賢不肖之相去《ルコト》、其《ノ》間不《ト》レ能《ハ》レ以《テスル》レ寸《ヲ》。」世《ニ》有《リ》下兄賢《ニシテ》而弟不肖、悪《ムコト》レ之《ヲ》過《ギテ》甚《シク》、反《ツテ》激二―成《スル》其《ノ》悪《ヲ》一者上。豈《ニ》非《ズ》二孟子《ノ》所謂賢不肖之相去《ルコト》、不《ル》レ能《ハ》レ以《テスル》レ寸《ヲ》者《ニ》一耶《や》。故《ニ》養《フ》二不肖《ノ》子弟《ヲ》一者《は》、以《テ》二善《ク》処《スルヲ》一為《ス》レ要《ト》。善《ク》処《スルハ》以《テ》二能《ク》愛《スルヲ》一為《ス》レ本《ト》。

（伊藤仁斎『古学先生文集』による）

〔注〕　○恩――恩恵を与える。　○中――中庸の徳をもった人。　○以寸――わずかな単位で計る。

設　問

(一)「罰レ之使二人懲一レ悪、不レ若三賞レ之使二人能勧一レ善」を平易な現代語に訳せ。

解答欄：一三・八㎝×二行

(二)「賢不肖之相去、其間不レ能レ以レ寸」とあるが、筆者はどのようにしてそうなると考えているか。簡潔に述べよ。

解答欄：一三・八㎝×二行

(三)「養二不肖子弟一者、以二善処一為レ要。善処以二能愛一為レ本」を平易な現代語に訳せ。

解答欄：一三・八㎝×二行

一九九六年度 文理共通

第四問

次の文章を読んで、後の設問に答えよ。

女巫《ふ》郝《かく》媼《あう》、村婦之狡《かう》黠《かつ》者也。自言狐神付其体、言人休《きう》咎《きう》。凡人家細務、一一周知。故信之者甚衆《おほ》。嘗有孕《よう》婦問所生男女。郝許以男。後乃生女。婦詰以神語無験。郝瞋《いから》目曰、「汝本応生男。某月某日汝母家饋《おく》餅《もち》二十、汝以其六供翁《をう》姑《こ》、匿《かく》其十四自食。冥司責汝不孝、転男為女。汝尚不悟耶。」婦不知此事先為所偵《さぐ》、遂惶《くわう》駭《がい》伏罪。

一日方焚香召神、忽端座朗言曰、「吾乃真狐神也。此媪陰謀百出、以妖妄斂《あつ》財、乃託其名於吾輩。故今日真付其体、使共知其姦。」語訖《をは》、郝霍《くわく》然《ぜん》如夢醒。狼《らう》狽《ばい》遁去、後莫知所終。

（『閲微草堂筆記』による）

〔注〕 ○媼・媪――老婆。 ○狡黠――ずるがしこいこと。 ○休咎――幸不幸。 ○翁姑――しゅうと・しゅうとめ。

○冥司——冥界の役人。　○惶駭——驚き恐れること。　○霍然——はっとする様子。

設問

(一) 「婦詰以㆓神語無㆑験」とは、どういうことか。簡潔に説明せよ。　解答欄：一三・八㎝×一行

(二) 「婦不㆑知㆓此事先為㆑所㆑偵」を、「此事」が何を指すか具体的に示しつつ、平易な現代語に訳せ。　解答欄：一三・八㎝×二行

(三) 「此嫗陰謀百出、以㆓妖妄㆒斂㆑財、乃託㆓其名於吾輩㆒」を、「此嫗」と「吾輩」がそれぞれだれかを明確にしつつ、平易な現代語に訳せ。　解答欄：一三・八㎝×二行

(四) 「使㆔共知㆓其姦㆒」とあるが、それはどのような方法で行われたか。具体的に述べよ。　解答欄：一三・八㎝×一行

一九九六年度　文科

第七問

次の詩は、魏の曹植（一九二―二三二）の作品である。これを読んで、後の設問に答えよ。

転《てん》蓬《ぽう》離レ二本根ヨリ一　飄《へう》颻《えう》トシテ随フ二長風ニ一
何ゾ意《おも》ハン迴《くわい》飆《へう》ノ挙ガリ　吹キテレ我ヲ入レントハ二雲中ニ一
高ク高ク上ガリテ無クレ極マリ　天路安ンゾ可ケンレ窮ム
類スレ此レニ遊客ノ子　捐《す》テテレ躯《み》ヲ遠ク従フレ戎《じゆう》ニ
毛《まう》褐《かつ》不レ掩《おほ》ハレ形ヲ　薇《び》藿《くわく》常ニ不レ充タ
去リ去リテ莫シ二復タ道《い》フ一　沈憂令ム二人ヲシテ老イ一

〔注〕○転蓬――蓬（アカザ科の草）の根が抜け、丸くなって風に吹かれていくもの。
○迴飆――つむじ風。　○遊客子――旅人。　○従戎――従軍。　○毛褐――粗末な衣類。
○薇藿――ワラビと豆の葉。　○沈憂――深い憂愁。

設問

㈠ 第四句「吹レ我入二雲中一」の「我」は何を指すか。文中の語で答えよ。

解答欄：六・九㎝×一行

㈡ 第三句「何意廻飆挙」より第六句「天路安可レ窮」までを平易な現代語に訳せ。

解答欄：一三・八㎝×二行

㈢ 第九・十句「毛褐不レ掩レ形　薇藿常不レ充」は、だれのどんな状態を描いているか。簡潔に述べよ。

解答欄：一三・八㎝×一行

㈣ この詩は全体として何をうたっているか。簡潔に説明せよ。

解答欄：一三・八㎝×一・五行

一九九五年度　文科

第四問

次の文章を読んで、後の設問に答えよ。

夫《レ》天《ハ》有《リ》レ所二分《ケ》予《あたフル》一、予《フル》二之《ニ》歯《ヲ》一者《ハ》去《リ》二其《ノ》角《ヲ》一、附《つクル》二其《ノ》翼《ヲ》一者《ハ》両《ふたつニス》二其《ノ》足《ヲ》一。是《レ》受《クル》レ大《ヲ》者《ハ》不《ル》レ得レ取《ルヲ》レ小《ヲ》也。古之所《らルル》レ予《ヘ》レ禄《ヲ》者《ハ》、不レ食《はマ》二於力《ニ》一、不レ動《カ》二於末《ニ》一。是《レ》亦《タ》受《クル》レ大《ヲ》者《ノ》不《ルコトニシテ》レ得レ取《ルヲ》レ小《ヲ》、与《と》レ天同《ジクスル》レ意《ヲ》者也。夫《レ》已《ニ》受《ケ》レ大《ヲ》、又《タ》取《レバ》レ小《ヲ》、天《モ》不レ能《ハ》レ足《ラシムル》、而《ルヲ》況《ンヤ》人《ヲヤ》乎。此《レ》民之所二以囂《がう》囂《がうトシテ》苦《シム》一レ不《ルニ》レ足《ラ》也。身寵《セラレテ》而戴《キ》二高位《ヲ》一、家温《カニシテ》而食《ミ》二厚禄《ヲ》一、因《リテ》乗《ジテ》二富貴之資力《ニ》一、以《テ》与レ民争《ハバ》二利《ヲ》於下《ニ》一、民安《ンゾ》能《ク》当《タランヤ》レ之《ニ》哉。故《ニ》受《クル》レ禄《ヲ》之家《ハ》、食《ム》レ禄《ヲ》而已《のみ》、不二与レ民争一レ業《ヲ》。然《ル》後利《ハ》可《ク》二均《シク》布《しク》一、民《ハ》可《シ》二家足《ル》一。此《レ》天之理《ニシテ》、亦《タ》古之道《ナリ》。

（『漢書』董仲舒伝による）

〔注〕　○末——工業や商業。　○囂囂——民の恨み悲しむ声。

設問

㈠「古之所レ予レ禄者、不レ食二於力一、不レ動二於末一」を、平易な現代語に訳せ。

解答欄：一三・八cm×二行

㈡「夫已受レ大、又取レ小、天不レ能レ足、而況人乎」を、平易な現代語に訳せ。

解答欄：一三・八cm×二行

㈢「民安能当レ之哉」とあるが、それはどういうことか。文脈に即して具体的に説明せよ。

解答欄：一三・八cm×二行

㈣「此天之理、亦古之道」とあるが、作者が「天之理」であり同時に「古之道」であると考えている基本的な原理は何か。本文中の言葉で答えよ。

解答欄：一三・八cm×一行

一九九五年度　文科　第七問

次の詩を読んで、後の設問に答えよ。

題ス二帰夢ニ一　　李賀

長安風雨ノ夜　書客夢ム二昌谷ヲ一
怡《い》怡《い》タル中堂ノ笑ヒ　少弟裁ツ二澗《かん》菉《ろく》ヲ一
家門厚重ノ意　望ム三我ガ飽カシムルヲ二飢腹ヲ一
労労タリ一寸ノ心　灯花照ラス二魚目ヲ一

〔注〕○李賀――中唐の詩人。　○書客――科挙の受験生。
○昌谷――李賀の故郷。　○怡怡――なごやかなさま。
○中堂――居間。　○澗菉――谷川のこぶなぐさ。
○灯花――灯心の燃えかすが花のようになったもの。
○魚目――魚の目はつぶらないことから、眠れない目をいう。

設　問

㈠　第三句「怡怡中堂笑」にはどういう情景がうたわれているか、具体的に説明せよ。

解答欄：一三・八㎝×一・五行

㈡　第五・六句「家門厚重意　望㆔我飽㆓飢腹㆒」を平易な現代語に訳せ。

解答欄：一三・八㎝×二行

㈢　この詩が作られたときの詩人の境遇と心境について説明せよ。

解答欄：一三・八㎝×二行

一九九五年度　理科

第四問

次の文章は清の兪正燮《ゆせいしょう》の「女」と題する一文である。これを読んで、後の設問に答えよ。

白居易《ノ》「婦人苦《ノ》」詩《ニ》云《フ》、「婦人一《タビ》喪《ヘバ》㆑夫《ヲ》、終身守《ル》㆓孤《こ》孑《げつヲ》㆒。有《リ》㆘如《ク》㆓林中《ノ》竹《ノ》㆒、忽《たちまチ》被《ル》㆗風《ニ》吹《キ》折《ラ》㆖。一《タビ》折《ルレバ》不㆓重《ネテハ》生《ゼ》㆒、枯死《シテ》猶《ホ》抱《ク》㆑節《ヲ》。男児若《シ》喪《ヘバ》㆑婦《ヲ》、能《ク》不㆓暫《しばらクモ》傷《マシメ》㆑情《ヲ》。応《ニ》《シ》㆘似《テ》㆓門前《ノ》柳《ニ》㆒、逢《ヘバ》㆑春《ニ》易《シカル》㆗発栄《スルコト》㆖。風吹《キテ》一枝折《ルルモ》、還《まタ》有《リ》㆓一枝《ノ》生《ズル》㆒。為《ニ》㆑君《ガ》委曲《ニ》言《ハン》、願《ハクバ》君再三聴《ケ》。須《ク》《シ》㆑知《ル》㆓婦人《ノ》苦《ヲ》㆒、従《リ》㆑此《レ》莫《カレト》㆓相《ヒ》軽《ンズル》㆒。」其《ノ》言尤《モ》藹《あい》然《ぜんタリ》。『荘子』天道篇《ニ》云《フ》、堯告《ゲテ》㆑舜《ニ》曰《ク》、「吾《レ》不㆑虐《ゲ》㆓無告《ヲ》㆒、不㆑廃《すテ》㆓窮民《ヲ》㆒。苦《シミ》㆓死者《ヲ》㆒、嘉《よみシテ》㆓孺子《ヲ》㆒而哀《シム》㆓婦人《ヲ》㆒。此《レ》吾《ガ》所㆓以《テ》用《フル》㆑心《ヲ》也《ト》。」此《レ》聖人《ノ》言也。『天方典礼《ニ》』引《キテ》㆓謨罕墨特《ヲ》㆒云《フ》、「妻《ト》暨《とハ》㆑僕、民之二弱也。衣《セ》㆑之《ニ》食《ハセ》㆑之《ニ》、勿《カレト》㆓命《ズルニ》以《テスル》㆑所《ヲ》㆑不《ル》㆑能《クセ》。」蓋《けだシ》持《スル》㆑世《ヲ》之人未《ダ》㆑有《ラ》㆘不《ル》㆓計《リテ》及《バ》㆑此《レニ》者㆖。

（『癸巳存稿』より）

〔注〕○孤孑——孤独に同じ。　○委曲——つぶさに。　○藹然——やさしくて思いやりがあるさま。
○無告——みなし子、老人などよるべなき人々。　○孺子——こども。　○『天方典礼』——清代の書物。

○謨罕墨特——マホメット。

設　問

㈠「一 折 不㆓重 生㆒、枯 死 猶 抱㆑節」は、どのようなことをたとえているか。簡潔に説明せよ。

解答欄：一三・八㎝×一行

㈡「能 不㆓暫 傷㆑情」を、平易な現代語に訳せ。

解答欄：一三・八㎝×一行

㈢「衣㆑之 食㆑之、勿㆓命 以㆑所㆑不㆑能」を、「之」の内容がわかるように、平易な現代語に訳せ。

解答欄：一三・八㎝×一行

㈣「持㆑世 之 人 未㆑有㆘不㆓計 及㆑此 者㆖」を、「此」の指示する内容を明らかにして、簡潔に説明せよ。

解答欄：一三・八㎝×一・五行

一九九四年度　文理共通

第四問

次の文章を読んで、後の設問に答えよ。

唐《ニ》有《リ》殷《いん》安《ナル》者。嘗《テ》謔《わらヒテ》其《ノ》子堪《かんノ》為《ルヲ》宰相《ト》曰《ハク》、「汝《ハ》肥頭大面《ニシテ》、不識《ラ》今古《ヲ》、噇《たう》食《シテ》無意智。不《シテ》作《なラ》宰相《ト》而何《ゾヤト》。」我謂《おもヘラク》、肥頭大面《ニシテ》、能《ク》噇食《スルハ》、猶《ホ》盛時《ニハ》有《ルノ》福気宰相也。若《キハ》末世《ノ》、只《ダ》「無意智不識今古《ノ》」七字《ノミ》、足《ルト》作《ルニ》宰相《ト》矣。記《スアリ》、僖《き》・昭《ノ》時、有《リ》白衫《さんノ》挙子、乞《こヒテ》而歌《ヒテ》於市《ニ》云《フ》、

執《リ》板《ばんヲ》高歌《シテ》乞《フ》箇《この》銭《ヲ》　塵中《ニ》流浪《シテ》且《まさニ》《す》随《ハント》縁《ニ》

直《た》饒《とひ》到《ルマデ》老《ニ》長《ク》如《キモ》此《クノ》　猶《ホ》勝《ル》危時《ニ》弄《ろうスルニ》化権《ヲ》

嗟呼、使《メバ》白衫《ノ》挙子《ヲシテ》寧《ロ》為《ルトモ》乞《きつ》丐《かいト》、無《カラントセ》為《ル》宰相《ト》、天下安《ンゾ》得《ンヤ》不《ルヲ》亡《ビ》。

（胡震亨『唐詩談叢』による）

〔注〕○噇食——むさぼり食う。大食い。　○僖・昭——唐末の皇帝僖宗と昭宗。唐はこの次の代で滅んだ。
○白衫——白い上着。当時の読書人のふだん着。　○挙子——科挙の勉強をしている書生。

○板――木片を打ち合わせて拍子をとる粗末な楽器。　○塵中――ごみごみした世間。
○随縁――前世の縁にすがる。見知らぬ人の恵みを請う。　○化権――政治権力。　○乞丐――こじき。

設問

(一) 「不レ作二宰相一而何」を、平易な現代語に訳せ。

解答欄：一三・八㎝×一行

(二) 筆者は、「末世」にはどういう人が「足レ作二宰相一矣」と考えているか、説明せよ。

解答欄：一三・八㎝×一行

(三) 「如レ此」とは、具体的にはどのようなことか。

解答欄：一三・八㎝×一行

(四) 「天下安得レ不レ亡」とあるが、筆者がそう考える理由を簡潔に説明せよ。

解答欄：一三・八㎝×一・五行

一九九四年度 文科

第七問

次の文章を読んで、後の設問に答えよ。なお、文中の主人公である道安は、若くして出家したが、容貌が醜かったために、師匠に重んぜられることなく、農作業などの寺の雑役に従事していた。

数歳之後、道安方《はじメテ》啓《まうシテ》レ師《ニ》求《ム》レ経《ヲ》。師与《フ》三『弁意経』一巻可《ばかりヲ》二五千言一。安齎《たづさへ》レ経《ヲ》入《リ》レ田《ニ》、因《リテ》レ息《いこフニ》就《すなはチ》覧《みル》。暮《ニ》帰《リテ》以《テ》レ経《ヲ》還《シ》レ師《ニ》、更《ニ》求《ム》二余《ヲ》者一。師曰《ハク》、「昨《ノ》経未《ダ》レ読《マ》《ルニ》、今復《タ》求《ムルト》耶。」答《ヘテ》曰《ハク》、「即《チ》已《ニ》闇誦《セリト》。」師雖《モ》レ異《トスト》レ之《ヲ》、而《モ》未《ダ》レ信《ゼ》《ル》也。復《タ》与《フ》三『成具光明経』一巻減《たらざルヲ》二一万言《ニ》一。齎《フルコト》レ之《ヲ》如《ク》レ初《メノ》、暮《ニ》復《タ》還《ス》レ師《ニ》。師執《リテ》レ経《ヲ》復《セシムルニ》レ之《ヲ》、不レ差《たがハ》二一字《モ》一。師大《イニ》驚嗟《さシテ》而異《トス》レ之《ヲ》。後、為《ニ》授《ケ》二具戒《ヲ》一、恣《ゆるス》二其《ノ》遊学《スルヲ》一。至《リ》レ鄴《げふニ》入《リ》二中寺《ニ》一、遇《フ》二仏図澄《ニ》一。澄見《テ》而嗟歎《シ》、与《ニ》語《ルコト》終日《ナリ》。衆見《テ》二形貌《ノ》不《ルヲ》レ称《かなハ》一、咸《みな》共《ニ》軽怪《ス》。澄曰《ハク》、「此《ノ》人《ノ》遠識、非《ザル》二爾《なんぢノ》儕《ともがらニハ》一也《ト》。」因《リテ》事《つかへ》レ澄《ニ》為《ス》レ師《ト》。

（慧皎『高僧伝』による）

〔注〕○『弁意経』『成具光明経』――いずれも仏教の経典。 ○具戒――出家者が二十歳になって授けられる戒律。
○鄴――現在の河南省臨漳県。 ○中寺――寺の名。 ○仏図澄――四世紀に活躍した高名な西域渡来僧。
○衆――僧衆。修行者たち。

設問

㈠「師雖レ異レ之、而未レ信也」を、平易な現代語に訳せ。

解答欄：一三・八㎝×一行

㈡「齎レ之如レ初」とは、誰の、どのような行為をいうのか、具体的に述べよ。

解答欄：一三・八㎝×一行

㈢「此人遠識、非二爾儔一也」とあるが、仏図澄は「衆」に対してどういうことを諭そうとしたのか、簡潔に説明せよ。

解答欄：一三・八㎝×一行

一九九三年度　文科

第四問

次の詩は、北宋の詩人蘇軾《そしょく》の作である。これを読んで、後の設問に答えよ。

清風定メテ何物ゾ　可クシテレ愛ス不レ可カラレ名ヅク
所レ至ル如ク二君子ノ一　草木有リ二嘉声一
我ガ行本ヨリ無シレ事　孤舟任ス二斜横スルニ一
中流ニ自ラ偃《えん》仰シ　適《まさ》ニ与レ風相迎フ
挙ゲテレ杯ヲ属シ二浩渺《べう》ニ一　楽シム二此ノ両《ふたつ》ナガラ無キヲレ情
帰リ来タル両渓ノ間　雲ト水ト夜自ラ明ラカナリ

〔注〕　○嘉声――よい音。よい評判。ここでは二つの意味を掛ける。　○無レ事――特別な用事のないこと。
○偃――横になること。　○属――酒をすすめること。
○浩渺――広大ではるかなさま。ここでは大空をいう。　○此両――浩渺に代表される自然と自分。

設問

㈠　「如二君子一」とあるが、(ア)それは何を指すか、(イ)なぜそう言われているか、簡潔に説明せよ。
解答欄：(ア)二・八㎝×一行、(イ)一三・一㎝×一行

㈡　第五句から第八句まで、作者はどこで何をしているか、情景がよくわかるように具体的に述べよ。
解答欄：一三・八㎝×二行

㈢　第九句・第十句にこめられた作者の心境はどのようなものか、簡潔に説明せよ。
解答欄：一三・八㎝×一・五行

一九九三年度 文科

第七問

次の文章を読んで、後の設問に答えよ。ただし設問の都合で、送り仮名を省いたところがある。

卜者《ノ》子不《レバ》レ習《ハ》二本業《ヲ》一、父譴二‐怒《ス》之《ヲ》一。子曰《ク》、「此甚《ダ》易《キ》耳《ト》。」次日有《リ》下従《リ》二風雨《ノ》中一求《ムル》レ卜《ヲ》者上、父命レ子試為レ之。子即《チ》問《ヒテ》曰《ク》、「汝東方《ヨリ》来《タル》乎《かト》。」曰《ク》、「然《リト》。」復《タ》問《フ》、「汝為《ニ》レ妻《ガ》卜《スル》乎《かト》。」亦《タ》曰《ク》、「然《リト》。」其《ノ》人卜畢《をはリテ》而去《ル》。父驚《キテ》問《ヒテ》曰《ク》、「爾《なんぢ》何《ゾ》前《ニ》知《ルコト》如《キカト》レ此《ノ》。」子答《ヘテ》曰《ク》、「今日《ハ》乃《チ》東風《ナリ》、其《ノ》人向《ヒテ》レ□《ニ》而来《タリ》、肩背尽《ことごとク》湿《レリ》。是《ヲ》以《テ》知《ル》レ之《ヲ》。且《ツ》風雨《ニスラ》如《シ》レ是《ノ》。不《シテ》レ為《ナラ》レ妻《ノ》誰《カ》肯《あへテ》為《ニ》二父母《ノ》一出来《センヤト》。」

或《ヒト》曰《ク》、「卜者《ノ》子甚《ダ》聡明《ナレドモ》、可《キハ》レ惜《ム》不《リキ》三曽《テ》読《マ》二孟子《ヲ》一。若《シ》読二‐了《セシ》孟子《ヲ》一時《ニハ》、便《チ》知《ル》二人《ノ》性皆善《ナルヲ》一。豈《ニ》有《ランヤト》下視《ルコト》二父母《ヲ》一反《リテ》軽《キ》二於妻《ヨリモ》一之理上。」

（『笑賛』による）

〔注〕 ○卜者——うらない師。

設問

(一)　「父命レ子試為レ之」を、「之」の内容がわかるように、平易な現代語に訳せ。

解答欄：一三・八cm×一行

(二)　「汝為レ妻ト乎」ということが、なぜわかったのか、簡潔に説明せよ。

解答欄：一三・八cm×一行

(三)　文中の□に入るべき適当な漢字は何か、一字で答えよ。

(四)　「豈有下視二父母一反軽二於妻一之理上」を、平易な現代語に訳せ。

解答欄：一三・八cm×一行

一九九三年度 理科

第四問

次の文章を読んで、後の設問に答えよ。

自《リ》レ宋以前《ハ》、士之読《ム》レ書《ヲ》者多《シ》。故《ニ》所《ハ》レ貴《ブ》不《シテ》レ在《ラ》レ博《ニ》、而在《ル》二考弁之精《ニ》一也。至《リテ》レ明《ニ》、学者多《ク》束《ネテ》レ書《ヲ》不レ読《マ》、自《リ》二挙業一外《ハ》、茫《ばうトシテ》無《シ》レ所レ知《ル》。於《イテここニ》レ是才智之士務《メテ》捜二-覧《シ》新異《ヲ》一、無《ク》レ論二雑家《ノ》小説《ト》、近世《ノ》贋書《トニ》一、凡《ソ》昔人《ノ》所《ノ》二鄙《いやシミテ》而不《ル》レ屑《いさぎよシトセ》レ道《いフヲ》者《ハ》、咸《みな》居《おキテ》レ之《ヲ》為《シ》二奇貨《ト》一、以《テ》傲《おごル》二当世《ノ》不《ル》レ読《マ》レ書《ヲ》之人《ニ》一。曰《ク》、「吾誦《シ》二-得《タリト》陰符・山海経《ヲ》一矣。」曰《ク》、「吾誦《シ》二-得《タリト》呂氏春秋・韓詩外伝《ヲ》一矣。」公然《ト》自《ラ》詫《ほこリ》二於人《ニ》一、人《モ》亦《タ》公然《ト》詫《ほこリトシテ》レ之《ヲ》以《テ》為《ス》レ博《シト》。若《キハ》下六経《ヲ》為《シテ》二藜藿《れいくわくト》一、而此《ノ》書《ヲ》為《ス》二熊掌《ト》一者《ノ》上、良《まことニ》可《キ》レ慨《なげク》也。

（『考信録』による）

〔注〕○挙業——科挙のための学問。　○奇貨——大きな利を生む珍しい品。
○陰符・山海経・呂氏春秋・韓詩外伝——いずれも書名。　○六経——儒教の六つの経典。
○藜藿——アカザと豆の葉。　○熊掌——熊の手のひら。高級料理の材料。

設問

(一)「所レ貴不レ在レ博、而在二考弁之精一也」とは、どういうことか、わかりやすく説明せよ。

解答欄：一三・七㎝×一行

(二)「自二挙業一外、茫無レ所レ知」を平易な現代語に訳せ。

解答欄：一三・七㎝×一行

(三)「曰、『吾誦二得陰符・山海経一矣』曰、『吾誦二得呂氏春秋・韓詩外伝一矣』」とあるが、

(ア) このように「曰」う者は、だれか、本文中の言葉で答えよ。

(イ) このように「曰」うことが、なぜ「公然自詫二於人一」になるのか、簡潔に説明せよ。

解答欄：一三・一㎝×一行

(四)「若下六経為二藜藿一、而此書為二熊掌一者上、良可レ慨也」とあるが、作者は「六経」と「此書」とを、どのように取り扱うべきだと考えているか、簡潔に説明せよ。

解答欄：一三・七㎝×一・五行

■ 出典一覧 ■

▶古文

<table>
<tr><th rowspan="2">年度</th><th colspan="3">文　科</th><th colspan="3">理　科</th></tr>
<tr><th>大問番号</th><th>類別</th><th>出　典</th><th>大問番号</th><th>類別</th><th>出　典</th></tr>
<tr><td>2019</td><td>2</td><td>俳文</td><td>『誹諧世説』　高桑闌更</td><td>2</td><td colspan="2" rowspan="18">文科と共通（文科より設問数が少ない）</td></tr>
<tr><td>2018</td><td>2</td><td>軍記物語</td><td>『太平記』</td><td>2</td></tr>
<tr><td>2017</td><td>2</td><td>物語</td><td>『源氏物語』〈真木柱〉　紫式部</td><td>2</td></tr>
<tr><td>2016</td><td>2</td><td>擬古物語</td><td>『あきぎり』</td><td>2</td></tr>
<tr><td>2015</td><td>2</td><td>物語</td><td>『夜の寝覚』</td><td>2</td></tr>
<tr><td>2014</td><td>2</td><td>浮世草子</td><td>『世間胸算用』　井原西鶴</td><td>2</td></tr>
<tr><td>2013</td><td>2</td><td>史書</td><td>『吾妻鏡』</td><td>2</td></tr>
<tr><td>2012</td><td>2</td><td>歌論</td><td>『俊頼髄脳』　源俊頼</td><td>2</td></tr>
<tr><td>2011</td><td>2</td><td>説話</td><td>『十訓抄』</td><td>2</td></tr>
<tr><td>2010</td><td>2</td><td>説話</td><td>『古今著聞集』　橘成季</td><td>2</td></tr>
<tr><td>2009</td><td>2</td><td>物語</td><td>『うつほ物語』</td><td>2</td></tr>
<tr><td>2008</td><td>2</td><td>説話</td><td>『古本説話集』</td><td>2</td></tr>
<tr><td>2007</td><td>2</td><td>説話</td><td>『続古事談』</td><td>2</td></tr>
<tr><td>2006</td><td>2</td><td>物語</td><td>『堤中納言物語』</td><td>2</td></tr>
<tr><td>2005</td><td>2</td><td>物語</td><td>『住吉物語』</td><td>2</td></tr>
<tr><td>2004</td><td>2</td><td>紀行</td><td>『庚子道の記』　武女</td><td>2</td></tr>
<tr><td>2003</td><td>2</td><td>説話</td><td>『古本説話集』</td><td>2</td></tr>
<tr><td>2002</td><td>2</td><td>説話</td><td>『神道集』</td><td>2</td></tr>
<tr><td>2001</td><td>2</td><td>歴史物語</td><td>『栄花物語』</td><td>2</td><td>説話</td><td>『十訓抄』</td></tr>
<tr><td>2000</td><td>2</td><td>私家集</td><td>『成尋阿闍梨母集』　源俊賢女</td><td>2</td><td colspan="2">文科と共通（文科より設問数が少ない）</td></tr>
<tr><td rowspan="2">1999</td><td>3</td><td>俳文</td><td>『芭蕉翁頭陀物語』　建部綾足</td><td>3</td><td colspan="2">文科3と共通</td></tr>
<tr><td>6</td><td>歌論</td><td>『百首異見』　香川景樹</td><td colspan="3"></td></tr>
<tr><td rowspan="2">1998</td><td>3</td><td>説話</td><td>『宇治拾遺物語』</td><td>3</td><td colspan="2">文科3と共通</td></tr>
<tr><td>6</td><td>物語</td><td>『源氏物語』〈椎本〉　紫式部</td><td colspan="3"></td></tr>
<tr><td rowspan="2">1997</td><td>3</td><td>読本</td><td>『春雨物語』　上田秋成</td><td>3</td><td colspan="2">文科3と共通</td></tr>
<tr><td>6</td><td>歴史物語</td><td>『栄花物語』</td><td colspan="3"></td></tr>
</table>

1996	3	歴史物語	『増鏡』		3	文科 3 と共通
	6	説話	『唐物語』			
1995	3	随筆	『玉勝間』	本居宣長	3	文科 3 と共通
	6	物語	『源氏物語』〈玉鬘〉	紫式部		
1994	3	説話	『十訓抄』		3	文科 3 と共通
	6	物語	『多武峰少将物語』			
1993	3	物語	『堤中納言物語』		3	文科 3 と共通
	6	音楽論	『竜鳴抄』	大神基政		

▶漢文

<table>
<tr><th rowspan="2">年度</th><th colspan="3">文　　科</th><th colspan="3">理　　科</th></tr>
<tr><th>大問番号</th><th>類別</th><th>出　　典</th><th>大問番号</th><th>類別</th><th>出　　典</th></tr>
<tr><td>2019</td><td>3</td><td>思想</td><td>『明夷待訪録』　黄宗羲</td><td>3</td><td colspan="2" rowspan="4">文科と共通（文科より設問数が少ない）</td></tr>
<tr><td>2018</td><td>3</td><td>文章</td><td>『新刻臨川王介甫先生文集』　王安石</td><td>3</td></tr>
<tr><td>2017</td><td>3</td><td>文章</td><td>『賢奕編』　劉元卿</td><td>3</td></tr>
<tr><td>2016</td><td>3</td><td>詩</td><td>「寓居定恵院之東、雑花満山、有海棠一株、土人不知貴也」　蘇軾</td><td>3</td></tr>
<tr><td>2015</td><td>3</td><td>説話</td><td>『閲微草堂筆記』　紀昀</td><td>3</td><td colspan="2">文科と共通（文科より本文が短く設問数が少ない）</td></tr>
<tr><td>2014</td><td>3</td><td>史伝</td><td>『資治通鑑』　司馬光</td><td>3</td><td colspan="2" rowspan="9">文科と共通（文科より設問数が少ない）</td></tr>
<tr><td>2013</td><td>3</td><td>史伝</td><td>『三国史記』　金富軾</td><td>3</td></tr>
<tr><td>2012</td><td>3</td><td>経書</td><td>『春秋左氏伝』　左丘明</td><td>3</td></tr>
<tr><td>2011</td><td>3</td><td>詩</td><td>「放旅雁」　白居易</td><td>3</td></tr>
<tr><td>2010</td><td>3</td><td>雑録</td><td>『玉壺清話』　文瑩</td><td>3</td></tr>
<tr><td>2009</td><td>3</td><td>詩話・詩</td><td>『梅花無尽蔵』　万里集九</td><td>3</td></tr>
<tr><td>2008</td><td>3</td><td>説話</td><td>『右台仙館筆記』　兪樾</td><td>3</td></tr>
<tr><td>2007</td><td>3</td><td>随筆</td><td>『輟耕録』　陶宗儀</td><td>3</td></tr>
<tr><td>2006</td><td>3</td><td>随筆</td><td>『続墨客揮犀』　彭乗</td><td>3</td></tr>
<tr><td>2005</td><td>3</td><td>逸話</td><td>『庸間斎筆記』　陳其元</td><td>3</td><td>文章</td><td>『嘉祐集』　蘇洵</td></tr>
<tr><td>2004</td><td>3</td><td>逸話</td><td>『西湖遊覧志余』　田汝成</td><td>3</td><td>文章</td><td>『東坡志林』　蘇軾</td></tr>
<tr><td>2003</td><td>3</td><td>説話</td><td>『畸人十篇』　マテオ=リッチ</td><td>3</td><td>法家</td><td>『韓非子』　韓非</td></tr>
<tr><td>2002</td><td>3</td><td>随筆</td><td>「病梅館記」　龔自珍</td><td>3</td><td>随筆</td><td>『風俗通義』　応劭</td></tr>
<tr><td>2001</td><td>3</td><td>詩
注釈</td><td>「蘇小小墓」　李賀
『李賀詩解』　曾益</td><td>3</td><td>文章</td><td>「対禹問」　韓愈</td></tr>
<tr><td>2000</td><td>3</td><td>史伝</td><td>『閩書』　何喬遠</td><td>3</td><td>史伝</td><td>『史記』　司馬遷</td></tr>
<tr><td rowspan="2">1999</td><td>4</td><td>随筆</td><td>『東国李相国集』　李奎報</td><td>4</td><td>史伝</td><td>『梁書』　姚思廉・魏徴</td></tr>
<tr><td>7</td><td>詩</td><td>「百憂集行」　杜甫</td><td colspan="3"></td></tr>
<tr><td rowspan="2">1998</td><td>4</td><td>書簡</td><td>『方望渓遺集』　方苞</td><td>4</td><td>文章</td><td>『東坡題跋』　蘇軾</td></tr>
<tr><td>7</td><td>詩</td><td>「遣悲懐三首」其一　元稹</td><td colspan="3"></td></tr>
<tr><td rowspan="2">1997</td><td>4</td><td>詩</td><td>「後園居詩十首」其五　趙翼</td><td>4</td><td colspan="2">文科4と共通</td></tr>
<tr><td>7</td><td>古義学</td><td>『古学先生文集』　伊藤仁斎</td><td colspan="3"></td></tr>
</table>

1996	4	説話	『閲微草堂筆記』　紀昀	4	文科４と共通	
	7	詩	「雑詩六首」其二　曹植			
1995	4	史伝	『漢書』　班固	4	随筆・詩	『癸巳存稿』　兪正燮
	7	詩	「題帰夢」　李賀			
1994	4	詩話・詩	『唐詩談叢』　胡震亨	4	文科４と共通	
	7	史伝	『高僧伝』　慧皎			
1993	4	詩	「與王郎昆仲及兒子邁、遶城観荷花、登峴山亭、晩入飛英寺、分韻得月明星稀　四首」其二　蘇軾	4	儒学史	『考信録』　崔述
	7	笑話	『笑賛』　趙南星			

■解答欄の例■

●一二・七cm×一行（枝問に分かれた設問。現代語訳など）

(一)		
ア	イ	ウ

●一三・四cm×二行、一三・四cm×一行（心情説明・趣旨・指示内容など）

(二)		(三)

●一二・七cm×一・五行、六cm×一行（枝問に分かれた設問。現代語訳・指示内容など）

●一三・四cm×二・五行、一三・四cm×一・五行（心情説明・因果関係・主題など）

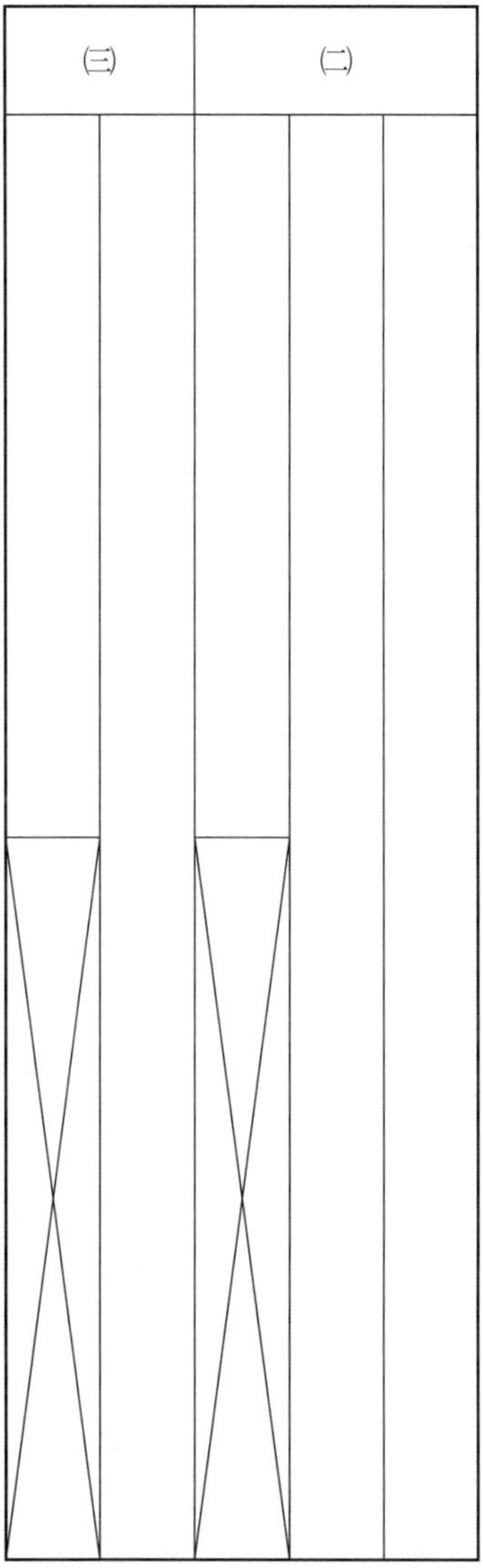

MEMO

MEMO

MEMO